日韓民衆史研究の最前線

新しい民衆史を求めて

アジア民衆史研究会／歴史問題研究所
［編］

有志舎

日韓民衆史研究の最前線——新しい民衆史を求めて——

《目次》

第Ⅲ部　マイノリティからの視点

はじめに

このたび、日本のアジア民衆史研究会と韓国の歴史問題研究所とが、日韓共同出版の形で研究論集を刊行する運びになった。アジア民衆史研究会の創立時から会活動に関わってきた者として、また代表委員の立場にある者として、この共同論集に序文を書くことにはひとしお感慨深いものがある。

アジア民衆史研究会（当初はアジア民衆運動史研究会）は一九九〇年に発足し、翌九一年に歴史問題研究所と初めて研究交流をおこなった。その時から四半世紀の歴史を刻む中で、アジア民衆史研究会も歴史問題研究所も役員や会員の顔ぶれにかなりな変化があった。それでも、最初の交流の時に所長であったイ・イファ先生とは訪韓のたびに挨拶を交わす関係が続いているし、高麗大学大学院生であったペ・ハンソプ氏は、今回の論集にも執筆者として参加している。日韓交流を実現させる上で、交渉と通訳に大いに貢献してもらった鶴園裕氏は、今もアジア民衆史研究会の幹事として積極的な意見を寄せる会員である。私もまた高齢になったが、代表委員を務め、本論集の序文を書くことができている。

この論集の序文を書くことは感慨深いと述べたが、じつは共同論集の作成自体は珍しいことではない。日本史と韓国史を中心におく日韓研究交流は一九九〇年代以降、徐々に回路を増していくつもの交流関係が生まれ、それぞれの成果として報告論文・討論要旨が冊子に編まれるようになった。アジア民衆史研究会と歴史問題研究所も、これまでの研究交流を論集として公表してきている。ただ、そうした論集の作成と公表は国際交流の活動経費を使って行われるもので、交流グループ内でか、ごく狭い専門研究者に知られるだけであった。

本論集は、より広く歴史への関心を持つ読者と市民的研究者にまで届くことができるように、民間の歴史書出版社の協力を得て、誰でも購入できる歴史書として刊行した。これが今回の刊行の意味あることの一つである。また、本論集では、若い世代の執筆者の比率が高い。若さだけが価値なのではないが、歴史学という学問の将来、持続ということを考えれば、若い世代が参加してきているという背景があって、それが本論集の執筆者の若さに反映している。そのことは、それ自体が意義あることとして喜ばしい。これが意味あることの二つ目である。

アジア民衆史研究会も歴史問題研究所も、この四半世紀、世界・アジア・日本・韓国の社会変容、社会と社会の関係変容、その両方でさまざまな未経験の課題が生起するのを見てきた。本論集の若い執筆者は、その変容過程の中で生まれ成長して、歴史学を目ざすようになった人たちである。この世代が、これまでにない感覚と視角で問題意識を磨き、史資料に取り組むようになるのは当然であろう。民衆史研究への関心は同じでも、自分たちの問題感覚に率直であろうとすれば、研究史にたいして距離を感じざるをえない。研究対象でも分析方法でも揺り直しの方向に進まざるをえない。この共同論集の執筆者の中心はそういうメンバーである。

ただし、それぞれの興味にまかせた専門論文を持ち寄って共同論集を編んだのではない。何度も共同の研究会を重ねることを通じて、各自の個別研究の中に、民衆史研究の姿勢や方法についての新しい発想が生まれ、周囲への提起が可能になる水準にまで煮詰めるよう努めた。研究の独自性は尊重しつつだが、日韓の研究者が方法意識のうえで波長の近さを感じあえるところまで意見を交換し合った。本論集は、このような国際交流を踏まえた準備過程のうえに生まれた成果である。本論集刊行の三つ目の意義あるところは、その点にあると考えている。

本論集に対する忌憚ないご批判を期待したい。

二〇一五年四月三〇日

アジア民衆史研究会代表
深谷克己

第Ⅰ部

方法論をめぐる葛藤

一　メディアを利用しての民衆史研究
――近松門左衛門が語る自国認識――

須田　努

1　はじめに

一九九〇年代、日本における歴史学のデシプリン「戦後歴史学」は崩壊し、ほぼ同時に脱構築・言語論的転回（以下、ターン）の影響が強まっていった。これに関しては多くの論説が発表された。[*1] わたしは、ターンを意識しつつ新たなディシプリン「現代歴史学」と民衆史研究との関係について何度か発言してきた。[*2] 今更ではあるが、簡単に触れておきたい。

ターン以降、「現代歴史学」の研究対象は多様になり、死・狂気・伝承・しぐさ・身体など、人間活動のほとんどすべてに研究関心が及ぶようになった。ナタリー・Z・デービスや、カルロ・ギンズブルクによって、歴史研究で用いる史料の領域も拡大された。[*3] 日本史の領域では成田龍一が研究成果をあげ、[*4] 近年では、歴史学研究会が「特集　史料の力、歴史家をかこむ磁場」を組んだ。[*5] 藤野裕子は、従来、男性労働者の能動的な生活文化を明らかにする研究が存在したが、そこで表象された歴史叙述には記録が残らない階層・性別などを排除しているとして、史料読解における想像力の重視を喚起した。[*6] ターン以降の民衆史研究・史料論のあり方として着目すべき論点といえる。

一方、日本近世史の領域において、文芸作品から社会風俗と時代状況を考察する研究は、ターン以前から青木美智男によって先駆的に拓かれていた。[*7]

わたしも、青木の研究やターン以降の民衆史研究のあり方を意識しつつ、フィクションの世界である落語作品・浄瑠璃・歌舞伎作品などのメディアを歴史研究の素材とし、民衆の集合心性を考察してきた。[*8]

政治史・制度史に関係する史料から、社会風俗や民衆の心性を理解することはほぼ不可能である。史料を残さない人びとの歴史を浮かび上がらせるには、彼らの〝声〟が反映された史料——それがフィクションであろうとも——を用いるべきであろう。そうすることで、従来の政治史・制度史研究では欠落・排除されていた世界をすくい上げることが可能となる。[*9]

ただし、フィクションであるメディアを用いた実証研究を行う際、自覚し注意すべきことがある。研究史・および他の諸史料によって、当該時期の政治的・社会的背景（枠組み）を把握することと、フィクションの作成者の意図を考えることとである。

フィクションであるメディア（浄瑠璃・歌舞伎・落語）は江戸時代の民衆にとって最もポピュラーな娯楽であり、時代に応じて新たな趣向や新機軸を取り入れ、観客にうける作品を提供していた。現在、テレビなどのマス・メディアや、インターネットのWｅｂサイトに、現代のわたしたちの社会が投影されているように、浄瑠璃・歌舞伎・落語には江戸時代に生きた人びとの集合心性が表象されていると考えられる。ただし、ジュディス・バトラーが論じたように、表象という行為・表現では、それに代表されない事象が排除されている、ということを自覚する必要がある。[*10]

メディアを利用する研究手法は社会学の領域では自明のものであるが、わたしは、その手法を歴史学の領域に取り入れ、浄瑠璃・歌舞伎の中で朝鮮・朝鮮人がどのように描かれていたのかを論じてきた。[*11] 江戸時代の日朝関係は、朝鮮通信使を通じた善隣関係が維持されてきたという緊張感のない研究が行われていたが――紙幅の都合によりこれに対する批判は行わない――、浄瑠璃・歌舞伎の作品分析から見えてきたものは、江戸時代中期（一八世紀）の段階で朝鮮・朝鮮人に対する侮蔑が始まり、江戸時代後期（一九世紀）には「神功皇后三韓征伐」話が武威の意識と結合し、朝鮮蔑視観は民衆レベルまで拡散し、民族蔑視の言説まで登場するという事実であった。それでは、同じ東アジアに属する中国を江戸時代の民衆はどのように意識し、これを比較対象＝〝鏡〟として自国をいかに認識していたのであろうか。今回は、江戸時代中期（一八世紀）に限定して、この問題に取り組みたい。

既述したように、フィクションである浄瑠璃を史料として、そこから民衆の中国意識・自国認識を分析するためには枠組みの確認を行う必要がある。そのために、まず中世・鎌倉時代の知識人が抱いていた異国意識と自国認識の問題を先行研究から確認し、これを前提として、さらに、江戸時代前期（一七世紀）における思想状況を踏まえ、知識人の中国意識・自国認識の問題を考察しておきたい。

2　前提　鎌倉時代　知識人（宗教者）の他国意識・自国認識

鎌倉時代（一二世紀〜一四世紀）における知識人（宗教者）の他国意識と自国認識について、市川浩史の研究成果に学び簡単に触れておきたい。[*12] 市川は、村井章介[*13]の研究を踏まえ、鎌倉時代の思想家（宗教者）を分析し、以下の論点を導き出した。

①日本は辺土・小国であるだけでなく夷狄の国でもあった、という自国認識が形成された。それは宗教的劣等感をともなっていたが、そこから、神国思想を基盤にした日本勝地観も形成された

②仏教とは無縁と理解されていた朝鮮を欠落させて、天竺・震旦・本朝（日本）という「内なる三国」という時間・空間論＝「三国」意識が創られた

③「神功皇后三韓征伐」が語り継がれ、朝鮮蔑視観へと結びつていた

④蒙古襲来後、三韓征伐の主人公「神功皇后」とその子応神天皇を神とする信仰が強められ、日本を世界の中心とする発想がおこった

市川の研究成果を本論の問題関心から整理すると以下となる。蒙古襲来後、神国思想が「神功皇后三韓征伐」と結びつき、仏教的劣等感を内包する「三国」意識は変容して、その結果日本優位の自国認識がより強固となり、仏教的劣等感→神国思想＋「神功皇后三韓征伐」＝日本優位の自国認識が形成された。

3　背景　江戸時代前期　知識人の中国意識・自国認識

(1)　日本型華夷意識

江戸時代における儒学は中国・朝鮮のそれと比較すると、あきらかに異質なものであることはすでに論証され[*14]、近年では前田勉が朱子学受容の不適合性に着目して、日本近世は兵営国家であったと論じている。[*15]日本は武士によって「近世化」が推進されたため、儒教を基盤にした国家支配体制が樹立されない、東アジアにおいて特異な「近世化」の途を歩んだ、という宮嶋博史の見解もある。[*16]また、與那覇潤は、日本の近世社会において「「中国化」へと向かう芽が、社会から根こそぎつみとられた」と述べている。[*17]

日本における特異な近世化、「中国化」の芽のつみとり、という現象に拍車をかけたものが日本型華夷意識であった。一七世紀半ば、明は滅亡し、夷狄とされていた北方民族が清を建国した（明清交代）。日本型華夷意識とは、明

清交代の影響から、幕藩体制下の日本において形成された国際秩序意識のことである。[*18] 中国における華夷意識が儒教文明の受容の優劣に基づくものであるのに対して、日本型華夷意識は武威――露骨な暴力は後景に退き、圧倒的な軍事力に裏付けされた支配の正当性が権威化された支配理念[*19]――に裏付けされたものであった。

では、日本型華夷意識が形成される中で、江戸時代前期（一七世紀）の知識人は中国をどのように意識し、これを〝鏡〟としていかなる自国認識を形成したのであろうか。この問題を山鹿素行（一六二二～一六八五）・徳川光圀（一六二八～一七〇一）・大金重貞（一六三〇～一七一三）を素材として考察したい。

(2)『中朝事実』にみる山鹿素行の中国意識・自国認識

山鹿素行は会津若松に牢人の子として誕生、その後、一家は江戸に移住した。素行は九歳で林羅山に入門、早熟の秀才として頭角を現した。一六五二年（承応元年）、播磨国赤穂藩主浅野長直に仕えた後、一六六〇年（万治三年）には浅野家を致仕、寛文期から、朱子学を批判し「周公孔子の書」に直接に依拠すべきとする「聖学」を提唱し、一六六五年（寛文五年）、『聖教要録』を刊行する。しかし、この書物は幕府によって「不届」とされ、素行は赤穂藩浅野家へ流罪とされた。この流罪の間に執筆したのが『中朝事実』である（一六九九年〈寛文九年〉刊行）。周知のように『中朝事実』の「中朝」とは日本、「事実」とは歴史を指している。山鹿素行は、儒学の政治理念が日本において実現されているとし、それを論証するために日本史を叙述したのである。素行に関する先行研究は豊富である。本論との関連では前田勉の成果を紹介したい。前田は山鹿素行が『中朝事実』の中で武威に神話的根拠を与えている点を指摘しつつも、「必ずしも儒教的な華夷観念」や「中華文明」観を否定したものではないとしている。そして、前田はこの論点から、素行の以下の中国・朝鮮観＝日本認識を導き出している。[*20]

①神功皇后の「三韓征伐」にあるように、朝鮮は日本の武威に服従し、古代において日本に朝貢していたのであり、

武威・文明両面において日本に劣っている

②中国に対して、皇統の一系性と武威の優越性を説く

③必ずしも儒教的な華夷観念や「中華文明」観を否定したものではない

④日本と中国とは文明を共通項目とする対等な「隣好」関係であった

前田の成果①はその論拠も含め先述した中世以来、日本の知識人が抱いていた朝鮮観＝日本認識と同質のものといえる。そして②に中国認識と自国認識の変化が見て取れる。

つまり、山鹿素行の『中朝事実』により、中世の知識人（宗教者）が抱いていた仏教的劣等感と神道とがないまぜになった「三国」意識は変容し、武威にもとづく日本型華夷意識が、日本は「神国」であり皇統一系性をもつ、という神国思想と一体化された、と理解できる。次に、素行とほぼ同時期に生きた徳川光圀を紹介したい。

(3)『大日本史』編纂事業にみる徳川光圀の中国意識

林羅山・鵞峰親子と親交があった徳川光圀の学問は林家の影響を受けたとされる。[*21] 一六五七年（明暦三年）、光圀は江戸において歴史編纂事業を開始する。一六七〇年（寛文一〇年）、林羅山・鵞峰による『本朝通鑑』全三〇巻が完成し、これに刺激をうけた光圀は、一六七二年（寛文一二年）、編纂事業の部局を彰考館と命名、館員も増加し事業を本格化させる。

『大日本史』の記述スタイルは紀伝体となっている。その理由は、先述した『本朝通鑑』が編年体であることを意識し、これとの差違を企図したとされる。一方、紀伝体という体裁は、中国正史のスタンダードであり、光圀はむしろこのことを強く意識したのではないだろうか、という仮説も成り立つ。この仮説を意識しつつ、彼の実践行為を分析してみたい。光圀は自領（常陸国水戸藩領）において、領内巡見・史跡調査をくりかえしていた。これらの実践行

為のうち、一六九〇年（元禄三年）、常陸久慈郡新宿村（現　茨城県常陸太田市）に西山荘を建て隠居した後に行った「那須国造碑」[*22]の修復と、侍塚古墳[*23]の発掘の様相を確認したい。この事業には、下野国那須郡小口村（現　栃木県那須郡那珂川町）の名主・大金重貞が重要な役割を担っていた。そこでまず、在村文人大金重貞[*24]にも触れておきたい。

(4)『那須記』にみる大金重貞の学知

大金重貞は下野国那須郡小口村（水戸藩領　石高三八六石　現在・栃木県那須郡那珂川町）の名主であり、大規模な地主経営を展開する豪農でもあった。大金家に残された『旧記取調書』[*25]によると、大金家は戦国大名・佐竹氏の家臣であったとされる。先祖の重宣は一五六六年（永禄九年）、烏山重胤（那須勢）との戦闘で武功をたてたが、一六〇〇年（慶長六年）、佐竹氏が関ヶ原の戦いの敗戦により出羽秋田に転封になった際、佐竹氏に同行せず、小口村に土着したとの由緒を持つ。大金重貞は、一六四一年（寛永一八年）から一六四六年（正保三年）の間、地元の馬頭村の地蔵院に入り学問修行を行い、成人後は詩作・芸能に幅広く関心を示した。[*26]

重貞は『那須記』『仏法裸物語』『田畑難題物語』などの著作を叙述している。一六七六年（延宝四年）に完成した『那須記』一五巻[*27]は、中世、下野国北東部に勢力をもった豪族、那須一族の興亡を中心に叙述した地誌である。幕藩体制が安定期に入る一七世紀後半、幕藩領主や民間知識人たちによって、漢文体の地誌編纂が多く行われていた。[*28]『那須記』も漢文体で記述されており、重貞の行為は平和な世（偃武環境）の中において、中国文明の影響を受ける知的環境・雰囲気の中で培われた文化事業と位置づけられよう。

本論で問題とする「那須国造碑」は一六七六年（延宝四年）、僧円順によって発見された。円順はこの石碑を重要と考え大金重貞に伝え、重貞は碑文を写し取り『那須記』「草壁親王」の項目に掲載し、那須郡に草壁皇子[*29]の「御陵」が築かれた、との伝承も併記した。一六八三年（天和三年）、重貞は光圀に『那須記』を献上、これを読んだ光圀が

表　徳川光圀が領内で得た歴史情報

年	事項
1660年（万治3年）	台渡村の「長者」旧宅から古瓦が出たので幕府に献上する．
1662年（寛文2年）	平磯村の百姓が古塚をほり，石棺を見つけまた多くの遺物を発掘したとの情報を得る．
1663年（寛文3年）	武茂郷廻村
1664年（寛文4年）	市毛村古沢平之丞重正が古塚をほり，経筒を得たとの情報を得る．
1667年（寛文7年）	吉田・静両祠の修造を行う．この時，銅印1枚（静神宮印）を得る．光圀は「記」を作り，祠中に納める．
1670年（寛文10年）	前浜村の百姓が古墳を発掘し，石郭を発見し，刀・銅器なども出土したので，小祠を建てこれを祀った，という情報を得る．
1673年（延宝元年）	武茂郷廻村
1683年（天和3年）	武茂郷廻村　大金重貞から『那須記』を献上される．
1687年（貞享4年）	武茂郷廻村　大金重貞に「石碑」の修復を命じる．
1688年（貞享5年）	城南笠原山神崎寺の境内より，長正2年の銘をもつ経筒を得る．光圀は神崎寺が古刹であるとして，修繕を命じる，また経筒の「記」を作り納める．
1690年（元禄3年）	新治郡玉里村光明寺裏の古墳を発掘する．
1692年（元禄5年）	武茂郷廻村　大宝院に至り，修復が完成した「石碑」を確認する．馬場村稲荷社より石剣出土，若宮八幡に保管したとの情報を得る．
1695年（元禄8年）	小田野村藤福寺に三浦介の像を見る．武茂郷廻村
1698年（元禄11年）	武茂郷廻村
1700年（元禄13年）	武茂郷廻村

「那須国造碑」の存在を知ることになる。これが、「那須国造碑」修理と侍塚古墳発掘に繋がる発端であった。[*30]

なお、「那須国造碑」とは近代以降の古代史の実証分析をもとに、その主体が解明されたのちの名称であり、当時、光圀・重貞たちはそれを単に「石碑」と呼称していたので、本論でも以下「石碑」と表記する。また同様の理由から侍塚古墳は「車塚」と表記する。

(5)「石碑」修理・「車塚」発掘事業からみる徳川光圀の中国意識

江戸幕府によって、水戸藩主は定府とされたが、徳川光圀は藩主在任中に、一一回も水戸に入り領内を視察、地域のさまざなま歴史的情報を収集していた。表はその様相をまとめたものである。[*31]

水戸藩領内には、玉里舟塚古墳（現　小美玉市）や巨大な前方後円墳として梵天山古墳（現　常陸太田市）・愛宕山古墳（現　水戸市）などがあるが、光圀はこれらの「塚」には関心をしめしていない。一方、光圀は「石碑」と「車塚」が存在する下野国武茂郷には九回も赴いており、同地に特別の関心を有していたと言える。『水戸紀年』一六八七年（貞享四年）に、「本邦の碑これより古なるはなし（中略）佐々宗淳を命じて捜索する所なり」とあるように、光圀の興味・関心の多くは『那須記』によって知り得た「石碑」にあったことがわかる。

本論では、光圀が西山に隠遁した後も、側近として彼の文化活動を支えた佐々介三郎宗淳から大金重貞に宛てた書状である「佐々宗淳書状」全二八通[*32]を対象に「石碑」修理、「車塚」発掘事業の様相を分析する。なお、西山荘に隠居した光圀に随伴した宗淳は、光圀と重貞との関係をとりもった仲介役として動いていたのであり、宗淳書簡に示された作業に関するさまざまな指示は光圀の意志を反映したものであったことを付記しておきたい。

＊元禄五年正月三日（目録No.1―1）

一くるまづかほり申事も所ノ者共へ少々内意可被申聞候（中略）、石碑ノ下ニ何も書付申たるもの無之候、もしくるまづか本のつかニ而、碑ばかり湯津上へうつし候やと被存候、左候へハくるまづかほりて見申度候

この書簡から、「車塚」の発掘は「石碑」修理が終了してからはじまった、という事実が確認できるとともに、この段階で光圀は以下の推論を立てていたことが分かる。

「石碑」の下から文献・文字史料が発見できなかった場合、「石碑」と関連をもつ人物の本来の墓は「車塚」であったが「石碑」だけが現在の場所（湯津上村）に移動したのではなかろうか。ゆえに、「石碑」のことを知るには「車塚」を発掘する必要がある。

光圀は『那須記』で「石碑」と併記されていた草壁皇子の伝承など信じていなかったのである。彼は「車塚」が「石碑」に記された人物の墓であることを「書付」＝文献・文字史料によって確定しようとしていた。この問題をさらに考えてきたい。次の史料は宗淳が、光圀に出土遺物を直接「御覧」になるかどうかを確認した書状である。

＊元禄五年二月二一日（目録No.1―3）

上之塚ゟ出申候物共ノ事、今日西山へ伺ニ遣シ申候、もし御覧可被成との御意ニ御座候ハヽ、西山へ指上可申候間(中略)、御覧被成候まじきとの御事ニ候ハヽ、

この書簡から、光圀に「上之塚」=「車塚」からの出土物を直接確認する意志はなかったことがわかる。彼は「車塚」そのものや、出土遺物に特別の関心を抱いていないのである。この点をさらに次の史料で補填しておきたい。

＊元禄五年二月二四日(目録№1—4)

一書申入候、車塚ゟ出申候物共ノ事、西山へ伺申候へ者、御覧被成候ニ及不申候間、箱ニ入もとの所へ納メ申候様ニと被　仰出候間(中略)

一塚ゟ出申候鏡、又ハたかつき・矢ノ根など絵図ニいたし候而、指上候様ニと被　仰出候

光圀は現地に赴かなくとも、宗淳や重貞に命じ遺物だけを西山荘に持参させることは可能であった。しかし、彼はそれをしていない。絵図(図面)にして、差し出すよう指示しただけである。やはり光圀は「たかつき」や「矢ノ根」などの遺物そのものには特段の関心がなかったのである。

「石碑」修理・「車塚」発掘の経過を見てみると、光圀は、物質文化にほとんど関心を示していなかったことが分かった。この点は、重貞も同様であり、彼も「車塚」の出土遺物にはとくに関心を示していないのである。光圀・重貞の学知は、中国文明・漢字文化至上主義のものであった、といえよう。[*33]

先述した鎌倉時代の知識人(宗教者)の中国意識・自国認識と対比しつつ、山鹿素行のそれを整理すると、儒教的劣等感→神国思想+日本型華夷意識=日本優位の自国認識となる。仏教的劣等感は儒教的劣等感へ、「神功皇后三韓征伐」は日本型華夷意識へと上書きされたのである。しかし、これを江戸時代前期(一七世紀)における普遍的な政治思想であったとするわけにはいかない。同時代、徳川光圀や大金重貞のように中国文明・漢字文化への傾斜を強くもつ者もいたのである。当時の知識人たちにとり、中国とはアンビバレントな存在であった。重視すべきは、鎌倉時

代・江戸時代前期、ともに中国を〝鏡〟としつつ、日本優位の自国認識が形成されていたことであり、「神功皇后三韓征伐」と日本型華夷意識の両者には、武力を信奉する心性が流れ続けていた、という点である。

4　民衆の異国意識・自国認識

ここでは、前項を背景としつつ、このような政治文化（上位文化）が形成された後における民衆の他国意識・自国認識の様相を考察する。具体的には、江戸時代中期（一八世紀）の著名な劇作家・近松門左衛門の『国性姓爺合戦』を解析し、近松が異国をどのように意識し、これを〝鏡〟として自国（日本）をいかに認識していたのかを論じる。井上厚史は『国性爺合戦』が創作された背景につき、明清交代の激動をうけ、日本型華夷意識が生まれ、新たな自己像が形成されたと述べた[*34]。しかし新たな自己像とは何なのかについて具体的に論じてはいない。本論では、近松が政治思想（上位文化）を意識しつつ、「義理」「因果」といった一定のメッセージを創り出し民衆に語りかけていく、いわば社会文化の創造者でもあったことを意識し[*35]、近松門左衛門の異国意識と自国認識について『国性爺合戦』の作品分析から実証していく。

(1)『国性爺合戦』にみる　近松門左衛門の中国意識

初段、舞台は大明国の南京城である。大明国と韃靼国とは長年戦火を交えてきた。韃靼王順治は大明国の一七代皇帝思宗烈（崇禎帝）の妃華清に目をつけ、使者を遣わし彼女を譲れと言ってきた。思宗烈の家臣である李蹈天は、飢渇に苦しむ民を救うためにも「韃靼を頼」むべきとして賛成するが、呉三桂は以下のように述べ、韃靼国の使者に対して反対を表明する。

大明国は三皇五帝礼楽を興し、孔孟教へを垂れ給ひ、五常五倫の道今にさかんなり、天竺には仏因果を説いて断悪修善の道あり、日本には正直中常の神明の道あり、韃靼国には道もなく法もなく、飽くまでに食らひ暖かに着て、猛き者は上に立ち、弱き者は下に付き、善人悪人・智者愚者のわかちもなく、畜類同然の北狄、俗呼んで畜生国といふ

この台詞の中に大明国・天竺・日本・韃靼国が登場する。「三国」意識にあった震旦は大明国となり、韃靼国が新たに登場している。そして韃靼国は「北狄・畜生国」と規定されている。「大明国は……孔孟教へを垂れ給ひ、五常五倫の道今にさかん」という台詞もあり、一見すると、儒教的文明観がより強化されているようである。しかし、そう単純ではない。この呉三桂の言上に、韃靼国の使者は激怒し以下のように答えているのである。

ヤア〳〵大国小国はともあれ、合力を得て民を養ひし恩も知らず、契約を変ずるは、この大明こそ道もなき法もなき、手に足らぬ畜生国、軍兵を以て押しよせ、帝も后も一くるめ、わが大王の履持にする事、日を数へて待つべし

「合力」＝食糧支援という恩に答えず、「契約」を破るという行為が「道」や法もない「畜生国」の証とされている。ここにある「畜生国」という蔑視は、儒教文明という一元的かつ普遍的な価値基準から固定的に位置づけられるのではない。国の優劣は、当事者の行為により逆転するのである——もちろんその評価は政治的かつ恣意的である——。近松は儒教的文明観から「北狄」とされていた韃靼人に、大明国には「道」がない「畜生国」である、と語らせたのである。いうまでもなく「道」とは儒教が求める普遍的価値である。韃靼の使者が大明国をここまで侮蔑するのは、台詞の後半にあるように軍事力に対する自信による。近松は儒教文明よりも軍事力を重視し、そこに国の優劣の基準を置こうとしているのである。

なお、近松の他国認識が、直截かつ具体的に表明されているのは、この初段だけであり、他の場面では大明国・韃

韃靼国を〝鏡〟として日本を語る、という設定となっている。

(2) 『国性爺合戦』にみる近松門左衛門の自国認識

「神功皇后三韓征伐」の想起

初段の後半において、李蹈天は皇帝と大明国とを裏切り韃靼国に加担、皇帝は李蹈天に殺害され、大明国は滅亡する。呉三桂は皇子を守って落ちのび、皇帝の妹栴檀女も船で海に逃れていた。

二段目、大明国の旧臣の鄭芝龍は日本の九州・平戸に亡命、日本人妻との間に生まれた和藤内は成人している、という設定である。浜で鴫と蛤の争いを見た和藤内は軍法を悟り、李蹈天を殺し、韃靼国に侵攻する、との覚悟を語る場面に、近松は「三韓退治の神功皇后」という一文を挿入している。また四段目では、

舟路を守りの御神にて、神功皇后と申す帝、新羅退治の御時、潮ひる玉を以て、御舟を守護し、舟玉神とも申すなり

という栴檀女の台詞がある。

豊臣秀吉の朝鮮侵略を描いた「本朝三国志」(一七一九年〈享保四年〉初演)でも、「神功皇后三韓征伐」のストーリーは語られ、さらに「栬狩剣本地」という浄瑠璃作品は「神宮皇后、神風や天照太神宮の告によって」朝鮮に侵攻する「日本の神軍」が「新羅・百済・高麗国のあらき夷」を攻め滅ぼすという設定になっている。[*36]

中世、知識人(宗教者)の中で伝承されていた「神功皇后三韓征伐」話は、一八世紀前半、近松により、浄瑠璃を媒介にして庶民の間に伝達されていったのである。近松は日本人(和藤内には日本人の血が流れている)が海外侵攻する、という場面で「神功皇后三韓征伐」を想起させたのである。

小国意識

二段目、「唐土」に渡った和藤内は、虎退治をした後「うぬらが小国とて侮る日本人、虎さへ怖がる日本の手並覚えたか」と語り、李蹈天の家臣に「わが家来」になれと迫る。三段目、和藤内が韃靼国に隷属してしまった将軍・甘輝を獅子ヶ城に訪ね、味方に頼むという場面で、和藤内とともに大明国に渡った母は「小国なれども日本は、男も女も義は捨てず」と語り、交渉役となり城内に入っていく。そして、五段目では「国性爺、おのれ日本の小国より這ひ出て、唐土の地を踏みあらし」という李蹈天の台詞が出ている。このように、日本＝小国という意識が随所に見られるのである。注目すべきは、小国と言う言葉が、その後に続く日本の独自性（優位性）を主張するための前置きとなっている点である。先に紹介した、和藤内の台詞における「日本の手並み」とは文脈上、武力と同義である。小国と対置しつつ、日本の武力が強調されているのである。また、三段目、和藤内の母の台詞では、日本＝義の国、という点が強調されている。近松は日本を小国としつつも、武力に秀で、義にあつい国と語ったのである。

武の国

日本および日本人の武勇を語る場面はいたるところに出てくる。紙幅の都合から特徴的なものに限定して紹介する。

二段目、和藤内が浜で鴫と蛤の争いを見て軍法を悟る場面では、以下の台詞がある。

われ父が教へによつて唐土の兵書を学び、本朝古来名将の、合戦勝負の道理を考へ、軍法に心をゆだねしに、今鴫蛤のさらそいによつて軍法の奥義一時に悟りひらきえたり（中略）本朝の太平記を見るに後醍醐の帝、天下に王として蛤の大口開きしまつりこと取りしめなく（中略）、哀れ唐土に渡り、この理を以て彼の理を推し、攻め戦ふ程ならば、大明韃靼両国を一呑みにせん物を

和藤内は中国と日本の兵書を学んだが、『太平記』にある軍法（日本の軍法）が中国のそれより優れており、日本

の軍法により戦を始めれば「大明韃靼」両国とも侵略することができる、というのである。大言壮語であるが、近松はこの台詞のあとに「思ひそめたる武士の一念のすゑぞたくましき」という一文を入れている。

四段目、国性爺と甘輝が呉三桂とも協力して韃靼軍・李蹈天との合戦に及ぶという場面では、源平争乱を想起する以下の叙述があり、義経流・楠流といった語彙も出てくる。

日本そだちの国性爺（中略）、わが本国文治の昔、武蔵坊弁慶が安宅の関守あざむきし、例を引くや梓結衣、軍兵にめくはせし（中略）、日本流の軍の下知、攻め付けひしぐは義経流、ゆるめて打つは楠流

和藤内という固有名詞は、和（日本）でも藤（唐＝中国）でもどちらでもない、ハーフであることを表象している。しかし、近松は和藤内を徹頭徹尾日本人として描いているのである。和藤内が語る「わが本国」とはもちろん日本である。彼は中国兵書を読んで、その軍法を会得したが、実戦の場で生きるのは日本の義経流・楠流の軍法なのである。

そして、いよいよ、李蹈天が立て籠もる南京城攻撃という場面で和藤内は「智略もいらず軍法も何かせん（中略）、只一人、南京の城に乗り込み、韃靼王李蹈天が首ねぢ切り」と語っている。軍法（戦術）には軍団が必要であり、単身他国に乗り込んだ和藤内にとって、軍団とは中国人の兵士たちということになる。近松は決戦を日本武士・和藤内だけの活躍の場と設定した。つまり、この台詞には日本人武士の武力――ミクロに見れば武士の個人的武術――に対する信奉が貫かれているのである。そして、決戦の場面では、以下のような和藤内個人の活躍が語られていく。

引きよせて、剣ねぢ取りたたきひしぎ、打ちみしやぎ、鉾鑓長刀もぎ取り、もぎ取り、捻ぢまげ押しまげ折り砕き、寄せくるやつばら脚にさはれば踏み殺し、手にさはるを捻ぢ殺し、締め殺しては人礫、騎馬の武者は馬ともに一つにつかんで手玉にあげ、四足をつかんで馬礫、人礫馬礫石の礫も打ちまじり、人間わざとは見えざりし

韃靼兵を蹴散らした和藤内は李蹈天の首を「引きぬき捨て」る。戦の最後にかたられるのは、日本武士和藤内のす

さまじい暴力である。

神の国日本

日本＝「神国」という表象も多く見られる。二段目で、和藤内の母は「ヤア〳〵和藤内、神国に生まれて神より受けし身体髪膚、畜類に出合ひ力立てして怪我するな」と語っている。日本は「神国」であり、日本人の身体は神から受けたものである一方、渡海して出会うであろう大明国人や韃靼国人は「畜類」なのである。五段目では、和藤内の以下のような台詞がある。

　われも同じく日本の産、生国は捨てまじと、あれ見給へ天照太神を勧請す（中略）、今諸侯王となつておのおのの傅きに預かる事、まつたく日本の神力によつてなり

この台詞の前提として、和藤内・呉三桂・甘輝の陣屋に、伊勢神宮の「御祓・大麻」を勧請したという話が出ている。中国人甘輝の武功と出世も伊勢神宮・天照太神の力によるというわけである。近松は、日本の神（天照太神）の普遍化と神国思想の拡散を図っている、といったらいいすぎであろうか。

「やはらぐ」国で女子に優しい国である

『国性爺合戦』は全編、武張った物語となっている。ところが三段目、錦祥女――鄭芝龍が中国に残した娘で和藤内の異母姉、現在甘輝の妻となっている――の台詞には、

　とても女子に生まれるなら、こちや日本の女子になりたい、なぜといや、日本は大きにやはらぐ大和の国といふげな、なんと女子のためには、大きにやはらかなは好もしい国ぢやないかいの

というものがある。日本は女子にとって「やわらぐ」国なのである。日本とは男子にとっては武力の国であり、女子にとっては「やわらぐ」国である、と整理できる。ここにジェンダーバイアスの様相を見出すことも可能であるが、わたしは、近松が日本の優位性を語る場面において、非戦闘員である女子まで援用していたことを重視したい。

神徳武徳聖徳の融合

他国意識をちりばめつつ、日本認識を明確にした近松は『国性爺合戦』の最後を

国安全とことぶくも大日本の君が代の、神徳武徳聖徳の、満ちて尽きせぬ国繁昌、民繁昌の恵みによつて、五穀豊穣に打ちつづき万々、年とぞ祝ひける

として終わらせている。韃靼国との戦いに勝利し、大明国も再興した日本は「神徳武徳聖徳」の国であり民は「繁昌」するというのである。

山鹿素行が『中朝事実』において論理化した神国思想と日本型華夷意識の統合という政治文化（上位文化）を、近松は浄瑠璃というメディアを利用して、民衆に〝わかりやすく〟語ったのである。

5　おわりに

岡本綺堂は『国性爺合戦』を分析し、「「日本」ということを忘れないで、「日本」の光、または「日本人」の力ということを極度に高調している」「異国を対象として「日本」ということを自からに強く意識するようになる」と論じた。[*37] 岡本の慧眼である。

近松は明清交代や、鄭氏と清との交戦に関する知識を、寛文年間に刊行された『明清闘記』から得ていたとされる。[*38] ルイ・アルチュセールのイデオロギー分析の方法論に依拠すると、近松門左衛門は神国思想と日本型華夷意識との統合という高度な政治文化（上位文化）を民衆の集合心性（下位文化）へ繋ぐ仲介者として位置づけることができる。一方、『国性爺合戦』を観る限り、そこに中国文明への言及や、尊敬の念を見いだすことはできない。中国文明への傾斜をもった知の領域や風潮が存在していたにもかかわらず、近松は口を閉ざしているのである。もちろ

ん、ヴィジュアルに観客に語りかける浄瑠璃というフィクションの世界において、思想や思弁を表現することは難しい。中国文明への憧憬という抽象度の高い事象に比べ、日本の武を〝わかりやすく〟強調し、観客（民衆）にうったえかけることは容易い。初演から、三年間のロングランという異例のヒット作となった『国性爺合戦』を観た多くの民衆は、日本とはなにか、ということを認識していったのである。神の国、武の国であると。これは、メディアがもつ〝わかりやすさ〟の穽陥とも言える。

元禄期（一七世紀末）以降、戦国時代以来の粗暴な武士の論理は否定され、安定した民間社会が成立した。[*39] 本来戦闘者であった武士はそれを否定され、治者としての自覚が求められ、さらに財務官僚としての能力まで要求されるようになった。[*40] こういった政治的・社会的帰趨に反発する者（かぶき者など）は幕府によって徹底的に弾圧された。鎖国により閉鎖された社会において、幕藩領主の権力は民衆の世界に入り込み、民衆の日常生活までも規制するようになった。身分の枠が固定され、支配の網の目が細かく張り巡らされ、人びとはこの閉じた社会関係の中で、世間の目を意識して生きていくという、均質で規律化された社会が到来した。

しかし一方、逼塞する社会のなかで、消極的な〝あらがい〟といったものが、浄瑠璃というメディアの中で、前時代へのノスタルジーという形で〝わかりやすく〟創られ、伝えられていったのである。戦国時代（一六世紀）とは、苛酷な暴力の世ではあるが、民衆レベルには自律の気運があり、自己の才覚によりハイリスク・ハイリターンが可能であり、対外貿易も盛んで、日本人が海外へ出ていった時代であった。『国性爺合戦』とは、日本人の血が入り、日本の「軍法の秘密」を会得した和藤内が「唐土」に渡り「大明韃靼両国を一呑にせん」と活躍する物語である。そこには、前時代へのノスタルジーが溢れている。ただし、問題は、現状への消極的〝あらがい〟と〝わかりやすさ〟が暴力＝武に表象され、ここから形成された自国認識が、武に秀でた国として強調されていたことにある。

『国性爺合戦』は享保期（一八世紀初頭）から慶応期（一九世紀前半）まで、九五回歌舞伎として上演された。七代目松本幸四郎によると、和藤内＝鄭成功は、六尺二寸もの大刀などを三本さした武張った形で登場していたという*41――現代歌舞伎でも、この形が踏襲されている――。『国性爺合戦』で表象された日本＝神の国、武の国という自国認識は、日本近世を通じて再生産されていったのである。

註

＊1　ピーター・バーク編、谷川稔他訳『ニュー・ヒストリーの現在』人文書院、一九九六年、吉見俊哉『カルチュラル・ターン、文化の政治学へ』人文書院、二〇〇三年、フレドリック・ジェイムスン、合庭惇ら訳『カルチュラル・ターン』作品社、二〇〇六年、『思想　特集・歴史学とポストモダン』八三八号、一九九四年、『思想　特集・ヘイドン・ホワイト的問題と歴史学』一〇三六、二〇一〇年、など。

＊2　須田努『イコンの崩壊まで』青木書店、二〇〇八年、須田努「イコンの崩壊から」『史潮』新七三号、二〇一三年。

＊3　ナタリー・Z・デーヴィス、成瀬駒男訳『帰ってきたマルタン・ゲール』平凡社、一九九三年、カルロ・ギンズブルグ、上村忠男訳『歴史・レトリック・立証』みすず書房、二〇〇一年、カルロ・ギンズブルグ、上村忠男訳『歴史を逆なでに読む』みすず書房、二〇〇三年。

＊4　成田龍一『「大菩薩峠」論』青土社、二〇〇六年。

＊5　『歴史学研究』九一二号〜九一四号、二〇一三年〜一四年。

＊6　藤野裕子「表象をつなぐ想像力」『歴史学研究』九一三、二〇一三年。

＊7　青木美智男『一茶の時代』校倉書房、一九八八年、青木美智男『深読み浮世風呂』小学館、二〇〇三年、青木美智男「人情本にみる江戸庶民女性の読書と教養」『歴史評論』六九四、二〇〇八年、青木美智男『藤沢周平が描ききれなかった歴史』柏書房、二〇〇九年。

＊8　須田努「三遊亭圓朝の時代」『歴史評論』六九四、二〇〇八年、須田努「文明開化と大衆文化の間隙」深谷克己編『東アジアの政治文化と近代』有志舎、二〇〇九年、須田努「織り込まれる伝統と開化」久留島浩・趙景達編『国民国家の比較史』有志舎、二〇一〇年、須田努「江戸時代中期　民衆の心性と社会文化の特質」趙景達・須田努編『比較史的にみた近世日本』東京堂出版、

二〇一一年、須田努「諦観の社会文化史」関東近世史研究会編『関東近世史研究論集二』岩田書院、二〇一二年、須田努「江戸時代におけるメディア・スタディーズ」『明治大学人文科学研究所紀要』第七二冊、二〇一三年。

＊9 中臺希実は近松門左衛門の浄瑠璃作品を分析し、家を民衆がどう認識していたかという問題に切り込んでいる（「メディアに表象される近世中期における「家」に対する都市部民衆の集合心性」『家族研究年報』三九、二〇一四年）。

＊10 ジュディス・バトラー、竹村和子訳『ジェンダー・トラブル』青土社、一九九九年。

＊11 須田努「江戸時代　民衆の朝鮮・朝鮮人観」『思想』一〇二九、二〇一〇年、後、趙景達他編『「韓国併合」一〇〇年を問う』岩波書店、二〇一一年、須田努「通信使外交の虚実」趙景達編『近代日朝関係史』有志舎、二〇一二年、須田努「近世人の朝鮮・朝鮮人観」原尻英樹他編『日本と朝鮮　比較・交流史入門』明石書店、二〇一一年。

＊12 市川浩史『日本中世の光と影』ぺりかん社、一九九九年、『日本中世の歴史意識』法蔵館、二〇〇五年。

＊13 村井章介『アジアのなかの中世日本』校倉書房、一九八八年。

＊14 尾藤正英『日本封建思想史研究』青木書店、一九六一年、渡辺浩『近世日本社会と宋学』東京大学出版会、一九八五年、『東アジアの王権と思想』東京大学出版会、一九九七年。

＊15 前田勉『近世日本の儒学と兵学』ぺりかん社、一九九六年。なお、日本近世＝兵営国家という概念提起は、丸山眞男が先駆である（丸山眞男『日本政治思想史研究』東京大学出版会、一九五二年）。

＊16 宮嶋博史「東アジア世界における日本の「近世化」」『歴史学研究』八二一、二〇〇六年。

＊17 與那覇潤『中国化する日本』文藝春秋、二〇一一年。

＊18 朝尾直弘「鎖国制の成立」『講座日本史』四、東京大学出版会、一九七〇年。

＊19 朝尾直弘「東アジアにおる幕藩体制」『日本の近世』一、中央公論社、一九九一年。

＊20 前田勉『兵学と朱子学・蘭学・国学』平凡社、二〇〇六年。

＊21 鈴木暎一『徳川光圀』吉川弘文館、二〇〇六年、吉田俊純『水戸光圀の時代』校倉書房、二〇〇〇年。

＊22 「那須国造碑」：宮城県の「多賀城碑」・群馬県の「多胡碑」とともに「日本三古碑」の一つとされ、現在国宝に認定されている。碑文には永昌元年（唐の年号　六八九年）に評督に任じられた国造那須直韋提が庚子の年（七〇〇年）に没し、後継者の意斯麻呂らが、彼の生前の徳をしのんで建碑したことが記されている。

＊23 侍塚古墳：二基の前方後方墳の総称。南流する那珂川の右岸段丘上に南面して立地する。北の古墳を下侍塚（全長八四メート

ル）、南の古墳を上侍塚（全長一一八メートル）と呼称する。築造時期は両者ともに五世紀前半と考えられている。
＊24　杉仁『近世の地域と在村文化』吉川弘文館、二〇〇一年。
＊25　栃木県立文書館寄託大金重晴家文書№81。
＊26　栃木県史編さん委員会『栃木県史』通史編四、一九八一年。
＊27　栃木県史編さん委員会『栃木県史』史料編中世五、一九七六年。
＊28　須田努「中国化の限界から脱中国化へ向かう日本の近世」日韓歴史家会議『第12回日韓歴史家会議報告書　世界史における中国』二〇一三年。
＊29　六六二～六八九。父・天武天皇とともに壬申の乱に勝利、皇太子となったが病死する。
＊30　「那須国造碑」修理、侍塚古墳発掘の経過については、斎藤忠・大和久震平『那須国造碑・侍塚古墳の研究』吉川弘文館、一九八六年、栃木県立なす風土記の丘資料館展示図録『水戸光圀公の考古学』二〇〇四年が詳しく解説している。
＊31　『水戸紀年』（茨城県『茨城県史料』近世政治編1、一九七〇年）。
＊32　栃木県立文書館寄託　『大金重徳氏所蔵文書』1（古代関係）。「大金重貞宛、佐々宗淳書状」全二八通（栃木県立文書館寄託『大金重徳氏所蔵文書』1〈古代関係〉）は、年次が錯綜したまま表装されている。大和久震平は、書誌学的にこれを分析し編年した（注30）。「那須国造碑」修理は、元禄四年（一六九一）三月から開始されたことが分かっているので（大金重晴家文書　№80―2　宝暦五年『他領那須湯津上村国造碑御建立之次第扣』）、これを参考に各書状の内容を検討すると、大和久の編年は正しいことが分かる。よって、本論でも大和久の編年に依拠する。
＊33　蒲生君平（一七六八～一八一三）が、古墳そのものに関心を示し、享和元年（一八〇一）『山陵志』を執筆したことに見るように、知識人の物質文化への関心は、一八世紀末から一九世紀前半（寛政から天保期）まで待たねばならない。その背景には、国学の萌芽がある。また、一九世紀初頭（文化期）、幕府は教学レベルの高い藩に対して、仮名文字による地誌の編纂を命じたが、それは「中国を排した日本文明の主張、言い換えればナショナリズムの萌芽を示す」とものであった（白井哲哉『日本近世地誌編纂史研究』思文閣出版、二〇〇四年）。蒲生君平は、古墳を類型化した『山陵志』を『大日本史』に組み込む意図があったとされる。一九世紀、日本における知識人の物質文化への関心は、中国文明＝漢字文化からの脱却の帰結として発露され、また日本の独自性を見出そうという歴史認識へと係属していくのである。
＊34　井上厚史「『国性爺合戦』から『漢国無体　此奴和日本』へ」『同志社国文学』第五八号、二〇〇三年。

＊35　須田努「江戸時代中期　民衆の心性と社会文化の特質」（注8）、須田努「諦観の社会文化」（注8）。
＊36　同時代、紀海音は享保四年（一七一九）、「神功皇后三韓征伐」を題材とした「神功皇后三韓責」を上演している。
＊37　岡本綺堂「『国姓爺』の楼門」『演芸倶楽部』昭和五年二月号、一九三〇年。
＊38　向井芳樹「近松の時代浄るりの劇空間」『国文学　解釈と鑑賞』昭和四五年一〇月号、一九七〇年。
＊39　深谷克己『江戸時代』岩波書店、二〇〇〇年。
＊40　日本近世において、武士は暴力を独占した武士（世襲）であるが故に為政者として君臨できたのであり、東アジアという視座から科挙が存在しない社会における治者の問題・有り様については、幾重もの留保が必要である。
＊41　「七代目松本幸四郎『和藤内』」『演芸画報』昭和一六年一一月号、一九四一年。

二　民衆運動史研究の方法
――通俗道徳論をめぐって――

趙　景　達

1　はじめに

民衆運動史研究が活力を失ってから久しい。一九六〇年代後半〜一九七〇年代に隆盛した人民闘争史研究は、とうに史学史的な出来事となっている。社会史の本格的な隆盛にともない、八〇年代に入ると、人民闘争史研究は急速に人気を失っていった。民衆史研究そのものは決して衰えたわけではないが、民衆の運動やその変革主体性を問題にするよりは、民衆の日常生活や人々の関係性などにより関心を注ぐ社会史の捉え方が、研究者の関心を引くようになったのである。

しかし、民衆運動史研究はそうした社会史の問題意識を取り込みながら、新たな展開を見せるようになった。日本史研究に限っていえば、人民闘争史研究がなお隆盛であった七〇年代前半に深谷克己によって提唱された仁政イデオロギー論[*1]は、為政者と百姓との間にある支配と合意のシステムを明示したという点で、記念碑的な意味を持っている。それは政治文化論的な問題意識を先駆的に提示したものといえよう。深谷は、当時はまだ政治文化という言葉を使ってはいないが、その内容は政治文化への着目といっていい。そしてそれは、もっぱら「新しい政治文化」に着目したリン・ハントの問題意識[*2]に先立つものであり、またグラムシがいうところのヘゲモニー論にも対応する内容をそなえている、と私は考えている。

今日、民衆運動史研究は人民闘争史研究全盛時と比べれば勢いを失ったとはいえ、なお歴史学の重要な研究領域であることに変わりはない。そしてそれは、こうした政治文化論を前提にしつつ取り組まれている。これも深谷が語るところによれば、近年の民衆運動史研究は、「運動・闘争の諸局面をとりあげながらも、単に国家対抗的な事象だけをとらえず、運動・闘争を生み出しているそれぞれの社会のその時代固有の深い地盤や意識の構造に関心を払おうとする」ものであり、逆に言えば「運動を、時代と社会の全体性を表象するものとして認識しようとする」ものであるとされる[*3]。

これを私なりに自身の問題関心に引きつけていうならば、民衆運動史研究というのは、単に変革主体の動態に目を向けるだけでなく、運動・闘争という非日常的世界から、むしろ民衆の日常的世界を逆照射しようとするところにその意義がある。民衆の運動は、支配の合意システムが危機に瀕するか破壊されたときにこそ興起する。従って、民衆運動の過程を見ていけば、支配の合意システムの内容とその実体、そして人々の関係性や心性、日常生活の様相なども垣間見ることができる。つまり、民衆運動史研究は全体史を見透すための一つの手段である。政治文化というのは、第一層＝原理（政治理念・政治思想など）、第二層＝現実（収税慣習・官民関係・選挙慣行・運動作法・願望・迷信など）、第三層＝表象（旗幟・標識・言葉・服制・儀礼・祝祭など）の三層からなるというのが、私のかねてからの考えである。そして、民衆運動史研究でとりわけ重要なのは、第一層と第二層の矛盾、齟齬を見出すことである。リン・ハントが着目した「新しい政治文化」はもっぱら第三層であり、長期波動的に測定される政治文化の様相にはあまり関心がないようにみえる。いずれにせよ、民衆運動史研究は政治文化史的議論と切り結ぶことによって、全体史への把握にも寄与しうるものになるであろう。

近年の民衆運動史研究に大きな影響を与えた研究には、もう一つ安丸良夫の通俗道徳論がある。安丸は人民闘争史研究が本格的に提唱される以前から民衆思想史という観点から通俗道徳論を展開していた。安丸によれば、日本では、勤勉・倹約・謙虚・忍従・正直・敬虔・粗食などの言葉に表象されるような通俗道徳が、一八〜一九世紀に民衆の間において主体的に内面化するという方向で全国的に形成され、それは幕藩体制による民衆支配のための新しいイデオロギーとなった。しかし、「通俗的で前近代的な道徳とみえるものが、ある歴史的段階においてはあらたな「生産力」」となる。それゆえそれは、やがて日本近代化への批判の拠り所となる一方で、日本資本主義のための支配的イデオロギーとして再編されるに至るという。*4

このような安丸の通俗道徳論は、今日に至るまで絶大な影響力を有している。朝鮮史を専門とする私も刺激を受け、その方法に学んだ。私は、東学研究では、東学を通俗道徳論的な観点から説明している。*5 しかし私が学んだのは、あくまでも、通俗道徳が上から形成され民衆にその内面化を迫っていき、民衆の側にもそれに呼応しようとする動きが、上層民衆を中心に部分的に出てくるという一点である。安丸の方法をそのまま朝鮮の民衆運動史に適用しようなどとは思わなかった。どうしても、適用しかねる問題があった。通俗道徳の内面化というのは、当時の民衆にとって相当に難しい問題である。それは比較史的問題に属するかも知れないが、民衆観そのものにも関わる問題があった。安丸の通俗道徳論を仔細に理解している研究者なら、私の議論が安丸とは違うものであることに気がつくものと思う。安丸においては、通俗道徳を内面化した民衆の道徳主義や規律性がややもすれば絶対視されているように思われるが、私はそのような民衆観は持たない。私は、通俗道徳を内面化した民衆の規律性に着目するだけではなく、彼らが通俗道徳を廃棄する局面にも着目すると同時に、通俗道徳を内面化しようにもし得ない民衆や逸脱する民衆、あるいは当初から通俗道徳とは無縁な民衆にこそ、膨大な変革エネルギーの可能性を見出している。東アジア史的な観点からするとき、安丸の通俗道徳論は相対化されざるをえない。

安丸は一つの枠組みを終始堅持し、体系化した稀有の歴史家である。しかし、民衆運動史研究が人気を落とすなかで、安丸史学によって民衆運動史の本質が語られようとしていることに対する危惧が、私にはある。その有効性を一面認めながらも、それ以上にその批判を明確にしなければならないと思う。今日まで安丸の通俗道徳論には賛同だけでなく批判も多くなされてきたが、そのほとんどは日本史研究者からのものに止まっている。朝鮮史では宮嶋博史が若干の批判を行ったが[*6]、まとまった形ではなされていない。そこで本稿では、同じく朝鮮史研究の立場から、疑念をぬぐいきれない安丸の通俗道徳論を再検討することにしたい。これまで私は、朝鮮史という立場から批判を差し控えてきたが、日本史にも言及することが多くなった自身の研究のありようと、一国史的発想の打破が叫ばれる昨今の状況に鑑みて、自身の考えるところを述べてみたい。そして、その作業を通じて民衆運動史研究の方法に何らかの示唆を提示できればと思う。

2 通俗道徳と東アジア

朝鮮史を研究する立場にありながら、安丸の通俗道徳論にはかなり以前より着目してはいたが、私がそれへの関心をより一層強めたのは、宮嶋博史の小農社会論に接してからである。宮嶋によれば、歴史的に東アジアは世界史的にみて均質的な小農社会と規定でき、中国では一五世紀、朝鮮と日本では一七世紀以降、小農社会になったという[*7]。このことの発見は重要である。かつては、日本には封建制があったのに対して朝鮮や中国にはなかったとされていたが、宮嶋の議論はそうした非対称性を無化し、むしろ同質性に着目したのである。その結果、東アジアの比較史の道が開かれた。事実、小農自立は家の存続を願望する多くの民衆を生み出すことになるが、その結果として中国では宗族形成が盛んとなり、朝鮮では族譜作成が流行しだし、日本では家職意識が一般化するようになる。

では、民衆の道徳意識はどうなるであろうか。家が存続していくためには、勤倹誠心の道徳観念を内面化し、子々孫々に継承させていかなければならない。それこそが、安丸がいうところの通俗道徳であるが、これも東アジア三国で、相継いで形成されていく。中国では清代に流行した善書がそれに相当し、朝鮮では一八六〇年に誕生した東学の役割が大きい。

しかし安丸の通俗道徳論は、こうした比較史的な関心から提唱されたものではない。周知のように安丸は、マックス・ウェーバーの『プロテスタンティズムの倫理と資本主義の精神』にヒントを得てその通俗道徳論を着想した。ただ、ウェーバーが近代資本主義の推進力となる資本家や労働者を中心に、広くは市民階級一般にも勤倹エートスを見出したのに対して、安丸は農民を中心とした民衆一般にそれを見出した点が違っている。

また、これも有名な話だが、安丸の通俗道徳論は、丸山真男とその学派が合理的精神や個我の確立などに近代的主体形成を見出そうとすることへのアンチテーゼとして提示されたものである。安丸は、そうした方法を「モダニズムのドグマ」であるとして厳しく批判する。[*8] しかし、丸山的な近代主義的手法を批判したとはいえ、通俗道徳論の発想自体がウェーバーであっては、西欧中心的な呪縛から逃れたとは到底いえまい。そもそも安丸の宗教観は、島薗進が批判するように、呪術からの解放の契機として通俗道徳の成立をみようとするものであり、それは近代主義的な宗教観と通底している。[*9] 近代主義批判のパラダイム転換は何らなされていない。

確かに安丸には、通俗道徳を東アジアの農耕社会に一般的なものとみる視点がある。宮嶋の小農社会論の影響を受けたものかどうかは不明だが、後年東アジアにおける通俗道徳の形成を「小農経営の一般的形成と相即的」なものとしている。[*10] しかし、安丸の説明はここまでである。中国や朝鮮における通俗道徳が終末思想とセットになって出てくるという点が見過ごされているのである。

そもそも、同じく小農社会とはいえ、兵営国家的に規律化されて中間収奪が排除された「固い」タイプの日本は、「柔らかい」タイプの朝鮮や中国と対比的である。[*11] 私は、小農社会としては、日本は後二者に比べて、はるかに安定的な社会であったと考えている。朝鮮は日本に較べれば流動的な社会であり、中国はさらに流動性が高い社会である。そこでは農民は、小農への上昇と没落を繰り返し、流民化現象が頻繁に起こされる。このことは政情や世相に反映され、中国や朝鮮では易姓革命の謀議が絶えず起きる。そしてそれは民衆思想にも反映し、終末思想の流行となって現れる。清代中国で流行した善書というのは、民衆世界に蔓延していた終末思想を背景に出てきた書物群で、「劫」=破滅から逃れるためには善行を積み重ねるしかないという信仰に基づいていた。[*12] 終末思想と通俗道徳はまさにセットの関係にあり、ピューリタン的な禁欲主義のあり方とはいささか違っている。一般に終末思想は現世的であるが、ピューリタニズムは来世的論理に動機づけられている。

また、朝鮮の東学は、終末の到来と真人鄭氏の誕生にともなう王朝交替を予言した讖書『鄭鑑録』の流行を背景に、その克服を「守心正気」の禁欲主義の実践に求めたものである。東学の創始者崔済愚は、当初は仙薬の服用と呪文の読誦によって神秘主義的かつ容易に万人真人化がなされるとしたが、やがては「守心正気」の実践を万人真人化の必要条件とした。第二代教祖の崔時亨段階になると、「守心正気」は必要条件どころか絶対条件となり、その禁欲主義は合理主義的に通俗道徳の実践として信徒に強く求められるに至る。ここに東学教門を中心とした正統思想=北接派が成立するわけだが、東学の反乱=甲午農民戦争は、万人真人化を依然として簡便なものと考え、民衆を変革主体として把握した全琫準らの異端東学=南接派によってこそ主導される。[*13]

このような東学における正統と異端の問題から、安丸の議論に立ち返ってみると、納得しえない点がみえてくる。安丸は、①「民衆思想は、時として、その通俗道徳的立場をつきつめることによって、通俗道徳的原理をふりかざして鋭くはげしい社会批判をした」とか、②「通俗道徳を真摯に実践してきた人間だけが確信をもった鋭い批判者たりえた」という。また、それらは幕末維新期、宗教的飛躍によってより尖鋭なものになる可能性があったが、ただ、③「世直し観念の発展は、日本においては世界史的に例外といってよいほど未熟であった」とし、④「こうした観念に鼓舞された宗教一揆の事例はみられない」とする。そして、⑤尖鋭な世直し宗教が現れなかったのは、幕末維新期の新宗教は一般にみな神道系に属していたため天皇制イデオロギーに癒着しやすく、民衆の通俗道徳的自己規律はかえって天皇制支配を下から支える強力なエネルギーを提供することになったのだという。[*14] こうした説明は、大筋で納得できるようにみえる。しかし、私は③や④には同意するが、①や②には同意することができない。⑤についても神道系宗教という点だけで説明するのはいささか観念的ではないだろうか。

東学では、通俗道徳の実践を愚直に求める教門中央の正統派＝北接派は信徒たちの王朝批判や社会批判を抑止し、信徒たちにあくまでも道徳的な克己勉励の個人修養を求めた。本来的に異端である東学は、朱子学を至上とする正統国家への歩み寄りを見せていくのである。それゆえ、初代教祖の崔済愚は、一八六二年に南朝鮮一帯を襲った壬戌民乱には、早くも傍観の姿勢を取った。第二代教祖の崔時亨も甲午農民戦争には終始反対であった。彼らが通俗道徳的であればあるほど、王朝批判や社会批判は、東学の内容自体にそれがどれほど備わっていたとしても、実践行為としてはかえって起きようがないのである。従って、民衆の社会不満に応えるさらなる異端勢力が東学内に出てこなければならず、それこそが全琫準などの南接派であった。しかもその指導者たちは、ほとんどが士であることを自負する郷村知識人であった。そして、甲午農民戦争では、民衆は通俗道徳の廃棄という方向性において闘争を展開していく。

ここには、民衆の規範意識の問題や暴力行使の問題がある。幕末維新期の民衆は通俗道徳にそれほど忠実であったのであろうか。むしろ反通俗道徳的な方向に社会変革のエネルギーを見出すことができるのではないであろうか。また、そこには、民衆暴力の問題が潜んでいるのではないであろうか。どれほど宗教的形態を取る闘争であっても、かえって逆にそうであるがゆえに宗教的逸脱があるものである。安丸の見解はそうした逸脱を軽視し、民衆宗教の教理的実践を絶対視しかねないように思われる。そして、尖鋭な異端的世直し宗教が現れなかったのも、たんに神道系宗教の問題に帰すことはできないのではないであろうか。仏教系やキリシタン系の尖鋭な新宗教が誕生することもできたはずだが、なぜかそうした宗教は現れない。[*15]

3　民衆の規範意識

通俗道徳論については、当初から批判があったが、なかでも安丸の初めての著作『日本近代化と民衆思想』に対する布川清司の批判は鋭いものであった。布川によれば、近世中後期から一般民衆が通俗道徳を目的的に実践したなどということは実証レベルで破綻しているとしたうえで、であればこそ村落指導者はそれを鼓吹しなければならなかったのであり、多くの民衆はかえって民俗的旧慣になじんでいたという。そして、多くの民衆はむしろ功利的かつ自分本位的に生きていたからこそ、安丸がいうのとは逆に「通俗道徳を破壊するために込められた人間のエネルギーは実に膨大だった」のだという。安丸の議論は、かえって村落指導者や上層農民に身を寄せた議論であり、民衆のエゴイズムやそれに発する不服従の論理を認められない議論こそ、安丸が批判しようとするモダニズムにほかならないというわけである。[*16]

私は、実はこの布川の批判にほとんど賛同している。ただ、「私が「通俗道徳」を規範・当為・社会的通念などとして捉えていることを、布川はまったく無視している」[*17]という安丸の反論は、重要である。当時の人々は、通俗道徳が通念としてあり、そのように生きなければいけないということを理解していたということにこそ、民衆的葛藤の深い淵源があると考えるからである。近代移行期において東アジア民衆が通俗道徳の社会通念化をめぐって葛藤を深くしていったことは間違いない。それは日本だけの問題ではなく、東アジア比較史研究において重要な共通項の発見という点で大きな意味を持つというのが私の考えである。であればこそ、東アジア史研究の貴重な成果という評価から「通俗道徳」という言葉をそのまま使いもしたのである。

しかし、安丸の議論は、社会通念化といいつつ、その実はやはり、実態としても民衆は通俗道徳を内面化していく存在として位置づけられているとしか思えない。「私は、「通俗道徳」という形態をとって自己形成してゆくほかなかった民衆のありようのうちに、言葉には表出されようもなかった膨大な葛藤と悲哀とを読みとりたい[*18]」とか、「(通念化を媒介にして——引用者)日本人に特有の性格構造や身ぶりや感受性や行動様式の特質なども形成されていったはずである[*19]」などという文章に接するとき、大きな違和感をぬぐいえない。そこでは通俗道徳論は、単に実体化されているだけでなく、あまりに文学的で、しかも日本人の国民性論にまで上りつめてしまった感がある。

民衆は通俗道徳的にしか自己形成しえなかったというのは、本当なのであろうか。この点については、布川以前に深谷克己がいち早く批判していた。深谷は布川と同じく、通俗道徳は地主層や村役人層の道徳観であり、自立性を喪失した下層農民や半プロ層は通俗道徳実践の現実的基礎さえ奪われていたとする。そして、そのうえで「「通俗道徳」型の自己規律で主体を確立しえない層、したがって独自な変革主体となってあらわれる層を階級闘争の実現の仕方の相違にまでつらなるものとして明確に位置づける必要がある」とした[*20]。人民闘争史研究時代の息吹を感じさせる文章だが、いわんとするところは明瞭である。幕末維新の民衆運動は、反通俗道徳ないしは非通俗道徳の論理によって起こされたものにより着目しなければならないということである。

実は、安丸はこうした批判を受けたせいかどうかは分からないが、その後百姓一揆に対する詳細な研究を進めた。『日本近代化と民衆思想』の第二編に収められた二論文はそうした論考である。そこでは、百姓一揆の様相やその際の民衆の心性、あるいは百姓一揆と民俗との関係性などを鮮やかに解明している。だが、百姓一揆正当化の論理は、村役人を中心に内面化された通俗道徳によって裏打ちされたものとして描かれている。そして、そうであればこそ、百姓一揆という非合法手段に打って出なければならなかった人々の内的葛藤は深いものであり、百姓一揆にまつわって多く誕生した怨霊譚や義民譚などは、そうした葛藤の産物だとされる。また、ヤクザのような社会的逸脱者が一揆の頭取になるような場合も描かれているが、そうした場合には一揆のあとに村八分にされたり、制裁を受けたのだという。それらは、一揆衆の大勢がいかに通俗道徳を内面化して従順であったかの証とされるわけである。あるいは、「飢えた貧民」や社会的逸脱者が多く参じる幕末の世直し一揆にも筆が及んでいるが、そうした者の暴力的活動や盗みなどは逸脱行為でしかなく、一揆の論理はあくまでも「地域の共同性の世界を代弁する懲悪の行為」＝「公的な正当性」であるとされる。世直し一揆では、打ちこわしがはげしく行われ、乱酒、乱暴、乱舞によって祝祭化するが、一揆衆の大勢は基本的に「膺懲」の論理を踏み外さないというのである。やはり一揆の背景にある論理に通俗道徳をみているといえる。百姓一揆は本質的に、通俗道徳に徹した民衆が我慢の限界点に達したときに引き起こされ、一揆過程も通俗道徳的論理を振りかざして進行するというわけである。社会的逸脱者を主体的にみることの重要性については次節で論じたいが、安丸の筆致は通俗道徳をやはり社会的通念以上に実態化しているようにみえる。

通俗道徳論については、民俗学者の小松和彦からも疑義が提示されている。小松によれば、安丸は民俗に関心を抱いているが、その関心は百姓一揆のような民衆運動を背後から支えるものに対してのみであり、より複雑な民俗のコスモロジーを理解していないというのである。しかも、「上位権力に由来する「道徳」の通俗化」に視点を寄せるのは、民衆を見下ろすことにしかならないという。[*21] この指摘は、私を含めた一般の民衆運動史研究者にとってもきついものだが、民俗の観点から見たとき、やはり通俗道徳による民衆の自己形成というのは虚構にみえるのであろう。

さらに、民衆は必ずしも通俗道徳によってのみ自己形成したわけでないことは、安丸の盟友ともいうべきひろたまさきによっても主張されている。ひろたは安丸とともに通俗道徳論を練り上げた歴史家だが、通俗道徳の両義性に着目し、ネガティブな面に研究の情熱を注がなかった安丸を批判している。ひろたによれば、通俗道徳は農商活動を活性化させる一方で、賤民差別を生む温床にもなったし、下層民衆の場合は、反通俗道徳的に妖怪図や怪談などの「悪として排除される世界」に魅了され、また売春や賭博、芝居、版画、参詣旅行などのさまざまな遊興文化にも慣れ親しんだというのである。そして、通俗道徳的規範とは当初から無縁な漂泊民や炭坑夫、芸能民、やくざ、都市下層民などの存在の意義を知りつつ、それらを自身の歴史像に組み入れようとしない安丸を批判する。[*22] こうした批判の先には、本来近代史研究者であるにもかかわらず、日本の帝国主義や帝国意識について研究を避けてきた安丸への不満があるようである。ひろたには、近代日本が被差別部落民差別やアイヌ、沖縄への差別を生み出し、アジア蔑視の感情をもって侵略行為を働いていったことに対する苛立ちがある。そしてその罪過は、底辺民衆も免れるものではなく、やがて帝国意識は彼らをも捉えていくとする。それゆえ当然に、帝国意識の問題はたんに帝国日本の問題であるだけでなく、日本民衆、日本国民の問題にもなるというわけである。こうしたひろたの民衆観を対峙するとき、安丸の日本民衆観はやはりあまりに美しすぎる。

実際、近世民衆は欲深くもあった。近世社会は、実は「身上り」が可能な社会であった。「分」に生きることを説き聞かすような通俗道徳の鼓吹者であるはずの村役人層などは、苗字帯刀を悲願とし、かえってそうした上昇願望を実践する人々の先頭にいた。武術に励んで士分化を達成しようとする百姓も少なくなく、そうした願望を背景として幕末には農兵が広く誕生する。[*23] 通俗道徳の内面化とは、そう容易くできるものではないのが人情というものではなかったであろうか。

こうしたことは、東アジア史的にみてもそうである。安丸は、実は比較史にも関心を持っており、ヨーロッパばかりではなく中国などとの比較も視野に収められている。しかし、東アジア史レベルでの通俗道徳の比較がないというのは、宮嶋博史の指摘の通りである。善書や東学への関心はほとんどない。そもそも、中国や朝鮮の民衆反乱にあっても、身分上昇願望を無視してその本質を語ることはできない。太平天国の反乱では平等主義が貫徹しているようにみえるが、しかしその実は、天王洪秀全を頂点とする新たな身分制社会を構築しようとしていた。太平天国の社会制度を規定した「天朝田畝制度」は、勤倹従順の通俗道徳を説く一方で、農民を身分の最下と捉え、罪を犯す者は農民に落とすと定めていた。[*24]

また、東学では確かに「分」の思想が唱えられたが、甲午農民戦争では平等主義を標榜する一方で、逆の現象が起きていた。朝鮮では風水説に基づいて墓地を選び、子々孫々の繁栄を願う民俗が盛んであったが、そのため山訟（墓地争い）が絶えなかった。そこで甲午農民戦争では、山訟に敗れた農民たちが、「来世富貴」のために農民軍幹部にしきりに山訟を訴え、あるいは自ら「掘塚」（墓あばき）を盛んに行った。

民衆の上昇願望は断ちがたく、植民地朝鮮にあっても、身分上昇を願う貧農民などが終末的な新興宗教に多く集った。植民地朝鮮では、総督府が学校教育や農村振興運動などを通じてしきりに上から通俗道徳を鼓吹したが、人々はそれに疲れ果てて新興宗教に走っていった。そして、ほとんどの新興宗教は表では通俗道徳を唱えながら、裏では終末の到来と、新王国誕生の際における身分上昇を約束した。[*25]そこにあるのは、通俗道徳に徹しきる民衆の姿ではない。通俗道徳の強要に対する民衆の功利主義的な対応であり、あるいは通俗道徳の廃棄である。そして、そうした民衆の対応こそが、次第に厳烈な総督府支配を揺るがしていく。

以上のようにみてくると、民衆が通俗道徳によって自己形成していくという議論は、日本史的にも東アジア史的にも、一面的なそしりを免れない。通俗道徳は社会的通念として、つねに支配者や村落支配者、宗教者などによって鼓吹され、民衆にその内面化が執拗に求められた。その結果、それを内面化して自己形成をするような民衆が確かに立ち現れてくるのは事実だが、多くの民衆は功利主義的に対応したのではないであろうか。そもそもが、通俗道徳は家の存続維持のためにその内面化が図られようとしたのであって、それ自体にすでに功利主義的動機が内包されている点を忘れてはならないであろう。本来、通俗道徳と功利主義は必ずしも矛盾するものではない。それゆえにこそ、通俗道徳的民衆というのはあくまでも理念型的な存在として捉えられるべきものであって実体化してはならないのである。あるいは、たとえ通俗道徳を内面化する民衆が無視しえないほどに立ち現れたとしても、民衆運動などの非常時においては、民衆はその廃棄に向かっていったのではないであろうか。そして民衆運動は、むしろ通俗道徳が廃棄されたればこそ、激烈なものになっていく可能性を秘めていたのだと思われる。

4 民衆の暴力

安丸にとって通俗道徳と並んで重要な分析対象は、支配イデオロギーと対抗する宗教である。これについて島薗進が近代主義的理解だと批判したことについてはすでに述べたが、島薗はさらに「宗教の他の側面、たとえば人を抑圧や排除に向かわせる側面についてはほとんどふれずに、本源的自由の源泉としての側面がとりわけ強く提示されることにも不満が残る」として安丸を批判している。[*26] 私はこの批判についても同感である。安丸は宗教の抑圧や排除の問題に対して全く無関心であったわけではないが、やはりさほど関心を示さなかった。そしてそれは、暴力と宗教の関係性にあまり思いを致すことがなかったせいだと思われる。

安丸は、日本でも終末的救済思想が近世の富士講から始まり明治期の天理教や丸山教、大本教などに継承されるとみているが、[*27] しかしそれが、民衆の変革運動と結びつかなかったことを問題にする。中世末期から近世初頭にかけて一向宗やキリシタンによる激烈な闘争があったが、しかしそこでは、「民衆的な宗教王国の観念」＝ユートピア思想はなお未熟であった。しかもそれらは、織豊政権と幕藩体制の成立によって根こそぎにされ、近世から幕末維新期にかけての民衆は、「民衆的宗教王国」の構想について受け継ぐべき伝統を持つことができなかった。その結果前にも述べたように、「世直し観念の発展は、日本においては世界史的に例外といってよいほど未熟であった」し、「こうした観念に鼓舞された宗教一揆の事例はみられない」というのである。[*28]

こうした評価については、異論はない。しかし、宗教と一揆が結合するかしないかにかかわらず、安丸は道徳=正義を振りかざした民衆蜂起には、禁欲主義が貫徹していると捉えているようである。安丸は、「ドイツ農民戦争や太平天国のような大蜂起にさいして、蜂起した集団のなかにはげしい「禁欲主義」的規律の高揚が見られること、日本の百姓一揆についても、やはり蜂起の「禁欲主義」が萌芽的にせよ存在したことについては、私自身なんの疑問もない」[*29]というが、果たしてこうした評価は妥当であろうか。安丸が、世直し一揆などで「飢えた貧民」や社会的逸脱者が行った暴力をたんに逸脱行為と捉えたことについてはすでに述べた。従って、ここでいっている「禁欲主義」というのが、非暴力的、規律的な運動を示唆していることは明らかである。だが、この評価はおかしい。思い込みでしかないのではないであろうか。

ドイツ農民戦争では、確かに強い禁欲主義が働いたが、最有力指導者のトマス・ミュンツァーは、自身の説教を信じる者たちを「選ばれた者の会」に組織化し、その暴力と略奪行為を正当化した。ミュンツァーは自身を「キリストの使者」とみなして絶対化し、キリストの敵である国王や領主などは存在してはならないものとし、その処刑を声高に叫んだ。あらゆる秩序破壊は、共産主義的社会を実現するためのものであり、それは神の名において正当化された。また、ドイツ農民戦争に継ぐミュンスター再洗礼派王国の運動では、禁欲主義は凄まじい暴力と指導者の堕落に結果し、道徳観の転倒をもたらした。財産共有制が実施される一方で、一夫多妻制が宣言され、安易な殺害が日常化する恐怖政治が行われた。総じてヨーロッパの千年王国運動では、ノーマン・コーンが明らかにしたように、指導者やその集団は自身の絶対的無謬性を確信して「冷酷無惨な集団」となった。[*30]

このことは太平天国の反乱でも変わらない。洪秀全らの指導部は、厳しい禁欲主義を民衆に強いたにもかかわらず、自らは道徳的に堕落して血で血を洗う内紛を引き起こし、またその集団も凶暴化した。太平軍に殺害された人々は優に二〇〇〇万人以上にのぼるとさえいわれる。千年王国運動にせよ太平天国運動にせよ、その共産主義的理想は清らかなものであったが、現実はそれに背理していく。民衆運動は、こうした背理の連続によって、時に後退しながら少しずつ社会を切り開いていくしかなかったのではないであろうか。そしてそれは、永続的に成就することがない。民衆運動が大衆運動や市民運動に取って代わられてもそれは同じであり、現在もそうである。これからもまたそうであるに違いない。

禁欲主義がはげしい暴力に結果するというのは朝鮮でも変わらない。一君万民の理想を掲げた甲午農民戦争では、東学農民軍指導部は総じて禁欲主義的に厳格な規律を設けた。そうした規律は、たとえ知識層に属する農民軍幹部によって強制されたかにみえても、その実は確かに、民衆文化のなかで培われたものであった。全琫準が発した厳格な「軍律」は、民衆が共同体的に自己形成してきた道徳性と規律性を上からすくい上げ、集約し直して下に再び投げ降ろしたものであると考えることができる。指導部の堕落も、太平天国とは違って最後まで起きなかった。しかしやがて、太平天国ほどの暴虐はしなかったにせよ、そうした統制から離れ、「浮浪の輩」「不恒無頼の輩」などがうごめき出すと、それにつられて一般の農民や奴婢もまた、はげしい暴力と略奪などを行い、祝祭的状況を現出させていく。民衆のユートピアは、一君万民思想の理想を背景に、身分差別がなくみなが共食できる平等・平均主義的社会を意味するものであったが、大量の貧民や賤民の参入によって急進的にその実現が図られるようになっていったのである。

確かに当初は、農民軍幹部の指導のもと、道徳的、規律的にその構築が図られようとした。しかし、解放された空間で、民衆は自分たちなりの道徳の標準を持とうとするようになっていく。そこでは、徳望なき士族や富民は「掠財」と「厳刑」の対象になったが、貧民や無名の者はたとえ反道徳的行為があったとしても赦された。また、暴力は凄まじいものになったが、基本的には処刑までは行わなかった。さらに、前述したように、「来世富貴」を願うような功利主義的な動きも顕著になっていった。最高指導者の全琫準はこうした事態に手を焼き、そのため「官民相和」の合意のもとに、治安機構として有名な執綱所を設置した。本来の民衆の自治機構は都所といわれるものだが、それだけでは対応不能な事態にまで立ち至ったのである。士としての強烈な責任意識を持つ全琫準は、異端の東学を信奉しはしたが、既成の道徳観の廃棄までは望んでいなかった。それゆえ民衆の「乱道」を理解できず、最後まで愚民観から脱することができなかった。民衆の「乱道」は、まさに徹底した秩序破壊と通俗道徳の廃棄を意味するものであった。通俗道徳の廃棄こそが民衆の運動を尖鋭化させ、その変革願望を表現するものとなった。儒教国家や在地士族が強要し、東学教門が求める通俗道徳を廃棄することなくして、民衆には前進がなかった。従って、そうした「掠財」「厳刑」行為を働く東学農民軍は、彼らに苦しめられた在地士族によっても、「賊に似てはいても賊ではなく、民に似てはいても民ではない」（黄玹『梧下記聞』）と評せられ、不可思議なものと認識された。

ただし、全琫準に次ぐ最高指導者のうちの一人金開南の場合は、当初は全琫準同様厳格な規律を敷いたが、のちに易姓革命的志向をみせるようになり、暴虐行為を容認するに至っている。既成の王朝体制を全面的に否定した場合には、民衆の暴力は凄まじいものになる可能性を秘めていたのである。しかし、甲午農民戦争の基本思想は一君万民であり、ほとんどの民衆はそれを支持した。従って、金開南はかえって民衆の支持を失っていく。

以上のような民衆暴力の様相は、実は幕末維新期の日本においても同じだったのではないであろうか。確かに社会変革に結びつくような強力な終末宗教がなかった分、暴力の激しさはドイツや中国、朝鮮には及ばない。しかし、変革期における民衆の暴力はやはり尋常ではない。安丸は、通俗道徳を運動の背景に持つ百姓一揆の道徳的規律性を高く評価するあまり、貧民や無頼などの暴力・略奪をたんに逸脱した行為と片付けてしまうが、こうした評価は彼らを歴史の片隅に追いやってしまう歴史認識になってしまわないであろうか。あるいは、そうした逸脱者と一揆衆の主役たる一般民衆の熱狂ぶりは、どこで線引きができるのであろうか。安丸は、世直し一揆などで通俗道徳型の人間が一変し、乱酒、乱暴、乱舞によって祝祭化を進めていきはしても、大きくは道理を踏み外さなかったとみているが、それらを史料的に区分けするのは相当に難しいはずである。

一揆衆の大勢はあくまでも規律的で、逸脱行為は一部の者に限定されるとみるのは、安丸だけではなく近世日本の民衆運動史研究の大勢だが、異論もある。須田努の研究である。[*31] 須田は、一九世紀の民衆運動に「悪党」の存在を見出し、彼らの暴力に着目した。彼らは「御百姓意識」をかなぐり捨てつつも、共同体内自助作用＝有徳人の施行にお依存しようとする二面性を持っていたが、世直し段階になると、幕藩領主や有徳人・豪農層を恐怖させる存在となり、また、その対抗暴力を正当化させるようになっていく。農兵誕生のいきさつの一端である。そして、近代に入ると、民衆運動は新政反対一揆にみられるように、暴力・放火という逸脱的実践行為を激しくさせていくが、その源泉は、仁政イデオロギーが解体してく天保期以降に求められる。逸脱的実践行為は、維新政権と被治者の間の合意や意思の疎通が途絶されることによって、ますます激しくなっていくのだが、その関係が改善され、合意の回路が形成されていくと、逸脱的実践行為も自律的に否定されていくというのである。須田は、確かに民衆の暴力を逸脱行為と表現してはいるが、彼らの存在をたんに例外と位置づけず、歴史の表舞台で扱い、その意識や心性を合理的に説明しようとした。そこでは、生活者としての民衆の利己性やしたたかさが見事に描かれている。それは、秩序ある民衆運動の正当・正統性とその叡智への賞賛という視点からの脱却を意味するのみならず、世界史的普遍性のうえに日本近世史を位置づけようとする試みであるといえる。こうした研究成果に接してみるとき、安丸の議論は世界史的には容易に納得しえない民衆運動観となる。

そもそも、社会的に排除された貧民や下民を歴史の主体として浮かび上がらせる作業は、安丸と同世代の良知力によって行われていた。[*32] 良知は、一八四八年革命の際にウィーンでいかにその日暮らしのような底辺プロレタリアが果敢に戦ったかを生き生きと描いた。彼らはもっぱら異邦人からなり、市民から「怠け者」と蔑まれ敵視されていたが、やがて国民軍に編入される。そして、ウィーンが皇帝軍に包囲されると、市民はいち早く投降するのだが、最後まで血を賭して皇帝軍と戦ったのは、実は彼らプロレタリア＝異邦人であった。かつてエンゲルスは、汎スラブ主義の民族（西スラブ人・南スラブ人・ルーマニア人など）を「歴史なき民」として貶めたが、良知の仕事はそうした「歴史なき民」を復権させることであった。彼らは、一般のウィーン市民からみれば、禁欲主義などとは無縁な人々であった。しかし、そうした人々にこそ、さまざまな問題がある一方で、歴史を前進させる原動力があったことを、良知は見抜いたのである。彼らは両義的な存在であったといえるであろう。

一般に正統的マルクス主義では、自立的な農民や工場労働者などが変革の主体とされる。恒常的な仕事を持たない存在はルンペン・プロレタリアとして排除の対象にすらされる。良知はこうした歴史観に異議を申し立てたわけであるが、飜って安丸の仕事は良知とは対極的である。安丸は、主観的には教条的なマルクス主義を排する立場に立とうとした歴史家であるが、しかし社会的逸脱者の主体形成に対する関心が驚くほど希薄であるという点で、十分にマルクス主義を正統的に継承している歴史家のようにみえる。通俗道徳論に固執し、ネガティブな民衆観を持とうとしなかった結果、そうした底辺民衆への関心を欠落させていったのだと思われる。

従って、安丸は近代において日本民衆が行った罪深き事件については、決して研究のメスを入れようとしてこなかった。ひろたが批判するように、一般農民の被差別民に対する暴力は、意識的にか無意識的にか研究の対象とされず、関東大震災や南京大虐殺、さらには草の根ファシズムなどにみられるアジア民衆への暴力については、どうも関心の埒外にあるかのようである。安丸は若い頃にすでに、部落差別問題、植民地問題・アジア認識、女性史の三つは「けっして手を出すまいと心に決めた」と語っている。[*33] その理由は定かではなく、自らの専門をその謙虚さゆえに限定したようにも思われる。しかし、戦後歴史学は、近代日本批判という側面を強く持っている。天皇制批判という点で安丸史学も例外ではない。そして、天皇制を支えたのはまさに民衆である。安丸の民衆論は近代移行期までは通俗道徳による主体形成という側面を強調しながら、近代になると、民衆の通俗道徳的自己規律は天皇制支配を下から支える強力なエネルギーになったというものだが、これは近代の民衆を客体化する理解のようにみえる。民衆の必死の主体的自己形成は、近代に至ると他律的なものになってしまうということか。安丸は、「国民国家論の立場に立つ論者たちに同意する」[*34]と明言しているが、国民国家論の立場は国民化する民衆を客体的に語るところに特徴がある、と私は考えている。主体は、国民化のためのモジュールを強力に移植導入していく国民国家なのである。本来的に民衆運動史研究とは相性がよくないはずである。民衆運動史の立場を貫こうとすれば、近代に至っても民衆を主体的に語る必要がある。近代に至ると民衆の主体的自己形成が他律的なものになってしまうというならば、その脆弱性が問題になろう。また、民衆の主体を問題にするなら、その責任も問題にすべきであり、近代に至るまで具体的にその思想形成や運動のあり方を研究対象にすべきである。安丸の議論は、日本民衆にあまりに甘すぎるのではないであろうか。何故に、差別的、排外的な暴力を生み出すような民衆の負の心性が形成されるのかについては、何ら説明しない。こうした問題を解き明かすことは民衆史研究者の責務の一つであろう。

5　残された問題――むすびに代えて

以上で、安丸の議論に即した批判はひとまず終えることにしたい。ただ最後に、安丸が宗教ほどには強い関心を示さなかった、民衆がよって立つところの村の問題について比較史的な議論をしておきたい。比較史的にみた場合、近代日本における民衆の排外的暴力の問題は、村の閉鎖性に淵源を持つ政治文化と関わっているのではないかと考えるからである。

すでに述べたように、東アジア三国は小農社会を形成していたが、村の構造は大分違っていた。周知のように、中国の村は、一般に共同体的性格が弱いことを特徴としている。それに対して日本と朝鮮の村は、明らかに共同体を形成していた。日本の場合は、村の成員が宗門人別改帳によって厳格に把握され、村掟によって拘束され、また五人組によって相互監視されていた。朝鮮の場合も同様に、それに各々対応するように、戸籍、洞約、五家統があった。そして、日朝の村ともに、自裁権を持っていたことは、非常に高い自律性を示している。さらに講＝契、あるいは共同労働などの慣行があったことも重要である。

しかし、村の開放度において朝鮮と日本は大きく違っていた。日本では質入れなどにより実質的には土地の売買が行われていたとはいえ、田畑永代売買禁止令が地租改正の時まで続いたのに対し、朝鮮では土地売買は原則自由であった。また、それに一面規定されるかのように、日本では他村への移住＝村入は、有力者の紹介や村寄合の承認が必要であり、なかなか難しかったとされるのに対し、朝鮮では、民衆の移動率がきわめて高かった。つまり、朝鮮は日本に比べ流動性が高いのであるが、共同体が基本的に存在しないともいえる中国の場合は、さらにそうである。孫文が中国の民を「散沙」と形容したゆえんである。

流動性が高いということは、村が開かれていたことを示唆している。朝鮮では、実は戸籍把握も不完全で、洞約規制も弱く、五家統も十全に機能しなかった。儒教的民本主義の思惟と政治文化が貫徹する朝鮮は、規律社会であるよりは教化社会としての性格が強かったのである。こうした社会にあっては、村八分などの現象も起こりにくい。村にいられなくなれば、他村に移住すればいいだけのことであり、村八分の効能は効きにくい。このことは、一揆や民乱の際に行われる参加強制の仕方が日本と朝鮮ではいささか違っていたことによく示されている。日本では一揆への参加強制は村単位で行われるが、朝鮮では民乱への参加強制は個人単位で行われるのを一般とした。そして、流動性が高いがゆえに社会不安も増し、それは終末思想が蔓延する温床となる。*35 義賊が多く出現するのもそのためである。世界的には近代移行期に義賊が多く誕生するのは一般的なことであり、中国などでは尋常ではない。[*36] 朝鮮でも時に政局にも影響を与えるほどに顕著に見られた。[*37] 義賊現象がほとんどない日本の場合は、やはり異質である。

村八分などは非常に日本的である。これは因習として近代にも現代にも引き継がれた村の政治文化である。談合もそうであろう。しかし、安丸はこうした負の政治文化には関心を示さない。演説会や運動会、民権講談などの新しい政治文化については、大いに関心を示しているが、村を基底に持つような古い政治文化がどこへ行くのかについては沈黙する。村の排他性は、近代の天皇制国家が容易に形成される日本社会の構造的要因をなしているのではないであろうか。全国の閉鎖的な無数の村々に天皇制という網をかぶせれば、日本列島大に拡大された巨大な村＝天皇制国家が瞬時に誕生することができたのである。安丸は、「日本のばあい、明治維新を境に支配体制の再編成が先行して近代世界にすばやく適応したので、宗教形態をとった民衆運動が社会体制を根底から揺るがしたのではなかった」という[*38]が、閉鎖的な村の構造こそが、終末思想の蔓延を阻止し、国民国家建設に有利に作用したということを忘れてはならないと思う。「散沙」の民から構成され終末思想が蔓延した中国では、皇帝制は国民国家とは容易になじまなかった。朝鮮でも大韓帝国の創設は臣民化を進めることはできたが、甲午農民戦争後も終末観が社会を覆い、ますます流動化していった状況下にあっては、国民化に失敗するしかなかった。[*39]

村の問題が天皇制国家に関わっているとすれば、近代天皇制固有の「無責任の体系」の問題もそれと関連づけて考えなければならない問題となるであろう。丸山真男は、「無責任の体系」を思想史的にのみ説明したが、それはあくまでも上からの説明である。下からも説明されなければならないとするなら、村の問題は避けて通れないのではないであろうか。責任は個人が引き受けずに村総体が受け持ち、個人の責任を村の全体責任に帰してしまうような日本的論理＝曖昧責任こそは、「無責任の体系」を作り出すにおいて、大きな力になったというのが、比較史的見地からする私の見立てである。個人が共同体に埋没するというのは、そもそも共同体自体を認めがたい中国ではあり得ないことであり、また共同体が存在した朝鮮でも必ずしも自明なことではなかった。

いずれにせよ、安丸は通俗道徳の負性や民衆の暴力の問題、村の政治文化に関わる問題などを近代にも連続させて捉えようとすることを避けてきたようにみえる。こうしたことの解明は、もはや後学の研究者に託されたのである。グローバリゼーションがますます進展し、新自由主義が世界を席巻する状況は、貧富の格差を拡大し、若者を中心に新しい民衆を作り出している。また、そこでは公共性の再生が問われてはいるが、力弱き者が結集する共同体の復活も図られる必要に迫られている。民衆運動史研究は、ひと頃の勢いを失いはした。だが、それはむしろ、今こそ真摯に取り組まなければならない研究分野になっているのではないであろうか。[*40]ただし、一国史的に行うのは禁物である。比較史的方法は必須であり、とりわけ東アジア比較史は重要である。また、近代史研究に限ってみれば、民衆関係にまつわって展開される連帯運動や、逆に排外運動のようなものを見出す作業も重要であろう。民衆の相互認識にもメスが入れられなければならない。植民地朝鮮では、総督府によって中国人との連帯の道を阻害された朝鮮民衆が、かえって排華に打って出て、一九三一年七月、百数十名の中国人を殺害するという悲惨な事件を起こしている。[*41]

民衆運動史研究が果たすべきことは多い。これまで忌憚なく安丸批判を行ってきたが、それも安丸史学の大きさゆえに、その克服なくしてこれからの民衆運動史研究の進展はないと考えたからである。これからの民衆運動史研究の活性化を期待してやまない。

註

＊1　深谷克己「百姓一揆の思想」『思想』五八四、一九七三年。

＊2　リン・ハント（松浦義弘訳）『フランス革命の政治文化』平凡社、一九八九年。

＊3　深谷克己「民衆運動史研究の今後」深谷克己編『民衆運動史―近世から近代へ』五、青木書店、二〇〇〇年、一一頁。

＊4　安丸良夫『日本の近代化と民衆思想』青木書店、一九七四年。特に著書タイトルと同名の第一章が重要だが、初出は一九六五年

である。『安丸良夫集』一、岩波書店、二〇一三年、再所収。以下、安丸の著作は『安丸良夫集』からの引用とする。

＊5　拙著『異端の民衆反乱―東学と甲午農民戦争』岩波書店、一九九八年。

＊6　宮嶋博史「日本史認識のパラダイム転換のために―「韓国併合」一〇〇年にあたって」趙景達・宮嶋博史他編『「韓国併合」一〇〇年を問う』岩波書店、二〇一一年。

＊7　宮嶋博史「東アジア小農社会の形成」『アジアから考える』六、東京大学出版会、一九九四年。ただし、小農社会の安定度という点では東アジア三国には違いがあり、朝鮮や中国は後でみるように流動性が極めて高い社会であった。このことを考慮すれば、小農社会とは、たんに量的意味に止まらず、質的意味においても捉えられなければならず、「支配層においては小農層の広範な存在を社会の基礎としようとする思潮があり、また被治者層にあっても小農として自立しようとする志向性が当為としてあるとともに、努力次第ではそれが可能となる社会」というように定義づけられるべきだと考える。

＊8　前掲「日本の近代化と民衆思想」八頁。

＊9　島薗進「宗教研究から見た安丸史学―通俗道徳論から文明化論へ」安丸良夫・磯前順一編『安丸思想史への対論』ぺりかん社、二〇一〇年、一四二頁。

＊10　「「通俗道徳」のゆくえ」『安丸良夫著作集』一、三〇七頁。

＊11　岸本美緒「東アジア・東南アジア伝統社会の形成」『岩波講座世界歴史』一三、一九九八年。

＊12　山田賢「世界の破滅とその救済―清末の『救劫の善書』について」『史朋』第三〇号、一九九八年。同「生きられた「地域」―丁治逗『仕隠斎渉筆』の世界」山本英史編『伝統中国の地域像』慶応大学出版会、二〇〇〇年。同「記憶される「地域」―丁治逗『仕隠斎渉筆』の世界」『東洋史研究』第六二巻第二号、二〇〇三年。

＊13　前掲拙著『異端の民衆反乱』。以下、東学と甲午農民戦争については、本書を参照のこと。

＊14　「『世直し』の論理と系譜―丸山教を中心に」『安丸良夫集』三。なお、本論文はひろたまさきとの共著である。

＊15　安丸はそのことの理由を、「織豊政権と幕藩体制の成立によって徹底的に押し潰され近世の仏教は社会思想としての生命力を失ってしまった」ことに求めている（同右、一〇七頁）。だが、後述するように、日本社会がさほど流動的でないことこそが重要なファクターであると私は考えている。流動的な状況があれば、隠れキリシタンなどを含めた異端的な宗教にも、新たな生命力が生まれたはずである。

＊16　布川清司「安丸良夫著『日本の近代化と民衆思想』」『日本史研究』一四九、一九七五年。

＊17 「「民衆思想史」の立場」『安丸良夫集』一、一八六頁。
＊18 「前近代の民衆像」『安丸良夫集』五、二五九頁。
＊19 前掲「「民衆思想史」の立場」一九七頁。
＊20 深谷克己「『歴史学研究』三四一号特集「天皇制イデオロギー」について」『歴史学研究』三七八、一九七一年。
＊21 小松和彦「安丸良夫の民族論」前掲『安丸思想史への対論』ぺりかん社、二〇一〇年。
＊22 ひろたまさき「日本帝国と民衆意識」同右。
＊23 深谷克己『江戸時代の身分願望』吉川弘文館、二〇〇六年。
＊24 「天朝田畝制度」『新編原典中国近代思想史』一、岩波書店、二〇一〇年。
＊25 拙著『朝鮮民衆運動の展開─士の論理と救済思想』岩波書店、二〇〇二年、第八〜一〇章。
＊26 前掲島薗進論文、一五五頁。
＊27 「民衆運動における「近代」」『安丸良夫集』二、二六八頁。
＊28 前掲「『世直し』の論理と系譜」一〇四、一〇五、一〇七頁。
＊29 前掲「「民衆思想史」の立場」一九二頁。
＊30 ノーマン・コーン『千年王国の追求』紀伊國屋書店、一九七八年、二九八頁。
＊31 須田努『「悪党」の一九世紀』青木書店、二〇〇二年。
＊32 良知力『向こう側からの世界史』未来社、一九七八年。同『青きドナウの乱痴気』平凡社、一九八五年。
＊33 「「近代家族」をどう捉えるか」『安丸良夫著作集』一、二八四頁。
＊34 「『文明化の経験』序論　課題と方法」同右、六、五五頁。
＊35 こうした比較史的考察は、拙稿「近世の朝鮮社会と日本」（『近代日朝関係史』有志舎、二〇一二年）でやや詳しく述べておいた。
＊36 フィル・ビリングズリー（山田潤訳）『匪賊─近代中国の辺境と中央』筑摩書房、一九九四年。
＊37 前掲拙著『朝鮮民衆運動の展開』第六章。
＊38 「回顧と自問」『安丸著作集』五、二一一頁。
＊39 拙稿「危機に立つ大韓帝国」『岩波講座　東アジア近現代通史』第二巻、二〇一〇年。
＊40 最近、尹海東は「일본에서의 한국 민중사연구 비판─趙景達을 중심으로」（『한국민족운동사연구』六四、二〇一〇年、のち「탈

식민주의 상상의 역사학으로」푸른역사、二〇一四年、収録）という論文で、民衆の自律性を否定し、民衆を主体として歴史をみることに対する疑義を表明している。この論文は、「日本における韓国民衆史研究批判」と題しているが、もっぱら私の民衆運動史研究に対する批判となっている。そこでは、日本の歴史学界に属する私のアイデンティティの問題にまで論難が加えられている。久しぶりに「パンチョッパリ」（半日本人）という、とうに死語になった言葉を思い出した。植民地近代性を批判する尹がポストコロニアルな存在である在日に対してそうした論難をすることについて驚きを禁じ得ないが、民衆運動への理解があまりに皮相であることにも驚いた。この論文は在日朝鮮人研究者総体を批判するものであると同時に、民衆運動史研究一般に対する批判でもあると受け止める。また尹は、趙は通俗道徳論を安丸良夫から借用しながら、安丸が民衆を方法的概念として用いるのに対して、趙は民衆を実体化してしまっていると批判する。この議論には、私の議論を矮小化しようとする意図が感じられるが、本稿の冒頭でも述べたように、「民衆運動史研究は全体史を見透すための一つの手段である」というのが私の基本的スタンスである。すでに述べたように、実のところ、通俗道徳的民衆を実体化しているのは安丸の方ではないか。民衆運動を通じて民衆の心性や日常的世界を知ろうとすることは、あくまでも全体史を構想するための方法であるというのは、これまでにも論じてきたところである（たとえば、前掲拙著『朝鮮民衆運動の展開』序章第一節参照）。尹は安丸を「民衆運動史研究の大家」として権威化し、教条的に理解しているが、果たして安丸の実証研究を含めた著作をどれだけ丹念に読み込み、私の議論との違いにどれだけ気づいているのか疑問である。私の議論に対する批判に急であるせいか、民衆運動史研究の意義自体をトータルに否定するような議論になってしまっている。そもそも、尹の論考は、私がこれまで行ってきた、尹を始めとする研究者が主張する植民地近代性論に対する批判への反論として書かれたはずだが、私の批判に対していちいち丁寧に実証的に応答するという手段をとらず、もっぱら論理的にのみ反批判を加えている。しかも、私の専門領域の民衆運動史研究をダイレクトに批判することで、反論に代えようとしている。私は、植民地近代性論を批判するにあたって、本来の専門である一九世紀研究から植民地研究に比重を移し、つまり植民地近代性論の土俵に踏みいって少しずつ批判を積み重ねてきたつもりだが、尹はそれに応えないばかりか、私の土俵に足を踏み入れることもなく、自分の土俵から私の土俵に批判を浴びせているに過ぎない。これでは建設的な論争にはならない。かえすがえすも残念である。尹に対する私の反批判は、「混迷する植民地公共性論の行方—植民地近代性論批判再論」（『アジア民衆史研究』第二〇集、二〇一五年）で展開したので参照されたい。

＊41　拙著『植民地期朝鮮の知識人と民衆—植民地近代性論批判』有志舎、二〇〇八年、第五章第六節参照。

三　東学農民戦争に対する新しい理解と内在的接近

裵 亢 燮
（鶴園裕・飯倉江里衣　訳）

1　はじめに

東欧圏の社会主義が崩壊し、ポストモダニズムとポストコロニアリズム、国民国家に対する批判などがはやるなかで、一国史的、西欧中心的、発展論的歴史認識に対する懐疑と批判が提起されてきた。しかし一九世紀の民衆運動史研究にはそのような影響が直接及ばず、既存の認識枠に対する批判や省察が活発に起こることもなかった。その理由の大部分は、研究者たちの知的怠慢など研究内的な要因のためであるが、次のような研究外的な状況も作用していたと考えられる。

ベルリンの壁と旧ソ連の崩壊直前である一九八〇年代末は、六月一〇日抗争と言い表される民主化運動と最大規模の労働運動が起き、韓国社会の民衆運動が最高潮に達した時期であった。また、東学農民戦争（以下、農民戦争）

一〇〇周年を迎え、大々的な学術・紀念事業が始められたのもこの時期であった。一九八八年にはマンウォン韓国史研究室から、共同作業として『一八六二年農民戦争』が編まれたのに続き、ベルリンの壁の崩壊があった一九八九年には歴史問題研究所で「東学農民戦争一〇〇周年紀念事業推進委員会」が結成され、韓国歴史研究会では一八九四年農民戦争一〇〇周年を記念した五ヵ年の学術事業が事実上開始され、一九九一年から九七年にかけて五巻の本が出版された。歴史学研究所が『農民戦争一〇〇年の認識と争点』(コルム、一九九四年)を準備したのもほぼ同様の時期であった。

このような雰囲気にともなって農民戦争研究には、社会主義崩壊の衝撃がすぐには反映されなかった。しかし、農民戦争一〇〇周年事業が気勢を上げていた頃、もう一方では、すでに民衆運動史に対する一般の人々や研究者たちの関心が急激に衰えていた。また、民衆運動史が踏まえていた歴史認識に対する根本的な批判が提起されていた。それにもかかわらず、農民戦争をはじめとした一九世紀の民衆運動に対する根本的な省察や、新しい方法論と視角についての苦悩は二〇〇〇年代に入って始まった。しかしこの時期というのは、すでに民衆運動史に対する関心が急激に退潮した後であった。一〇〇周年に気勢を上げていた大部分の研究者たちも民衆運動に対する関心を失っていたし、新進の研究者が現れることもほとんどなかった。

民衆運動に対する社会的・学問的関心が大きく退潮した核心的要因としては、何よりも国内外の情勢の激変が多様で、新しい学問的潮流の非常に大きな挑戦に対応し、民衆運動を新しく理解しようとする研究者たちの努力が足りなかった点を深く自省しなければならないであろう。この間の民衆運動史研究も、やはり他の分野の研究と同様に、西欧中心的・近代中心的な認識に規定されて進行していた。西欧的経験に準拠した発展論的・目的論的な歴史認識に立脚し、民衆運動が歴史の進化論的展開過程を証明する表徴だということを先験的に前提としていた。これにしたがって民衆運動研究も、一つの社会の社会経済的・政治的矛盾の表現であり、その矛盾を克服してもう一つの新しい発展した段階の社会を目指していこうとする民衆意識の表現という面に焦点を置き進行してきた。

もちろん、民衆運動がそのような点と全く無関係のものであるわけではないであろう。しかし民衆運動は、単に一つの社会の矛盾を表現する面ばかりを持っているのではない。民衆運動や民衆思想は、支配体制、支配イデオロギーの影響の下に形成されるものであるが、反対に当時の社会を逆透視して照らし出すことのできる契機となることもある。民衆は彼ら自身の考えを文章として残すことがほとんどなかった。そのような点でも民衆運動は重要な意味を持つ。民衆運動が展開された時空間においてこそ、日常的な「生」のなかからは十分に見えてこなかった民衆の考えが集中的に表れるからである。したがって、特定の社会や時期に勃発する民衆運動の要求条件や、闘争の様相に現れる民衆の行動様式や考えは、単に社会構造や支配体制、支配理念に規定されるだけではなく、逆にそれは当局や知識人の記録からは十分に見えない、それだけでは確認することが困難な当時の社会の裏面や最底辺、あるいは隠蔽された構造、意識などを確認する重要な端緒となる。

本稿では、民衆運動研究が持つこのような意味に照らし合わせ、これまでの農民戦争研究が示す問題点を批判的に検討することで新しい研究視角を切り開く一方、そのことを通して農民戦争に対する新しい理解を模索しようと思う。そのためにまず、農民戦争直後からなされてきた研究が、基本的には西欧中心的、近代中心的な歴史認識に立脚して進められたために、近代を志向する民衆、民族としての民衆という理解を示していたという点を批判的に検討する。それに続いて、農民戦争一〇〇周年の頃から特に二〇〇〇年以降に成し遂げられた研究成果のなかで、新しい視角や接近方法を提示している研究を「内在的接近」という脈絡で理解することで、西欧中心的／近代中心的歴史認識を抜け出し、新しい農民戦争像を構想する積極的な端緒にしたいと思う。

2　西欧・近代中心的農民戦争像

(1)　西欧・近代中心的歴史認識の形成

農民戦争が終わった一九世紀末はいわゆる新学／旧学論争が始まった時期でもあった。新学旧学論争は二〇世紀の初めまで続けられたが、新学の勝利で決着がついた。論争は、「新学＝西洋文明＝進歩」、「旧学＝東道＝未開」という二分法に帰結した。[*1] これにともなって、「我が国は五千余年間礼儀文明の国であったが、今日、野蛮の部落に墜落したのは、誰を恨み、誰のせいにできようか」とあるように、[*2] 伝統的な儒教社会のなかで文明国であった朝鮮は、西洋文明の襲来と共に突然野蛮へと墜落することになり、そのような変化は朝鮮の知識人自らによって是認されたことでもあった。これは単純に西欧中心主義が成立したことを意味するものではなかった。東西の関係を伝統的世界観とは反対へ逆転させた背後には、社会進化論、あるいはそれを土台とした一つの発展論的認識が位置を占めていた。同時に東洋文明と西洋文明の関係が、近代的時間観念にともなう進歩（近代）と未開（前近代）の概念へと拡張され規定されたという点で、旧学に対する新学の勝利は近代中心主義の勝利でもあった。その後過去一世紀、韓国の歴史と社会科学研究が西欧中心主義と近代中心主義に圧倒的に規定されながら進行してきたことは周知のとおりである。

西欧中心主義が非西欧を他者化して、西欧と非西欧の非対称的関係を構成する思惟方式だとするなら、近代中心主義は前近代を他者化して、進歩・発展した近代に向かって走っていかなければならない宿命を帯びた遅れた時間帯として規定する。この点において近代中心主義は根源的に目的論的な歴史認識を内包している。[*3]

以後の農民戦争に対する理解も基本的にこのような認識に規定されて進行してきた。儒教的な思惟をそのまま持っていた一部の伝統的な知識人を除外するならば、農民戦争を肯定的ないし進歩的事件として見ようとするのも、否定的ないし退嬰的な事件として見るのも同じことであった。[*4]
まず、農民戦争当時から農民戦争と農民軍に対する文明開化論者たちの反応は、農民軍の行為を「悖逆な挙事」としていた保守支配層とは違いがあった。執行所期以降には、相対的に肯定的な認識が豹変したが、少なくとも農民戦争勃発初期に限定した場合、農民軍に対する彼らの考えは友好的ですらあった。例を挙げれば、尹致昊や張博は農民戦争や農民軍が腐敗した守旧勢力の政府に反対し、「近代的」甲午改革（一八九四年）を引き出したという点について肯定的に評価した。
しかしそれ以降、農民戦争に対する文明開化論系列の知識人たちの評価は否定的に変じていく。まず『独立新聞』は、農民軍の行為は強盗や火賊、土匪にほかならないと非難した。それは、農民軍は民の志をきちんとつかめていなかったためとしながら、民の志をきちんとつかむためには何よりも「公」と「信」に要約される「西欧・近代」的価値の確立が必要であることを力説した。[*5]『独立新聞』だけではなく、同じ頃に発刊されていた『毎日新聞』もやはり、文明対野蛮という認識の枠組みのなかで農民戦争をイメージ化していた。その核心は、文明と進歩に反対する親清事大的排外主義の運動というところにあった。[*6]農民戦争を肯定的に評価したと理解されている朴殷植でさえも、農民軍は「地方でうっぷん晴らしと暴政に対する応懲は行ったが、胆力と学識が不足していたせいで中央政府の改革にまで至らなかったことは誠に恨み深いことだ」とした。[*7]西欧的近代の経験に準拠して、それとの距離比べを通して歴史像を理解しようとする接近方法であったし、非西欧と前近代は西欧の近代に向かって発展していかなければならないという発展論的・目的論的歴史認識がそのまま表れていた。
農民戦争に対する西欧・近代中心的理解は、その後にも一層堅固な形態を呈しながら引き継がれた。農民戦争が大体において「反封建」と「反侵略」を志向する運動であり、既存社会の秩序を否定し近代社会に出ていこうとする「民族運動」ないしは「ブルジョア革命」の性格を持った民衆運動であったと理解する歴史像が形成されたのは、一九二〇年代から三〇年代であった。また、同じような脈略で、エンゲルスのドイツ農民戦争研究の影響を受けた「宗教的外皮論」に立脚した研究もやはり植民地期から始められた。農民戦争を近代指向的民族運動として遠望する視角、またはフランス革命など西欧のブルジョア革命の経験を借用して東学農民戦争を理解しようとするこのような認識枠が、基本的に西欧・近代中心的歴史認識に基盤を置いていたのは言うまでもないことである。このような認識の枠組みは解放後にもそのまま引き継がれた。

解放後の韓国の歴史学界が植民史学の克服のために、「内的発展」過程としての韓国の歴史像を構築する努力に心血を注いできたことは周知のとおりである。一九六七年一二月に創立された韓国史研究会の「発起趣旨文」にもよく表れているように、当時の韓国史研究を主導していた研究者たちの目的は、「韓国史を科学的に研究し、これをさらに発展させることで韓国史の正しい体系を立て、あわせて韓国史をして世界史の一環としてのその正当な位置を占めさせること」にあるとした。[*8] 韓国史は世界史の流れに照らせば一〇世紀も遅れているばかりでなく、封建制が欠如していたなどの論理で、世界史の「穏然たる」展開過程に達していないものとして規定してきた植民史学者たちの韓国史像を払拭し、世界史と同一の軌跡を「正当に」経てきたことを明らかにしようとの意志を表したものであった。

このような意志と努力を通して植民史学は払拭された。それを通して、「韓国史をして世界史の一環としてのその正当な位置を占めさせる」という目的は達成された。しかし、ここでいう世界史とは、いうまでもなく西欧が構成した西欧中心的・近代中心的世界史像のことをいう。韓国史の「内的発展」過程が確認され、それによって韓国史も世界史と同一の経路を経て発展してきたのであると確認され、世界史の一環として正当な位置を付与されたが、その過程はもう一方では、客観的に韓国史の展開過程が西欧に比べて数世紀遅れた「後進」であったことを証明する過程でもあった。その後進性から抜け出すために、韓国は相変わらず西欧が先に進んだ「近代」の道に熱心について行かなければならなかった。

そのような認識を基礎として現れてきた農民戦争の民衆像がまさに「民族としての民衆」と「近代指向的民衆」であった。両者は同じ脈略に置かれていたが、民族としての民衆は植民地経験と分断の現実という独特の経験を反映しているため、それぞれわけて考察してみようと思う。

(2) 民族としての民衆

「東学農民革命記念財団」のホームページでは「東学農民革命」の歴史的意義を大略、次のように規定している。

一八九四年以降に展開される義兵抗争、三・一独立運動と抗日武装闘争、四・一九革命、光州民主化運動の母胎であって、韓国の近代化と民族運動の根幹であり、平等思想と自由民主化の地平を開いた近代民族史の大事件であった。

農民戦争を近現代史を貫く民族大叙事詩として配置するこのような理解は、中・高等学校の教科書においても同様である。一九八〇―九〇年代の民衆運動史研究の傾向が反映された第七次教科課程においては、東学農民戦争が義兵運動、独立協会、愛国啓蒙運動などと共に「救国民族運動の展開」に編成されていた。[*9] また「第七次教育課程韓国近現代史叙述指針」では、「東学農民運動が失敗したあと、東学農民軍の残余勢力は乙未義兵闘争に加担し、のちには活貧党を結成して反封建、反侵略の民族運動を継続したことを理解する」とし、民族運動という脈絡から理解することを求めている。[*10] 二〇〇七年の改訂教育課程では第七次教科課程とは異なり、農民戦争を甲午改革と共に「近代的改革推進過程」において叙述するようにさせた。しかし東学農民戦争については、「反封建的、反侵略的近代民族運動の性格を帯びていることを把握し、甲午改革の時に推進された近代的改革の内容を窺い見る」として、相変わらず近代民族運動としての性格を強調している。[*11]

農民戦争を近代民族運動の流れのなかで系譜的に位置づけ把握した最初の文章は、一九二四年に文一平によって提出された。彼は三・一運動後に再発見された民衆に対する期待が高揚していた頃、「甲午改革」と三・一運動は階級を強調し民族を強調した点と、手段の差異（暴力／平和）はあるが、生存権を主張した点においては同一線上にあることを指摘した。[*12] 東学農民戦争─義兵戦争─三・一運動─民族解放運動─四・一九─民主化運動と統一運動へとつながっていく、韓国近代民族運動の系譜的把握の原型を見せている。このような理解は解放後の研究へとつながっていく。

植民史観の克服のために、朝鮮後期から解放後へと続く歴史の展開過程を「内的発展」過程として双方をつなげて理解することを主張した金容燮は、朝鮮後期の社会経済的変化を一八七六年以降の近代史の展開過程とつなげて把握しようとした。彼は農民戦争に関しては、それが「近代化に向かう社会改革運動」であることのできる前提条件、すなわち朝鮮後期の社会変動と発展的素因という側面と、帝国主義に抗拒する民族運動としての側面に同時に注目しようとした。[*13]

「民族としての民衆」という視角は、植民地経験と解放後の分断の現実、それにともなう強力な反共主義にも大きく規定されていた。その端緒は、「反植民地化民族運動としての」「東学乱」を主張した金容燮の文章を通しても確認することができる。彼は東学農民軍の「九月の民族的蜂起は、日本軍閥の領土的占領を目標とした侵略行為に反対した挙国的民族蜂起」であり、「先進資本主義国と後進国家間に見ることのできる、経済問題をめぐる一般的な論法の適用を許さない切迫した段階での闘争」であるとした。また、全琫準の民族意識は、「封建斥邪論者たちの単純な排外主義」や、「進取的・自主的民族主義者としての先覚者的役割を担えなかった開化論者とは異なり、封建制の否定を土台とした近代的民族主義」であり、そのような点において「後進国民族運動の基本方向に接近するもの」であるとした。[*14] 植民地経験、そして反共主義によって歪曲された官制民族主義への対案の模索の端緒を見せた視角だと判断される。反共イデオロギーに押さえつけられた雰囲気のなかで、抵抗的民族主義を通して時代の矛盾を解決しようとする知識人たちの動きは、一九六〇年の四・一九以降本格化した。[*15]

一九七〇年代に入ると、「内在的発展論」に立脚した研究が一定の成果を上げた。[*16] それにともなう近代への変化を民衆運動に見出そうとする努力が続いた。一九七五年に発刊された『韓国文化史新論』は、前半の通史と後半の分類史から構成されており、二四分類の主題のなかの一つが民衆運動史である。「民衆運動史」が韓国史の一つの分野として市民権を与えられた記念碑的著作である。執筆を担当した鄭昌烈は、洪景来乱（一八一二）、壬戌民乱（一八六二）、東学革命運動（一八九四）、義兵戦争（一八九五―一九一〇）、三・一運動（一九一九）、労働者・農民運動（一九二〇―三〇年代）を扱い、農民戦争の歴史的意義を韓国の民衆運動・民族解放運動史における重要な位置を占めるという点に見出した。彼は農民戦争が、①民族・民主的変革の基本力量は民衆、すなわち農民層が担ったという事実を客観的に証明し、②民族主義的変革の主体としての民衆は自己の思想、自己の組織を持たなければならないという重要な教訓を残したと述べた。[*17]「民族としての民衆」という認識が引き継がれていることがわかり、民衆的民族主義の原型があらわになっている。

一九七〇年代には強力な権威主義体制が持続する一方、経済的には高度成長が成し遂げられ、政治・社会的矛盾が激化し、それに対する抵抗が民主化運動として結集され始めた。一九八〇年代に入り、「ソウルの春」と光州民主化運動を契機として民衆は再び注目され始めた。民衆的民族主義が提起され、民衆史学が誕生した。この頃、民衆は大体において生産手段と統治手段、威光手段から疎外され、収奪・抑圧・差別を受ける被支配者として定義されていた。[*18] 民族主義が正しい意味で民族的であり、歴史の進歩に寄与するためにはこのような民衆の要求を受け入れなければならないと議論され、[*19] 民衆的民族主義が提唱されていた。民衆的民族主義を提唱した鄭昌烈は、それ以前の視角を発展させて、農民戦争を「民族解放の過程」、「解放の主体力量としての、民衆的民族としての結集過程」と理解しようとした。[*20] さらに彼は、「近代民族主義の確立は世界史的にはブルジョアの役割であるが、一九世紀末の朝鮮ではブルジョアよりも農民層によってより本格的に試みられ実践されたという点が韓国史の特徴であった」と述べた。[*21]

ここでは民衆とブルジョア（開化派）がナショナリズムと近代を志向する点では同一であり、単に土地改革の構想における差異など路線上の差異があるだけであるという認識が前提とされている。このような発想は、民衆の考えと行動をエリートのそれに収斂させる結果をもたらすことで、民衆の行動と考えから「近代」を相対化する視角を備える余地を排除してしまう認識枠である。

一方、一九八〇年代中盤には、マルクス主義を受容した若い研究者たちによって、支配層中心の歴史叙述を克服し、民衆こそが歴史発展の主体であり、歴史は民衆が自らを解放していく過程であるという新しい歴史認識が民衆史学という名で位置を占めた。[*22] 一九八六年に発刊された『韓国民衆史』（一、二）は、民衆史学を標榜した最初の通史であった。民衆史学は歴史学自体の刷新ではなく、支配イデロギーとして機能していた一九七〇年代―八〇年代の民族主義歴史学に対する批判から出発し、民衆を主体とした民衆解放に服務する歴史学を追求した。[*23] しかしここでも相変わらず民衆は「民族としての民衆」であった。壬戌民乱は「一九世紀末の自主的近代化に予め備える、民族運動の主体勢力が形成される過程」で、[*24]「甲午農民戦争はまさに自主的近代化を達成しようとする民族運動の最高峰」であり、「植民地下の民族解放闘争の展開にとって貴重な経験」として位置づけられた。[*25] この頃の民衆概念はやや具体化されたが、基本的には以前の時期と同一であった。例えば、農民戦争に対する関心が最高潮に達していた一九九〇年代初めに共同研究を通して出された『一八九四年農民戦争研究』（全五巻）では、農民戦争の主体を貧農層を中心とした賃労働層、貧民層、零細手工業者、零細商人層、そして一部富農層など、「封建的・民族的矛盾」を探知した広範な階層から見つけ出そうとした。[*26]

「民族としての民衆」という視角は現在までも引き継がれている。近年農民戦争についての研究史を整理したある文章では、農民戦争の性格について、「農民軍の政治・社会・経済的志向が反封建近代化と反侵略自主化の実現を通した近代民族国家の樹立にあったということは論難の余地がない」としている。[*27]「余地がない」という表現は、筆者個人の趣向が反映されたものであろうが、そこには農民戦争に対する学界の体制的な理解が反映されているものと判断して差し支えないだろう。

「民族としての民衆像」は、植民地経験のトラウマ、分断とそれにともなう強力な反共イデオロギーのなかで、体制抵抗的、対案的民族社会の構築を志した苦心の結果である。しかし民族大叙事詩のなかに描かれた民衆像は、民族主義エリート指導者によって動員され、導かれながら民族の一員としてのみ行動する存在であり、民族大叙事詩が提示する歴史的展望によって統制され、専有される存在としてただ再現される。民衆が、独自な生のあり方や文化のなかでつくられた固有の考えや行動を持った行為主体（agent）として認識され、認められる余地はない。[*28]このような民衆像は、民族という根本的価値と範疇を無用なものにしたり転覆させてしまう可能性があり、他の価値と範疇を排除し抑圧することで周辺化させてしまう階序制的な（hierarchical）戦略だとするサバルタン（subaltern）研究の指摘は傾聴に値する。[*29]

(3)「近代」を志向する民衆

一九世紀後半の民衆運動史は、大体において民衆は「近代」を志向したものと理解している。このような認識を最初に示したのは、一九〇八年に金琪驩が『大韓興学報』八号に寄稿した文章である。この文章は日清戦争に至るまでの韓中日三国の外交交渉過程を探る意図から書かれたものである。文章の冒頭に摘示された文章の順序は次のとおりである。

日清戦争前の韓日清三国の干渉—天津条約—東学党の革命的活動—日清開戦—李鴻章—馬関講和条約—露独仏三国の干渉—遼東半島還付[*30]

この文章は以上の順序で提示された目次のなかの一部、すなわち一八六八年から一八七八年までの外交関係だけを叙述しており、未完のまま終わっているもので、農民戦争に対する彼の考えを詳細に確認することはできない。ただ、上に提示した文章の順序に現れているように、農民軍に対して「東学党」という相対的には穏健な表現を使っており、農民軍の行為に対しては「革命的活動」として積極的な意味を与えている。[*31] 以後「平民革命」として評価した朴殷植の『韓国独立運動之血史』(一九二〇)、そして東学思想の「平等・自由」精神を強調しつつ農民戦争を「民間改革党」による「政治的改革運動」として規定した李敦柯(白頭山人)[*32]、東学を「朝鮮革命団」として規定した高光圭などを経て[*33]、一九二二年には黄義敦が農民戦争を甲午革新運動と命名し、朝鮮の歴史上唯一「全民衆の自由的権利、平等的幸福を要求させるために」立ちあがった「民衆的革新運動」であったことを明らかにしている。[*34] 一九二七年には、金自立が最初に「東学革命」という用語を使った。[*35] 以上のように金淇驩以後の研究者たちが使用している「革命」という用語は、西欧のブルジョア革命に準じるものを意味する。それは先で言及した黄義敦が農民戦争をルターの「宗教革命」、フランスの「自由革命」、イギリスの名誉革命、アメリカの「独立革命」などに比肩するとした点、また農民戦争をルターの宗教改革やフランス革命と比較した高光圭と[*36]金秉濬[*37]、李學仁の文章[*38]などを通して確認することができる。

解放後には、主として植民地残滓の清算と新国家建設という課題に対応して、東学思想や農民戦争が持った近代的性格が強調された。金庠基は、『東学と東学乱』(一九四七)において[*39]、東学思想のなかにある「人乃天と事人如事天」思想をルソーの「民約説」に比喩したりもした。金龍徳は、農民戦争が「平等主義・革命主義・民族主義に基づくあらゆる雑多な前近代的要素にもかかわらず、本質的に我々の自主的な近代化運動であった」と主張した。[*40] この時期の近代化とは他でもない「西洋的近代」をいうもので[*41]、韓国は西洋が歩んできたのと同一の「近代」を追いかけなければならないという価値論的目的意識が内包された概念であった。

近代を志向する民衆像は、一八六二年に起きた壬戌民乱の研究においても同様に表れた。植民地期に壬戌民乱を近代指向と関連させて積極的に評価する文章は見つけ出せなかったが、民衆運動史が活発に研究された一九八〇年代に入ると、歴史発展論に立脚して壬戌民乱が近代指向性という脈絡で本格的に理解され始めた。鄭昌烈は、壬戌民乱は国家・国王へ民本イデオロギーに名実相ともなう内容の実態を盛るよう要求した運動であったと指摘することで、民衆意識を新しい視角から把握しようとした。これは民衆意識を階級＝階級意識という脈絡、すなわち土台反映論的視角や収奪に対する抵抗という論理のなかで把握していた既存の研究とは異なる接近として研究史的には重要な意味を持つ。しかし彼もやはり、「民本イデオロギーは近代的な方向へ成長、発展していく可能性を自ら備えていることを表している」と述べたり[*42]、壬戌民乱当時の民衆は、自己の固有の階級的利益を持っている社会経済的階級であるというよりは、自らを新しい文化、社会的担当主体として認識できずにいたと理解していた[*43]。近代指向的民衆像を前提としていることがわかる。李榮昊も壬戌民乱について、開港以前の段階で反封建闘争の最高段階に至る近代社会への変革を要求する下からの農民運動であったとし[*44]、近代社会を志向して闘争する民衆像を描いている。

金容燮は、一八六二年の農民抗争は、「地主制を否定する土地改革のスローガンを打ち」出せず、したがって「反封建運動としてはまだ本軌道に乗ることができず」にいたと評価した[*45]。このような理解は、朝鮮社会が封建社会であり、その物質的土台をなしている基本的生産関係が地主—小作関係であったという点、そしてこの時期は近代資本主義社会へと進んでいかなければならない時期であったという点を先験的に前提とした後に、「正しい反封建闘争」、すなわち近代資本主義社会を展望することのできる闘争となるためには、地主制に対する全面的な攻撃が行われなければならないという当為的認識からもたらされたものと思われる。西欧が経験した近代への移行経路に準拠して、それと異なる点を「穏然たる」発展経路に未だ達していない「限界」として指摘しているのである。典型的な目的論的・発展論的認識にほかならない。

農民戦争研究においても同じであった。民衆はやはり西欧的近代、すなわち文明開化論を追求していたエリートたちと同じように近代を志向する存在であるという点が先験的に規定されており、民衆運動史は近代に向かって闘争する民衆、またはそのような可能性がある民衆の姿を浮き彫りにさせる方向で接近がなされた。近代指向と関係なかったり、それに接近することのできない要素は、未だに民衆運動が本軌道に乗っていなかったり、限界のあるものとして解釈された。いくつかの例を挙げるならば、次のとおりである。先に言及した『韓国民衆史』は、農民戦争を「自主的近代を遂行しようとする革命戦争」[*46]として理解し、『韓国近代民衆運動史』は、農民戦争が「我が国のブルジョア民族運動を深化・発展させる大きな推進力となった」とした。[*47]このような視角は一九九〇年代にも引き継がれた。一九九七年に出た『一八九四年農民戦争』五では、「開化派は農民の動力によって反封建革命を推進し、民衆と連帯して外勢を牽制しながら近代変革を推進しなければならなかった」し、「農民戦争は中世社会を克服し歴史の新しい指向を提示」すると同時に、「封建支配層に代わって歴史を主導していく新しい勢力を発見し、彼らを後ろから支える仕事を担わなければならなかった」とした。[*48]

このような研究は大体において、社会経済的矛盾の深化→民衆の社会意識と政治意識の成長→反封建運動という図式で接近していた。「農村社会構成の変化は、朝鮮における近代に向かう変革主体の性格を規定し」ており、民衆運動が「究極的に志向する新しい社会建設の方向を社会経済的側面から解明することを課題とする」という箇所からも[*49]わかるように、典型的な土台反映論（物質的基礎の土台がイデオロギーに反映するという考え方）の視角を見せている。特定の時期の民衆運動を、歴史が一歩発展した段階に進みつつあることを証明してくれる現象として理解しようとする視角である。このような視角において、民衆はただ歴史の段階的発展を証明する証人として呼び出される受動的な存在に過ぎない。[*50]現在の研究者が先験的に前提としていること、「歴史発展の軌道の上を走っていく存在」というイメージに符合しない限り、民衆が能動的な行為者として認識される可能性は圧殺される。近代を志向しなかったり近代に反対する姿は限界として指摘されたり、無視されたりし、近代を志向するものとして歪曲された歴史像が構築される。

しかし民衆意識の実相は、「近代移行期」の歴史過程が、理論としての「西欧」が構成してきた単線的発展の過程としてはとらえがたい、複雑な分かれ道が絡み合う過程であったことを経験的に確認してくれる。その点で「近代移行期」の民衆史は、その時期の人間の「生」と考えが圧縮された多様な可能性を発見する契機となることができ、さらには西欧・近代中心主義に内包された発展論的・目的論的認識によって排除・抑圧されたものから多様な可能性を示唆するものでもある。民衆史が近代／伝統の二分法的理解を超えて近代を再び思惟し、相対化する一つの方法であることができるのもこのためである。[*51]

3　内在的接近と西欧・近代中心主義の批判

(1)〈反近代指向論〉と「外部的視線」

先で見たように、農民戦争についてのこれまでの研究が示している「民族としての民衆」、「近代を志向する民衆」という理解の最も重要な問題点は、まず西欧中心／近代中心的認識を前提とした発展論的・目的論的歴史認識である点、それにともなって審判者ないし理論としての地位を持った西欧・近代という「外部的視線」が前提とされている点、そして民衆運動に対する内在的接近を無視している点である。このような接近は、民衆が持っていた固有の側面を捨象したり、ないがしろにすることによって、民衆の固有な意識世界についての理解を困難にさせる。

それればかりでなく、民衆の「生」と彼らの考えや行動を近代化運動と民衆運動の流れのなかに置く歴史理解は、特に近代移行期、あるいはそれ以前の時期の民衆史を通して近代やナショナリズムについて「省察」することのできる契機を否定することである。このような事情を考慮すると、「近代化」や「民族」というコードとは異なる考えと行動を示した民衆史の復元は、民衆の苦しい生、そして複雑な考えと行動を通してその時代の歴史像を豊かにするばかりでなく、それを土台として近代に対する批判的な省察をする一つの重要な端緒となりうると考える。*[52]

そのような点で近代指向の民衆像を批判し、民衆の志向が「近代的」というよりは、むしろ「反近代的」だったと主張する趙景達の見解は注目できる。*[53] このような認識は韓国の学界でも受容され、一部の研究者によって、農民戦争が「反封建主義・反資本主義・反植民地主義を同時に充足させる近代化」を志向したとする見解が提示されたりもした。*[54] 重要な問題提起であると考える。「反近代論」または「反資本主義論」は、農民軍の経済的志向がブルジョア的、資本主義的近代化ではないことを明らかにしている。これは前近代から近代への発展という図式によって専有された民衆を救出し、主体性に立脚した民衆像を構築することのできる端緒を提供するという点で大きな意味がある。

しかし農民戦争に対する近代指向論と同じように、「反近代指向論」あるいは「反資本主義指向論」もまた、フランス革命当時の農民運動、それを受容した日本の近代民衆運動についての研究成果に依拠して農民戦争を理解しようとした試みだった。内在的分析による帰納的接近ではなく、他国の経験に準拠して提起されているという面では依然として問題があり、西欧中心的歴史認識の磁場を抜け出したものではなかった。

例えば先に言及した趙景達の見解は、民衆運動が近代を志向したという歴史認識は、世界史的な経験に照らしてみても説得力がないという判断に根拠を置いている。ここでいう世界史的な経験とは、主にフランス革命当時の農民運動や日本の近代移行期の民衆運動についての研究成果を受容したものである。*[55] これによると、フランス革命期の農民革命や明治維新後の民衆運動は、既存の秩序・慣行とは異なる新しい近代的・資本主義的な法・秩序や経済原理が自分たちの日常生活に打撃を与え、生存を脅かすや、これに反対したという点で「反資本主義的」であったという。特にルフェーブルは、革命当時の農民運動はブルジョア運動に包摂されず、それとは別の発生・進行・危機・傾向を持って進められ、都市民衆と共にフランス革命に介入したことによって革命の進行や性格に影響を及ぼした独自的・自立的な社会運動であるとした。[*56]

確かに民衆は、支配エリートとは区分される独自の文化領域や意識世界を持っていた。それは人々が行動する筋道を提供する慣習と密接な関連を持っていた。[*57] また民衆は、支配理念や体制から自由であることはできなかった。[*58] 民衆は日常生活世界に土台を置いた固有の文化を持ち、それにしたがって「近代移行期」にもエリートとは区別される独自的・自立的意識を見せているが、もう一方では支配体制や理念などからも完全に自由であることはできない存在であった。[*59]

これは民衆意識や志向も、民衆運動が起こった当時の社会体制や理念と密接な関連を持たざるをえなかったことを意味する。実際に世界史的に見ても「近代移行期」の民衆は慣習に訴えかけるやり方で自らの要求を正当化するのが一般的であり、「旧法」に根拠を持つ要求は、抵抗を徹底的に急進的な形態へ導きもした。[*60] このような事実は、民衆意識は生産関係や社会体制が類似していても、彼らの生を支えてきた慣習や旧法によって多様でありうることを示唆するものでもあった。したがって農民戦争の志向も、当時の朝鮮の支配体制や理念などがいかなるものであったかによって、フランスや日本などの民衆意識や志向とは異なったようすを見せることにもなる。

例えば趙景達が農民軍の「反近代性」と関連して指摘している重要な点は、土地所有問題である。彼は、近代的な排他的土地所有制を追求していた開化派とは異なって、「農民的土地所有を求めたために反近代的志向を示さざるをえ」ず、これは「本源的蓄積過程を随伴する近代が、農民にとって一面悲惨なものであることを改めて想起すべき」とした。[*61] ルフェーブルが農民革命の独自性、または自律性と関連して強調したことも農民革命の反資本主義的性向であったし、これは日本の自由民権運動期の民衆運動に関する研究においても同じであった。資本主義的な法・秩序や経済の論理が農民たちの生存条件を悪化させていたために、農民たちは慣習、特に共同体的権利と規制に基づいて正面から戦ったのであり、この点で明らかに「反資本主義」的であった。

しかし朝鮮の場合、一八九四年当時には、「近代が農民にとって一面悲惨なものであることを想起させるような本源的な蓄積過程」は進行していなかった。また、土地所有関係や売買慣習を通して見た場合に朝鮮では、すでに朝鮮王朝の後期から近代的所有構造や「市場親和的」売買慣習が強固な位置を占めていた[*62]。また、開港後にも土地所有と関連した新しい資本主義的な法・制度というような特記すべきものはなかった。したがって、農民戦争当時にも農民軍が土地制度に関連して提示した要求条件や改革構想は、近代指向あるいは反近代指向いずれの一方に特定するにはあまりにも複雑すぎる様相を見せていた[*63]。

また生活人としての民衆が抵抗したのは、資本主義や近代自体ではなかった。新しい法と制度、秩序が伝統的慣習とは異なり、自分たちの生を侵害して混乱をもたらしたためにそこに抵抗したのである。ここには「新しいもの＝近代的・資本主義的なもの」であったとしても慣習を妨げないものであれば、または自分たちの生存条件を悪化させないのであれば、それに対する態度も異なっていた可能性が内包されていた。前近代の民衆が支配層の理念や文化を専有したのと同様に、「近代的なもの」も専有過程を通して民衆の抵抗の資源になることもできた。またそのような過程のなかで民衆は自身の固有の文化を新しくつくっていったのではないだろうか。したがって、西欧的経験を受容して民衆運動＝「反近代性」という点を先験的に前提とすることは、民衆運動＝前近代を「近代」と対立的・断絶的な視角からのみ見渡しがちであるという点でも危険である[*64]。

結局、「近代移行期」の民衆運動が「近代」に対してとった態度に何らかの「普遍性」があるとすれば、それは「近代指向」あるいは「反近代指向」ではなく、支配理念や政治体制、慣習や社会的環境と密接な関連を持っており、それにともなって非常に多様でありえたというところに見出せることを示唆している。また、民衆の考えや行動についての理解は、彼らの日常を取り囲む支配理念や政治体制、慣習や社会的環境と関連させて内在的に接近されなければならないことをよく示している。

(2) 内在的接近——農民軍の意識と儒教に対する再解釈

農民戦争一〇〇周年の頃を頂点として韓国史学会においては、農民戦争をはじめとした民衆運動に対する関心が大きく低下した。このような現象は韓国に限ったものではなかった。民衆運動に関する関心が衰えた要因や時期の面で互いに差異はあったが、隣国の日本や中国でもやはり同じであった。[*65] しかし二〇〇〇年以降、特に最近になって東学と農民戦争についての研究が量的な面ではむしろ以前の時期に比べて増えたようすを見せている。このような現象は農民戦争に対する研究関心が退潮し始めてまだいくらも経っていないにもかかわらず、韓国東学学会（一九九七）と東学学会（二〇〇〇）が創立され、一〇〇周年を契機に農民戦争の主要な舞台であった各地方自治団体が活発に記念事業を行い始めた点と無関係ではないだろう。また二〇〇四年「東学農民革命参与者などの名誉回復に関する特別法」が通過し、二〇一〇年には民間団体であった既存の「（財団法人）東学農民革命記念財団」を承継して文化体育観光部傘下の特殊法人である「東学農民革命記念財団」が出帆し、『東学農民革命国約叢書』の刊行をはじめとした学術大会開催などの多様な学術事業を推進中である点とやはり深い関連があるように思われる。

このような事情のために、東学思想と農民戦争は相変わらず単一の主題としては非常に多くの論文を輩出する研究分野として残っている。特に一二〇周年を迎えた昨年度は、各級の学界と団体において開催された学術大会だけでもほぼ二〇余件に達する。このように農民戦争研究は量的な面ではむしろ増加の傾向を見せているが、一〇〇周年以降、韓国社会内外における変化や新しい学問潮流に積極的に対応する新しい視角や接近を見せている論文は多くない。特に近代に対する根本的な懐疑が提起されて久しく、新自由主義的秩序が全地球を覆っている時代状況は、「反封建・反外勢」として要約される既存の農民戦争像が二一世紀を生きる今日、我々の社会にどのような意味を与えるかについての深い省察が要求されているが、それに関連して進展した苦悶はあまり見えないままである。

ただし一〇〇周年以降の研究に見られる新しい傾向として、内在的接近、特に儒教に対する再解釈と関連して、儒教と東学を以前とは異なる脈絡のなかで理解し、さらには農民軍の考えと行動も儒教という支配理念、あるいはその専有という脈絡のなかで新しく理解しようとする研究が現れている点を挙げることができる。

内在的接近の必要性は早くから提示されてきた。例えば北朝鮮の呉吉寶は、一九五九年「甲午農民戦争と東学」(『歴史科学』三)において、李昌源が提示した宗教的外皮論に反駁した。呉吉寶は、西欧と朝鮮は宗教が民衆の生活と関連して持っている意味において差異があること、朝鮮は西欧とは異なって中央集権的政治体制であり、商品貨幣経済が相当に発達していた点、「一八一一年──一二年平安道農民戦争」も宗教的外皮を被らなかったという点などを挙げ、「中世期のすべての暴動が例外なく宗教的外皮を被らなければならないという訳ではない」と指摘した。宗教的外皮論は「時代の諸条件」や「一定の発展段階」を考慮して創造的に適応しなければならないという呉吉寶の主張は、明示的にではなかったが、内在的接近の必要性を指摘したものにほかならなかった。[*66]

筆者もやはり民衆意識が一方では独自性を持っているが、もう一方では、支配体制・理念からも自由であることはできないという前提で、農民軍の土地改革構想を朝鮮後期の土地所有構造や売買慣習とつなげて把握することで、農民軍の意識を「近代」指向あるいは「反近代」指向といういずれかの一面のみでは理解しがたいことを指摘したことがある。[*67] また、農民戦争期の農民軍の公論や、農民軍によって形成されつつあった新しい政治秩序に、朝鮮後期郷村社会の郷中公論や民乱などの経験を通して蓄積されていった新しい公論と、政治意識という脈絡で接近しようともした。[*68] 李京遠も最近のある学術大会で、農民軍の活動を朝鮮後期社会で郷村支配層の組織であった郷会、儒会などの組織や共同体意識などとつなげて把握しようとした。[*69]

内在的接近という面において最も際立つ研究は、東学思想または農民軍の意識を支配理念である儒学思想とつなげて理解したところに見出すことができる。もちろん、東学思想を儒教思想とつなげて理解する研究は早くから出されていた。まず尹絲淳は、崔済愚の東学と儒学の関連性について、「儒学の思想要素を除外すれば東学は成立することができないほど、東学において儒学の性格の思想が占める割合は高い」ものだとした。しかし、東学は儒学を抜け出した立場から自由自在に取捨選択し、甚だしくは変容する形で援用しながらその時代の要求に合うよう体系化することで儒学的統治体系の限界を破棄し、新しい「社会的開闢」を志向したところに儒学の限界を抜け出した東学独自のアイデンティティがあるとした。[*70]

尹絲淳が儒学と東学の関係を強調しつつも、東学思想の肯定的・発展的姿を指摘したのとは異なって、禹潤は東学思想を否定的なものとして理解した。彼は崔済愚の東学思想は儒学の道徳秩序を回復し、守心正気を通してこれを一層内面化する方向であったのであり、そのために彼が提示した新しい社会像が観念的な無極大道の理想郷、あるいは復古的儒教的道徳秩序の回復という姿で現れた点で「半封建性」、すなわち近代性は見られないと理解した。[*71] 東学の経典についての分析ではなく、農民軍の「布告文」分析を通して農民軍の保守性を最も強く指摘した研究者は柳永益であった。彼は「茂長布告文」を分析して、全琫準が儒教的倫理道徳を徹頭徹尾遵守していた模範的な学者であり、儒教的合理主義者であったことを強調した。さらにそれを核心的な論拠として、農民軍はいかなる新しい「近代的」ビジョンないし理想も提示することができなかったとし、むしろ農民軍が「封建的」差別的な社会身分秩序を理想化していたことを特に強調した。[*72]

儒教と東学の関連性を強調するこのような諸研究は、金相俊の指摘のように東学を近代的な思想として見る立場であれ、封建秩序または儒教的道徳秩序の回復を志向する復古的思想として見るものであれ、すべて近代性の出現を伝統との断絶、特に儒教との断絶のなかに求めている点では同じような認識を示している。儒教との断絶の有無が近代性の有無と置き換えられて理解されているのである。[*73] このような理解とは異なって金相俊は、東学を儒教の大衆化、そして「超越性の内在化」、すなわち聖が俗を包摂（encompass）していた前近代的世界構成の原理から、俗が聖を包摂する近代的世界構成原理への逆転という脈絡で理解した。[*74] 聖俗の転換と超越性の内在化というウェーバーの論理を受容して東学を儒教の宗教改革という脈絡で理解しようとする研究は、すでに趙恵仁によってなされたことがある。[*75] 趙恵仁もやはり尹絲淳と同じように儒教ではなく、東学を儒教の変容と見るのであれ、宗教改革の結果と見るのであれ関係なしに、東学から「近代性」を探そうとしていた。しかし金相俊はこれとは異なり、「儒教的近代性」においては、近代性の際立った特徴として「永遠なる自己批判と自己更新能力」を指摘したマーシャル・バーマン（Marshall Berman）の規定を強調していた。したがって、彼は儒教が大衆儒教としての東学を形成するに至った契機を尹絲淳の指摘のように「儒学を抜け出した立場」ではなく、儒教内部に内在していた近代性の動力、すなわち自己批判と自己否定の能力が発現されたところに求めている。[*76]

「伝統」に根拠をおいて近代が出現し、近代性が発芽するという金相俊の立場は非常に興味深い。また彼は「複数の近代性論」に立脚して各文明には近代性の契機が潜在しており、他の文明との遭遇によって潜在していた近代性が発芽するという立場に立っている。しかし彼は先で言及したように、近代性の際立った特徴として「永遠なる自己批判と自己更新能力」を指摘しつつ、同時に近代性の核心として聖俗の転換にともなう超越性の内在化を強調している。前者と後者の関係は鮮明でない。後者は宗教革命に対するウェーバーの理解である。前者の抽象的な水準の近代性が、なぜ必ず後者へと帰結しなければならないのか、さらには東学と儒教の関係が聖俗の転換、超越性の内面化を意味するのかについては、もう少しわかりやすい説明が必要であると考えられる。[*77]

以上の諸研究は、大体において東学の経典を中心にした東学思想と儒学思想の関係を扱っているが、最近では農民戦争前後の農民軍や東学教徒たちの行動と考えを儒教と関連させて理解しようとする研究が本格的に出されている。もちろん農民軍の行動と考えを儒教とつなげて理解しようとする研究には、先で言及した柳永益の他にもいち早く提示されたものがある。例えば鄭昌烈は、彼の博士学位論文で執綱所期の一八九四年六月に淳昌にいた全琫準が日本の浪人集団である天佑俠に宛てた文章で、「甚だしいことだ、儒教の道が行われていないとしながら、「民惟邦本　本固邦寧」の理念を済々強調している」という点を挙げて、農民軍が追及した新しい秩序は、「儒教の本来的な道」が行われる世界を意味するのではないだろうかと述べた。[*78] 彼は農民軍が追及した新しい秩序と儒教の関係をそれ以上詮索しようとはしなかった。しかし柳永益とは異なり、農民軍の考えを儒教とつなげて把握しようとしながらも、その点を否定的に理解しようとはしなかったという点で注目される。

農民軍の意識を本格的に儒教と関連させて理解した研究者は趙景達である。彼は農民軍の考えと行動を「士意識」という概念を通して説明したことがあり、[*79] 彼はそれ以降、朝鮮王朝の国家支配が長期間持続することのできた要因として、支配に対するある種の合意システム＝調和の論理としての儒教的民本主義があったことを前提として、民乱と農民戦争に見られる民衆意識を説明しようとした。彼によれば民本主義は、徳治ないしは仁政と誅求の間の曖昧な地点に位置したものであったが、民の身分上昇と守令─吏郷体制による新しい収奪体系の登場により、曖昧な均衡は崩壊したという。それによって勃発した民乱は、自ら「士」の意識で武装した民衆が崩壊した均衡の復元と以前の政治文化への回帰を要求するものであった。さらには一八九四年の東学農民戦争は、単純な以前の政治文化への復帰ではなく、儒教的民本主義の原理に仮託して新しい「共同性」を創出した急進的な変革の試みであったと把握した。[*80]

筆者もやはり趙景達の本についての書評で、民惟邦本や王土・王臣思想など儒教的イデオロギーに基づき、自分たちの行動を正当化していたことを指摘したことがあり、[*81] 以後においても農民軍が打ち出した正当性の基盤を朝鮮社会の支配理念である儒教と関連させて理解しようとした。農民軍は儒教理念を内面化して専有することによって、自分たちの行動を正当化しようとしたし、それを通して治者が自ら約束しながらも、現実の政治では打ち捨てていた民本理念と仁政を回復させようとしていたというものである。そうだからといって、農民軍の意識は儒教に埋没したまま終わったのではなく、仁政を回復しようという強力な願望が結果的には新しい政治秩序を開きつつあったことを強調した。[*82]

農民戦争当時の禮川地域の農民軍の活動を分析した洪東賢は、農民軍は郷村支配層が独占していた儒学の道徳的価値を専有することで郷村支配層よりも名分的に優位を占めようとしており、危機に陥った王を救うための「義兵」を自任することで武装蜂起を正当化することができたとした。[*83] 彼はまた、教祖伸怨運動から農民戦争期にかけての東学教徒と農民軍の意識世界とそれが持った意味に、支配理念の儒教との関連のなかで接近することも行った。教祖伸怨運動の時期から農民軍は保国安民、徐暴救民などの支配理念である儒教的思惟に基盤を置いた社会・政治的諸価値を専有することで、自分たちの行為を正当化していたことを明らかにした。[*84] 李京遠は、一八九〇年前後の東学布教過程と修行の方法、そして伏閤上訴期の東学教徒たちの斥倭洋運動と報恩集会期の東学教徒たちの打ち出した忠義と斥倭洋唱義などを分析し、それが儒教的実践倫理と深く連関していることを指摘している。[*85] 許洙もやはり、教祖伸冤運動期に東学教団と政府間で繰り広げられた言説の争いの様相を儒教的形式と内容という面から考察している。東学と政府の両者の立場を朝鮮王朝の支配イデオロギーである儒教と関連させて理解しようとした点で注目される。[*86]

以上からもわかるように、近年になり東学思想はもちろん、農民戦争当時の農民軍の考えと行動についても支配理念であった儒教と関連させて理解しようとする傾向がはっきりと見られる。このような諸研究が提示する農民軍の志向は一律的ではない。近代指向性を主張する研究もあり、その反対もあり、近代または反近代指向論のなかでもその内容において差異がある。

しかしこのような差異にもかかわらず、特に農民戦争や教祖伸冤運動の展開過程で見られる農民軍や東学教徒たちの考えと行動を儒教と関連させて理解しようとする諸研究に見られる共通点がある。それは、西欧の経験に準拠した接近を拒否し、東学思想や農民戦争に朝鮮社会の支配理念や政治体制、民衆が生きる「生」の現場であった郷村社会の秩序や共同体意識、そのなかで形成された多様な慣習などと関連させて内在的に接近しようとしたことである。そしてそのような内在的接近を通して現れた民衆像は、既存の西欧中心的・近代中心的研究で描写されていた民衆像とは大きく異なっていた。そればかりでなく、農民軍の意識と関連して、これまでの西欧中心的・近代中心的歴史叙述では否定的なものとして理解されていた儒教もまた、異なる脈略のなかで理解されていることを確認することができる。

もちろん、農民軍の考えを単に儒教との関連のなかでのみ理解したり、儒教的なものへと還元して理解しては混乱をきたすであろう。先に言及したように、民衆は支配理念や体制から自由であることはできないが、もう一方では、支配イデオロギーとは区別される独自の文化領域や意識世界を持っていた。これは民衆の生活と意識は支配理念に規定されながらも、それとは異なる次元を構成しており、その点で民衆文化には確実にある独自性が存在することを意味するからである。他の一面では、リューデ（George Rude）によれば、民衆運動は本来的要因と外来的要因の双方向から影響を受けて起きるものであり、民衆意識や文化も固定的・静態的なものではなく、外来の要素とも限りなく交渉しながらそれを自らのものとしてつくり出してもいく動態的なものである。例えばフランス革命当時、民衆は基本的に自身の「内在的」伝統的諸観念を持って革命に参与していたが、ブルジョアと同じような語彙と観念（自由、社会契約論、人民主権論）を受け入れていた。*87

朝鮮後期の民衆もまた、特に一八世紀後半から儒教という支配理念を内面化していったが、日常生活を営みつつ、また、外部から新しい影響を受け、それを専有することで自らの変化の道を模索することもできた。したがって、儒教を受け入れたからといって、累積された経験のなかで独自性を持っていた民衆意識が進んでいった道筋は非常に複合的であり、多様な方向へと開かれていたと考える。

民衆はすべての主体と同じように、内部的な衝突・対立さえする多様なアイデンティティを持った存在である。抵抗の主体であるばかりでなく、状況によっては抑圧する側に加担することもある。しかしもう一方では、そのような多様性こそは民衆意識が特定の体制やイデオロギーに専一的・一方的に回収されることを困難にする重要な特徴でもあるという点を指摘しておく。

4 おわりに

解放後の農民戦争に対する理解は、おおむね西欧中心的・近代中心的歴史認識に基づいている。このような理解は、今日でも農民戦争研究の主流を占めている。しかし、これは西欧的文明化や近代性を進歩の立場から把握する単線的な発展論であり、近代に特権的な地位を付与して、近代―前近代を非対称的な二項対立の関係へと編成するものである。前近代は近代に向かってまっすぐ走っていかなければならない近代に従属した時間でしかない。したがって、前近代から近代を問いただす可能性は封じられる。すなわち進歩の理念であり、発展の約束で特権化された近代を相対化し、新しい歴史像を構築することは難しい。この点でも目的論・発展論に立脚した「民族としての民衆像」、「近代を志向する民衆像」は根本的に再考されなければならない。

深谷克己の言葉通り、民衆運動史研究は何よりも、歴史を固定されたもの、目的論的な何かとして把握するのではなく、人間の「生」が主体的に対応していくなかで歴史をある可能性として理解しようとするところにその意義がある。[*88] 近代以前の時間に対する審判者の位置にあり、そのような時間の最終目的地である近代に生き、前近代の時間をただひたすら近代に向かって走ってくる「発展過程」としてのみ理解しようとする発展論的・目的論的認識に対する抜本的な批判が必要である。発展論的認識は、その時代の社会と人間のなかに潜在しているか、表面に現れるいくつかの要素のなかから、発展を担保するものだけを取り出して歴史を再構成する。その結果、近代という濾過池を通して分けられた諸要素、近代と無関係であったり背馳する要素は抑圧され、排除されたり歪曲される。しかし民衆意識は支配理念に規定されながらも、それとは異なる固有の性格を持っている。いわゆる「近代移行期」にも民衆意識はブルジョアのそれとは異なる側面を持っていた。民衆意識は理論としての「西欧」が構成した単線的な発展過程としてはとらえがたい、複雑な分かれ道が絡まる独自的な領域を持っていた。これは民衆の生活世界や意識が国家権力や支配層にたやすく包摂されることのない、支配的価値や理念だけでは理解しがたく、またそこに簡単に包摂されることもない相対的な自立性と独自性を持っていることを意味する。

この点で農民戦争と農民軍の意識についての研究は、特権化された「近代」、近代中心的・西欧中心的歴史認識、目的論的・発展論的歴史叙述によって排除され、抑圧・歪曲された民衆の「生」と意識を再度照らし直し、そこに隠されている多様な可能性を新しく発見していくことのできる端緒となりえる。民衆史が西欧中心主義を克服し、近代—伝統の二分法的理解を超えて前近代から近代を再び眺め、相対化できる一つの方法でありうる理由もここに求めることができるであろう。

西欧・近代中心的歴史認識の最も大きな問題点は、非西欧あるいは前近代社会で見られる特定の現象が、他の政治・社会的要素とどのような内的連関を持っているかに対する理解を最初から遮断してしまうというところにある。[*89] 農民戦争や農民軍の意識に対する理解についてもやはり、大きくは異ならないであろう。この点においても、農民軍の意識や志向を民衆たちが生きていた「生」の現場であった郷村社会の秩序や共同体意識、そのなかで形成されていた多様な慣習、特に儒教という支配理念との関連のなかで理解しようとする新しい研究傾向は注目される。何よりもこのような研究は、西欧の経験に準拠した接近を拒否し、農民軍の意識を当時の朝鮮社会の内部から把握する「内在的接近」を志向しているからである。同時にそれは、「前近代的なもの」として封印されていた儒教をはじめとして、朝鮮社会を構成していた多様な政治社会思想など、多様な諸要素間の関係、そのような要素と農民軍の意識や志向を再配置・再脈絡化しようとする意識的努力の所産でもある。そのような努力が結局は、西欧・近代の経験と対比させて、それとの距離や差異に寄りかかり、非西欧・前近代の歴史過程を理解してきたやり方を抜け出し、朝鮮社会と人々の「生」を構成し、思惟してきた方法と原理を究明する内在的理解につながるであろう。

註

*1 李光麟「舊韓末 新學과 舊學과의 論爭」『東方學志』第二三・二四集、一九八〇年：金度亨『大韓帝國期의 政治思想研究』지식산업사、一九九四年：金度亨「한말 근대화 과정에서의 구학 신학 논쟁」『역사비평』季刊三四号・通巻三六号、一九九六年：白東鉉「대한제국기 新舊學論爭의 전개과 그 의의」『韓國思想史學』第一九集、二〇〇二年：朴正心「自强期 新舊學論의 '舊學［儒學］' 인식에 관한 연구」『동양철학연구』第六六集、二〇一一年参照。

*2 楊致中「守舊가 反愈於就新」『太極學報』二二、一九〇八年六月、一三頁。

*3 近代中心主義については、裵亢燮「동아시아사 연구의 시각：서구・근대 중심주의 비판과 극복」『역사비평』通巻一〇九号、二〇一四年冬号参照。

*4 以下、農民戦争当時から一九二〇―一九三〇年代までの東学農民戦争の認識については、裵亢燮「1920-30 년대 새로운 '동학농민전쟁상' 의 형성」『史林』第三六号、二〇一〇年a参照。

*5 「獨立論（寄書）」『대조선독립협회회보』一三、一八九七年五月、七―八頁。

*6 洪東賢「1894 년 동학농민전쟁에 대한 문명론적 인식의 형성과 성격」『역사문제연구』通巻二六号、二〇一一年、一六四―一六六頁。

*7 朴殷植著・김승일訳『韓國痛史』범우사、一九九九年、一三八頁。

*8 「발기취지문」『한국사연구』七九、一四八頁。

*9 「(교육부 고시 제1997-15호) 고등 학교 교육과정：교과목별 교육과정 해설（사회과）」一七八頁。

*10 これについては、裵亢燮「현행 고등학교 근현대사 교과서 서술에서 보이는 民衆像」『한국사연구』一二二、二〇〇三年：裵亢燮「동학농민전쟁에 대한 역사교과서 서술 내용의 새로운 모색：동아시아적 시각과 '나눔과 배려' 의 정신을 중심으로」『역사와담론』第六二集、二〇一二年参照。

*11 「교육과학기술부 고시 제 2011-361 호 [별책 4] 및 교육과학기술부 고시 제 2012-3 호 [별책 4]」『고등학교교육과정（Ⅰ）』一八一―一八三頁。

*12 文一平「甲子以後 六十年間의 朝鮮」『開闢』四三、一九二四年一月号。

*13 金容燮「東學亂研究論：性格問題를 中心으로」『역사교육』三巻、八九頁。

*14 金容燮「全琫準供草의 分析：東學亂의 性格 一斑」『사학연구』二、一九五八年、二、四〇―四七頁。

*15 李惠鈴「자본의 시간, 민족의 시간」、권보드래ほか『지식의 현장 담론의 풍경：잡지로 보는 인문학』한길사、二〇一二年参照。

*16 一九七二年に成均館大学校大東文化研究所で『大東文化研究』（第九集）を〈一九世紀の韓国社会〉というテーマの特集号として発刊し、それまでに研究された農業、手工業、商業・市場、身分制などにわたる「資本主義の萌芽」を整理した。

*17 鄭昌烈「한국민중운동사」、中央文化研究院編『韓國文化史新論』中央大學校出版局、一九七五年。

*18 韓完相『민중과 사회』종로서적、一九八〇年、七九頁。

*19 朴玄埰「분단시대 한국 민족주의의 과제」『韓國民族主義論 2』創作과 批評社、一九八三年、六〇―六一頁。

*20 鄭昌烈「동학과 동학란」、李家源ほか編『韓國學研究入門』지식산업사、一九八一年、一九四頁。

*21 鄭昌烈「甲午農民戰爭연구：全琫準의 思想과 行動을 중심으로」延世大學校博士学位論文、一九九一年、二七三頁。

*22 金聖甫「'민중사학' 아직도 유효한가：전환시대 민족사관의 정립을 위하여」『역사비평』一四、一九九一年。

*23 裵城浚「1980-90 년대 민중사학의 형성과 소멸」『역사문제연구』通巻二三号、二〇一〇年。

*24 한국민중사연구회編『한국민중사』二、풀빛、一九八六年、三八―四〇頁。

*25 同上書、八八―八九頁。

*26 李榮昊「1894 년 농민전쟁의 사회경제적 배경과 변혁주체의 성장」、한국역사연구회『1894 년 농민전쟁연구 . 1, 농민전쟁의 사회경제적 배경』역사비평사、一九九一年。

*27 楊尙弦「농민들의 개혁운동」、한국사연구회編『새로운 한국사 길잡이』下、지식산업사、二〇〇八年、七九頁。

*28 この点は、民衆運動を民衆史の叙事として専ら描く教科書内容が持つ問題点について指摘した際にも言及した（裵亢燮、前掲稿、二〇〇三年参照）。

*29 金澤賢「'서발턴의 역사（Subaltern History）' 와 제3세계의 역사주체로서의 서발턴」『歴史教育』七二、一九九九年、一〇五―一〇八頁。

＊30　碧人 金淇驩「日清戰争의 原因에 關한 韓日清 外交史」『大韓興學報』八、一九〇九年一二月、三六頁。

＊31　以下、農民戦争直後から一九二〇―一九三〇年代に至るまでの農民戦争理解の変化過程については、裵亢燮、前掲稿、二〇一〇年a参照。

＊32　白頭山人「홍경래와 전봉준」『개벽』五、一九二〇年、四四―四五頁。

＊33　高光圭「동학당과 갑오역」『학지광』二一、一九二一年、三七二―三七三頁。

＊34　黃義敦「民衆的叫號의 第一聲인 甲午의 革新運動（續）」『개벽』二三、一九二二年五月号、七四頁。

＊35　金自立「五百年間의 革命運動」『개벽』七〇、一九二六年六月号。天道教人士だった朴達成も一九二七年に「東学革命」という用語を使用したことがある（朴達成「孫義菴의 三大快事（逸話中에서）」『別乾坤』一〇、一九二七年一二月）。

＊36　高光圭、前掲稿。

＊37　金秉濬「동학군도원수 전봉준」『별건곤』一四、一九二八年、一三頁。

＊38　李學仁「동양최초의 민중운동 동학란의 가치」『천도교회월보』二五五、一九三二年、三二頁。

＊39　金庠基『동학과 동학란』一九四七年。この文章は、一九三一年八月一日―一〇月九日にかけて『東亞日報』に連載された内容を単行本として出版したものである。

＊40　金龍德「東學思想研究」『중앙대학교논문집』通巻第九号、一九六四年。

＊41　例えば、一九六二年のある討論会で千寛宇は「韓国の近代化は西洋的な近代への変貌をいう」と述べた（「第1回 東洋學 심포지움 速記錄」『震檀學報』二三、一九六二年、三九七―三九八頁）。

＊42　鄭昌烈「조선후기 농민봉기의 정치의식」、成均館大學校 大東文化研究院『韓國人의 生活意識과 民衆藝術』成均館大學校 出版部、一九八四年。

＊43　鄭昌烈「백성의식・평민의식・민중의식」、한국신학연구소編『한국민중론』한국신학연구소、一九八四年。

＊44　李榮昊「1862년 진주농민항쟁의 연구」『韓國史論』一九、一九八八年。

＊45　金容燮「조선왕조 최말기의 농민운동과 그 지향」『韓國近現代農業史研究：韓末・日帝下의 地主制와 農業問題』일조각、一九九二年、三六二―三六三頁。

＊46　前掲『한국민중사』二、七八―七九頁。

＊47　망원한국사연구실 한국근대민중운동사서술분과『한국근대민중운동사』돌베개、一九八九年、一三二―一三三頁。

＊48　한국역사연구회『1894 년 농민전쟁 연구 .5. 농민전쟁의 역사적 성격』역사비평사、一九九七年、八九頁。

＊49　前掲『한국민중사』二、七八—七九頁。

＊50　個別行為者はある状況によって規定されるだけでなく、同時にその状況の生産にも参与するという点で超個人的構造を重視する社会決定論の視覚は民衆運動だけでなく、ある社会を認識するにあたっても不十分であり危険である（Alain Touraine 著、조형訳『탈산업 사회의 사회 이론：행위자의 복귀』（原題『Le retour de l'acteur :essai de sociologie』Fayard、一九八四年）이화여자대학교 출판부、一九九四年、一三頁）。

＊51　民衆史が持つこのような意味については、裵亢燮「'근대이행기'의 민중의식：'근대'와 '반근대'의 너머：토지소유 및 매매관습에 대한 인식을 중심으로」『역사문제연구』通巻二三号、二〇一〇年b参照。チャタジーの次のような指摘は同じ文脈で理解できる。彼は近代市民社会の外側の領域にある残りの社会を現（近）代／伝統の二分法を用いて概念化することは「伝統」を脱歴史化し、本質化させてしまう危険性をまぬがれ得ず、伝統側に追いやられる領域が近代的市民社会の原則にそぐわない形で近代と対立する可能性を否定することだと述べた（Partha Chatterjee「탈식민지 민주국가들에서의 시민사회와 정치사회」『문화과학』二五、二〇〇一年、一四三頁）。

＊52　裵亢燮、前掲稿、二〇〇三年参照。

＊53　趙景達「甲午農民戦争の指導者＝全琫準の研究」『朝鮮史叢』第七号、一九八三年。

＊54　鄭昌烈「동학농민전쟁과 프랑스혁명의 한 비교」、Michel Vovelle ほか『프랑스혁명과 한국』일월서각、一九九一年：高錫珪「1894 년 농민전쟁과 '반봉건 근대화'」、동학농민혁명기념사업회編『동학농민혁명과 사회변동』한울、一九九三年。

＊55　趙景達著、박맹수訳『이단의 민중반란：동학과 갑오농민전쟁 그리고 조선 민중의 내셔널리즘』（原題：『異端の民衆反乱：東学と甲午農民戦争』岩波書店、一九九八年）역사비평사、二〇〇八年、二六頁。

＊56　以下、明治維新期日本の民衆運動とフランス革命当時の農民運動については、紫田三千雄著、이광주・이은호共訳『근대세계와 민중운동』（原題：『近代世界と民衆運動』岩波書店、一九八三年）한벗、一九八四年、稲田雅洋『日本近代社会成立期の民衆運動—困民党研究序説』筑摩書房、一九九〇年、鶴巻孝雄『近代化と伝統的民衆世界：転換期の民衆運動とその思想東京大学出版会、一九九二年、李世熙「프랑스 革命期의 農民運動에 對한 研究史的 考察」『釜大史學』一〇、一九八六年、崔甲壽「(해외학술논쟁・'프랑스혁명'과 '농민')'프랑스혁명과 농민운동' 논쟁에 대한 소고」『역사비평』一九九二年夏号 通巻一九号、一九九二年：알베르 소불「(해외학술논쟁・'프랑스혁명'과 '농민') 아나똘리 아도의 논문에 대하여」『역사비평』一九九二年夏号 通巻一九号、

一九九二年参照。

*57 에릭 홉스봄著、金東澤ほか訳『저항과 반역 그리고 재즈』（原題：Eric Hobsbawm『Uncommon people :resistance, rebellion and jazz』The New Press、一九九八年）영림카디널、二〇〇三年、二三二—二三六頁：E.P. Thompson「The Moral Economy of the English Crowd in the Eighteenth Century」『Past and Present』五〇、一九七一年二月、七八—七九頁：George Rudé著、朴永信・黃昌渟訳『이데올로기와 민중의 저항』（原題：『Ideology and popular protest』Lawrence and Wishart、一九八〇年）현상과인식、一九九三年、四六—五七、七一頁参照。

*58 トムスンは、平民文化は自身の情意的あるいは外部的な影響に無関係なものではなく、貴族統治者の統制と強制に対抗し、受動的に形成されたと述べた（E.P. Thompson『Customs in common』Penguin Books、一九九三年、六—七頁）。

*59 これはSutti Ortizの次のような表現からも確認できる。「イデオロギーは個人に当面する世界についての観点を提供する。また、ほかの観点は彼が過ごした経験、そして社会的環境の現実性から派生する」（Sutti Ortiz「Reflections on the Concept of 'Peasant Culture' and Peasant 'Cognitive Systems」、Teodor Shanin 編『Peasant and Peasant societies: selected readings』Penguin Education、一九七一年、三二三頁）。

*60 Paul H. Freedman『Images of the medieval peasant』Stanford University Press、一九九九年、二九八頁。

*61 趙景達、前掲『이단의 민중반란：동학과 갑오농민전쟁 그리고 조선 민중의 내셔널리즘』三三八頁：趙景達著、許英蘭訳『민중과 유토피아：한국 근대 민중운동사』（原題：『朝鮮民衆運動の展開：士の論理と救済思想』岩波書店、二〇〇二年）역사비평사、二〇〇九年、一九六頁。

*62 これについては、裵亢燮「조선후기 토지소유 및 매매관습에 대한 비교사적 검토」『한국사연구』一四九、二〇一〇年c参照。

*63 裵亢燮、前掲稿、二〇一〇年b参照。

*64 趙景達の「反近代論」についての検討としては、裵亢燮「근대를 상대화하는 방법：민중사에서 바라보는 근대：「이단의 민중반란」, 조경달 저／「민중과 유토피아」. 조경달 저〈書評〉」『역사비평』通巻八八号、二〇〇九年参照。

*65 一九七〇年代以降の韓日中の民衆運動史研究の動向については、裵亢燮「임술민란의 민중상에 대한 재검토—근대지향성에 대한 비판과 동아시아적 시각의 모색—」『역사와담론』第六六集、二〇一三年：須田努「'전후 역사학'에서 이야기된 민중이미지를 지양한다」、裵亢燮・孫炳圭編『임술민란과 19세기 동아시아 민중운동』성균관대학교 출판부、二〇一三年、須田努「研究動向 運動史研究の"原体験"」『歴史学研究』八一六、二〇〇六年、須田努『イコンの崩壊まで—「戦後歴史学」と運動史研究』青木書店、

二〇〇八年、肖自力・陳亞玲「최근 10 년 간의 태평천국사 연구」、裵亢燮・孫炳圭編、前掲書参照。

＊66 吳吉寶「갑오농민전쟁과 동학」『동학연구』一二、二〇〇二年に再収録、二七七—二七八頁。これと類似した主張は鄭昌烈、安秉旭にも引き継がれた。これについては、裵亢燮「동학농민전쟁의 사상적 기반에 대한 연구현황과 과제—동학（사상）과 농민전쟁의 관계를 중심으로—」『史林』第四五号、二〇一三年、一五四—一五五頁参照。

＊67 裵亢燮、前掲稿、二〇一〇年b参照。

＊68 裵亢燮「19 세기 후반 민중운동과 公論」『韓國史研究 = The journal of Korean history』一六一号、二〇一三年、「19 세기 향촌사회질서의 변화와 새로운 공론의 대두—아래로부터 형성되는 새로운 정치질서—」『朝鮮時代史學報 = (The) Journal of Choson dynasty history』七一、二〇一四年参照。

＊69 李京遠「조선후기 향촌사회의 공동체적 질서와 동학농민군의 활동 양상」、歴史学研究所／歴史問題研究所主催学術大会「동학농민전쟁의 경험과 의미」二〇一四年一一月七日。

＊70 尹絲淳「동학의 유학적 성격」、민족문화연구소編『동학사상의 새로운 조명』영남대학교 출판부、一九九七年、一〇六—一〇八頁。

＊71 禹潤「동학사상의 정치．사회적 성격」、한국역사연구회『1894 년 농민전쟁연구．3. 농민전쟁의 정치·사상적 배경』역사비평사、一九九三年、二九〇—二九二頁。

＊72 柳永益「전봉준 의거론」『東學農民蜂起와 甲午更張：淸日戰爭期（1894-1895）朝鮮人 指導者들의 思想과 行動』일조각、一九九八年。

＊73 金相俊「대중 유교로서의 동학：'유교적 근대성'의 관점에서」『사회와 역사』通巻六八号、二〇〇五年、一六八頁。

＊74 金相俊、同上稿、一六九—一七〇頁：儒教的近代性については、金相俊「조선후기 사회와 "유교적 근대성" 문제」『大東文化研究』第四二集、二〇〇三年で本格的に議論している。

＊75 趙惠仁「동학과 주자학：유교적 종교개혁의 맥락」『사회와 역사』第一七巻、一九九〇年。

＊76 金相俊、前掲稿、二〇〇五年、二〇一—二〇二頁。

＊77 東学を儒教に対する宗教改革という脈絡から理解した最近の研究としては、宋虎根『시민의 탄생：조선의 근대와 공론장의 지각변동』민음사、二〇一三年参照。これについての批判は裵亢燮「서구중심주의와 근대중심주의．역사인식의 天網인가」『개념과 소통 =Concept and communication』第一四集、二〇一四年参照。

＊78 鄭昌烈、前掲「甲午農民戰爭 연구：全琫準의 思想과 行動을 중심으로」二一〇頁。

＊79 趙景達、前掲『이단의 민중반란：동학과 갑오농민전쟁 그리고 조선 민중의 내셔널리즘』。

＊80 趙景達「政治文化の変容と民衆運動―朝鮮民衆運動史研究の立場から」『歴史学研究』八五九、二〇〇九年。

＊81 裵亢燮「'等身大'의 민중상으로 본 동학농민전쟁―趙景達,『이단의 민중반란：동학과 갑오농민전쟁』」、연세대학교 현대한국학연구소編『해외한국학평론』四、二〇〇六年。

＊82 裵亢燮「19세기 지배질서의 변화와 정치문화의 변용：仁政 願望의 향방을 중심으로」『韓國史學報』第三九号、二〇一〇年d；裵亢燮「Foundations for the Legitimation of the Tonghak Peasant Army and Awareness of a New Political Order」『Acta Koreana』一六巻二号、二〇一三年。

＊83 洪東賢「1894년 동학농민군의 향촌사회 내 활동과 무장봉기에 대한 정당성 논리－경상도 예천지역 사례를 중심으로」『역사문제연구』通巻三二号、二〇一四年、三二七―三三三頁。

＊84 洪東賢「1894년 '東徒'의 농민전쟁 참여와 그 성격」『역사문제연구』通巻二〇号、二〇〇八年。

＊85 李京遠「교조신원운동기 동학지도부의 유교적 측면에 대한 고찰」『역사연구』第一九号、二〇一〇年。

＊86 許洙「교조신원운동기 동학교단과 정부 간의 담론투쟁―유교적 측면을 중심으로―」『한국근현대사연구』第六六集、二〇一三年。

＊87 George Rudé、前掲書、四六―五七、七一、一三四頁。

＊88 深谷克己「民衆運動史研究の今後」、深谷克己編『世界史のなかの民衆運動』青木書店、二〇〇〇年、一三頁。

＊89 これについてのさらに具体的な議論は、裵亢燮、前掲稿、二〇一四年冬号参照。

第Ⅱ部

多様な民衆像

一　東学の布教と儒教倫理の活用

李　京　遠
（趙　景　達　訳）

1　はじめに

東学思想は布教過程で変化し続けている。崔済愚が得道して東学を布教しはじめたときに東学思想が完成したのではない。主要な東学経典は大部分、布教以後に著述され、この過程で東学思想は確立していった。これは布教当時の状況が東学に影響を及ぼしたのを反証している。東学は布教過程で多くの難関にぶち当たった。初代教主の崔済愚は東学を布教するとき、守令・儒生たちの非難を受け、これに対応しながら道を伝授するのが課題となった。第二代教主の崔時亨が崔済愚の処刑以後、地下布教の時期を経て一八八〇年代中頃、忠清道・全羅道地域に東学を布教したときには、守令の弾圧で家産を蕩尽した教徒を救済するのが最も大きな問題であった。

布教過程で生じた問題を解決するために、東学指導者たちは、既存の儒教倫理や郷約のような共同体の運営原理を積極的に受容したり活用したりした。崔済愚は、東学は西学のような邪学だという守令・儒生たちの非難に対して、西欧人の風習は五倫を捨てていると批判しながら対応した。また、布教以後、守令・儒生たちの非難が引き続く中で、教徒に動揺せずに修道すべきことを申し渡しながら、修身斉家、誠・敬・信などを東学の修道に活用した。崔時亨は布教以後、守令の弾圧によって財産を失った教徒間の共同体意識を育てるために、郷村社会の構成員全体に影響力があった郷約の徳目を東学の天主を恭敬する方法に活用した。このように布教状況は、東学思想の儒教的要素と密接な関連があった。

布教過程で東学思想に影響を及ぼした儒教倫理や儒教共同体に対する研究はほとんどない。崔時亨が東学の公認を得ようと教理に一層儒教倫理を強化したという研究[*1]が目を引くだけである。しかしこの研究は、崔済愚の東学布教と儒教倫理の関係については、あまり扱っておらず、崔時亨の忠清道・全羅道地域における東学布教と儒教倫理を有機的にさぐってはいないという限界がある。

そこで本稿では、東学思想の儒教的要素が東学の布教とどのような連関性があるのかをさぐってみようと思う。2では、崔済愚が布教過程で三綱五倫、修身斉家、誠・京・信などの儒教倫理を受容したり活用していく過程を検討したい。3では、崔時亨が忠清道・全羅道地域に東学を布教していくにつれて守令らの弾圧が甚だしくなる中で、郷約の共同体運営原理を東学の共同体意識に作り替えていく過程を検討する。

2　崔済愚の東学布教と三綱五倫、修身斉家、誠・敬・信

崔済愚は東学を布教しながらいくつかの困難にぶち当たった。崔済愚が布教をはじめるや、守令・儒生たちの非難、攻撃があった。彼らは、東学が西学のような邪学だと批判した。

（世の人々が予の道を）西学だと称し、予の身体を発闡（訳注1）しようとした。草野に埋もれた人よ。予もまたかく願わん。（引用史料中の括弧は筆者、以下同じ）[*2]

これは「安心歌」の一節だが、このことから東学は西学だという攻撃があったことを知ることができる。[*3] このような非難は東学を排斥する儒生たちの文章からも確認される。

儒生たちは、東学の天主は西学に従ったものだと認識した。一八六三年の東学に反対する「道南書院通文」では、東学の呪文で誦える天主は西洋の天主に倣ったものであり、病を治す符水は黄巾を真似たものだとした。[*5] 東学の天主を西学の天主と見る、このような儒生の認識は以後も引き続いた。一八九三年、慶尚道星州出身の儒生李承熙は、東学で天主に仕えて福を祈るのは、西学と変わるところがないとした。[*6] また、崔時亨が東学の弾圧を避けようと呪文に出てくる天主を上帝に換えたことからも、東学の天主を問題として非難したことを推測することができる。[*7] 儒生たちは、東学の天主は西学を模倣したものであり、これを根拠に西学だと非難したのである。

このような非難だけではなく、布教以後、人々が入道していくにつれて内部の問題も発生していった。入道した人々の間に道を惑わす者たちが出てきたのである。

入道した者の中で知覚なき者たちは、噂だけを聞いて入道し、口でのみ呪文を誦え、道成徳立が何なのかも知らずに、私も得道したよ、お前も得道したかと言う。薄情なこの世の取るに足らないあの人々は、どうしてあのように見苦しいのか。[*8]

このように呪文や道成徳立についてよく知らずに得道したという人々が問題を起こしていた。布教以後、崔済愚が教えもしないことを勝手に説いてすぐに得道しようとする弟子たちを叱り、[*9] 乱動者・乱法者に言い聞かせるという意味においても、[*10] 教徒内部の問題が発生していたのを知ることができる。

布教以後、崔済愚は外部の非難に対応し、教徒内部の問題を解決するために儒教倫理を受容して、東学の要素とし

表1 『龍潭遺詞』中の儒教倫理および儒教經典用語

東学経典	儒教倫理および儒教經典用語
「教訓歌」 (1861年11月下旬～12月初旬)	・三綱五倫 ・安貧楽道　修身斉家 ・精誠　恭敬
「道修詞」 (1861年12月下旬)	・安貧楽道 ・誠　敬 ・修人事待天命 ・修身斉家　三綱五倫 ・孔子 ・仁義礼智信 ・信
「勧学歌」 (1862年1月)	・父子有親　君臣有義　夫婦有別　長幼有序　朋友有信 ・堯舜盛世 ・安貧楽道 ・輔国安民 ・聖賢 ・誠　敬

出典：『龍潭遺詞』(『東学思想資料集』1，亜細亜文化社，1979年)

て新たに組み入れた。崔済愚が儒教倫理を東学に導入したのは、彼の学問背景と関連がある。崔済愚は、退渓李滉の学統を継ぐ儒教的素養を備えた家門の出身であった。彼の父近庵崔鋈も名を知られた士であった。[*11] このような家庭環境で育った崔済愚は、自然に儒教倫理に接したであろう。彼が東学経典で三綱五倫の風習がよく守られていないことを嘆いたり、[*12] 三綱五倫を捨てては賢人君子になることができないと言ったのにも、[*13] 彼の儒教的素養を見て取ることができる。

崔済愚が活用した儒教倫理や儒教経典の用語は、布教活動を繰り広げながら、最も大変な時期に執筆した経典によく表れている。表1にある「教訓歌」「道修詞」「勧学歌」は、崔済愚が一八六〇年に得道したあと、一八六一年六月から慶州を中心に布教活動を繰り広げるなかで守令・儒生たちの非難を受けるようになり、一八六一年一一月から一二月の間に慶州から南原に居所を移す過程、ないしは南原に着いたときに執筆した経典である。[*14] 表1を通じて、これらの経典類で三綱五倫、修身斉家あるいは安貧楽道、誠・敬・信が共通して出てきているということを知ることができる。この儒教倫理、儒教経典用語は布教と非常に密接な関連があった。崔済愚は三綱五倫、修身斉家、安貧楽道、誠・敬・信を活用しながら、布教以後発生した問題を解決した。

三綱五倫は、外部の非難に対応したものだが、東学の重要な要素になった。前に見たように、儒生たちから東学は西学だという非難を受けていた。これに対して崔済愚は、東学の治病能力が西学よりはるかに秀でているということを強調しながら、布教活動を引き続き繰り広げていった。崔済愚は、西学人（天主教徒——訳者）たちにはいかに見ても名医はおらず、東学の仙薬に勝つことはできないとし[15]、東学の天主のみを信じれば、怪疾で死ぬ心配がないとした[16]。このように東学の優秀性を主張する一方で、西学人たちは五倫を捨てて祭祀を行わないと批判した。

笑うべきかな、かの人（西学を信じる人々）は、自身らの父母が死したのちには神もないと称し、祭祀さえ行わず、五倫を捨てて、ただすぐに死するを願うのは、いかなることよ。父母なき魂靈魂魄なら、自身らはどうして一人ありえたか[17]。

崔済愚は、儒生たちの非難に対応する過程で西学人たちの祭祀をしない風習を問題とした。崔済愚の東学布教よりのちの時期である一八九三年（癸巳）一月の記録ではあるが、黄玹の『梧下記聞』によれば、「その党は隠れていただけであって、その教がついに絶えたわけではなく、西学と違うということを強く主張した。西学には埋葬、祭祀の風習がないが、東学にはその風習があり、西学は財物と女色を貪るが、東学はそうではないとした。その輩は、それを信じて真の道学と考えたが、実は卑しく俗っぽい天主学のかすを取ったものであった[18]」としている。このように儒生たちの非難に対応するなかで、東学では五倫を捨てた西学人たちの風習を批判していたのである。

ところが、崔済愚の西学に対する批判は、当時の政府、儒生たちの認識と似ていた。一八九三年の「斥邪綸音」では、西学人たちは三綱五倫を捨てて父母の祭祀を行わないのに、死後の自身の福を願うのは矛盾していると批判している[19]。慶尚道の儒生洪正河は、父母と自身は一気となっているのだから、死んだ父母の霊魂は存在するとしながら、祭祀を行わなければならない理由を説明している[20]。このような儒生と同じく、崔済愚は西学人らが五倫を捨てたと批判したのである。崔済愚が西学に対して儒生と似た視角を持っていながら、東学を引き続いて布教することができたのは、当時民衆に浸透している儒教的慣習のためであった。朝鮮後期の民衆にとって、祖先崇拝の観念は絶対的であった。[*21]

このように民衆が孝や祭祀などの儒教的慣習を持つようになった背景は、いくつか推測してみることができる。まず、『撃蒙要訣』のような学習書の普及を上げることができる。士族は、『撃蒙要訣』を普及させて民衆に祭祀や葬礼のような儒教の礼を教えようとした。[*22] また朝鮮後期、宝城地域の郷約では、父母を粗略に扱う者、父母の葬礼中に行実が正しくなかった者、祭祀に参席しなかった者に罰を与えている。[*23] このような士族たちの教化を通じて、民衆も祭祀のような儒教的慣習に接していったであろう。ここに崔済愚は、西学人が五倫を捨てて祭祀を行わないと批判することを通じて、民衆に近づいていくことができたのである。

崔済愚の布教以後にも、三綱五倫は東学の西学批判の根拠となった。一八九一年に作られたと推定される東学歌詞の「忠孝歌」には、「無君無父の行実なく、金と色に貪欲だね。祖先に祭もせず、外国人と夫婦になるよ。天主だけを恭敬してこの世の王を知らず、西国の道のみを正しいとし、その親戚を一笑するね」[*24]とある。このように東学歌詞では、祖先に祭祀を行わない西学人たちを批判した。このような内容は、教祖伸冤運動期（一八九二年末〜一八九三年中頃――訳者）の東学教徒の榜文（触書――訳者）でも確認することができる。東学教徒は、ソウルの外国人学堂や教会堂に貼り付けた榜文で、西学は「祭器を捨てて淫祠を行う」としながら、聖賢が教えた父と君がないと批判し、[*25]「死んでも哭泣や奔喪の節義がない」[*26]とした。儒生たちの非難に対応するために受容された三綱五倫は、東学の西学批判意識の重要な要素になったのである。

三綱五倫は、布教以後における外部の非難と関連が深い反面、修身斉家・安貧楽道は、教徒に修道を教える過程で受容された。布教以後、守令・儒生たちの非難が起こるや、崔済愚は、教徒に動揺せずに家のことをよく守りながら修道せよと申し渡したが、この時、修身斉家・安貧楽道に言及した。[*27] このことから、修身斉家・安貧楽道は家道和順と密接な連関があると推測される。

これはまたそうなれど、修身斉家せずに、道成徳立とは何事か。三綱五倫はみな捨てて、賢人君子とは何事か。家道和順する法は、婦人に関係するのだから、家長が厳粛であれば、このような姿がなぜあろうか。婦人の戒めをみな捨てて、自身もやはり怪異なれば、痛切にして哀憐なり。かくの如き夫ありて、かくの如き妻ありとする道理はなけれど、賢淑なすべての友は、だんだんと戒めて、安心安堵してくれよ。[*28]

これは「道修詞」の一節だが、修身斉家と家道和順が並列的に出てきている。このような内容だけでは、家道和順と修身斉家がどのような関係にあるのかは、分かりにくい。ところが、家道和順と修身斉家の関連性は、崔時亨の説教記録である『理気大全』においてわずかながら垣間見ることができる。『理気大全』では、夫婦和順を説明しつつ、「一人が善であれば、天下が善となる。一人が和であれば、一家が和する。一家が和すれば、一国が和する。一人が和すれば、一家が和し、天下が和することを誰がさえぎることができようか」としている。[*29] 夫婦和順を一人一家天下の和睦と拡大させて説明しているのだが、これは修身斉家治国平天下の説明方式と似ている。そして、修身斉家がまた家族の和睦を重要視したという点で修身斉家と家道和順の連関性を推察することができる。朝鮮社会では、儒教的理想を実現するために幼いときから修身斉家を教育したが、修身斉家においては家族共同体の中で父母に対する愛、兄弟間の友愛を守るために穏和な顔色と言葉づかいが重視された。[*30] このような修身斉家における家族間の愛、友愛が、東学の家道和順に活用されたものと推測される。

誠・敬・信も、修身斉家のように東学の修道と関連があった。誠・敬・信は四書で言及される重要な徳目である。誠は『中庸』で天理の本然であり、真実にしてでたらめでなからんとすることだとしている。[*31]『孟子』では、恭敬至心は礼に表れるとしている。[*32] 信は『中庸』で朋友を信じること、目上の人に対する信任と説明されている。[*33] このように誠・敬・信の徳目を崔済愚が東学の修道に活用したのは、彼の父崔鋈の『近庵集』を見れば、彼の誠・敬・信に対する考えを垣間見ることができる。そこでは誠は、子思、曽子の言葉を引用して、知識を最後まで追求する「志の誠実」、そして「身の誠実」を意味するとし[*34]、敬はさまざまな行動に流される心の病を治す薬だとしている。[*35]そして、このような誠・敬がすべて信と通じると見た。このような崔鋈の誠・敬・信に対する考えが、崔済愚に伝えられただろうことは推察に難くない。

誠・敬・信は天主に対する姿勢にも活用された。崔済愚は『鄭鑑録』（訳注2）でいう「十勝之地」である弓乙を応用して東学の霊符を作ったが、霊符を燃やして飲めば病を治し、洋人を制圧することができると言いながら布教した。[*36]ところが、霊符の効験は天主に精誠と恭敬を限りなく尽くす人にのみ現れるとした。

日々食べる食事も、誠敬の二字を守り通し、天主を恭敬すれば、幼い頃よりあった身病も、薬さえなくとも治すことができる。家中の憂患なく、一年三百六十日を、一日の如くに過ごしていける。天佑神助ではないか。次々と証験するのだから、輪回の時運は分明であることよ。[*37]

この「勧学歌」の内容のように、誠敬は天主に対する姿勢であった。ここに崔済愚は、守令・儒生たちの弾圧を避け、南原に旅立つ途中にも教徒に誠敬を強調し続けた。「教訓歌」では、「自覚なき人々よ。他人の修道を見習って精誠を尽くし、また精誠と恭敬によって正心修身せよ[*38]」と言った。「道修詞」では、「善良にしてなお善良な友よ。昧く愚かなこの者を、どうかどうか誹らずに、誠敬の二字を守り通し、だんだんと修めていくなら、無極大道ではないか」と言っている。[*39]そして崔済愚は、誠と信は連結されていると見つつ、精誠と信はともに重要だとした。[*40]一方崔済愚は、布教をする中で出会う人々と朋友有信の関係を結ぼうとして[*41]、入道する人々を友と呼んだ。信は師匠と弟子、教徒間の徳目として新たに解釈されたのである。

このような誠・敬・信は、東学の核心要素になった。「座箴」には、「別途の他の道理はない。ただ、誠・敬・信の三字のみ」[*42]とある。崔時亨もまた、「誠・敬・信がなければ、たとえ一生涯かけても、この道の理致を理解するのは難しい」[*43]と言い、忠清道・全羅道地域に東学を布教した際も、「道は誠・敬・信の三字にあるだけである」[*44]とした。誠・敬・信は東学の天主を恭敬する姿勢に活用され、布教過程で一貫して強調され続け、東学から除くことができない要素となったのである。

3 崔時亨の東学布教と忠、孝、患難相恤

一八六四年、崔済愚が処刑されると、東学教団は大きく動揺した。東学教団は慶尚道北部、江原道山間地域に止まりながら組織を整備し、崔時亨が第二代教主となった。崔時亨は布教活動を繰り広げる準備を終えると、一八八〇年代中頃から忠清道、全羅道地域に東学を布教した。[*45]布教以後、教徒が増えるにつれて、守令の弾圧も甚だしくなった。守令の弾圧は教徒の家産を害して奪うという方式でなされた。このような事態は、参礼集会（教祖伸冤運動での一集会――訳者）の議送（観察使への上訴――訳者）単子（書き付け――訳者）によく現れている。

東学教徒を西学の余派と見て、列邑の守令が執拗に捜査して捉え、銭財を拷問によって奪い、死するに至る事態が相次いでいます。地方の豪民らも、こうした噂を聞いて教徒を侮辱し、家を壊して財産を奪っていますが、そのため教徒たちは流離を余儀なくされ、財産を蕩尽しています。異端を禁ずるという理由でこうした事態を正当化することができるのでしょうか。[*46]

この議送単子においてだけでなく、参礼集会以後、全羅監司（観察使と同じ――訳者）の甘結（監司から下級官庁への公文――訳者）においても、各邑の胥吏たちが東学教徒の財物を奪っている事実について指摘している。[*47]また各邑の校隷（捕吏――訳者）たちは、東学教徒だけでなく、教徒ではない者たちまでも東学だと汚名をかぶせて侵奪を

行っているとしている。[*48]このように東学教徒だけでなく、官でも守令や各邑の胥吏などの弾圧を問題としていたのを見るとき、その程度が非常に甚だしかったということを知ることができる。このような弾圧によって東学教徒の中には財産を蕩尽した者が増えていった。[*49]ここに崔時亨は、教徒の間で互いに助け合うことを申し渡したが、この過程で郷約のような儒教共同体の意識を積極的に導入し、東学の共同体意識に活用した。

郷約は士族の規約だが、村構成員すべてに適用されてもいた。郷約の規約が比較的よく残っている長興・宝城地域の場合を見てみよう。郷約の徳業相勧とは、郷村社会構成員の間で正しい行いを互いに勧奨することをいうが、[*50]一八九四年に出された、宝城郷校所蔵の郷約章程には、「国王に忠誠して父母に孝道し、年長を恭敬して師を高く敬い、兄は友愛して弟は恭遜し、夫は温和して妻は従い、近しい親戚同士は和睦して隣村と融和する」と書いてある。[*51]

このように、徳業相勧を通じて村人たちの間に忠孝の儒教的実践倫理や家族・親戚・隣人間の和睦が強調されたということを知ることができる。郷約の患難相恤は、村の共同体秩序をなおよりよく見せてくれる。上の宝城地域の郷約章程の患難相恤の中に、「貧しく窮乏した者にまつわる問題がある。貧しい生活を安定させて分限を守って生きようとしても、生計があまりに困難な人には財政を工面して救済してあげ、あるいは貸してあげてその者をして生活していくことができるよう、自立することができるようにし、歳月が過ぎていくにつれ、だんだんと返済すればいいようにしてあげる」[*52]という文章が載せられている。このように患難相恤は隣人を対象にしているので、村の共同体秩序と大変密接な関係にあったと見ることができるであろう。一方、朝鮮後期の宝城の郷約では、親族や隣人の間で和睦することができない者や、困難な隣人を救済することができない者たちに罰を加えるとしており、郷約の規約が村共同体秩序を妨害する者たちに制裁を加えていたという事実を知ることができる。[*53]

崔時亨は布教以後、教徒間の共同体意識が一層必要になるや、郷約を積極的に受容して東学の修道すなわち天を恭敬する方法として活用した。彼が活用した郷約の儒教倫理は、忠清道・全羅道地域に東学を布教するとき作成した、

表2 「通諭十一条」と「通諭十条」の儒教倫理および儒教経典用語

通文名	儒教倫理および儒教経典用語
「通諭十一条」(1883年)	・誠敬信 ・忠君上 ・孝父母 ・修身斉家
「通諭十条」(1891年)	・誠敬信 ・三綱五倫 ・仁義禮智　孝悌忠信 ・信 ・安分楽道　修身斉家 ・患難相救　貧窮相恤

出典:「通諭十一条」(「侍天教宗繹史」『東学農民戦争史料叢書』29, 東学農民戦争百周年紀念事業推進委員会、1996年),「通諭十条」(「海月文集」『韓国学資料叢書 9—東学農民戦争編』韓國精神文化研究院, 1996年).

一八八三年の「通諭十一条」と一八九一年の「通諭十条」の内容によく現れている。

まず、表2を通じて崔済愚が布教過程で導入した儒教倫理である誠・敬・信、三綱五倫、安分楽道、修身斉家などが、崔時亨の東学布教時期にも引き続いて現れているということを知ることができる。そのほかにも忠・孝のような儒教的実践倫理や患難相救、貧窮相恤などの郷約の徳目が現れているのが特徴的である。忠・孝は郷約で強調された儒教的実践倫理であり、患難相救、貧窮相恤もまた、郷約の徳目である。崔時亨は布教過程で郷約の忠・孝のような儒教的実践倫理と患難相救、貧窮相恤などの共同体意識を受容したのである。

崔時亨は、忠・孝を東学の天を恭敬する方法に活用した。これは教祖伸冤の伏閤上疏の直前に東学指導部が作成した「都所朝家回通」によく現れている。「都所朝家回通」では、「真に天命を聴いて天威を恐れ、真に天時に従って父母に仕えることは、精誠から天に仕えることであるから、孝に力をみな注がなければならない。君に仕えることは、精誠から天に仕えることであるから、忠に命を捧げなければならない」[*54]としている。忠・孝が天に従える方法になり得たのは、崔時亨が国王と父母に天主がいると考えたからである。崔時亨は、天地万物が天主に仕えていると考えた。彼が「鳥の声もまた侍天主の声である」[*55]とか、「道家(東学信徒の家――訳者）に客が来れば天主が降臨したと言え[*56]」、「幼い子供も天主に従えているのだから、殴ってはならない[*57]」などと言ったのを見れば、天地万物に天が宿っていると考えたのを知ることができる。このような天観に立脚してみれば、国王と父母も天主に仕えているのだから、国王に忠誠を尽くし、父母に孝道を尽くすことが、すなわち天を恭敬することなのであった。崔時亨が忠清道・全羅道地域に東学を布教しながら下達した一八八三年の「通諭十一条」に見られる「忠君上」「孝父母[*58]」や、一八八九年の「新定節目」にある「忠・孝の行いが卓越した者には、特に賞を与える[*59]」という忠・孝は、天を恭敬する方法であったのである。

また、孝は東学の家道和順を実践する重要な倫理になった。前に見たように、家道和順は崔済愚が東学を布教するときからあったが、崔時亨の布教時期に一層強調された。崔時亨が婦女信徒を対象に書いた「内修道文」の最初の条項には、「父母に心から孝を尽くし、夫を心から恭敬し、自分の子供と嫁を心から愛し、下人を自分の子供のように思い、六畜でもみな大事にし、樹木でも上の芽を折らず、父母が憤怒されれば、機嫌を損ねずに笑い、子どもはたたいて泣かしてはならない。幼い子どもにも天主はいらっしゃり、子どもをたたくことはすなわち天主をたたくことである。天理を知らずに、いつも子どもをたたけば、その子どもは死んでしまう。絶対に家では、大きな声を出してはならず、和順することのみに努めなさい。このように天主を恭敬して孝誠を尽くせば、天主が造化されて（天主と一体化して――訳者）福を下さるから、必ず天を心から恭敬しなさい[*60]」とある。このような「内修道文」の条項から、崔時亨は、家庭の和順が天を恭敬することにあると考えていたことを知ることができる。崔時亨は、彼の説教記録である『理気大全』においては、夫婦和順がわが道の最初で、道が通じる、通じないは、内外和順にかかっているとしている[*61]。彼は、郷約の儒教的実践倫理である孝を家道和順の倫理に作りかえた。一八九二年一月の通諭文には、「道儒は、父母を孝敬することによって内外和順することを第一とすること」という条項があり[*62]、一八九二年一一月の参礼集会以後の敬通にも、「孝によって父母に仕え、法道によって家を和睦させせよ[*63]」としている。崔時亨は、郷約を活用する過程で孝と家道和順を結合させたのである。

郷約の郷村社会共同体意識は、東学の有無相資に影響を及ぼした。前に見たように、郷約は兄弟、親戚、隣人間の和睦や、救恤を強調する郷村社会共同体意識を持っていた。忠清道・全羅道地域の布教以後、守令たちが教徒の財産を奪って行くや、崔時亨は郷約の共同体意識を教徒間の共同体意識に作りかえた。崔時亨が一八八三年の「通諭十一条」で、「兄弟と和睦して過ごせ」「郷里を救恤せよ」[*64]とし、一八八八年の「戊子通文」で、「兄と弟のように互いに助け合わなければならない」[*65]としたことから、郷約の兄弟間、隣人間の和睦救恤が教徒間の共同体意識に活用されたのを知ることができる。このような東学教徒間の共同体意識が有無相資になった。

患難相救・貧窮相恤は先賢の郷約にあるが、これはわが道ではなお重要である。道人は等しく相愛相資すること。[*66]

この一八九一年の「通諭十条」の条項で、郷約の患難相救・貧窮相恤と東学の相愛相資が関連性があるのを知ることができる。一八九二年一〇月に教祖伸冤運動が始まってから、家産が蕩尽する教徒が増えて行くや、崔時亨は教徒間の有無相資をなお一層強調した。一八九二年一一月の参礼集会以後の敬通では、「大義に参与して家産を蕩尽した者を哀れに思いながらも、家で観望して飽食する者はどうして心が平安でいられようか。有無相資して、流離乞食する者が出ないようにせよ」[*67]としている。また、一八九三年二月の伏閤上疏直前の通諭文では、「財産を蕩尽した者を哀れに思いなさい。どうして一人だけ安穏として過ごそうとするのか。必ず有無相資するよう互いに合心しなさい」[*68]としている。布教以後、教祖伸冤運動を展開する過程で、郷約の共同体意識を東学の有無相資に活用していたのである。

崔時亨は東学を布教してのち、守令たちの弾圧を受けるや、教徒間の救済と結束のために、郷約の共同体意識を教徒間の共同体意識に活用した。ここに、東学の天を恭敬する方法には郷約の儒教倫理が活用されていった。

人として生まれ職分が百姓に与えられたところでは、すなわち君主が天である。真心を込めて職分を守り、上は君主に力を貸して忠誠を尽くし、下は父母を恭敬して兄弟と和し、骨肉和睦しなさい。このようにしなければ、断じて道ではない。謹んで守らなければならない。[*69]

これは崔時亨の「遺訓」であるが、郷約の忠・孝・和睦が東学の修道に活用されているのを知ることができる。ここでは、忠・孝・和睦は前に見たように東学の天を恭敬する方法となっている。郷約の徳目が東学の修道に変じる過程で、郷約の共同体意識は東学の有無相資に変わり、東学の社会倫理となったのである。一八八九年の「新定節目」には六任の役割が記されているが、忠・孝・和睦・救恤と関連して賞を与えるという条項がある。一つには先にも述べた「忠・孝の行いが卓越した者には、特に重賞を与える」という条項だが、もう一つには「親戚と和睦して貧民を救済した友には、忠孝人の例として賞を与える」[*70]という条項である。

親戚と和睦して貧民を救恤するというのは、郷約の共同体意識が東学の共同体意識に活用されたことを意味している。このような東学の共同体意識は、人々が東学に入っていく契機になった。人々は東学に入れば、貧しい者は富める者になって、逆に貧しい者を助けるのだと考えて入教した。[*71] 東学の共同体意識である有無相資が社会倫理になる過程で、東学は人々になお一層接近することができたのである。

4　おわりに

以上、東学において儒教倫理が活用される過程を検討してみた。崔済愚が東学を布教したときは、守令・儒生たちの非難と、修道についてよく分からない者が出てくることが問題であった。布教以後に発生した問題を解決するために、崔済愚は三綱五倫、修身斉家、誠・敬・信などの儒教倫理を東学の要素に組み入れた。三綱五倫は、守令・儒生たちの非難に対応する過程で東学の西学批判意識になった。守令・儒生たちは、東学が西学のような邪学だと非難した。このような非難に対して崔済愚は、東学と西学の差異点を主張する一方、西学人たちが五倫を捨てて父母の祭祀を行わないと批判した。崔済愚の西学批判意識は、儒生たちの視角と似ていたのである。しかし、民衆も儒教的慣習に浸っていたために、崔済愚は、西学人たちが五倫を捨てたと批判しながら布教活動を繰り広げることができた。

修身斉家は、崔済愚が教徒に守令・儒生たちの非難に動揺せずに修道に専念すべきことを強調するときに言及された。崔済愚は修身斉家を引用しながら、教徒に家をよく守りながら修道せよと言った。このようなことから、修身斉家と家道和順の関連性が推測される。修身斉家も家族間の愛・友愛・穏和などを重視したので、東学の家道和順と通じる面があった。

誠・敬・信は東学の天を恭敬する姿勢に活用された。崔済愚は、東学の霊符が病を治して禍を免れるようにするものであるとしながら布教した。ところが、精誠と恭敬によって天のためにする人だけが霊符の効験を得ることができた。精誠と恭敬は、崔済愚が南原に行き、教徒に修道を教えがたくなったとき、一層強調された。一方崔済愚は、師と弟子、教徒間の関係を朋友有信の関係として新たに定義した。このように三綱五倫、修身斉家、政・家・信は崔済愚の東学布教時期に活用された儒教倫理であった。

一八八〇年代中頃以後、崔時亨が東学を布教するときには、郷約の儒教倫理が東学の修道に活用された。崔時亨が東学を布教した当時には、守令が教徒の財産を侵奪することが、最も大きな問題であった。守令の弾圧によって財産を失った教徒が多くなるや、崔時亨は教徒間の共同体意識を強調する必要性を感じ、既成郷村社会の共同体秩序に影響を及ぼしていた郷約の規約を東学の修道に活用した。

この過程で、郷約の忠・孝のような儒教的実践倫理は、東学の天を恭敬する方法となった。崔時亨は、天地万物に天主がいると考えたために、国王と父母も天主に仕える存在だとした。ここに、忠と孝が東学の修道目標の一つになった。また、孝は家道和順の重要な要素であった。崔時亨は、家道和順がすなわち天を恭敬することだと考えたが、家道和順を実践するために、まず孝を強調した。崔時亨は孝を家道和順の倫理に活用したのである。

郷約の忠・孝が東学の修道になる一方、郷約の共同体意識は、東学の有無相資に活用された。郷約の規約の中には、兄弟・親戚・隣人間の和睦や救恤など郷村構成員すべてに及ぶ共同体意識があった。このような郷約の共同体意識は、東学教徒間の共同体意識に活用された。崔時亨は忠清道・全羅道地域を布教しながら、教徒に兄弟・隣人のように和睦し、救恤しあうことを強調した。このような教徒間の共同体意識が東学の有無相資となった。一八九二年教祖伸冤運動が始まって以後、守令の弾圧が甚だしくなるや、崔時亨は有無相資を強調するようになる。郷約が東学の修道に活用される過程で、郷約の村共同体意識が東学教徒間の共同体意識として一層深まり、東学の有無相資に活用されたのである。東学の有無相資は、貧しい人々が東学に入る契機になった。このように儒教倫理を活用した東学の修道や共同体意識を当時の民衆がどのように受け入れていたのかということについては、本稿では扱うことができなかった。この部分に対する研究は、今後の課題として残したいと思う。

（訳注１）「発闡」とは開発闡明の意だが、『龍潭遺詞』は古文の純ハングルで書かれており、「発闡」では意味が通じない。「抜薦」など他の文字に当てる説もある。ただ、意味不分明なまま「発闡」と解するのが一般化している。

（訳注２）『鄭鑑録』とは朝鮮王朝後期に現れた讖書で、朝鮮王朝四〇〇年にしてこの世は終末的状況となるが、真人鄭氏が誕生し、李氏王朝に代わって鄭氏王朝を作り、人々を救済すると予言している。

註

＊1 朴孟洙「동학과 전통종교와의 교섭—최제우・최시형을 중심으로」（『동학사상의 새로운 조명』영남대학교출판부、一九九八年、一八七〜一九三頁。

＊2 「龍潭遺詞」〈安心歌〉（『東学思想資料集』一、亜細亜文化社、一九七九年）九四頁。東学経典は現代語に直して引用した。東学経典に対する理解と東学経典を現代語に直す作業は、尹錫山註解『東経大全』（東学社、一九九六年）と『龍潭遺詞』（東学社、一九九九年）を参考にした。以下では、脚注を省略する。

＊3 安心歌だけでなく、崔済愚の通文でも東学を西学だと非難した事実を知ることができる（『東経大全』〈通文〉『東学思想資料集』一、四五頁）。

＊4 一八六四年の『凝窩先生文集』「應旨疏」でも東学は西学の顔のみを換えたものだとしている（『凝窩先生文集』一、巻之五、四七二頁）。慶尚監司徐憲淳の狀啓でも崔済愚は西学を排斥すると言いながら、むしろ西学に従っているとしている（『日省錄』高宗一年二月二九日）。このような儒生たちの東学に対する認識は、第二代教主崔時亨が東学を布教するときでも同じであった。儒生たちは東学が西学を排斥するといってもむしろ庇護しており、名前だけを変えたものに過ぎないとした（「梧下記聞」『東学農民戰争史料叢書』一、史芸研究所、一九九六年、以下『史料叢書』とする、四三頁、「日史」『史料叢書』七、四五〇頁、『国訳　修堂集』一、一四九頁）。このように、東学は布教過程で西学のように非難され続けた。

＊5 「道南書院通文」（崔承熙「書院（儒林）勢力의 東学 排斥運動 小考—一八六三年 東学排斥 通文分析」『韓佑劤博士停年紀念史学論叢』知識産業社、一九八一年、五五二頁、再引用）。

＊6 「通諭東学徒」（『韓溪遺稿』http://db.history.go.kr/item/level.do?levelId=sa_045_0070_0020）。

＊7 「本教歴史」（『史料叢書』二七）三〇九頁。「天道教書」（『史料叢書』二八）一七三頁。

＊8 前掲「龍潭遺詞」〈道修詞〉一二〇〜一二一頁。

＊9 同右、一二四頁。

＊10 同右、一二五〜一二六頁。

＊11 表暎三『동학（1）—수운의 삶과 생각』（통나무、二〇〇四年）四一〜四二頁。

＊12 前掲「龍潭遺詞」〈勧学歌〉一二九頁。

＊13 前掲「龍潭遺詞」〈道修詞〉一二一頁。

＊14 崔済愚の東学布教と東学経典の著述年代、著述動機などについては、表暎三の論考（「동학경전의 편제와 내용 一〜一八」『신인간』通巻第四二一—四四一号、一九八四〜一九八六年、表暎三前掲書）を参考にした。

＊15 前掲「龍潭遺詞」〈安心歌〉九四頁。

＊16 前掲「龍潭遺詞」〈勧学歌〉一三六頁。

＊17 同右。

＊18 前掲「梧下記聞」四三頁。

＊19 『憲宗実録』憲宗五年一〇月一八日。

＊20 「大東正路」（『朝鮮事大・斥邪関係資料集』六）五〇七頁。

＊21 黄善明「儒教와 韓国人의 宗教心性」（『新宗教研究』七、二〇〇二年）一八五頁。

＊22 韓睿嫄「初学 漢文教材로서의『撃蒙要訣』의 意義—朝鮮儒教의 慣習化 過程」（『漢文教育研究』第三三号、二〇〇九年）五二三頁。

＊23 『長興 郷約 모음』（長興文化院、一九九四年）六七〜六八頁。

＊24 「東学歌詞」〈忠孝歌〉（金鐸「韓国史에서 본 西学과 東学의 比較研究」『論文集』第四集、韓国精神文化研究院 韓國学大学院、一九八九年、二四頁、再引用）

＊25 「東学文書」（『史料叢書』五）五八頁。

＊26 同右、六〇頁。

＊27 前掲「龍潭遺詞」〈教訓歌〉六二〜六三頁。

＊28 前掲「龍潭遺詞」〈道修詞〉一二一〜一二二頁。

＊29 愼鏞廈「東学 第二代 教主 崔時亨의『理気大全』」（『韓国学報』二一）一五一頁。

＊30 韓睿嫄前掲論文、五二一〜五二二頁。

＊31 「中庸」第二〇章（成百曉訳注『大学・中庸集註』傳統文化研究會、一九九一年）九三〜九四頁。

＊32 「孟子」告子章句上（同上）三二二頁。

＊33 「中庸」第二〇章（同上）九三頁。

＊34 崔東熙訳『近庵集』（창커뮤니케이션、二〇〇五年）七三〇頁。

＊35 同右、七三二頁。
＊36 『日省録』高宗一年二月二九日。
＊37 前掲「龍潭遺詞」〈勧学歌〉一三七頁。
＊38 前掲「龍潭遺詞」〈教訓歌〉七八頁。
＊39 前掲「龍潭遺詞」〈道修詞〉一一八頁。
＊40 前掲「東経大全」〈修徳文〉二四頁。
＊41 前掲「龍潭遺詞」〈勧学歌〉一三八頁。
＊42 前掲「東経大全」〈座箴〉三二頁。
＊43 愼鏞廈前掲論文。
＊44 「海月文集」（『韓国学資料叢書 九—東学農民戦争篇』韓国精神文化研究院、一九九六年）三三一頁。
＊45 朴孟洙「동학농민혁명에 있어서 동학의 역할」（『동학농민혁명과 사회변동』한울、一九九三年）五一～五五頁。
＊46 「各道東学儒生議送単子 完営」（『韓国民衆運動史資料大系』一八九四年의 農民戦争篇一、驪江出版社、一九八五年）七三頁。
＊47 「甘結」（同右）七七頁。
＊48 同右、八五頁。
＊49 「敬通」（『韓国民衆運動史資料大系』一八九四年의 農民戦争篇一）八三頁。
＊50 前掲『長興 郷約 모음』一〇頁。
＊51 김경옥ほか編訳『보성의 향약과계』（무돌、二〇〇四年）二〇頁。
＊52 同右、二四頁。
＊53 同右、五六～五七頁。
＊54 「都所朝家回通」（『韓国民衆運動史資料大系』一八九四年의 農民戦争篇一）八八～八九頁。
＊55 「天道教会史草稿」（『東学思想資料集』一）四三三～四三四頁。
＊56 「天道教創建史」（『東学思想資料集』二）一二六頁。
＊57 愼鏞廈「崔時亨의「内則」・「内修道文」・「遺訓」」（『韓国学報』一二、一九七八年）一九九頁。
＊58 「侍天教宗繹史」（『史料叢書』二九）六七頁。

＊59 「海月文集」（『韓国学資料叢書 九―東学農民戦争篇』）三〇九頁。
＊60 前掲愼鏞廈「崔時亨의「内則」・「内修道文」・「遺訓」」。
＊61 前掲愼鏞廈「東学 第二代 教主 崔時亨의『理気大全』」。
＊62 「侍天教宗繹史」（『史料叢書』二九）八二頁。
＊63 前掲「敬通」八二頁。
＊64 前掲「侍天教宗繹史」〈通諭十一条〉六七～六八頁。
＊65 前掲「海月文集」〈戊子通文〉三〇七頁。
＊66 前掲「海月文集」〈通諭十条〉三二四頁。
＊67 前掲「敬通」八二頁。
＊68 前掲「侍天教宗繹史」〈通諭文〉九一頁。
＊69 前掲愼鏞廈「崔時亨의「内則」・「内修道文」・「遺訓」」二〇〇頁。
＊70 前掲「海月文集」三〇九頁。
＊71 「時聞記」（『史料叢書二』）一七七頁。「柏谷誌」（『史料叢書』一一）六三〇頁。

二　一八九四年　東学農民軍の郷村社会内での活動と武装蜂起についての正当性論理
――慶尚道醴泉地域の事例を中心に――

洪　東　賢
（伊藤俊介　訳）

1　はじめに

一八九四年の東学農民戦争は、これまで韓国の近代民族主義の歴史の流れの中で理解され、「近代民族解放運動の先駆」として確固たる位置を占めてきた。しかし近年「新たな民衆史」への模索とともに[*1]、東学農民戦争についての叙述にも新たな転換が求められている[*2]。民族と階級による画一化や近代発展論的な視角による単線的な理解への懐疑とともに、「民衆の論理」として正当に叙述しなおさなければならないというのである。すなわち既存の研究において東学農民戦争に身を投じた農民軍は、近代民族国家の樹立というひとつの目的論的な視角から見た場合、依然として「不十分な集団[*3]」あるいは「政治意識の後進性[*4]」という固有の特徴を有する存在としてのみ捉えられてきた。そのため農民軍は常にエリート層からの「正しい指導」が必要な存在として対象化され、彼らの歴史はエリート層のイデオロギー的な目的に専有されるほかなかった。

東学農民戦争史を正当な「民衆（農民）の論理」によって叙述しなおすということは、何よりもまず民衆が独自的かつ自律的な意識を有する存在であると認めることから出発する。[*5] すなわち農民は自らの意識と論理で東学農民戦争への参与を選び行動を決定したのである。当時の東学農民軍の固有な行動と意識を分析して彼らの論理を正当に説明することで、エリートの政治とは区分される「民衆の政治」を明らかにすることができるだろう。だが東学農民軍によって記録された資料が残っていない（あるいは残されていない）状況において彼らの意識と論理を再現するのは容易な作業ではない。しかしながら支配層の残した資料への「再解釈」と「木目に逆らった読解」を通してならば、彼らの意識を捉えることができるはずである。[*6]

一八九四年当時の郷村社会は、それまで支配層に抑圧されてきた民衆のさまざまな欲望が表出された空間だった。民衆は郷村支配層への暴力や掠奪、さらには凌辱など、さまざまなやり方で彼らの権威を否定していた。これに対して郷村支配層は東学農民軍の行動を「怨望から発端」して「終局には悖逆を行い乱離を起こし」た無分別な「暴力」に過ぎないものと認識し、これをまるで「告発」するかのように多くの記録を残している。したがって、これらの記録を再解釈することで、郷村支配層が隠蔽あるいは歪曲しようとした農民軍の意識を読み取ることができるだろう。

とりわけ本稿の分析対象である慶尚道《キョンサンド》の醴泉《イエチョン》地域は、ひとつの空間内に東学農民軍の接所と、これに敵対的な郷村支配層の執綱所がそれぞれ設置され、互いに緊張関係を維持しつつ対峙していた。その後、執綱所側による東学農民軍への埋殺事件が起こると緊張関係はさらに高まり両者は激しく対立した。ここで興味深いのは、両者が事件発生直後から武力衝突を全面化するのではなく、互いに「通文」をやりとりして各々の立場を明らかにしているという点である。[*7] したがって、この「通文」を分析することで、埋殺事件の性格規定だけでなく、一八九四年当時の醴泉地域で展開されていた「非日常的状況」に対する彼らの認識と行動についての正当性の論理を垣間見ることができるものと筆者は考える。[*8]

本稿ではまず、一八九四年当時の醴泉地域における郷村内の雰囲気について、接所と執綱所の設置過程や活動などを「官民相和」の原則の反映という側面から検討する。こうした雰囲気の中で八月一〇日に起こった東学農民軍一一名の埋殺事件の背景とその性格を探りたい。

次に、埋殺事件をめぐり東学農民軍の接所と郷村支配層の執綱所との論駁のやりとりを「通文」で検討する。両者の「通文」のやりとりは八月一〇日の埋殺事件直後から始まり、八月二八日の武力衝突当日まで続けられた。約一〇回余りのやりとりが行われたが、花枝《ファジ》都会を境に「通文」の論調が変化する。すなわち前半では主に埋殺事件の性格の問題と責任の当否をめぐり論駁が展開されているが、花枝都会後は「埋殺事件」の責任の当否を越えて武装蜂起と繋がり「斥倭」の問題が提示されているのである。したがって、前者からは郷村社会内で活動していた東学農民軍の意識をうかがうことができ、後者からは地域的な範囲を越えた東学農民軍の武装蜂起と繋がる蜂起の論理を探ることができるはずである。

2　東学農民軍の郷権掌握と埋殺事件

(1)　東学農民軍の設接行為と郷権掌握

慶尚道西北部地域は東学の唱導初期から布教活動が活発に行われた地域だった。このため尚州《サンジュ》では書院を中心に東学排斥運動が展開された。[*9] それだけでなく一八七一年に寧海《ヨンヘ》で起こった「李弼済《イピルジェ》の乱」は、新郷勢力と東学勢力が結託して郷権を掌握しようとした「郷戦」的な性格を帯びたものだった。[*10] このように醴泉・尚州・聞慶《ムンギョン》・星州《ソンジュ》など慶尚道西北部地域では早くから郷村内部の構成員間に東学をめぐる葛藤が現れていた。だが教祖崔済愚《チェジェウ》の処刑以降、東学禁断令が頒布され、東学の布教がいっさい禁止された状況だったため、東学教徒と郷村支配層との間に起こる葛藤も制限的なものでしかなかった。こうした郷村内の葛藤が全面に現れるようになったのは一八九三年の報恩《ボウム》集会後からである。

醴泉地域の東学組織は、この地域を基盤とする関東包（醴泉・聞慶）や尚功包（尚州・醴泉）[11]が一八九三年の報恩集会に参与していることから見て、以前から相当な勢力を形成していたものと思われる。[12]中でも関東包に所属する首接主の崔孟淳《チェメンスン》は一八九四年三月に醴泉の蘇野《ソヤ》に接所を設置（設接）して以降、徐々にその勢力を拡張していた。[13]崔孟淳の設接行為は当時の郷村支配層によって捕捉され深刻な憂慮を生みもしたが、これは郷村支配層が設接行為を単なる邪学集団の拡散という次元ではなく、既存の郷村支配ネットワークへの脅威と捉えていたからと解釈できよう。事実、報恩集会後に郷村社会に戻った教徒らは以前とは異なり、自分たちの組織を利用して郷村支配層の弾圧に積極的に対応するなど対立姿勢を形成していた。[14]接所に参与した構成員も「近隣の愚かな平民・奴婢などの輩は自分たちが勢力を得た時期」[15]と述べているように、主に既存の郷村支配秩序から疎外された勢力だった。彼らは首接主の崔孟淳が「荒雑乱類」[16]と陳述していることからも確認できるように、単なる宗教的な目的ではなく、既存の郷村支配秩序に不満を抱き、接所を中心にこれを否定しようとしたのである。

こうした設接行為は六月から七月にかけて活発に行われ、醴泉地域だけで四八個の接所が置かれた。[17]そして最終的には接所を中心とした東学農民軍のネットワークが既存の郷村支配層のネットワークを圧倒し無力化させたものと推察される。すでに周辺の多くの官衙は大部分が「守令がすべて空席」という状態で、醴泉郡守もまた執務をとらず「空官」となり本来の機能を失っていた。[18]中でも金谷《クムゴク》の場合などは地域の儒林のネットワークである「儒契所」[19]を無力化させ、そこに接所を設置している。

このように、守令を頂点に士族と吏郷勢力で形成されていた郷村支配秩序は瓦解または本来の機能を喪失した状態であり、接所がこれに取って代わった。当時醴泉地域に設置された四八個の接所のうち、崔孟淳の蘇野接所と権景《クオンギョン》咸《ハム》の金谷接所、朴顕声《パクヒョンソン》の退致《トェチ》接所、趙成吉《チョギルソン》の柳川《ユチョン》接所がもっとも活発に活動していた。[20]とりわけ崔孟淳の蘇野接は官衙の業務を代行するなど既存の郷権を侵食するほどに強大な影響力を行使していた。

だが東学農民軍の郷権掌握は官権を完全に否定するというよりは、官権との関係を通して発現しようというものだった。まず蘇野接の崔孟淳は「官民相和」という北接教団の基本原則に基づき郷村秩序を安定的に導こうとした。したがって彼は官吏や既存の郷村支配勢力との衝突を最大限自制していた。[21]その後、邑吏らを主軸に醴泉邑に設置された執綱所が東学農民軍に対応するための反農民軍組織だったにも拘わらず相互協助的な関係を維持できたのも、「官民相和」という基本原則に基づいていたためと考えられる。しかし東学組織の特性上、醴泉地域の接所が蘇野接を中心に一貫した命令系統をもった垂直的な関係を維持できたわけではなかった。崔孟淳は同地域の東学組織に相当な影響力を行使してはいたが、各接の接主らとの連携は緩やかなものだった。さらに崔孟淳本人が陳述しているように、六月から七月にかけての急激な入道者の増加と設接により、統制はさらに困難だったものと思われる。

したがって醴泉地域の他の接所は崔孟淳の意図とは異なり、自分たちの影響力を拡大しようと既存の支配勢力と衝突していた。特にこの地域の郷吏らとの衝突は頻繁に起っており、現職官吏の安東《アンドン》府使を木に縛り付けて殴打もしている。[22]それだけでなく、府民らへの略奪や勒道（入道の強制：訳者）のために邑内を横行したりもした。ついにはこれに対応すべく七月二四日に邑吏らを中心に対策が講じられ、七月二六日に執綱所という反農民軍組織が設置された。執綱所の設置後は崔孟淳と執綱所との間の相互協助的な関係が維持されるような例もあったが、郷権の拡大を画策する他の接所の東学農民軍とは敵対的で、頻繁に衝突が起こるよりほかなかった。そしてこうした敵対的な葛藤関係が「埋殺事件」へと繋がっていくことになるのである。

(2) 郷権の拡大過程と埋殺事件

東学農民軍の設接後、醴泉地域の東学農民軍と郷村支配層との葛藤は七月末の邑吏らによる執綱所の設置で表面化した。主に邑の外郭地域を掌握していた東学農民軍は、その影響圏を邑内にまで拡大しようと圧迫してきていた。このとき東学農民軍の主たる攻撃対象になった勢力は邑内に住む郷吏層だった。彼らは長きにわたり邑政を掌握して賦税徴収に直接関わっていただけでなく、商品農業で富を蓄積した篤農だった。そのため東学農民軍は彼らを抱き込むことで自分たちの影響力を邑内に拡大しようとしたものと思われる。[*23]

東学農民軍は総じて勒道により邑吏らを強制的に抱き込んだ。前営将の李裕泰《イユテ》や邑吏の黄俊大《ファンジュンデ》・金炳運《キムビョンウン》への脅迫や殴打もそうした次元で行使されたものと見られる。甚だしくは彼らを抱き込むべく黄俊大と金炳運の祖先の墓を毀損し深刻な侮辱を与えたりもした。郷村支配層はこうした「不法」な暴力と「非倫理的」行為を根拠に東学農民軍を「火賊」と非難した。とりわけ祖先の墓の毀損に対しては儒教的な倫理観に基づいて非常に厳重な刑罰に処してお り、墓を暴いて死体を曝した場合は斬刑に処すよう規定までしていた。だが当時東学農民軍の「掘塚」は各地で頻繁に行われていたようである。[*24] こうした行為は概して積年の怨みと関連した報復の次元で行われることもあったが、醴泉地域では邑吏への勒道の次元で行われたものと考えられる。

一方、邑内に設置された執綱所は東学農民軍の勒道に対応し、総じて内部構成員らの動揺を遮断することに力を注いでいた。執綱所の規律といえる「約条」は全部で一〇項からなり、そのうち一般的な命令指揮系統を除いた七項目は構成員らの統制に関するものだった。[*25] 中でも四つ目の条項には「約条を破り入道した者はその家を取り壊し軍律をもって罰する」とあり、入道を厳しく規制している。同時に彼らは「およそ王を守護する意を取り殉国する本意を失わなかった」[*26]と主張したり、「扶義執綱令」という執綱旗まで作って掲げていた。これは官衙が実際に無力化した状況にあって「義」を掲げて官吏に代わり武装活動を正当化したものと見られる。[*27]

彼らは邑内の構成員らの取り締まりだけでなく、外郭地域にまで兵士を派遣して東学農民軍を牽制した。このため執綱所は邑内への進出を目論んでいた東学農民軍との衝突を余儀なくされた。まず執綱所は、先ごろ邑吏らを殴打あるいは脅迫していた柳川接所属の東学農民軍を逮捕し、彼らの釈放を求める柳川接と対立していた。興味深いのは、このとき執綱所からこうした事情を蘇野接の崔孟淳に知らせて問題を解決している点である。すなわち執綱所は柳川接所属の東学農民軍の不法行為と脅迫を蘇野接に知らせ、[*28] これを知った崔孟淳は直ちに柳川接接主の趙成吉を逮捕し、罪案を作成してから執綱所側に引き渡して措置するよう指示した。[*29] これは当時蘇野接と執綱所を中心に「官民相和」という基本原則に基づき郷村秩序を統制または維持しようとしたためと考えられる。

しかしながら、醴泉地域で相当な勢力を形成していた金谷接は依然として執綱所との対立関係を維持していた。彼らは執綱所に「通文」を送り、邑内の地主四名の身柄を引き渡すよう要請した。だが執綱所は「数万名の民の命が彼らに頼って維持されている。もし彼らがいなければ、当初の暴悪な輩を防ぎ困難を救済しようとの計策も水泡に帰すだろう」と金谷接の要請を拒絶した。[*30] 彼ら地主四名は執綱所でも認めているように、その後の醴泉地域における主導権を掌握するための重要人物だった。したがって執綱所側と金谷接との間で彼らを抱き込むための葛藤が高まっていた。

両者の葛藤は翌日に起こった埋殺事件で最高潮に達する。すなわち執綱所は、東学農民軍が貴山という邑に「侵犯」し「掠奪行為」や「殴打」を働いているとの消息を聞きつけ、兵士を派遣して一一名を逮捕したのだが、その場ですぐさま生き埋めにして殺傷したのである。この知らせを聞いた金谷接は執綱所に「通文」を送り真相究明と責任者の身柄引き渡しを求めた。この事件のすぐ前日にも執綱所は清福亭《チョンボクチョン》の道人七人を処罰しており、蘇野接との関係が悪化していたところだった。[*31]

そうして蘇野接まで埋殺事件への責任を執綱所側に問い始めたことで、両者間に形成されていた「官民相和」の雰囲気は瓦解する危機に置かれ、直ちに執綱所は四方を東学農民軍に包囲され圧迫を受けることになった。その後、執綱所は拘禁されていた柳川接主の趙成吉と部下七名を釈放する一方、蘇野接に使者を送り関係改善を図ろうとしたが失敗した。ついには邑内から近い花枝において東学農民軍の大規模な都会が開かれ、東学農民軍と執綱所との関係は武力衝突の局面に突入することになる。

以上見てきたように、一八九四年七月以降の醴泉地域は東学農民軍の接所を中心に郷村秩序が速やかに再編されていた。東学農民軍の接所は既存の郷村支配組織を否定し、それに代わって郷権を掌握したのである。彼らは自分たちの影響力を拡大すべく邑政に明るい郷吏と銭穀を蓄積していた富豪への勧道を試みた。それだけでなく、邑に東学農民軍を派遣して郷権を行使したりもした。一方、邑吏らを中心に設置された執綱所は官権の空白状況の中でこれに代わって東学農民軍に対応しようとした。しかし執綱所は既存の郷村支配組織ではなかったため、郡守の承認を受けただけでなく「義」を掲げて名分を確保しようとした。このように埋殺事件は「空官」という非正常的な局面、すなわち「不法」と「合法」の境界がはっきりしない状況の中で起こり、熾烈な論駁が展開された。

3 埋殺事件をめぐる論駁と正当性の論理

(1) 東学農民軍の郷村社会内での活動と「行刑」意識

一八九四年八月一〇日に醴泉地域で起こった埋殺事件は、東学農民軍が「略奪を働いて棍棒で人々を殴り死者が出そうだ」という「侵奪行為」の報告を受けて執綱所が兵士を派遣したことから始まった。彼らは追撃のすえ東学農民軍一一名を逮捕したが、「我々はみな東人である。我々を殺したらお前ら無事に生きていられると思っているのか」[*32]という東学農民軍の脅迫に激憤し、「火賊を殲滅せよとの京営の指示がすでに出ているのに、こんな火賊らをどうして片時たりとも生かしておけようか」[*33]とそのまま砂浜に埋めて殺傷した。事件発生当日、金谷接は逮捕された一一名の釈放を求める「通文」を送り、これに執綱所が道人ではない火賊を埋殺したと答問を送ったことから、その後論駁が展開された。

この事件をめぐる論駁は、執綱所側が「貴接の道人だといっているが、まったく理に適っていない。いわゆる道人なる者がどうして夜陰に乗じて他人を略奪などできるのか。道と賊は固より区別があり、それを混同して疑いを持つ必要はない」[*34]との「通文」を金谷接に送ったことから始まった。すなわち自分たちは道人ではない「真贓（盗みの痕跡：訳者）」がすでに露顕した盗賊を処罰したのであり、これ以上議論する必要はないというのである。こうした「通文」の内容から当時の郷村支配層の状況認識がいくつか確認できる。

まず、郷村支配層が当時「官民相和」という特殊な状況を認めていることである。すなわち執綱所で東学の存在を認め、以前のように東学教徒という理由だけでは処罰ができないということを意味している。だからといって東学に対する彼らの敵対的な認識[*35]が変わったわけではない。彼らは執綱所の設立目的が「東徒の侵奪」を防ぐことにあると明言しており、執綱所の「約条」にも「火賊」ではない「道人」を防御の対象として明示している。[*36]彼らは依然として東学に敵対的だったが「官民相和」という特殊な状況により表面上は協力的であらざるを得なかった。さらに東学農民軍が物理的優位にある状況では、道人でない者はむしろ俗人に区分され不利益を被る「波蕩之中」にあった。したがって「敢えて」道人といって私的に処罰できなかったのである。

次に、郷村支配層が自分たちの活動を正当化するために「火賊論」を掲げていることである。教化を名分に公然と施行されていた郷村支配層の私刑は一八世紀以降弱まり、総じて地方官のみが行刑に関する権限を持っていた。しかし醴泉地域が当時「空官」状態だったという点で、郷村支配層が行刑を施行する与件は整われた状態だった。[*37]それにも拘わらず執綱所の構成員が主に郷吏層だったという点、[*38]そして何よりも東学農民軍に郷権が掌握されすでに行刑が施行されていたという点で、執綱所の行刑行為は名分が極めて弱いものだった。したがって彼らは「火賊」を強調して東学農民軍から村を守るために組織されたことを何度も確認している。それだけでなく「義」を掲げて自分たちの武装と活動を正当化する一方、王命や甘結（上級の官庁から下級の官庁に送った公文：訳者）あるいは国法に明示された火賊への対応を呈して自分たちの行刑行為の名分としていた。

したがって執綱所はこの事件について「密かに徒党を組んで金や財産を強制的に奪い、私的に他人の墓を暴き、民を陥れて刑罰を働いた」のだから、埋め殺された一一名は道人などではなく火賊である、という点をはっきりと示したのである。また「火賊の輩を殲滅するのは国法の許すところ」であり一一名の殺害はまったく問題にならない、と重ねて自分たちの行為を「国法」まで持ちだして正当化した。さらに執綱所は埋殺事件に抗議する金谷接に「通文」を送り「奴らはすでに火賊の輩であり貴接所の罪人ではないか」と、逆に東学農民軍側に反問までしている。[*39]一方、埋殺事件当時、東学農民軍は自分たちを逮捕した部兵の前で「我々はみな東人である」と「道人」としての自らの正体を堂々と明かし「我々を殺したらお前ら無事に生きていられると思っているのか」と脅迫までしている。執綱所側の主張のように彼らが無分別な略奪や暴力を働く火賊に過ぎなかったなら、このように堂々たり得ただろうか。少なくとも彼らは自らの行為を不法なものと認識していなかったものと思われる。そうであれば彼らがこのように自らの行動に堂々たり得たのはなぜか。

これと関連して「官民相和」の条件として東学農民軍に示された執綱差定案に注目しなければならない。執綱差定案は政府が全州城からの撤収後に郷村社会を安定させ「乱民」の無分別な行動を統制するなど、治安維持のために東学農民軍に示されたものだった。[*40] このとき執綱に与えられた権限は地域ごとに異なるだろうが、総じて朝鮮時代に郷村支配層に許されていた「行刑権」程度のものだったと推察される。つまり東学農民軍は接所を通じて既存の郷所や郷会の自治機能の代わりを務めたのであり、[*41]「空官」状態における実質的な行刑の主体だったと認識できる。

したがって、醴泉地域の東学農民軍は行刑の主体として、過ちを捜し出して清く洗い流す「洗垢索瘢」という文言を掲げて[*42]「名声を求めよ」[*43]と叫びながら邑内を歩き回り、既存の弊害を正そうとしたのである。蘇野接の送った「通文」にも自分たちの道（東学）は「今日入道すれば明日は兄弟になり、布徳して修業し、民を広く救済することが本位」であり、民が「官庁の苛斂誅求、吏校の討索、両班の圧制を堪えられずに」いるとの声を聞き「事をよく知っている接の人間（知事接僚）」を選抜して邑を歩き回り「紀綱を正し暴悪な行動を禁止すること（明正綱紀、禁断豪悍者）」と述べられている。[*44]

それだけでなく彼らは、東学を通じて儒学の道徳的価値を専有することで行刑者として郷村支配層よりも名分的優位を占めようとした。すなわち東学農民軍は、皇天が下された「保安之良規」として東学を掲げ、当時郷村支配層が独占していた道徳的価値を専有して自分たちの行為の正当性を確保することができた。[*45]そうして道人らはそれまでの堕落した郷村支配層（儒学）に代わり「国を民とともに安定させ永らく保全し、王業を永遠に安定」させることのできる実行主体となり得たのである。したがって彼らは郷村社会の安定に責任を負う立場から、罪の有無を汲まず私刑を働いた執綱所を叱責する一方、人々を煽動したり騒擾を起こしてはならないと警告もしている。

また「火賊の輩を殲滅せよとの国法」を論じる執綱所側の主張に対しても、むしろ行刑の手続きを問題にするだけでなく、「国人皆曰く之を殺すべし」[*46]という孟子の言葉を引用して埋殺事件を「無辜による無念の死（無辜横罹）」と規定した。すなわち、彼らがたとえ不義を働いたとしても、手続きに基づいて罪を詰問してから然るべく処罰しなければならないのに、そうした手続きを無視したまま無闇に殺傷したのは「国法」のみならず聖賢の教えにも背くものである。[*47]したがって今度の埋殺事件はひとえに「公法」に基づいて改めて調査のうえ判決しなければならない、とその首謀者の身柄引き渡しを重ねて要求したのである。

それだけでなく、東学農民軍は近隣地域の接主一三名が会合して埋殺事件について議論した後、公論を集めて執綱所側に伝えている。その内容を見るに、埋め殺された一一名は恭敬で徳の練磨に一途な道人であり「身勝手に外れた行動はしなかったはず（自在非肆行悖戾）」だから「怙と終とは賊刑す」[*48]や「人を貨に殺越し」[*49]と論罪してはならないと述べている。さらにこの事件は郷村支配層によって断行された私刑であり「埋め殺された者の父母妻子の哀悼する号泣が道路に満ち怨声が天に徹」したのだから、「古今の通法」や「王章の成憲」にも明記されている「人を殺す者は死し」に基づき、自分たちが措置を取り無念を晴らすと述べている。

以上見てきたように、東学農民軍は道人として既存の郷村支配層に代わり行刑と法の正しき執行者としての地位を行使しようとした。さらに会合を通じて公論を集める過程を経て、埋殺事件を不当な私刑による無念の死と規定し、その責任者に正当な処罰を執行しようとしたのである。

(2) 東学農民軍の武装蜂起と「義兵」論

執綱所側に埋殺事件への責任を追及していた東学農民軍は八月二一日、突如として金谷と花枝で大規模な集会を開いた。このとき集会に参加した東学農民軍は一万名余りに上り、「近々邑内を徹底的に屠戮する」と騒いで回ったため、邑民がひどく動揺したという。[*50]彼らは火縄銃と鎗や剣で武装し、村家から糧食を略奪したため、避難民が野を埋め尽くすほどだった。

このように醴泉地域は、埋殺事件を機に接所と執綱所の「官民相和」が瓦解し、そこから武力衝突の雰囲気へと転換していった。とりわけ邑内から近いところで集まった花枝都会は、執綱所に「非常に乱暴で大胆な」内容の通文を送り「邑を屠戮するつもりだ」と脅迫していた。彼らは「埋殺」事件の首謀者の身柄引き渡しを重ねて要求しつつ、これを根拠に執綱所を圧迫していた。

一方、埋殺事件と関連していくつかの脅迫的な「通文」を送っていた花枝都会は八月二八日、突然それまでまったくなかった「斥倭」を言及し始めた。すなわち、彼らは執綱所側に「通文」を送り、以下のような「斥倭倡義」に加わることを積極的に促した。

朝鮮人が朝鮮人を害するのは同じ地域に暮らす人々の常なる情ではありません。五〇〇年間王道政治の行われてきた国に倭人がはびこり、億兆蒼生が徳化を被ることができずにいます。天理の邦畿はどのような地境に至ってしまったのでしょうか。塗炭に埋もれた民がどうして平安に暮らすことができましょうか。いま道中〔東学〕の本意は倭を退けることです。醴泉邑の出来事は、邑の人々が道人らの集まるのを疑い、また道人らが邑の人々の軍隊編成を疑ったことから始まりましたが、実際に罪を犯したのは二名です。今日、本邑〔醴泉〕で都会を開き罪人を拘禁した後、心を一つにして倭を退ける計策です。同じ東土の民でももし倭を退けようとの意がないならば、天の下においてあなた方が正しいのでしょうか。道人らの義が正しいのでしょうか。道人らは義兵です。そのようにご承知ください。[*51]

右の「通文」を最後に両者が武力衝突に至るという点で、この「通文」は東学農民軍が執綱所側に送った「最後通牒」も同然だった。東学農民軍は八月二一日の花枝都会直後から武装強化や糧食の略奪など、何らかの「大きな戦闘（兵乱）」を準備していた。また、その直前まで花枝都会と執綱所の間には非常に敵対的な雰囲気が続いており、遠からず武力衝突の起こるであろうことが予想されていた。このため執綱所は、蘇野接に仲裁を要請すべく使者を派遣する一方、安東都摠所と巡営に支援を訴えている。ところが突如として東学農民軍は執綱所側に同じ「朝鮮人」であることを強調し「斥倭」への参加を促すだけでなく、「道中〔東学〕の本意は倭を退けることです」と主張して自分たちを「義兵」と称した。これはそれまでの通文で東学の本意が「広済蒼生」にあることを強調し、郷村社会における自分たちの行為を正当化していたのとは異なるものだった。すなわち花枝都会は、単に埋殺事件と関連して執綱所に「報復」するためというよりは、武装蜂起の局面へと転換するために開かれたものだったと見られる。このように東学農民軍が武装蜂起の局面へと転換したのは日本軍の侵略と関係しているものと考えられる。
まず七月に入り醴泉の周辺地域では、日本軍が景福宮を襲撃し王と王妃を人質に捕えただけでなく、王の頭までハサミで切ったという「おぞましい噂」が伝えられていた。[*52] 六月二一日に日本軍が景福宮を武力で侵奪した後、この地域でそれに関連した情報が反開化の感情と結びつき拡散したものと思われる。とりわけ日清両軍の軍事衝突で民心が動揺している状況において、「日本軍が大邱《テグ》を占領し人々が避難している」との噂は、[*53] 地域民たちに相当な恐怖として押し寄せてきた。それだけでなく日本は日清開戦後、円滑に戦争を遂行すべく軍用電線の架設と兵站部の設置のために醴泉から近い胎封《テボン》・聞慶・大邱など嶺南《ヨンナム》北西部地域に兵士を派遣していた。[*54]
こうした周辺情勢の動向は、「日本軍の侵略で国が滅びてしまうかもしれない」といったおぞましい噂が拡散する根拠となり、これにより嶺南地域の民心がひどく動揺していた。さらに日本軍の嶺南地域への進出後から八月末までの期間に日本軍と朝鮮人との間に一五件にも上る大小さまざまな衝突があり、八月二四日に醴泉地域からそれほど離れていない龍宮《ヨングン》では東学農民軍と日本軍との間で武力衝突が展開され、日本軍一名が射殺されている。[*55]
このように日本軍の進駐後から頻繁に起こった武力衝突は、日本軍への恐怖と憂慮が単なる噂ではない現実的な問題として差し迫り、これへの対応として武装蜂起を準備しなければならなかったのである。したがって東学農民軍は、武装蜂起のための勢力拡張と名分確保をすべく都会を開き「斥倭倡義」を掲げたのである。さしあたり埋殺事件後に冷え込んでいた執綱所側との関係改善は、「斥倭」に共感できる郷村支配層を抱き込むためにも解決しなければならない課題だった。花枝都会後に執綱所側をさらに圧迫したのも同じ脈絡で理解でき、ついには「今日、醴泉で都会を開き罪人を拘禁した後、心を一つにして倭を退ける計策です」と最後通牒を送ったのである。特に「同じ東土の民でももし倭を退けようとの意がないならば、天の下においてあなた方が正しいのでしょうか。道人らの義が正しいのでしょうか」と埋殺事件を「斥倭」と結び付けていた。

ついには「斥倭」を通じて執綱所を武力で攻撃する名分を確保し、また内部的には局地性を克服して結束力を強化することができた。すなわち、地域共同体を脅かす日本という外部勢力を介入させて内部の結束を強化する一方、危機に置かれた王を救うための「義兵」を自任することで武装蜂起を正当化できたのである。こうして東学農民軍の「設軍」は「義」に適い、これに加わることを拒む執綱所の「設軍」行為は不可なるものとして攻撃の対象となり得たのである。

4 おわりに

醴泉地域で東学農民軍の動きが把捉されるようになったのは一八九四年六月からである。関東包の首接主である崔孟淳が醴泉の蘇野に接所を設置した後、六月から七月までの間に四八個の接所が設置されたという。こうした東学農民軍の設接行為は、既存の郷村支配秩序の転覆と新たな支配秩序としての再編を意味するものだった。東学農民軍の接所は「空官」状態だった官衙に代わって租税の徴収や訴訟などを解決したりもしたが、官衙を否定するものではなかった。すなわち、政府と東学教徒との間に結んだ「官民相和」という基本原則を固守した状態で郷権を掌握したのである。したがって邑内に設置された反農民軍組織の執綱所とも武力衝突なく一定の緊張関係を維持できていた。

東学農民軍は郷権を拡大すべく邑内を歩き回り紀綱を確立する一方、邑吏らへの勧道を試みた。その過程で邑内に設置された執綱所の勢力との衝突は不可避だった。ついには邑内を巡回していた東学農民軍一一名が執綱所から派遣された兵士に逮捕され、埋め殺される事件が起きてしまう。しかし、この事件で両者間にすぐさま武力衝突が起こったりはせず、事件の処理をめぐる論駁がしばらく展開された。

両者の論駁は武装蜂起の局面に転換することになる花枝都会を境にその性格が変化した。まず、花枝都会以前の東学農民軍は埋殺事件の関連者への処罰を強く主張した。その根拠として、この事件を執綱所側の私刑による無念の死と規定し、責任者の処罰によって犠牲者とその家族の哀痛を晴らさなければならない、というものだった。すなわち、埋め殺された一一名は道人として郷村社会の誤った紀綱を正すべく公務を遂行する過程で心ならずも禍を被ったのであり、手続きを無視して私的に人を殺した責任を問う、というものだった。また、このことを通じて東学農民軍は、自ら行刑の主体として郷村社会内でこれまで不当に行われてきた所業を正す、という意識を強く内包していた。

一方、花枝都会後に東学農民軍は突然「斥倭倡義」を掲げて執綱所側の参与を促した。これは噂によって拡散していた日本軍の侵略が現実化する危機の中で内部の結束を強化する一方、武装蜂起を正当化するためのものだった。そしてついに義兵を自任する東学農民軍は倡義に加わらない執綱所への軍事行動を断行することができた。

以上見てきたように、郷村支配層の立場からは一八九四年の醴泉地域は東学農民軍のために紀綱が崩壊した「波蕩え中」に置かれており、邑を歩き回ってあらゆる暴力と掠奪にふける東学農民軍は火賊に過ぎなかった。したがって彼らは力の限りを尽くして「火賊」を退け、醴泉地域に再び「天日の光」を見られるようにした。しかしながら東学農民軍は自分たちの行為にとても堂々としており、行刑者としての役割を果たせずにいる守令に代わり誤りを捜し出して正そうとした。これは、すでに道徳的価値を喪失した儒学に代わり東学を遂行することで可能だと考えたのである。すなわち道人は、民を救済して王業を安定させる義務を持っていたため、自分たちの行為に堂々たり得たのである。したがって、日帝の侵略が可視化される状況において「斥倭」倡義を掲げて郷村構成員らの結集を図ったのは、ともすれば当然なことだったのである。

註

＊1　近年、歴史問題研究所民衆史班を中心に一九八〇年代の民衆史学の実践性を批判的に継承し、多面化された現実状況に適う新た

な民衆への認識を模索している。これについては、「総論」歴史問題研究所民衆史班『民衆史를 다시 말한다』歴史批評社、서울、二〇一三年、李庸起「'새로운 民衆史'를 向해 가는 우리의 旅程―民衆史班 略史」『歴史問題研究所会報』五七、서울、二〇一四年を参照。

＊2　民衆の自律性に立脚して一八九四年の東学農民戦争に関する新たな叙述を試みた最近の研究としては、趙景達（朴孟洙訳）『異端의 民衆反乱』歴史批評社、서울、二〇〇八年、金仙卿「甲午農民戦争과 民衆意識의 成長」延世大学校国学研究院編『伝統의 変容과 近代改革』太学社、서울、二〇〇四年、裵亢燮「一九世紀 支配秩序의 変化와 政治文化의 変容：仁政願望의 向方을 中心으로」『韓国史学報』三九、서울、二〇一〇年、同「近代移行期의 民衆意識―'近代'와 '反近代'의 너머」『民衆史를 다시 말한다』歴史批評社、서울、二〇一三年、洪東賢「一八九四年'東徒'의 農民戦争 参与와 그 性格」『民衆史를 다시 말한다』歴史批評社、서울、二〇一三年などがある。

＊3　高錫珪「執綱所期 農民軍의 活動」『一八九四年 農民戦争研究―農民戦争의 展開過程』四、歴史批評社、서울、一九九五年、一三八頁。

＊4　徐栄姫「一八九四年 農民戦争의 二次蜂起」『一八九四年 農民戦争研究―農民戦争의 展開過程』四、歴史批評社、서울、一九九五年、一六六頁。

＊5　ラナジット・グハ（Ranajit Guha）は「歴史のなかには「純粋」な自然発生性というものは存在」しないというアントニオ・グラムシ（Antonio Gramsci）の文章を引用しつつ、民衆の歴史が植民主義史学のみならず民族主義および歴史学によって「不当に」専有され、植民地インドの農民蜂起の歴史を「正当に」農民の観点から叙述しなおすことを主張した。これはつまり、農民が自ら反乱を作りだしたと認めるものであり、何らかの意識が農民にあると見ているのである。そのような観点から彼は農民蜂起の歴史を叙述しようとしたのである。金沢賢『서발턴과 歴史学批判』朴鍾哲出版社、서울、二〇〇三年、九七―一二八頁。ラナジット・グハ（金沢賢訳）『서발턴과 蜂起』朴鍾哲出版社、서울、二〇〇八年、一八―二〇頁。

＊6　グハは大部分が反蜂起的な観点から書かれた現存する資料を「屈折した鏡」に例えているが、その鏡の中に映し出された歪曲されたイメージの中から農民の認識や意志を捉えることができると述べている。すなわち他者によって作られたイメージへの「再解釈」を通して可能だというのである。ラナジット・グハ、右掲書、三一―三五頁。

＊7　こうした緊張関係が武力衝突に繋がらずに維持されていたのは、七月以降政府と東学教団との間で合意された「官民相和」の原則が醴泉地域でも反映されていたためである。他にも醴泉地域の東学農民戦争の展開過程については申栄祐や朴珍泰によりすでに

具体的に明らかにされている。申栄祐「一八九四年 嶺南醴泉의 農民軍과 保守執綱所」『東方学志』四四、서울、一九八四年。朴珍泰「一八九四年 慶尚道地域의 農民戦争」韓国歴史研究会『一八九四年 農民戦争研究』四、歴史批評社、서울、一九九五年。

＊8 「通文」は「甲午斥邪録」(歴史問題研究所・東学農民戦争百周年紀念事業推進委員会編著『東学農民戦争史料叢書』三、史芸研究所、서울、一九九六年。以下『叢書』と記す)に収録されており、本資料は執綱所の糧饗都監として東学農民軍の鎮圧に直接携わった潘在元が執綱所の活動状況を日記形式で記録したものである。「甲午斥邪録」には執綱所が送った「通文」だけでなく、幸いなことに東学農民軍から受け取った「通文」も記録されている。もちろん「甲午斥邪録」に記された東学農民軍の「通文」は支配層によって叙述されたものだが、彼らが自らの優越感や論旨を正当化する目的から書いたものであるという点を考慮すれば、そこから支配層に敵対的な農民軍の意識を読み取るのは無理なことではなかろう。

＊9 崔承熙「書院(儒林)勢力의 東学排斥運動 小考」『韓沽劤博士定年紀念史学論叢』、知識産業社、서울、一九八一年。

＊10 これまで一八七一年の「李弼済の乱」に関する研究は「教祖伸冤運動」や「民乱」的な次元からアプローチされ、総じて東学教徒を中心に展開された「民乱」だったという点では理解を同じくしている。中でも張泳敏は、李弼済が主導した「寧海民乱」には新郷と旧郷の郷戦的な性格が背景にあったことを明らかにしている。張泳敏「一八七一年 寧海東学乱」『韓国学報』四七、서울、一九八七年。

＊11 申栄祐「慶北地域 東学農民運動의 展開와 意義」『東学学報』一二、서울、二〇〇六年、八―一二頁。

＊12 朴衡采「侍天教宗繹史」『叢書』二九、一〇一頁。

＊13 「甲午斥邪録」七頁。

＊14 呉知泳の「東学史(草稿本)」(『叢書』一、四五〇―四五一頁)によれば、報恩集会の解散後に郷村社会に戻った東学教徒らは積極的に組織網を形成し、土豪や官吏の弾圧に対応する姿勢を見せている。このことから推測するに、報恩集会後から東学組織が既存の郷村支配層のネットワークに対応する農民中心のネットワークとしての役割をしたものと考えられる。洪東賢前掲論文、一八三―一八四頁。

＊15 「甲午斥邪録」八頁。

＊16 同右、一〇六頁。

＊17 同右、八頁、一〇六頁。

＊18 朴成寿註解『渚上日月:一一七年에 걸친 韓国 近代生活史』民俗苑、서울、二〇〇三年、一七三頁、一八五頁。

＊19　この儒契所は李滉の門人だった朴蕓（一五三五年～一五九六年）の学問と徳行を奉ずるために、地域の儒林四五一名が集まって設置したものである。

＊20　醴泉の二三面のうち農民軍が集中的に参与した地域は東魯面・柳川面・開浦面・渚谷面であるが、その理由は過度の租税徴収や小作料の濫徴などと関連して、地主郷吏層への農民の不満が累積したためだという。申栄祐前掲「一八九四年 嶺南醴泉의 農民軍과 保守執綱所」二二〇—二二二頁。

＊21　申栄祐は武装蜂起に否定的だった北接教団の態度などをもとに、この時期の北接教団の基本原則を「官治秩序の維持」と「布教活動」だったと規定した。だが、より具体的な検討が必要ではあろうが、全州城からの撤収後の郷村社会の雰囲気は政府（金鶴鎮）と全琫準が基本的に合意した「官民相和」という大原則のもと、治安維持など郷村社会の安定を探るべく互いに協力していた。そうした原則から政府は「執綱差定案」を全琫準と崔時亨に示している。これは東学教徒の中から一名を執綱に任命し、治安の維持を図ろうとしたものである。「洪陽紀事」『叢書』四、一〇五—一〇六頁。そうした側面から、この時期の東学教団は一般的な官治秩序の維持というよりは、官側と同等な立場で郷村社会を安定させようとしていたものと思われる。

＊22　「甲午斥邪録」九—一〇頁。

＊23　一八九四年当時、東学農民軍による郷吏らの抱き込みは、さまざまな地域で広範囲かつ非常に積極的に展開されていた。これは行政に明るい郷吏らを通じて邑の悪弊を暴露しこれを公論化する一方、郡県の行政力を掌握するためのものだった。洪東賢『忠清道内浦地域의 農民戦争과 農民軍組織』延世大学校碩士学位論文、서울、二〇〇三年、三三—三四頁。

＊24　崔時亨が各地域の接主に送った経筒で「掘塚」を厳しく禁じることを指摘しているのは、このことへの反証と見られる。

＊25　「甲午斥邪録」二二—二三頁。

＊26　同右、二四頁。

＊27　当時、醴泉の官衙は農民軍を牽制するだけの武力が備わっていなかった。当時の記録によれば、官砲軍はわずか二〇名のみで、東伍軍も制度しかない有名無実の状態だった。申栄祐『甲午農民戦争과 嶺南保守勢力의 対応—醴泉・尚州・金川의 事例를 中心으로』延世大学校博士学位論文、서울、一九九一年、七二頁。

＊28　「甲午斥邪録」二九頁。

＊29　同右、三一頁。

＊30　同右、二八頁。

＊31　執綱所は「約条」に違反して東学に入道したとの理由で、清福亭の道人七人の家を破壊し彼らを拘禁した。同右、二九頁。これに蘇野接は異例的に執綱所に「通文」を送り、道人を釈放しなければ「必ずや大事が起こる」だろうと警告した。同、三七頁。事実、清福亭の道人七人は尚州の尚功接に所属していたが、尚功接は慶尚道北部地域で非常に威勢を振っていた勢力だった。したがって蘇野接がこれを仲裁すべく清福亭の道人の釈放を求めたものと見られる。しかし執綱所は最後まで彼らを帰さず、反対に「帰化して自分たちの管轄下にいるのだから干渉するな」と重ねて拒否した。同、四一頁。

＊32　同右、三〇頁。

＊33　同右。

＊34　同右。

＊35　慶尚道地域の郷村支配層は、東学は邪説でこれに従う教徒らを怪鬼な輩として排斥すべき対象と認識していた。権大雄「慶尚道儒教知識人의 東学農民軍 認識과 対応」『韓国近現代史研究』一五、韓国近現代史学会、서울、二〇〇九年、八三―八五頁。

＊36　「甲午斥邪録」二二―二三頁。

＊37　一六世紀から一八世紀まで郷村支配層は郷約などを通じて刑罰権を持っていたが、一八世紀の顕宗代から郷村支配層の武断的・私的な刑罰を排除して国家の執権力と公的な対民支配を強化した。しかし地域によっては一九世紀になっても官権の弱い地域では依然として郷村支配層の行刑権が保たれていた。この点については、沈載祐「一八世紀 獄訟의 性格과 刑政運営의 変化」『韓国史論』三四、서울、一九九五年を参照。

＊38　当時執綱所の指導部には両班・郷吏・平民がいずれも参与していたが、実権は郷吏が掌握し、両班は礼遇の次元で名簿に載っていた。申栄祐前掲論文、二一四頁。

＊39　「甲午斥邪録」三九―四〇頁。

＊40　洪東賢前掲論文、一八五―一八六頁。

＊41　金洋植『近代韓国의 社会変動과 農民戦争』新書苑、서울、一九九六年、一四六―一四七頁。

＊42　『渚上日月』一八七頁。

＊43　同右、一八九頁。

＊44　「甲午斥邪録」三八頁。

＊45　同右、四六頁。彼らはまた儒学と東学を比較し、大同小異だが「愛党之心」はむしろ東学が勝っていると、その優位性について

言及している。これに対して執綱所では「国を憂い民を治めるの道理は儒道の中に完全に備わっているのに、如何なる道が儒道よりも優れているというのか」と反問している。同、四八頁。

＊46 『孟子』「梁恵王篇」に出てくる内容で、王が政治を行うときに人材の登用や処罰は慎重に民の意見を収斂しなければならないと述べている。

＊47 「甲午斥邪録」五三―五四頁。

＊48 「怙と終とは賊刑す」とは「権勢を恃んで悪事をなしたり、悔い改めることもなく犯罪を繰り返す者には、情状を考慮に入れ」ないという意味で、『書経』「舜典」に出てくる故事である（翻訳に際して野村茂夫『書経』明徳出版社、一九七四年を参照）。

＊49 「人を貨に殺越し」とは「金品のために人を殺し、人を陥れ」ることを意味し、『書経』「康誥篇」に出てくる（翻訳に際して右掲書を参照）。

＊50 「甲午斥邪録」五二頁。

＊51 同右、六八―六九頁。

＊52 『渚上日月』一八〇頁。

＊53 同右、一八六頁。

＊54 この点については、姜孝叔「清日戦争에 있어 日本軍의 東学農民軍 鎮圧」『人文学研究』六輯、円光大学校人文学研究所、益山、二〇〇五年を参照されたい。

＊55 『時事新報』は九月二五日付で「東学党の襲撃」という題目で号外というかたちで比重を置いて報道している。

三　甲午改革における警察制度改革と民衆の警察認識

伊藤俊介

1　はじめに

一八九四年から一八九六年にかけて朝鮮で展開された一連の近代化推進運動である甲午改革をめぐっては、これまで西欧型近代を当為とする近代主義的な見地から改革の「近代性」を積極的に評価する傾向が強かった。[*1] 筆者はこうした評価に対する疑問のもと、甲午改革を朝鮮における近代のあり方をめぐる改革主導勢力間の対立と葛藤の中に捉えて検討を試みてきた。すなわち、甲午改革の中核メンバーであった穏健開化派を中心とする開化派官僚らは、儒教を基調とする伝統的な民本主義に立脚した「自強」を旨とする改革構想を思い描き、開始当初の甲午改革を牽引した。一方、朝鮮の実質的な保護国化を目論む日本は、日本の制度文物を全面的に移植することで朝鮮に日本式の改革を断行しようと画策した。甲午改革とは、このような性格を異にする改革構想を持つ政治主導勢力のもと、現実政治の中で生じるさまざまに複雑な拮抗関係の下に展開されたものであった。そしてついには日本の主導する済し崩し的な改革に開化派官僚が包摂されてしまうことになるのだが、それは彼らにとって「意図せざる結果」に他ならず、そうした理想と現実の乖離という結果がもたらされたというアイロニー性にこそ甲午改革の本質的性格があるのだと筆者は考える。[*2]

このような性格のもとに進められた甲午改革を被支配層、とりわけ朝鮮の一般民衆はどのように捉え、またどのようにこれに対応したのか。日清戦争から乙未事変（閔妃《ミンビ》殺害事件）、さらには断髪令へと続く一連の大きなうねりの中で朝鮮国内では反日・反開化の気運が高まり、各地で初期義兵闘争に代表されるように日本排斥と甲午改革反対を掲げたさまざまな運動が展開されていく。しかし儒教的伝統に基づき日本の侵略や開化政策を批判して初期義兵闘争を牽引した伝統的知識人とは異なり、[*3]多くの民衆は日々の営みに生活の糧を求める存在であった。その彼らにあって甲午改革とはどのようなものであり、また甲午改革反対の論理はどのように形成されていったのだろうか。

この疑問を検討すべく筆者が注目したいのが甲午改革における警察制度改革とその運用の実態である。大日方純夫は、日本近代国家の建設過程において警察は内務行政の一部として国家権力の「物理的強制装置」としての機能が強く求められ、また国家権力による上からの近代化では警察が「強制活動を担う尖兵」として一般民衆の前に登場したと指摘する。[*4]このような警察のあり方が甲午改革では日本の戦略的意図のもと朝鮮にも導入されたわけだが、このことは翻って考えれば、朝鮮民衆にとって警察の登場こそは甲午改革期に彼らの身近に現れたもっとも直接的な変化だったといえる。したがって筆者は、この時期の警察のあり方と、それに対する民衆の認識と反応を分析することで、彼らの甲午改革に対する眼差し、さらには改革反対の論理にアプローチできるものと考える。その際、朝鮮王朝における伝統的な秩序維持をめぐる政治文化のあり方、さらには開国に伴う日本の朝鮮に対する影響力の拡大や朝鮮政府による開化政策などとの連関性のもとにこの問題を検討する必要があろう。

以下本稿では、筆者がこれまで考察してきた内容[*5]を整理するとともに、新たに検討した史料をもとにそれらを補完しながら、甲午改革における警察制度改革の推移とその実態、さらにはそれに対する民衆の認識と反応について、改革以前のそれとの関連性を踏まえつつ追っていくことにする。

2 開国と朝鮮民衆の警察認識

朝鮮王朝における警察機構を概観するに、ソウルには一六世紀中葉に首府警察機構として左右捕盗庁が置かれ、また地方では警察権の行使は地方官である観察使や守令に委ねられ、捕卒・捕校と呼ばれる下級官吏が警察業務に携わっていた。[*6] ところで朝鮮時代の警察機構のあり方は、儒教的な「徳治」と「民本」という伝統的な政治論に立脚したものであった。左右捕盗庁の設置経緯を例に見てみよう。一五世紀中葉、朝鮮では度重なる税制改革による農民負担の増加と農村の疲弊に伴い、各地で盗賊が横行するなど治安の悪化が社会問題化した。こうした状況を重く見た朝鮮政府では取り締まり業務を専門的に管掌する警察機構の設置が幾度となく建議された。だが、このような建議が上がるたびに多くの文臣官僚らは、儒教的理想政治を求める朝鮮王朝に武断的な警察機構を常設することは王道政治が実践されていないことを王自らが認めることになるとして、これに強く反対している。[*7] 事実、その後も治安業務は臨時職としてのみ組織され続け、実際に左右捕盗庁が設置されたのは警察機構の設置が最初に建議されてから一〇〇年余りも後のことであった。こうした武断的な警察のあり方に対する為政者らの抵抗感は、勢道政治の横行と西洋の衝撃という内憂外患に見舞われた一九世紀中葉において王朝権力の強化と風俗紊乱の矯正が展開される中でも同様であった。すなわち為政者らは、武断的な対民行政が国家統治の本来あるべき姿に反するだけでなく、民衆の膨大な反発のエネルギーを暴発させることを憂慮した。そのため彼らは、実際は武断的な統制を極力回避して民衆の生活慣習をある程度黙認するという方針を取ったのである。こうした「徳治的警察支配」の前提のもと、末端の警吏と民衆の間には、支配と抵抗をめぐるときに暴力的な対抗関係がある一方、「寛容で危険な警察秩序」ともいうべき緩やかな共存関係が存在していたと愼蒼宇は指摘する。[*8]

ところが、こうした警察機構のあり方と民衆の警察に対する認識は、一八七六年の日朝修好条規の締結と、それに伴い多数の日本人が朝鮮に流入する中で変化を見せ始める。開国後の朝鮮民衆の日本に対するイメージはこれらの居留日本人との接触により形成された。朝鮮に渡った日本人の多くは朝鮮人を蔑視して傍若無人に振る舞い、また日本人商人は青田買いや高利貸業などで朝鮮人から過剰な収奪を展開した。こうした日本人の行為に朝鮮民衆の対日感情は悪化し、いきおいそれは倭寇や壬辰倭乱（豊臣秀吉の朝鮮侵略）といった朝鮮王朝が過去に受けた侵略の記憶とも相俟って、より強固なものとして彼らにの中にイメージされた。[*9] そうしてソウルをはじめ仁川《インチョン》・釜山《プサン》・元山《ウォンサン》などの各開港場では日本人と朝鮮人の間に対立や闘争が起こり、日本排斥を訴える事件も次第に増加した。しかるに朝鮮政府は捕盜庁や各開港場に設けられた開港場警察に事件の捜査を命じて首謀者を逮捕し、さらに外国公使館や居留地の警備にも彼らを当たらせている。[*10] こうした警察機構の職務従事のあり方は、反日感情の高まりの中で民衆の警察に対する「対日協力者」という、それまでにはなかった悪感情や不信感といったものを芽生えさせるひとつの大きな要因になったと考えられる。

日朝修好条規の締結後、朝鮮政府は対欧米開国と開化政策採用の方針を決定し、開化派官僚を中心にさまざまな改革事業を展開した。これらの改革は日本の強い影響のもとに進められ、その内容も多くは日本の制度に倣った日本式の改革であった。しかし別技軍（日本人軍事顧問の指導する新式軍隊）の設置に伴う旧式軍隊の下級兵士に対する差別待遇からもうかがえるように、官吏や兵士の中にも改革に不満を抱いていた者は少なくなかった。そしてそうした彼らの不満は軍乱というかたちで表出され、そこに常日頃から日本、さらには日本に追従する朝鮮政府への反感を募らせていた民衆も加勢したのである。一八八二年の壬午軍乱こそは、彼らにおいて日本と開化が一つに連なるという認識のもとに展開された反日・反開化運動の端緒であった。[11]

壬午軍乱は朝鮮政府の要請で出動した清国の軍事介入によって鎮定されたが、朝鮮国内の反日・反開化の気運は冷めやらぬままであった。ところが金玉均《キムオッキュン》・朴泳孝《パクヨンヒョ》・洪英植《ホンヨンシク》など少壮の急進開化派はそうした国内状況を顧みず、またも矢継ぎ早に日本式の開化政策を断行しようとしたのである。その一つこそは近代的警察機構である巡警部の設置だった。巡警部は朴泳孝が首府行政機関の長である漢城《ハンソン》府判尹に就任直後、「近来は巡綽が解弛し、窃発の患がない処がない」としてソウルへの設置を強く主張したものである。[12] この巡警部について『顧問警察小誌』には、

今ヲ距ルコト二十七八年前〔一八八二年前後を指す：引用者〕韓国軍隊中ヨリ砲手ヲ選抜シ巡邏卒ナルモノヲ組織シ漢城府中ヲ巡察警邏セシメ不法ノ徒ヲ逮捕シ笞刑ヲ科シテ放還セリ[13]

という記述が見られる。すなわち「不法ノ徒」に対する逮捕と処罰の即決権が巡邏卒に付されていることがわかる。これは一八七二年に「違式詿違条例」（「違警罪即決例」の前身）を制定して邏卒（後の巡査）の巡邏と軽犯罪の取り締まり業務を強化した東京警視庁の制度[14]をそのまま模倣したものと見てよかろう。一八八一年に朝士視察団が日本に派遣された折には日本の警察制度に関する詳細な調査も行われている。[15] 朴泳孝はそれらの調査内容をもとに新たな警察機構の創出を目指し、警視庁大警視川路利良が展開したような日本式の武断的な警察のあり方[16]を朝鮮でも実践しようと考えたのである。

加えて朴泳孝は、国家権力による上からの文明開化を強力に推し進める日本に倣い、巡警部を開化政策にも動員したものと推察される。巡警部と並行して展開された改革事業に近代都市の建設と都市衛生の確立を目的とする治道局の設置があるが、金玉均の著した『治道略論』には「設局後の諸事の挙行には巡検の任を置かなければならない」と、都市形成における警察の役割が強調されている。[17] このことから巡警部が治道局の業務の実質的な担い手として、路上に建てられた仮小屋の撤去や道路衛生の取り締まりなどに当たったと見て間違いなかろう。

だが、こうした試みは壬午軍乱後も燻ぶる日本と開化政策に対する朝鮮民衆の悪感情をいっそう強めてしまう結果をもたらす。とりわけ道路拡張のために路上の仮小屋を強制撤去したことが民衆の怒りを買い、朴泳孝は漢城府判尹の職を追われてしまう。[*18] この仮小屋の撤去が巡警部によるものだったなら、当然民衆の怒りは巡警部にも向けられたであろう。その後、急進開化派は閔《ミン》氏政権との対立を深め、日本の援助のもと一八八四年に甲申政変を起こしたが失敗に終わる。以後、朝鮮に対する日本の影響力は後退し、閔氏政権が対清協調的な外交を展開する中で日本式の急激な開化政策もなりを潜める。それとときを同じくして巡警部は軍事機関である兵丁に統合され、[*19] また、それまで民衆の間に高まっていた警察への不満や反発の様相は次第に減少の傾向を見せていったという。[*20]

3　甲午改革と反警察意識の形成

一八九四年七月、朝鮮の支配権強化を狙い清国との戦争を画策する日本が景福宮を軍事占領し、金弘集《キムホンジプ》・魚允《オユン》中《ジュン》・金允植《キムユンシク》ら穏健開化派を中心とする甲午改革政権が樹立された。これに朝鮮国内では再び日本と朝鮮政府への反発が高まり各地で排斥運動が相次いだが、[*21] その過程で朝鮮民衆は、朝鮮政府の命令で排日行為の取り締まりに当たる警察を明確に「対日協力者」と見做すようになる。慶尚南道《キョンサンナムド》の密陽《ミリャン》で起きた警吏殺害事件を例に見てみよう。八月五日、日本人電信技手が人夫三〇人とともに電信線架設工事のため密陽の渡船場に差し掛かった。彼らは朝鮮人の船頭に船を出すよう求めたが拒否され、さらに集まってきた数十人の朝鮮人から投石を受けた。電信技手らはただちに密陽府庁に赴いて府使に抗議したところ、府使は彼らに謝罪し「暴行者を捜索し之を厳刑に処」することを約束した。[*22] ところがその騒動の一五日後、密陽府の警吏が何者かに殺害される事件が起こる。警吏の死体は公に晒され、「此巡査大清の恩を忘れ小日に依り四民を苦む因て刑す」と書かれた榜示が死体の横に掲げられたという。[*23] 恐らくこの警吏こそは投石事件の捜索と処罰に当たった張本人だったと考えられる。早くも日清開戦初期の段階で民衆の反日感情が警吏に向けられたもっとも顕著な事例といえよう。

日清戦争の進展につれて朝鮮の警察機構は日本との繋がりをいっそう増していく。日本軍の朝鮮国内の移動には朝鮮政府の命令で道案内役として各地から警吏が派遣された。[*24] また戦線で朝鮮人人夫を徴用する際には、該地の警吏が彼らの逃亡を防ぐべく監視役を任されている。[*25] その他にも警吏らは日本から来た使節の送迎や警護にも動員された。[*26] 一方、ソウルや各開港場の日本人居留地では領事館警察など出先警察機関とともに各地の警吏が居留日本人の保護と警備に当たり、日本人と朝鮮人との間に衝突やトラブルがあれば問題を起こした朝鮮人を逮捕し厳しく処罰した。[*27] こうした状況の中で民衆の警察に対する「対日協力者」との認識は必然的に深まっていった。そしてそれは、戦況が日本に優勢になるとともに現れた日本の鼻息をうかがう警吏の登場などとも相俟って、[*28] 彼らの中でいっそう強固なものとして認識されたと筆者は考える。

甲午改革政権による警察制度改革はこうした状況の中で進められた。日本側の内政干渉がまだそれほど積極的なものではなかった改革開始当初、甲午改革政権では改革の参謀役たる兪吉濬《ユギルジュン》を中心に、警察権力の行使範囲を極力最小限に止めて民衆の生活空間を保証するなど「徳治」と「民本」を旨とする独自の政治思想に基づいた警察改革を構想し、左右捕盗庁を合接・改編するかたちで警務庁を組織するなど漸進的な改革を展開した。しかし自国の対朝鮮政策の推進に当たり警察の「物理的強制装置」としての機能を重視する日本側は、日本公使館附警察警視武久克造を警務庁の警務顧問に据えて早くから武断的な日本式の警察改革を進めていく。その後、戦況の変化に伴い対朝鮮政策の方針がそれまでの消極的な干渉態度から積極的なそれへと転換されると、大鳥圭介の後任として「一元的統治体制」の創出を唱える井上馨が駐韓公使となり、さらに甲申政変の失敗後日本に亡命していた急進開化派の朴泳孝が朝鮮政界に復帰したことで、警務庁の日本化にはさらなる拍車が掛けられることになる。[*29]

この警察制度改革におけるもっとも大きな特徴は、それまでの文治的な警察のあり方から武断的なそれへの急激な改変が強いられたことである。それが端的に現れているのが［違警罪即決章程］の施行である。［違警罪即決章程］自体は日本の［違警罪即決例］を翻訳したもので、八月一四日に制定の［行政警察章程］の第四節にも盛り込まれていたが[*30]、この段階ではまだ施行までには至っていなかった。それが武久の影響力が強まる中で施行が進められたのである。[*31]これにより巡警部時代に試みられた民衆に対する取り締まり強化の姿勢が復活することになる。事実、この直後より［違警罪即決章程］の適用が急増するが、軍国機務処ではこれに伴う巡検の職権乱用も懸念されており[*32]、民衆に対する警察の強圧性がうかがわれる。また［巡検懲罰例］をはじめとする諸規則の制定に加え、朝鮮人巡検に対する日本人警察官の警察業務への恒常的な「指導」体制も敷かれた。[*33]その結果、賄賂の贈答に対する取り締まりと懲罰の強化に端的に見られるように[*34]、それまで朝鮮民衆と警吏との間に形成されていた秩序維持をめぐる共存関係にも亀裂が生じるようになる。こうして「徳治的警察支配」は「武断的警察支配」に変貌し、民衆は日常的に警察権力の脅威に晒されることになった。

加えて、甲午改革では井上や朴泳孝を中心に国家権力による上からの開化政策が推進されたが、これらは主に日本の利権確保に重きが置かれたものであり、民衆にとってはむしろ自分たちの既存秩序や生活空間に破壊と混乱をもたらすものであった。そしてそれらを末端で担った機関こそは彼らが日頃から反感を強めていた警察であった。「旧習打破」を掲げた民間信仰の弾圧ではソウル中の巫堂《ムダン》（シャーマン）が城外に追放され、また当時勢力を誇っていた反日的宗教団体である関羽信仰の巫堂真霊君《チンリョングン》は警務庁の徹底捜査により逮捕された。[*35]衛生事業では朝鮮北部を中心にコレラが流行した際、日本人居住区へのコレラ蔓延を阻止すべく居留地と繋がる地域に防疫所を設け、付近を通る朝鮮人を捕まえては有無を言わさず巡検が消毒液を散布した。[*36]また防疫と関連して、「悪疫伝播の良媒なり」との理由で果物露天商から没収した真桑瓜を巡検が交番所に持ち帰りすべて食べてしまうなど[*37]、民衆への収奪と結びついた取り締まりの事例も確認できる。さらに巡警部時代に民衆の怒りを買った道路拡張も日本人居留地で再び実施され、居留地付近の仮小屋撤去や朝鮮人の居留地外退去などが強制的に行われた。[*38] その他にも路上での口喧嘩や凧揚げの禁止、衣類の簡素化といった事細かな禁令が次々に制定され、違反者は「違警罪即決章程」により逮捕されたのである。[*39]

このような状況下で民衆の間には警察に対して、伝統的な「徳治的警察支配」の中で既存の秩序維持空間を共有していた警吏に対する眼差しとは根本的に性質を異にする「対日協力者」「日常を脅かす存在」という認識、さらには開化政策による「生活の破壊者」という認識が次第に広がっていったものと筆者は考える。

4　警察への反発と抵抗の拡大

排日運動への取り締まりの強化、警察に対する日本の影響力増大と武断的な警察支配体制の形成、さらには警察権力による上からの開化政策という一連の変化の中で、朝鮮民衆は警察を日本や甲午改革政権と連なる存在と見做し、不信感と反発を強めていく。そしてそうした彼らの感情は、警察官吏への暴行や捜査妨害、開化政策への非協力的な態度といったさまざまな抵抗姿勢として表出されていく。以下、ここではそのうち新たに検討したいくつかの事例を中心に紹介することにする。

(1)　捜査に対する組織的妨害

一八九四年九月一一日、忠清南道《チュンチョンナムド》の天安《チョナン》で日本人六人が朝鮮人に殺害されるという事件が起こった。六人はいずれも日本軍に従事する人夫だったが、労役を苦に逃亡を図り、ソウルから釜山に向かう途中で天安に差し掛った。折しもそこでは朝鮮人人夫が橋の工事をしていたが、日本人人夫がその橋を渡ろうとしたのを彼らが止めたことから言語不通の押問答となり、それに腹を立てた日本人人夫の一人が持っていた小刀で朝鮮人人夫を斬り付けたことが事件の発端となる。これに朝鮮人人夫らが「スハ日本人が乱暴したるぞ」と呼ばわり、騒動を聞いて近辺より集まってきた朝鮮人が日本人人夫に投石したり棒で乱打するなどして六人すべてを殺害し、遺体をその場に埋めてしまった。[*40]

日本人殺害の報を受けた日本領事館は、事件の真相を捜査すべく領事館警察の巡査と警務庁の巡検を天安に派遣した。[*41]しかし天安では多数の朝鮮人が呼びあい集まって彼らに投石するなどの妨害を加え、警察官の天安入りを阻止したのである。[*42]そうした妨害行為がしばらく続いた後、領事館警察警部荻原秀次郎が郡守金炳塾《キムビョンスク》の協力を得てようやく捜査に当たったが、住民らは彼の質問に曖昧な証言を繰り返して捜査をはぐらかしたという。[*43]やがて金致先《キムチソン》・趙《チョ》明云《ミョンウン》の二人が事件に関与したとして逮捕されたが、彼らは逮捕されるまで捜査から逃れて行方を晦ましていたといい、[*44]住民が彼らを匿っていた可能性も大きい。最終的に二人は警務庁に引き渡されたが、この事件と捜査の一連の流れの中で、朝鮮民衆の日本人への反感とともに、日本人殺害の捜査に当たる警察に対する彼らの地域ぐるみの抵抗の様相がうかがわれよう。

(2) 開化政策への反発

先述した上からの開化政策には民衆の反発もさまざまなかたちで表出された。防疫に対する各地の反応は厳しく、開化派系の地方官がいる一部地域では防疫が率先される場合もあったが、多くの地域では日本が一方的に強制する近代医療への不信感を禁じ得ず、官民ともに非協力的な態度を取った。[*45]宗教弾圧についても、例えばソウルでは弾圧対象となったある巫堂が「衣服は又た元の白衣に返るべし」「改革はやみて新任の官吏は悉皆淘汰せらるべし」などの「予言」を発して警務庁に逮捕されるなど、[*46]朝鮮政府や開化政策への直接的な批判が展開された事例も確認できる。

もう一つ、風俗矯正への反発の事例として［長煙管携帯禁止令］に対する朝鮮民衆の反応を見てみよう。［長煙管携帯禁止令」は旧習を打破して朝鮮人に開化意識を扶植することを目的に朴泳孝が強力に推し進めたもので、違反者はその場で逮捕された。[*47]だが朝鮮人にとって煙管の長さは持ち主の身分や財産を表す尺度という意味合いがあり、長煙管の携帯は一種の自己表現の手段でもあった。[*48]さらに煙管は民衆の労働の合間の休息であるだけでなく、猛虎から身を守るお守りとも信じられており、[*49]彼らは煙管を常に身辺から離さず大事に持ち歩いていた。そのため民衆は「長煙管携帯禁止令」が出るや「此の禁令を出せしは日本帰りの朴泳孝氏なり」と朴泳孝への怨みを募らせた。[*50]はたして朴泳孝が政府内の権力闘争に敗れて失脚すると、民衆は朝鮮政府の逮捕命令から仁川に逃れようとする朴泳孝に投石をはたらき、[*51]またソウルにはそれまでの鬱憤を晴らすかのように「故意に長煙管を持ち行くもの」が「二百余名の多きに及」んだという。警務庁でもそのあまりの多さに一々これに対処しきれず、取り締まりを緩和せざるを得なかった。[*52]

(3) 警察そのものへの抵抗姿勢

警察制度改革に伴う民衆の警察に対する不満は、ときに暴力というかたちで警察官吏に直接向けられた。ソウルでは巡検への暴行や監禁といった事件が相次ぎ、また小正月に行われる石戦を中止させようとした警務庁の巡検らが群衆から投石され死亡する騒ぎも起きている。[*53]一方、警察制度改革は末端の警察官吏らにも業務の広範化や規律の厳格化、日本人警察官の日常的な監視などの改変を強いるものであった。そのため警察官吏の中には新制度に反発し、職務放棄や命令無視、さらには既存の伝統的な治安秩序への回帰といった新制度に対する抵抗の姿勢を示す者も現れている。[*54]

警察への反発は一八九五年七月より地方制度改革が実施された地方社会においてはさらに大きかった。[地方官制]による新たな地方制度の施行、さらには軍営の廃止とそれに伴う地方警察制度の実施は各地の官吏や兵士らの反発を呼び、彼らは壬午軍乱のときに見られたように民衆と共闘体制を取って新制度への抵抗を試みた。[*55] こうした抵抗運動で特徴的なのは、新政度反対を掲げる彼らの攻撃対象が警察に集中しているという点である。忠清南道《チュンチョンナムド》の公州《コンジュ》で起こった官庁襲撃では新任の参書官には危害がなかった一方、総巡と巡検には執拗に暴行が加えられた。[*56] 黄海北道《ファンヘブットド》の黄州《ファンジュ》で起きた同様の事件でも総巡と巡検のみが殺害されたと報じられている。[*57] さらに義州《ウィジュ》街道では京畿道《キョンギド》の開城《ケソン》に勤務する巡検と郵逓司の駅夫が「強盗」に襲われたが、巡検が帯剣から警官帽に至るまで身ぐるみ奪い取られたのに対し、駅夫の郵便物には手も付けられなかったという。[*58] これらの事件は、地方警察制度の導入によって職務を失ったり警察の厳しい監視下に置かれてしまうことに対する地方官吏や兵士の危機感の現れであることに加え、甲午農民戦争をはじめとする日本排斥運動の取り締まりや捜査に従事する警察への悪感情が地方社会にも形成されていたことなどが背景にあるものと見られる。咸鏡道《ハムギョンド》の咸興《ハムフン》や鏡城《キョンソン》などでは観察使が中心となり新制度の受け入れ拒否や旧制復活などを地域で組織的に実施したという事例も確認できる。[*59]

以上のような警察に対する反発と抵抗の広がりは、先にも述べたように朝鮮民衆の日本や甲午改革政権への反発と直結するものであった。そのため甲午改革政権としてもこの問題を重く見、警察官の武装解除や取り締まりの緩和などでこれに応えようと試みもした。[*60] だが乙未事変以降反日・反開化の気運の急激な高まりに、もはや為政者も警察権力をもってこれに対処するより他なく、民衆の警察に対する悪感情はますます増大した。そして断髪令を機に彼らの怒りは爆発し、各地で展開される義兵闘争や日本排斥運動に呼応していくことになる。その際に彼らが矛先を向けたのこそ警察であった。安東義兵や晋州義兵における警察署の焼き討ち、さらには咸鏡道の咸興・甲山などで起こった排日運動における警察官吏の殺害など、[*61] 各地で警察が襲撃された。警察は彼らにとって日本人や開化派人士などと同様に排撃の対象だったのである。

5　おわりに

開国による日本人の流入に伴う対日感情の悪化、さらには日本の影響下に展開された開化政策への反発が高まる中で、朝鮮民衆の警察に対する認識には変化が現れる。日本排斥の訴えは取り締まりの対象となり、上からの開化政策では彼らの生活空間に破壊がもたらされた。何よりも巡警部設置の試みは、文治的な既存の秩序維持の政治文化の改変を強いるものであった。こうした警察を媒介とした民衆を取り巻く環境の急激な変化に対する彼らの反発が、この時期の開化派官僚による開化政策の挫折、さらには壬午軍乱の勃発や甲申政変の失敗の背景にあったことを看過してはならない。

甲申政変後、そうした反発は日本の影響力が後退する中でいったんは落ち着きを取り戻したが、日清戦争と甲午改革を機に再燃することになる。民衆は日本排斥運動を取り締まったり日本軍の警備や道案内に従事する警察を「対日協力者」と見做すようになり、また警察制度改革により「武断的警察支配」が展開される中で「日常を脅かす存在」となった警察への不信感を強めていく。さらに国家権力による上からの開化政策は民衆に「生活の破壊者」という認識をも持たせ、彼らは警察に対してさまざまな抵抗姿勢を示していくようになる。それは巡警部のときに現れ始めた警察に対する感情と同じ性格のものであった。〈日本→開化→警察〉という反発の感情の連鎖は、彼らの内に一貫した文脈の中で形成されたものだったといえる。

はたして警察制度改革は、甲午改革によって民衆のもっとも身近に現れた、彼らの直接体験することになった変化であり、彼らにとって警察は甲午改革そのものであった。したがって初期義兵に代表される一連の国内的な動きにおける警察の襲撃こそは、彼らの反日・反開化と直結した、彼らの日常を守るべく展開されたもっとも直接的なかたちの甲午改革反対闘争に他ならなかったのである。

国王高宗《コジョン》の露館派遷により甲午改革は挫折を迎え、続く大韓帝国では「旧本新参」のスローガンのもとに甲午改革で進められた改革を旧制に適合的なかたちで軌道修正が進められる。その過程で警察もまた、過度な日本式の警察のあり方からそれ以前の警察のあり方、すなわち「徳治的警察支配」体制へと回帰する。この回帰こそ巡警部の設置、さらには甲午改革によって崩壊の危機に曝された既存秩序を回復するとともに、伝統的な政治理念たる「民本」と「徳治」を旨とする朝鮮における近代国家建設に際しての国家権力のあり方を規定する、極めて重要な要素であった。[*62]だがそうした警察のあり方は、日露戦争後より日本の朝鮮植民地化が本格的に進められる中でまたも改変を強いられていく。[*63]そうした中で朝鮮民衆の警察に対する認識と反応はその後どのような展開を見せるのか、この点については植民地期の武断統治との連続性という問題も含めて今後の課題としたい。

註

＊1　代表的な研究として、柳永益『甲午更張研究』一潮閣、서울、一九九〇年、同『東学農民蜂起와 甲午更張』一潮閣、서울、一九九八年、王賢鍾『韓国近代国家의 形成과 甲午改革』歴史批評社、서울、二〇〇三年などを参照。また月脚達彦は、甲午改革を明治日本の「公定ナショナリズム」の導入であったと主張するが、開化派官僚の改革構想の独自性や朝鮮の現実に注目せずモジュールとしての外来型近代をもって改革の帰結点としている点で、他の研究と同様の問題を孕んでいるといえる。月脚達彦「甲午改革の近代国家構想」『朝鮮史研究会論文集』三三、一九九五年、同「朝鮮の開化と「近代性」―断髪・衛生・コレラ防疫」朴忠錫・渡辺浩編『「文明」「開化」「平和」―日本と韓国』慶応義塾大学出版会、二〇〇六年。

＊2　拙稿「朝鮮における近代警察制度の導入過程―甲午改革の評価に対する一考察」『朝鮮史研究会論文集』四一、二〇〇三年、同拙稿「甲午改革と王権構想」『歴史学研究』八六四号、二〇一〇年などを参照。

＊3　金祥起『韓末義兵研究』一潮閣、서울、一九九七年、第五章、呉瑛燮「甲午改革 및 改革主体勢力에 대한 保守派人士들의 批判的対応―그들의 上疏文을 중심으로」『国史館論叢』三六、서울、一九九二年、朴宗根『日清戦争と朝鮮』青木書店、一九八二年、

第五章などを参照。

＊4　大日方純夫『日本近代国家の成立と警察』校倉書房、一九九二年を参照。

＊5　前掲拙稿「朝鮮における近代警察制度の導入過程」、同拙稿「甲午改革期地方警察制度の実施と各地での抵抗」久留島浩・趙景達編『国民国家の比較史』有志舎、二〇一〇年、同拙稿「甲午改革における警察制度改革と警察官吏」『アジア民衆史研究』第一六集、二〇一一年、同拙稿「甲午改革期の警察と民衆」『千葉史学』第六一号、二〇一二年などを参照。

＊6　李延馥「旧韓国警察考（一八九四～一九一〇）―日帝侵略에 따른 警察権被奪過程 小考」서울教育大学『論文集』四、서울、一九七一年、一五〇頁。

＊7　車仁培『朝鮮時代捕盗庁研究』東国大学校大学院博士論文、서울、二〇〇七年、一五―一六頁。

＊8　慎蒼宇『植民地朝鮮の警察と民衆世界一八九四―一九一九―「近代」と「伝統」をめぐる政治文化』有志舎、二〇〇八年を参照。

＊9　裵亢燮「開港期（一八七六～一八九四）民衆들의 日本에 対한 認識과 対応」『歴史批評』二七、서울、一九九四年を参照。

＊10　同右、朴銀淑「開港期（一八七六～一八九四）捕盗庁의 運営과 漢城府民의 動態」『서울学研究』五、서울、一九九五年、一六二―一六四頁、韓国警察史編纂委員会『韓国警察史』内部治安局、서울、一九七二年、三二三頁などを参照。

＊11　右掲「開港期（一八七六～一八九四）民衆들의 日本에 対한 認識과 対応」、朴銀淑「開港期（一八七六～一八九四）軍事政策 変動과 下級軍人의 存在容態」『韓国史学報』第二号、서울、一九九七年などを参照。

＊12　『承政院日記』高宗二〇年一月二三日条。

＊13　岩井敬太郎編『顧問警察小誌』韓国内部警務局、一九一〇年、三頁。

＊14　前掲『日本近代国家の成立と警察』一七三―一七七頁。

＊15　「日本国内務省各局規則二」韓国学文献研究所編『朴定陽全集』五、亜細亜文化社、서울、一九八四年。

＊16　前掲『日本近代国家の成立と警察』二〇五頁。

＊17　「治道略論」韓国学文献研究所編『金玉均全集』亜細亜文化社、서울、一九七九年、一一―一七頁。

＊18　『承政院日記』高宗二〇年三月二二日条。

＊19　『顧問警察小誌』三頁。

＊20　前掲「開港期（一八七六～一八九四）捕盗庁의 運営과 漢城府民의 動態」一八四頁。

＊21　前掲『日清戦争と朝鮮』一七二―一八八頁。

＊22 『二六新報』一八九四年八月一二日付「朝鮮愚民の妄動」。
＊23 『萬朝報』一八九四年八月二九日付「巡査を殺す」。
＊24 『萬朝報』一八九四年九月一二日付「月と鼈」。
＊25 『郵便報知新聞』一八九四年一〇月二八日付「人夫としての朝鮮人」。
＊26 『萬朝報』一八九四年九月一日付「東莱府使、勅使を送迎す」。
＊27 『東京朝日新聞』一八九四年九月二九日付「再び韓人の亡状」、『時事新報』一八九四年一〇月二一日付「不逞の韓人二名を捕ふ」、『二六新報』一八九五年三月二八日付「仁川争闘事件」などの記事からそうした事例が確認できる。
＊28 『時事新報』一八九四年八月三〇日付「韓官の阿諛」。
＊29 前掲拙稿「朝鮮における近代警察制度の導入過程」参照。
＊30 『旧韓国官報』開国五〇三年七月一四日条。
＊31 『二六新報』一八九四年九月一日付「違警罪処分」。
＊32 『旧韓国官報』開国五〇三年九月一一日条。
＊33 前掲拙稿「朝鮮における近代警察制度の導入過程」参照。
＊34 『萬朝報』一八九五年三月七日付「賄賂の悪弊は到底防ぐ能はざる乎」には、金某を投獄して賄賂五円を徴収した朝鮮人巡検が日本人警察官の介入のために免職されられたことが報じられている。
＊35 前掲拙稿「甲午改革期の警察と民衆」一六―一八頁。
＊36 同右、一八―一九頁
＊37 『時事新報』一八九五年八月三一日付「笑談一束」。
＊38 『漢城新報』一八九五年九月二三日付「京城の道路修繕」。『時事新報』一八九五年五月三〇日付「釜山特報」。
＊39 『東京朝日新聞』一八九五年二月六日付「長煙管と断髪」。
＊40 金炳華編『近代韓国裁判史〈追録〉』韓国司法行政学会、서울、一九七五年、四〇―四一頁。『万朝報』一八九四年一〇月七日付「日本人六名殺害取調の結果附たり」。
＊41 『毎日新聞』一八九四年一〇月一日付「巡査出張」。
＊42 『国民新聞』一八九四年一〇月一二日付「三たび「大院君」を論ず」。

*43 『毎日新聞』一八九四年一一月一一日付「日本人虐殺事件と関係者の就縛」。
*44 前掲『近代韓国裁判史〈追録〉』四一頁。
*45 前掲拙稿「甲午改革期の警察と民衆」一八―一九頁。
*46 『漢城新報』一八九五年九月一一日付「巫女」。
*47 『東京朝日新聞』一八九五年二月六日付「長煙管と断髪」。
*48 呉宗禄「담뱃대의 길이는 신분에 비례한다」韓国歴史研究会『朝鮮時代 사람들은 어떻게 살았을까―社会・経済生活이야기』一、青年社、서울、一九九六年。
*49 今村鞆『朝鮮風俗集』、斯道館、京城、一九一四年、二二六頁。
*50 『報知新聞』一八九五年一月三一日付「長煙管の携帯禁止」。
*51 『都新聞』一八九五年七月二一日付「朴泳孝氏の直話」。
*52 『時事新報』一八九五年八月一五日付「故意に罪を犯す者数百名」。
*53 前掲拙稿「甲午改革期の警察と民衆」一九―二〇頁。
*54 前掲拙稿「甲午改革における警察制度改革と警察官吏」参照。
*55 『東京朝日新聞』一八九五年九月二二日付「地方兵の解放」。
*56 『漢城新報』一八九五年一〇月七日付「公州の暴徒」、一〇月一七日付「公州の騒動」。
*57 『毎日新聞』一八九五年一〇月一六日付「黄州匪徒」。
*58 『漢城新報』一八九五年九月二七日付「巡検と駅夫の遭難」。
*59 前掲拙稿「甲午改革期地方警察制度の実施と各地での抵抗」参照。
*60 「警務庁에 頒給한 鎗丸을 軍部에 還交하는 件」朴志泰編『大韓帝国期政策史資料集Ⅳ―軍事・警察』先人文化社、서울、一九九九年、六二頁。慎蒼宇によれば、第三次甲午改革期の警察制度改革は基本的には第二次甲午改革の延長線上で行われつつも「民衆の日常生活の安寧を第一においた職務姿勢」が改めて明確にされたといい、その具体的内容として「民本主義的な取締りの強調、急激な解雇を抑えた過渡的措置の手厚さ（失業対策）、儒教的名分に基づいた序列体系の構築」の三つを挙げている。前掲『植民地朝鮮の警察と民衆世界』一〇九―一一七頁。
*61 前掲拙稿「甲午改革期地方警察制度の実施と各地での抵抗」参照。

＊62　前掲『植民地朝鮮の警察と民衆世界』第三章を参照。

＊63　同右、松田利彦「植民地警察はいかにして生みだされたか―日本の朝鮮侵略と警察」林田敏子・大日方純夫編著『近代ヨーロッパの探究⑬警察』、ミネルヴァ書房、二〇一二年などを参照。

四　足尾鉱毒反対運動指導者田中正造における「自然」

——「天」の思想と関連して——

中嶋久人

1　はじめに

資本主義による産業革命以後、本格的に展開された近現代社会は、二〇世紀後半以降、大きな岐路にたたされている。「自然」を人間の「作為」の対象として「開発」してきた近現代社会は、「開発」の結果生じた自然破壊によって、存亡の危機にたたされるようになった。[*1] そして、逆に、このような結果を招いた近現代社会のあり方自体を根底から捉え直さなくてはならないと考えざるをえなくなってきたのである。[*2]

足尾鉱毒問題は、近現代日本における初めての公害による自然破壊として位置づけられる。栃木県足尾には近世以来銅山が所在していたが、資本家古河市兵衛が足尾銅山を一八七六年に買収して近代的技術を導入し、その結果、飛躍的に産銅量が伸び、有力な外貨獲得産業となった。しかし、一方で、銅生産の廃棄物（鉱毒）がそのまま捨てられ、足尾を流れる渡良瀬川を汚染した。さらに、産銅による煙害や乱伐のため、足尾銅山周辺の山林は荒廃した。上流部の山林による保水力を失った渡良瀬川はこれまで以上に洪水を繰り返し、鉱毒で汚染された渡良瀬川の水は魚類や植物を害し人間にも及ぶようになった。鉱毒による自然破壊の景況について、鉱毒被害民である庭田源八は「鉱毒地鳥獣虫魚被害実記」（一八九八年）の中で、次のように語っている。

春分二月の節に相成ますると、渡良瀬川沿岸には柳が多く生まして根の辺にあたり、小麦のやうな草が多く生えまして、此草は茅と申まして引切ますと血のよふな乳が出ました。其根の辺に住ましてうた〳〵蚯[*3]が啼て居りました頃は、何れも五時四五十分より日の入頃で、暮方美しき音が川水に響まして、至極面白う御座りました。柳の葉次第〳〵に緑り青々となりますと、其辺に葭や菰がはゐてありました、また川の洲先水際には鶺鴒[*4]が多く、虫や蜘蛛抔を餌にして遊び歩行ました、鉱毒のため柳も枯れ草もかれ蚯蚓も死す蜘蛛も死と見えまして餌が御座りませんから鶺鴒をも見ません（中略）、草樹種類枯まして穀物更に収穫が御座りませんのみならず、朝夕汁の実野菜類ありませんから人びとはきう〳〵として財産を失ふは生命を失ふどうり、諸君希くは、我等栃木県足利郡吾妻村大字下羽田一番庭田源八宅へ御臨覧願上升。一切に付御べんめい致し升[*5]

庭田源八は、鉱毒以前の、草木や虫や鳥に満ちた渡良瀬川流域の自然と、それが失われた鉱毒以後の自然を対比的に描き、それが生活の危機に直結していることを示している。このような自然破壊・生活破壊に対して、民衆は立ち上がっていった。足尾鉱毒問題は一八九〇年の水害を契機に表面化し、渡良瀬川沿岸の栃木・群馬両県の民衆は、足尾鉱毒問題への対策を求める運動を展開するようになった。この運動においてもっとも非妥協的に戦った人物が田中正造であった。田中正造は、一八九一年に衆議院議員として帝国議会で足尾銅山操業停止を求める質問を行い、以後、議会でしばしば質問を続けて鉱毒反対を主張し、さらに渡良瀬川流域の地域民衆や鉱業停止を求める知識人たちを組織し、足尾鉱毒反対運動を指導した。さらに、足尾鉱毒問題の「対策」として、渡良瀬川下流の栃木県谷中村を遊水池として犠牲にする治水事業が強行されると、田中正造は谷中村に移り住み、谷中村の残留民たちと共に戦っ

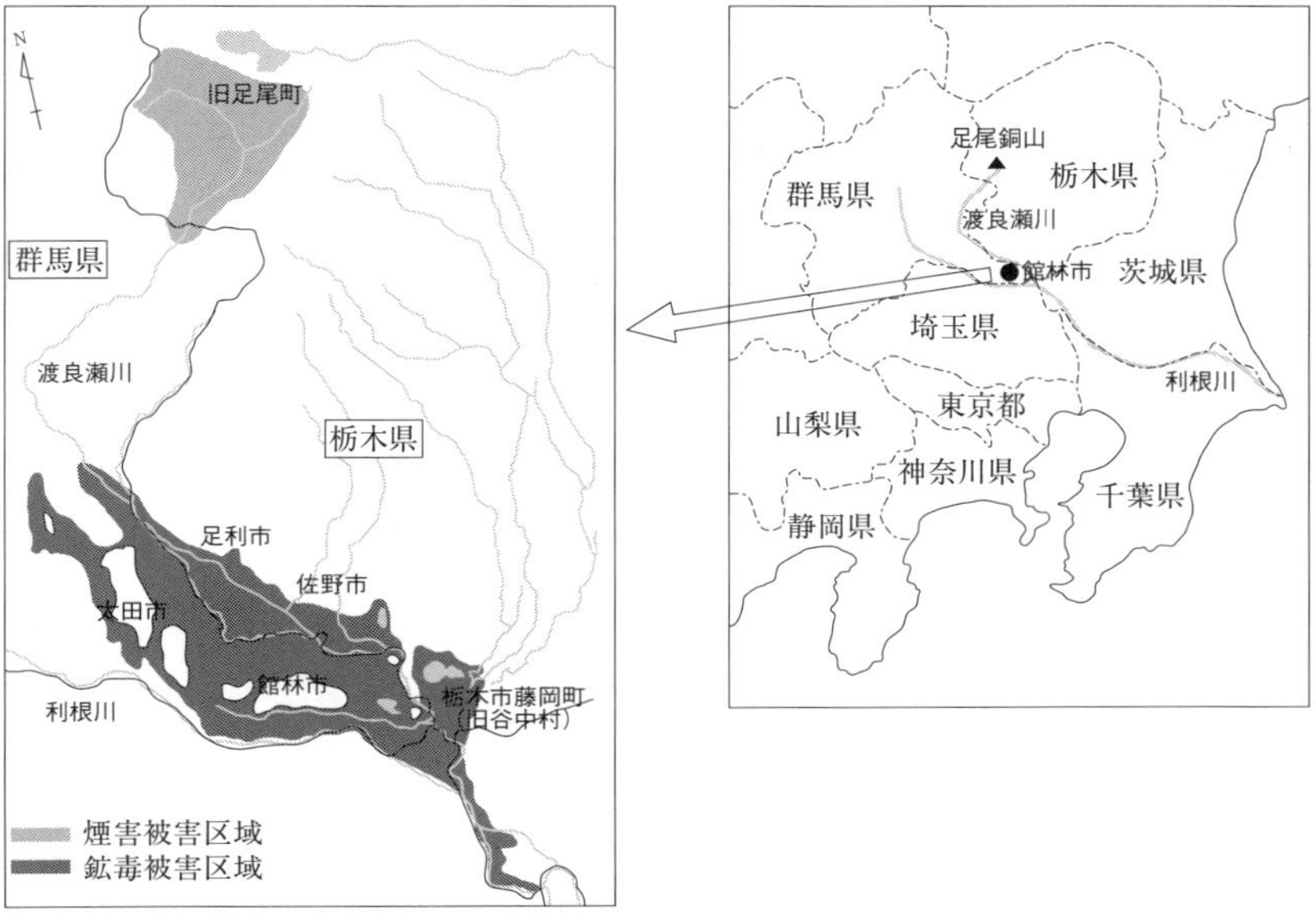

出典：『館林市史』資料編，第６巻より．

図１　鉱毒被害地図

た。[6]

　田中正造は、すでに近世から名主として領主六角氏の苛政と戦い、近代では、国会開設・憲法制定を求める自由民権運動に参加し、衆議院議員になってからは明治政府に反対する民党議員として活躍してきた。ゆえに、田中正造の思想的源流を近代的政治思想に求め、そこに田中正造の一貫性をみる研究者は多い。代表的研究者として、遠山茂樹[7]、鹿野政直[8]、由井正臣[9]、佐藤裕史[10]、小松裕[11]などをあげることができる。他方、晩年の思想で顕著にみられる宗教性にこそ田中正造の真骨頂を見る人びともいる。古くは田中正造の協力者であり、その死をみとった木下尚江[12]にはじまり、戦後においては、林竹二[13]や花崎皐平[14]らは、晩年の正造が政治から宗教に傾斜していったことを評価している。

　これらの諸研究から学ぶことは多い。ただ、これらの研究が近代政治思想にせよ、宗教性にせよ、広くいえば、田中正造の「人間観」といえるものを中心としており、田中正造の「自然観」を正面にすえ

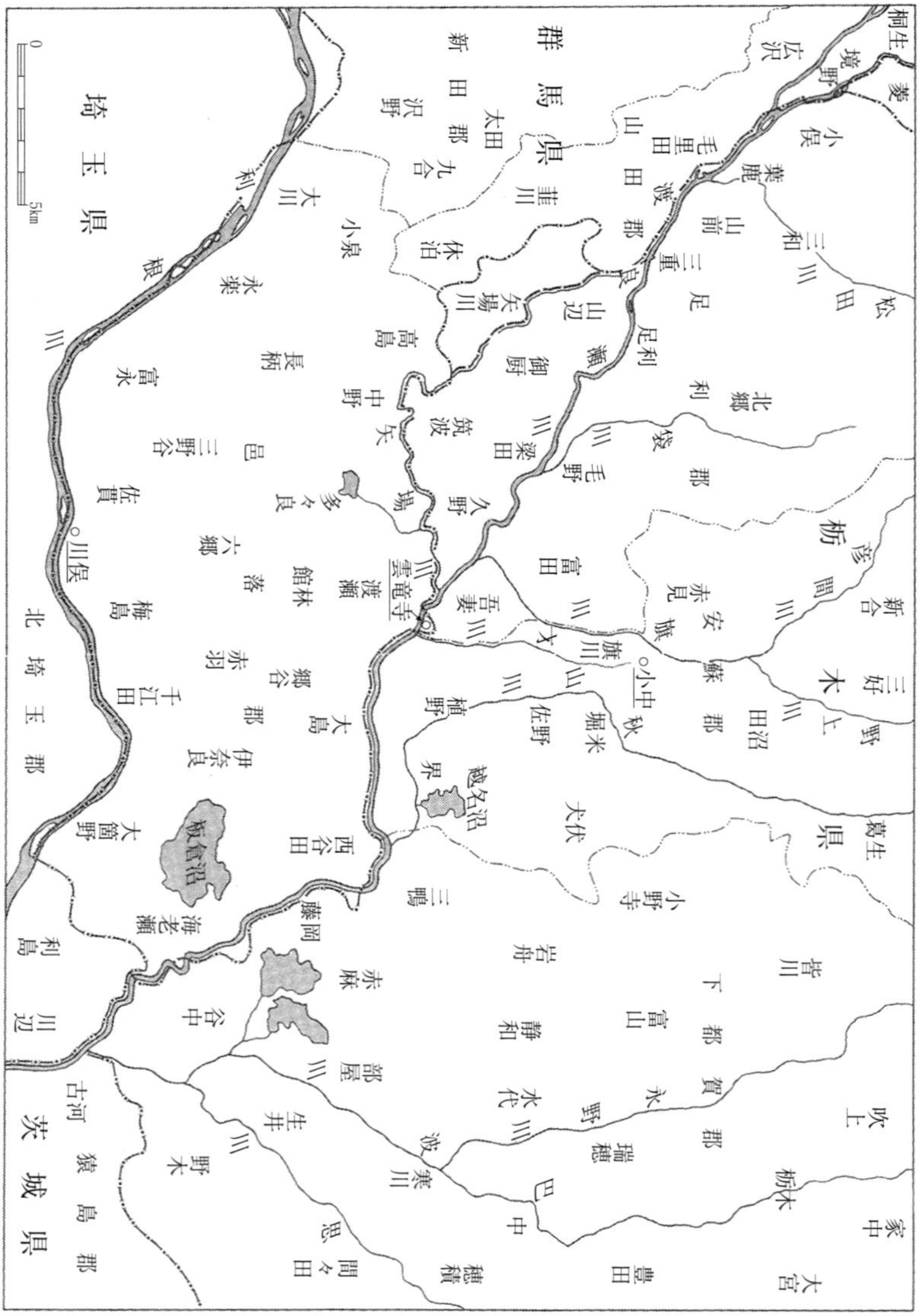

出典：由井正臣『田中正造』より．

図2　渡良瀬川沿岸町村略図（明治30年ころ）

たものではなかったといえる。鉱毒問題は、まず「自然破壊」であり、田中正造が現代になって再発見されたのは、一九六〇年代から一九七〇年代にかけての公害による深刻な自然破壊の出現を契機にしていた。それゆえ、前述の研究者たちも、田中正造がいかに自然破壊を深刻にとらえていたかを随所で述べている。ただ、結論としては、田中正造の思想を近代政治思想や宗教性のなかでのみ把握している。本論としては、まず、田中正造において「自然」とは何であったかということを検討していきたい。

その際、田中正造において「世界」でありながら人びとの思想・行動を正当化する契機でもあった「天」の概念を導きに分析してみたい。[*15] 仮説的にとらえれば、足尾鉱毒反対運動に従事することによって、田中正造に「天」概念に具体的な「自然」のイメージが強く付着していったといえる。そのことを、田中正造が近代的な政治思想にめざめた出発点から時代をおってみてみることにしたい。

2　自由民権期——初期議会期における田中正造の「天」

ここでは、まず、近代政治に参入していった時期の田中正造の「天」の概念について検討してみたい。田中正造は日本で最初の民主主義運動であった自由民権運動に参加し、近代的政治活動を開始した。自由民権運動は、国会を開設し憲法を制定することを求めた運動であり、田中正造も栃木県の同志今泉正路・山口信治とともに栃木県・群馬県二県六郡六八四名の総代として明治政府の議事機構であった元老院に一八八〇年一一月一二日に国会開設を建白した。この建白書では、明治天皇が明治維新の際に出した五箇条の御誓文に依拠して「首トシテ五事ヲ以テ天地神明ニ誓ヒ、以テ旧来ノ陋習ヲ除キ、天地ノ公道ニ基キ封建ヲ廃シ郡県ノ治ヲ確定シ、而テ学校ヲ建設シ警保ヲ設置シ法律ヲ明ニシ[*16]」てきたことを先王もかつて及ぶことがなかったとしながら、憲法を制定せず国会を開設しないことは問題であると主張した。この建白書では国会を開設し人民に参政権を与えることを「天地ノ公道」であるとしている。五箇条の御誓文を自らの政治活動を正当化するものとしてあげることは、自由民権家にとって珍しいことではなかったが、興味深いことは、廃藩置県・国会開設などの近代的政治を「天地ノ公道」に基づくものとして評価していることである。近代的な政治のあり方を伝統的な「天」の概念で正当化することによって受容しているといえるのだ。一方で、見方によれば、五箇条の御誓文を使って正当化することは、近代天皇制に呪縛されているともいえよう。[*17] このように、「天」の概念を正当化の論理として使うことは、田中正造のその後の人生において継続してみられた。ただ、この段階における「天」概念は、抽象的な正当性原理にとどまり、具体的なイメージをもっていなかった。

田中正造は、一八八〇年に栃木県議会議員になり、自由民権派政党の一つであった立憲改進党に所属し、大日本帝国憲法発布（一八八九年）直後の第一回総選挙にて栃木県選出の衆議院議員になり、その後も帝国議会で政治活動を続けた。その時期においても、「天」の概念は政治活動を正当化するものであった。例えば、一八九三年一一月五日に、神田錦輝館において、民党が一丸となって予算案をてことして明治政府を追いつめていたことに対し、明治天皇が「和衷協同」の詔勅を出して政府と民党間が「和協」することを提案した。そのことについて批判した「和協の大意」という演説を田中正造は行ったが、そこでは、次のように述べている。

人類の和衷協同は、即ち宇宙間に行れる和衷協同の如く、宇宙間に行れる和衷協同は、御承知の如く宇宙即ち天地間には天然自然に憲法あり、如北辰居其所而衆星供之（喝采）、四季の循環其宜しきを得れば穀物為に実り、人畜健康に益あれば是れ和衷協同宜しきを得た時である、若し又夏寒く冬暖かだと云ふ様な、気候を造り出した時には、之を挽回するの策を講じなければならぬ、天地に在ては之を能く講ずる、どうして講ずる、即ち雨を起し、風を起し、雷を起し、地震を起し、而して後に又天朗かに気清くと云ふ愉快なる天地を造り出すのでござります（拍手喝采）。人類に在ても即ち斯の如くなるものである。[*18]

ここに、この時期の田中正造の「天」概念が集中的に表現されている。正造は、「天地」と「宇宙」を同義として、そこには、四季循環のような「天然自然の憲法」があり、それに従っている時が「和衷協同」を得ているといえるが、それが乱された時には、挽回するために激動が必要であるとしている。それは人間社会も同じであり、「故に和協の実を挙げんとせば所謂天地間の和衷協同を失つたる時を挽回する如く時に臨んで雨となり風ともならなければならぬ、若し夫れ尋常一様の雨風で往かなければ諸君は暴風激雨となり、将た雷となり電となって之を挽回せられんことを」[*19]としている。いわば、天地・宇宙の「憲法」に人間社会も見習わなくてはならないと田中正造は主張した。[*20]ここでも「天」は正造などの政治活動を「正当化」するために用いられているが、その内容は、「憲法」という言葉で表現されるような理念的なものにすぎず、具体性を欠いた存在であったといえよう。

3　足尾鉱毒の犠牲となる「天産」への着目

初期議会において衆議院議員となった田中正造が、自分の選挙区の問題として取り上げた問題が足尾鉱毒問題であった。

足尾銅山による自然破壊の影響は渡良瀬川における漁獲量の激減という形で次第に明らかになっていたが、一八九〇年の水害によって顕在化した。それまでの水害は上流から肥料分をもたらす効果があったが、それと違って、一八九〇年の水害では冠水した作物が枯死する事態となった。この水害後の一八九〇年から一八九一年にかけて、被害地である渡良瀬川沿岸の栃木・群馬両県やその傘下の町村の議会は、足尾銅山の操業停止などの措置を求める決議を次々にあげた。[*21]

田中正造が足尾鉱毒問題に関与するのは、一八九一年からである。その年の一二月一八日、田中正造は衆議院に足尾銅山鉱毒の儀についての質問書を提出した。この質問書の冒頭で田中正造は「大日本帝国憲法第二十七条ニハ日本臣民ハ其所有権ヲ侵サル、コトナシトアリ[*22]」とし、さらに日本坑法や鉱業条例では公益に害があるときは採掘権を取り消すことができると述べ、足尾銅山の鉱毒による渡良瀬川沿岸の田畑・樹木への被害についての対策実施を政府に求めた。この質問書において、田中正造が自身の主張の正当性の根拠として憲法において認められている所有権や、日本坑法や鉱山条例で規定されている公益をあげていることに注目しておきたい。この後、田中正造は、足尾鉱毒問題について死の直前まで数多くの議会質問や請願書・陳情書執筆をするようになるが、その多くで、足尾鉱毒は憲法・法律違反であることを強調していくことになる。そして、一八九二年五月二四日に、田中正造は鉱毒問題についての二回目の質問書を提出するが、その中では「引テ飲料水ニ波及シ沿岸人民ノ衛生ヲ害スル[*23]」ということが付け加えられていた。ただ、この段階では、自然環境は人間社会の所有権や公益に付随した形でしか意識されてはいなかったのである。

一八九〇年から一八九二年にかけて、田中正造も含めて足尾鉱毒問題はクローズアップされた。それに対して、政府と古河市兵衛は、山林保護の口約束や粉鉱採集器（鉱毒回収の機械と宣伝されたがほとんどそのためには役立たなかった）設置とともに、何がしかの金銭を支払うことで、地域住民との示談交渉を推進した。田中正造は示談に反対であったが、地域住民の多くは年次（おおむね三年間）を限って示談交渉に応じた。しかし、鉱毒被害はおさまらず、一八九六年九月の水害によって明白なものとなった。栃木県・群馬県の被害地域住民は田中正造の指導のもとで足尾銅山の鉱業停止を求める請願を提出することに決し、渡良瀬川沿岸の群馬県渡瀬村雲龍寺に運動の拠点となる鉱毒事務所を設置した。単に請願書を作成し署名を集めるというだけではなく、集団で東京におしかけて政府機関に請願書を提出するという示威行為の意味をこめた「東京押し出し」を四回にわたって実施した。また、帝国議会では、議会質問という形で田中正造が鉱毒反対を訴えた。地域や東京において鉱毒反対の演説会を開催し、新聞等で鉱毒反対の論調が展開されていくことになった。鉱毒反対運動は、この時期の日本の社会運動の一つの焦点になったといえる。このような運動の展開に対応して、政府は、一八九七年に足尾銅山に対して鉱毒被害を防止する予防工事命令を出し、被害地域住民に対しては地租免除を実施することにした。しかし、このどちらの措置も地域住民の被害を軽くすることはできず、その後も運動は激しく続いた。

足尾鉱毒被害が拡大している中、田中正造は「憲法法律の保護なく訴えるすべなき請願書草稿」（一八九七年一〇月）の中で、次のような思考をめぐらしている。正造は、被害者はなぜ声を立てないのかと疑問を提起した。そして、このように主張した。第一に、この地域は水害常習地帯であり、近世には無税同様の土地であったが、一年間農業労働に従事しても、一度水害にあえば予定した収穫はなく、訴えるところがないので「天命」として諦めてしまう気質が形成された。そのため「習慣ノ久シキ終ニハ働キテ報酬ヲ得べキ権利ヲ失フコトヲ天命ト云へ、其被害ヲシテ一ニ天ニ帰ス。故ニ権利ヲ知ラザルニアラズシテ之ヲ主張スルノ気風ナク今ノ死地ニ陥リタル有様ナリ」[*24]と田中正造は述べた。しかし、それは、「道理」を研究していないとして、次のように言っている。

右ノ如ク働キテ報酬ナシ。一年ノ労働水泡ニ帰スト雖モ又一方ヨリ意外ナル収穫ノ来ルモアリ、何ゾヤ。古来渡良瀬川ノ洪水ハ深山ノ落葉天与ノ肥料ト化シ之ヲ田畑ニ贈リ、又河川洪水ハ魚類ノ蕃殖ヲ増加シ及河川沼地附近ノ草生へ茂リ、竹木桑園及秣草葉土取場皆肥料ニ富ミ、麦作其他ノ冬作ハ多量ヲ〔の〕収穫ヲ得ルナリ。之レ一方ニハ労働ヲ加へテ報ヲ受クルノ規程ナク、一方ニハ労働ヲ加へズシテ天与ノ収穫アリ。

（中略）

今ヤ明治九年地租改正セラレ納租ノ規定旧ノ如ク寛ナラズ。而テ去ル十二三年以来追ゝ天然ノ肥料ヲ減ジ、今ハ肥料ニ代ルニ鉱毒ノ侵害ト変ジタルニ、人民ノ脳裏ハ習慣天性ヲ為シテ所謂天命ナルモノヲ唱へテ権利ヲ主張スルコト他地方人民ノ如クナラズシテ、其所有権ノ所在スラモシラザルノ有様ニ見ユ。[*25]

田中正造は、鉱毒は、近世にあった洪水のように田畑の収穫を壊滅させるだけでなく、渡良瀬川がもたらして来た肥料・魚類などや冬の麦作まで壊滅させたと主張しているのである。ここでは、水害を「天命」と諦めるにせよ、渡良瀬川が運んで来た肥料・魚類を「天与」「天産」として受容するにせよ、どちらも渡良瀬川を中心とした自然がもたらしたものとして具体的には意識されているのである。

この「天与」「天然」は、人間の作為が関与しうるものではなかった。水害は人間の労働の産物を水泡に帰してしまうが、肥料や魚類など、人間の作為がもたらしえないものを与える存在でもあった。

一八九九年三月の「足尾銅山被害民毎人毎戸の記憶すべき請願の要点」では、第一の項目で「渡良瀬川の水今以て清まず其水を清め沿岸の有たる古来の天産を必らず回復する事を期せよ」と述べ、「天産を必らず回復」というところに「みづよりしょうずるいろ〳〵のたからをもとのとふりに」[*26]とルビをふっている。このように、この時期の田中正造における「天」の概念には、「天産」や「水害」をもたらす「自然環境」というイメージが付加されてきたのである。

とはいえ、正当性の源泉としての「天」の概念も維持されていた。平等な構成員の会議の必要性を強調している一八九九年一二月の「鉱毒事務所規則案」では、冒頭に「広ク会議ヲ興シ万機公論ニ決スベシ」「上下心ヲ一ニシ盛ンニ経倫（綸）ヲ行フベシ」「旧来ノ陋習ヲ破リ天地ノ公道ニ基クベシ」[*27]と五箇条の御誓文の各節が引用されている。そして、正造は、被害民は心を一つにして憲法を奉持し五箇条の御誓文を尊ぶべきだと述べ、加害によって罪なく父母子弟が殺されれば直ちに立って悪漢を排除すべきであり、それは天地の公道に基づいていると主張している。その上で、「其水ヲ清メ其死ヲ救ヘ天産ヲ復スルニ当テハ」[*28]、被害地の町村長、町村会議員、鉱毒委員、被害民は男女老若に至るまで上下一致して知識を交換し、他人にも知識を求め、研究しなければならないと述べているのである。

4　足尾鉱毒に対抗する「天然」の発見と「超越者」認識

一九〇〇年より、足尾鉱毒反対運動は転換点を迎えていくことになる。この年の二月一三日に第四回東京押し出しが決行されたが、被害地から東京へゆく途中の群馬県川俣で警官隊に暴力的に阻止された。これを川俣事件とよんでいる。川俣事件に参加した件で、被害地における鉱毒反対運動の活動家の多くが検挙され、裁判にかけられた。裁判は一九〇二年まで続けられ、全員無罪となったが、裁判関係の負担は大きかった。

警官がおおっぴらに被害民に暴力をふるった川俣事件は、田中正造にも衝撃を与えた。田中正造は、政府を批判する多くの質問を帝国議会において浴びせた。その一つが有名な「亡国に至るを知らざれば之れ即ち亡国の儀につき質問書」（二月一七日）である。正造は「民ヲ殺スハ国家ヲ殺スナリ、法ヲ蔑ニスルハ国家ヲ蔑スルナリ、皆自ラ国ヲ毀ツナリ、財用ヲ濫リ民ヲ殺シ法ヲ乱シテ而シテ亡ビザルノ国ナシ、之ヲ奈何」[*29]と質問をなげかけた。しかし、当時の山県有朋首相は「質問ノ旨趣其要領ヲ得ズ、依テ答弁セズ」[*30]と答弁書で答えたのみであった。すでにこの頃議員辞職を覚悟していた田中正造は、翌一九〇一年一〇月二三日に正式に辞職した。そして、『毎日新聞』主筆の石川半山と協議した上、訴状案起草を社会主義者幸徳秋水に頼み、明治天皇への直訴を一二月一〇日に決行した。田中正造は死を賭していたが、直訴状を渡すことはできず、罰する罪名がないということで釈放されて終った。足尾鉱毒事件を政治的手段で解決することには限界がみえていたといえる。

そのような中、一九〇二年七月二九日に出された「足尾銅山鉱業停止請願趣意書」は、田中正造がそれまで関与してきた議会質問や請願書とは異なった論理を有していた。まず、その冒頭で、「今回ハ天然ノ気候地勢水勢並ニ地質水質等ヨリ、到底害毒ノ人力ヲ以テ予防シ得ベキモノニアラザルノ要点ヲ開陳」すると述べている。[*31]この請願趣意書では、古河市兵衛であっても、天然に打ち勝つことができればわざわざ被害民を苦しめることはしないのだと述べ、それゆえに予防工事など無益で鉱毒停止しかないと論じている。そして、予防工事は、鉱毒を予防するのではなく、被害住民の請願を予防し、社会の耳目を奪い口を防ぐためのものだと指摘している。さらに、鉱毒地は多年法治外にあるとし、そのような地域にどのような対策を取ればよいのかと問いかけ、次のように主張している。

此天然ノ大価値大勢力ヲ有セルモノニ対シ、法律ナク監督ナクシテ数万ノ山林田野ヲ保護シ天賦ノ大勢力ヲ有用ノ方向ニ応用スルヲ得バ足レリ。又天造ヲシテ順道ニ応用セバ足レリトス。即チ無用ノ工事ヲ為シテ国民ヲ欺カザレバ足レリトス。要ハ地勢水勢地質水質ノ有ユル天然ノ実力ヲ順用スルニアリ。即チ天ニ従ヘ地ニ則リ天賦ノ正道ヲ実行スルニアリ。国法モ亦此ノ如シ。之即チ勝ツ能ハザルモノニ逆ハズ邦土ヲ侮ラザルニアリ。[*32]

「予防」の名目で無用の工事をするのではなく、山林・田畑を保護することによって、天賦の力（自然回復力といってよいだろう）を有用な方向に向けさせればよいというのである。そして、国法も同じであると言っているのである。ここでは、「天然」とは政府や古河市兵衛などの「人為」に対抗し、打ち勝つものであった。[*33]

他方で、この時期はキリスト教をはじめとして宗教について、田中正造の内面的理解が深まった時期でもあった。一九〇一年一一月の川俣事件裁判の公判において検事論告に対して抗議のため欠伸を発した田中正造は、官吏侮辱罪で有罪となり、一九〇二年六月一六日から七月二六日まで巣鴨監獄に投獄された。投獄中に新約聖書を一読した田中正造は、親族の原田定助に「得る処頗る多し」と七月二七日の書簡で書き送っている。[*34]この書簡では「悔改めて回復すべきものと、回復すべからざるものとあり。田畑の破壊亡滅せしは悔改めても回復すべきは程度の問題なり。人為の及ばざる処あり。然れども今や水質の悔改めは回復の結局を見るものなり。両毛沿岸の水質を悔改むるは両岸水質関係町村の決心にあり」[*35]と主張している。自然と人為を分けた上で、水質の回復など人為でできることについて「悔改め」と宗教的な概念で説明している。

さらに、翌一九〇三年一二月九日の原田定助・原田政七・田中かつ子（正造の妻）宛書簡では、鉱毒被害地である下羽田において、渡良瀬川上流から流れ着いた種から稲・柳・草が生えてきたことについて「之を見れバ足利町御領分の土百姓が多年唱ひし地勢論気候論の、いかに真実ニして神の如きをしれり。而も又神ハ自然の働きニよりて、人類以上の御働きのある事も明に御見ひ可申候」と述べ、この神の働きについては、足利町をはじめ日本全国の宗教家が知らなくてはならないことだと主張し、「渡良瀬川のほとりにキリストのある事」としている。[*36] 正造にとって、自然が回復することは「神の働き」であり、キリストと二重写しになっていたのである。このように、田中正造は、「超越者」としての「神」を、今まで以上に強く意識するようになった。

5 「天意」の実証としての一九〇七年水害の経験

一九〇三年三月、明治政府は足尾鉱毒対策として、渡良瀬川下流域に遊水池を設けることを柱とする渡良瀬川治水事業の実施を方針として打ち出した。この渡良瀬川治水事業は、その後、渡良瀬川だけでなく合流している利根川を含めた大規模な治水事業になっていく。この治水事業において遊水池の候補地となったのが、栃木県谷中村であった。谷中村は排水事業の失敗で多額の負債をかかえており、すでに一九〇三年一月に栃木県議会に谷中村買収予算が提案されたが、その際は否決された。谷中村が遊水池候補地となることを察知して、日露戦争中の一九〇四年七月三〇日、田中正造は谷中村に移住した。しかし、同年一二月、再び谷中村買収予算案が栃木県議会に提案され、今回は可決された。栃木県は、谷中村の堤防を県費で改修することを拒否し、むしろ堤防破壊を促進する営為を行った。一九〇五年には買収が着手された。一九〇六年には村会が否決しているにもかかわらず、谷中村は廃村され、隣接の藤岡町に強制的に合併させられた。そして、田中正造には「予戒令」が命じられ、巡査が常時監視するとともに、住所変更や止宿・同宿させたものに届け出を義務付けた。一九〇七年六月二九日には土地収用法が適用され、谷中残留民一九戸の家屋が強制破壊された。しかし、谷中残留民たちは、仮小屋を建て、旧谷中村に住み続けたのである。

その年の八月二五日、旧谷中村周辺は洪水に見舞われた。田中正造は自身もズブ濡れになりながら、船で谷中残留民の救助に向かったが、谷中残留民は仮小屋から動こうとしなかった。この水害と谷中残留民の対応は田中正造に複雑な感慨を与えた。九月一日付けの逸見斧吉・柴田三郎宛書翰において、田中正造は、自身にとってはズブ濡れの衣類を着たまま寝て他人の家で寝るという「極端な不愉快」な経験であったが、「之れで解決がついた。○谷中の人々も今度が極端で、これニて解決がついた。此度こそ大切だとおもへます。此ツライのが解決で何人も潴水池の有害を見とめたので」[*37]と述べている。田中正造自身にとっても、谷中残留民にとっても、この水害はつらい経験であったが、反面で谷中村を遊水池化しても水害を防止できないことを実証したものと評価したのである。[*38]

その上で、次のように述べている。

○虫しも踏ミ殺さるゝとき或ハ天国にのぼる時であるかもしれず。○人と人との争へ計りでハ解決せぬ問題も、天の神様ハ必しも解決します。人と人との争へを解決するハ戦争と裁判、議会の狭き内ニ無理押付けの解決のみ。自然の解決ハ天の業ならざるなしで。[*39]

田中正造にとって、人為をこえた「自然」の解決は「天の業」によってなされるものであった。しかし、その解決は、そもそも田中正造や谷中村残留民の願いや存在をこえたものであった。この書簡では、そのような「自然の解決」について、濡れた着物をきて病気になるなど苦痛を感じていた田中正造自身と、「水の中ニ安座して怒濤をさけるまで殆んど平気、之ハ自然にて正造ほどに深く苦痛ともおもわざりし」谷中残留民たちが対比され、後者の人びとについて正造は「此人々の自覚ハ神ニも近き精神となり、正造の方ハ止むなくして此境遇なり。故に及バざる遠し。ソレ神あり。人之を見止める事茲ニあり」と評価している。[*40]天の業を「自然」に受け止める谷中残留民は、正造よりも神に近いとしたのである。[41]

さらに、この水害の経験を受け止めることによって、田中正造は「天災」という考えを否定していくことになった。先の書簡で正造は「国ニ災への多いのハ人之を為す。天災ニアラズ。今回の水害府県ニ多シ。概ネ人造の災なり。仏ハ仏罰ト云へ、漢儒ハ天ノ災スト云ケレドモ、実ハ人ノ災スルニアリ。神之ヲ奈何トモセズ。罰セズ、憎マザルナリ。人自ラ為スノ災ナレバナリ。避ケ得ザルノ災ナレバナリ」[42]と、災害は人間の作為によって生れた「人災」であって、仏罰・神罰のような天災ではないと主張した。そして、この水害の原因について、「利根川逆流は埼玉の川辺村ニテ其逆流口を広くし、其下流関宿を狭くす」[43]と述べている。つまり、渡良瀬川の氾濫は下流である利根川の水が逆流してきたためであって、その原因は利根川との合流点の渡良瀬川の川幅を広くし、利根川の水が江戸川に分水する関宿の川幅を狭くしたことに求めたのである。

それまでも、政府や古河市兵衛らの「人為」に対抗するものとして「天然」の力が措定されていたが、この水害は、田中正造にとって、いわば「天意」を実証したものであった。しかし、その「天意」は、正造自身や谷中残留民も含めて「人為」を超越したものであった。「天」の「神」の営為には、人間を罰するという意識はなく、その意味で「天災」はないと正造は意識した。正造にとってすべての災害は人間の営為を原因とした「人災」と考えるようになったのであった。

6　田中正造における「内面」と「世界」

このような「天」の概念を得た後、田中正造の世界観はどのようなものとなっていったのであろうか。いわゆる「聖人論」といわれる、一九〇九年七月六日に書かれた田中正造日記の書き込みは、田中正造の「天」「神」「聖人」についての思索を物語っている。田中正造は、「神、天地の循環運動の盛衰を以て万象進化す」[*44]と述べ、天地の循環運動で万物を進化させる主体として「神」を位置づけている。この神による「カ丶ル正則正理正道の行運ニアタリテ、独リ其悲惨ニ叫ベルモノヲ助クルコトハ出来モセズ、又助クルノ用意ナシ」[*45]とし、神の営為は「正則」の運行を司るだけであって、犠牲になっていく人間自体を救済する主体ではないと田中正造は主張している。それでも、「神ハ大ナリ。而モ常ノミ。故ニ人克ク常をツ丶シメバ即チ天地と共ニ起座シ、災モ亦数ノ上にオイテ免カル丶コト多シ」[*46]とし、神は不変であり、人も不変であることに努力すれば、天地と共に生き、災いも避けられるだろうとしている。そして「聖人ハ常ノ人ナリ。常ニ忘レ怠リ走リ迷へ、過不及ナキ人ヲ云フ」[*47]としている。神に近い人びとが聖人なのである。

それでは、どのようにして人は神を見出すことができるのだろうか。正造は「誠ニ神ヲ見ント欲セバ先ヅ汝ヂヲ見ヨ。汝ジノ行へ神ニ告ゲテ罪ナキカ。罪アレバ神ノ見へザルハモトヨリナリ。汝ヂノ身真ニ欠点ナキカ。我ハ人トシテ恥ヂナシ。此上ハ神ナリ。汝ヂが身ノ中ニアル神ノ分体ヲ見ンモノハ、力ラニ尽し精ヲ尽サバ見ラル丶ナリ。神ハ天ヲ仰へデ見ルハ後チナリ。先キナルハ先ヅ汝ヂ身中ヲ見ヨ」[*48]と主張している。正造にとって、人の霊は天の父なる神の分体であり、故に神の子なのであった。天地の循環を司る「神」を見出すには、自分自身の「内面」を見つめなくてはならないと言っているのである。人間の行動を正当化する原理は「天」とそれを司る「神」の側にあるのだが、それは、自分の「内面」にあるのである。[*49]

とはいっても、田中正造は「偶聖ニ似タルモノアレドモ、一人ノ聖、独リノ聖ノミ、独立ノ聖人ナク、世界ヲ負フノ聖人ナキガ故ナリ。故ニ我ハ我ヲ恨ム。我ガ力ラノ及バザル、我信ノ薄キト我精神ノ及バザルト、我勇気ノ足ラザルトヲ恨ム。罪汝ヂが身ニアリ。未ダ寸毫他ヲ責ルノ資格ナシ。是予ノ熱誠トスル処、是誠ニ予ガ神ヲ見ルノ秘訣ナリトス」[*50]と述べ、「独リノ聖」ではなく「世界を負フ聖人」にならなくてはならないとし、それができない自分自身を責めていた。「天」の「神」の意を受けて「世界を負フ」ことが、正造が自身に課した責務であったのである。

それでは、この時期の田中正造は、どのように「世界」への責任をはたそうとしていたのだろうか。一九一一年の「治水論考」は、治水論という形をとって、そのことを論じている。すでに述べて来たように、明治政府は鉱毒問題について谷中村を遊水池化する渡良瀬川改修事業によって「解決」することを目論んでいたが、その計画は、しだいに渡良瀬川を含んだ利根川水系全体を改修することに発展した。そして、この改修計画は、鉱毒被災地を含めた渡良瀬川・利根川水系全体の地域住民が受容することになった。川俣事件に参加するなど、一九〇〇年頃まで田中正造の同志として鉱毒反対運動に携わっていた鉱毒被災民たちも多くは谷中村を犠牲にする河川改修事業を積極的に求めるようになり、利益分配を旨とする立憲政友会などのブルジョワ政党の基盤となっていった。田中正造は、谷中村残留民ともども、地域社会の中でも孤立していったのである。[*51]

他方で、田中正造は、この水系全体を自分の目で視察しながら、明治政府の河川改修に反対し、近世以前の河川流路にそった治水事業を提唱した。それをまとめた形で述べているのが「治水論考」である。「治水論考」では、まず「郡国と村落とは元と天然の地形に順じて作られしものにして皆太古に於て神の定められたるもの也。而して山河は此郡国と村落との骨脈たるものとす[*52]」と述べている。そもそも、郡国・村落という地域社会は天然の地形にそって作られ、それは神の定めた秩序だというのである。そして、「草昧の世、人は此の天然の地形に依りて定められたる天与の生活を楽しみたりき[*53]」であったが、文明が発展するにつれ、開墾・灌漑・城廓建設などによって、天然の地形に大きな変動が加えられてきたとした。しかし、田中正造は、「抑、河川治水の本義は天然の地勢を順用するにあり。水勢の赴く所に任せて是に干渉せざるを本義とせり[*54]」と主張した。正造は、人為的障碍を除去して自然の流れにまかせば洪水になっても大きな被害とならず海に流れていくだろうとし、次のように「人為」による治水を批判した。

○山林の樹木を伐り、山岳を崩し、又は之を開鑿し、丘岡を壊ち、谷を埋めて河川を築くが如きは、人力を以て天然に抗せんとするものにして、決して治水の本義ニも目的ニもあらず。此の如き不可能且つ不自然の工事ハ災となり、其損害は極めて多大にして長き年月に亙つて終ニ人畜の生命をも傷け、又多大なる工費をも要することとなれり。[*55]

田中正造は、明治政府の治水事業だけでなく、江戸城・館林城などの建設のために利根川・渡良瀬川などの流路を変えたとして、近世の河川改修事業も批判した。

さらに、正造は「抑水の性は天心なり。法律理窟を以て成就すべきものに非ず。治水は無理の権威に服従せざる性質のもの也。又治水の真理は誠実ニあり。金力を以てすべきものに非ず[*56]」と述べ、その上で、今の治水事業は工費の多寡しか問題としておらず、水の心を知らないと批判した。正造にとって、治水は「議会イカナル決議を以てせるも非理不当の決議を無功たらしめ又有害たらしむ[*57]」ものであった。正造は、新たに河川を作るよりも「寧ろ古き川筋の地勢を復するの穏当なる[*58]」と主張しているのである。正造にとって、神の定めた「天」の秩序たる「自然」に回帰することこそが課題なのであった。

7　おわりに――「帝国憲法」と「ユートピア」

それでも、「帝国憲法」は正造にとって重要なものであった。晩年にいたっても、正造は多くの請願・陳情を出しているが、その多くで、「帝国憲法」などに規定されている権利に依拠している。しかし、田中正造日記（一九一二年三月二四日）では「人権亦法律より重シ。人権に合するハ法律ニあらずして天則ニあり。国の憲法ハ天則ニ出づ。只惜む、日本憲法ハ日本的天則に出しなり、宇宙の天則より出たるニハあらざるなり[*59]」とあるように、憲法の究極的根源は宇宙の「天則」に求められていた。そして、現実の大日本帝国憲法は「日本的天則」から出されたものとして相対化されていたのである。

また、田中正造日記一九一二年七月四日条では「小児ハ泣くの権あり。之れ天より附与せられたる権利ニして、父母の与へし権利ニハあらざるなり。日本憲法ハ此小児の心を発揚せるものなり。憲法亦小児の権利を押制せずして、父母との関係より君臣の関係として権利の保証を及せるなり[*50]」と、憲法を天賦人権と君臣との関係として保証するものとしている。正造にとっては、天賦人権を「君臣の関係」として保証するものが「憲法」であったのである。憲法も君臣関係も、天が与えた権利を保証するものとされ、相対化されていたのである。

相対化されたものは「帝国憲法」だけに限らない。田中正造にとって「天」は人間社会を正当化づける契機であったが、後半生においては、その「天」の中身が具体化されていった。人間の「作為」でしかない足尾鉱毒に対抗するものとして、「天」の内容に「自然」が強くイメージされるとともに、造物者としての「神」が意識されるようになった。そして、「治水論考」にあるように、具体的には「自然」への回帰がめざされるようになったのである。そのように、「天」─「神」─「自然」への回帰の一方で、人間社会のさまざまなもの──天皇・政府・所有権・「礼」・「法」・先進国意識など──が相対化され、田中正造の中では「ユートピア」としかいいようのないものが表現されていった。ただ、紙面の関係上、ここでは省略せざるをえない。今後の課題である。

註

＊1　近現代の日本社会における最近の事例としては、二〇一一年三月一一日の東日本大震災を契機におきた福島第一原発事故があげられるであろう。福島原発については、拙稿『戦後史のなかの福島原発─開発政策と地域社会』大月書店、二〇一四年で論じている。

＊2　なお、人間の作為による自然破壊は近現代社会だけのものではない。少なくとも農業の開始にともなった自然環境の改変以来、それぞれの人類社会で固有に存在していたと考えられる。本論で述べているように、晩年の田中正造も前近代に遡及して自然破壊

を論じていた。ただ、近現代社会においては、産業革命以後の比類のない技術・生産力の発展によって、自然破壊も比類のない規模となり、人類社会全体の存亡の危機として意識されるようになっている。

＊3 日本では蚯（ミミズ）は鳴くものと信じられていた。ケラなどの昆虫の鳴き声とされている。

＊4 鶺鴒（セキレイ）のこと。「鴿」は別字。

＊5 『近代民衆の記録』第一巻新人物往来社、一九七二年、一六六頁。

＊6 足尾鉱毒問題全体についての私の認識は、館林市史編さん委員会編『館林市史』資料編六・近現代Ⅱ館林市、二〇一〇年の解説で執筆した。

＊7 遠山茂樹「田中正造における「政治」と「人道」」『経済と貿易』第一〇九号横浜市立大学経済研究所、一九七三年。後に『遠山茂樹著作集』第四巻岩波書店、一九九二年に所収。

＊8 鹿野政直『資本主義形成期の秩序意識』筑摩書房、一九六九年。

＊9 由井正臣『田中正造』岩波新書、一九八四年。

＊10 佐藤裕史「田中正造における政治と宗教」（一）・（二）・（三）『法学』第六一巻第一・二・五号東北大学法学会、一九九七年。佐藤の研究は、後述する田中正造における政治から宗教への転換という議論を否定し、「近代政治思想という点で一貫していたとするものである。

＊11 小松裕『田中正造の近代』現代企画室、二〇〇一年。

＊12 木下尚江『田中正造翁』新潮社、一九二一年。

＊13 林竹二『田中正造の生涯』講談社、一九七六年。後に『林竹二著作集』第三巻筑摩書房、一九八五年に所収。

＊14 花崎皋平「田中正造の思想」『世界』第四六〇・四六一号、一九八四年。

＊15 丸山真男は、朱子学の形而上学の基礎となった周濂渓の太極図説について「宇宙の理法と人間道徳が同じ原理で貫かれていることがここに示されている。これが所謂天人合一の思想であって多かれ少なかれシナ思想を貫通し」（『日本政治思想史研究』東京大学出版会、一九五二年、二一―二二頁）ていると説明している。「天」にはさまざまな含意があるが、とりあえずは「天」を「宇宙」「世界」という意味で本論はとらえていくことにする。ただ、本論は、「天」に代表される「自然」から「作為」によって「人間」が分離されていくことにシンパシーを感じていたとみられる丸山真男の見解に必ずしも同意するものではない。

＊16 『田中正造全集』第一巻岩波書店、一九七七年、三九九頁。

＊17　この建白書の冒頭部分は「敢テ天威ヲ冒シ将ニ忝ク天下ノ事状ヲ上書具陳ス」（同右）とある。このような表現は、天皇に上書する際の慣用表現であり、田中正造特有のものではないが、日本において天を天皇と同一視する一般的な意識の現れともいえよう。

＊18　『田中正造全集』第二巻岩波書店、一九七八年、一〇〇頁。

＊19　同右一一三頁。

＊20　佐藤は「朱子学の「理」が、物理かつ道理として、自然と道徳とを貫徹し連続させるのと同様に、田中正造の「憲法」もまた、宇宙自然天地の法則であるとともに人間に内在する道徳的本性なのである」（佐藤前掲『法学』第六一巻第一号、一〇九頁）と述べている。

＊21　一八九〇年から開始される初期の鉱毒反対運動については、拙稿「足尾鉱毒反対運動と示談交渉―初期鉱毒問題へのポリティクスをめぐって―」『おはらき　館林市史研究』第四号館林市、二〇一二年を参照されたい。

＊22　『田中正造全集』第七巻岩波書店、一九七七年、四一頁。

＊23　同右五七頁。

＊24　『田中正造全集』第二巻四七六頁。

＊25　同右四七六―四七七頁。

＊26　同右五一五頁。

＊27　同右五一八頁。

＊28　同右五一九―五二〇頁。

＊29　『田中正造全集』第八巻岩波書店、一九七七年、二五八頁。

＊30　同右四六一頁。

＊31　『田中正造全集』第三巻岩波書店、一九七九年、五一頁。なお、この請願書の作成日付は七月二九日になっているが、前書きで田中正造が後述する兇徒事件で巣鴨監獄に投獄された六月一六日以前に田中正造によって草稿が作成されたとあり、投獄以前つまりはキリスト教の本格的な習得以前に論旨は成立していたとみられる。

＊32　同右八五頁。

＊33　小松は前掲書四五四頁において、この請願書を「一九〇二年七月二九日の一つの転機」とよんでいる。

＊34　『田中正造全集』第一五巻岩波書店、一九七八年、四四五頁。

＊35　同右四四四頁。
＊36　『田中正造全集』第一六巻岩波書店、一九七九年、八八頁。
＊37　『田中正造全集』第一七巻岩波書店、一九七九年、九七頁。
＊38　小松前掲書五〇一―五〇四頁において、小松は八月二五日の水害を田中正造の思想的転機と評している。
＊39　『田中正造全集』第一七巻九七頁。
＊40　同右。
＊41　なお、近世以来の水害常襲地帯であった渡良瀬川下流域では、屋敷地を土盛りし、さらに土盛りして塚をつくり（水塚という）、そこに避難小屋を建て、避難用に屋敷それぞれに揚舟とよばれる小舟を常備していた。水塚などの跡は、現在でも旧谷中村に残っており、ここに人の住居があったことをしのばせている。その意味で、谷中残留民たちにとって、村全体が水につかるような洪水を耐え抜くハビトゥスは存在していたと思われる。このことについては、布川了『改訂　田中正造と足尾鉱毒事件を歩く』随想舎、二〇〇九年などを参照されたい。
＊42　『田中正造全集』第一七巻九八頁。
＊43　同右九七頁。
＊44　『田中正造全集』第一一巻岩波書店、一九七九年、二四八頁。
＊45　同右。
＊46　同右。
＊47　同右。
＊48　同右二五〇頁。
＊49　花崎前掲書では、田中正造における一九〇九年の転機を強調している。確かに、日記などにおいて、実務的な記述よりも、「自省録」とでもいうべきな、内面を吐露した記述が量的に増加しているように見受けられる。たぶん、このことは、「聖人論」における「内面」の重視と関連しているだろう。
＊50　『田中正造全集』第一一巻二五一―二五二頁。
＊51　晩年の田中正造の孤立については、布川了『田中正造　たたかいの臨終』随想舎、一九九六年、拙稿「田中正造と館林・板倉地域の人びと―足尾鉱毒問題をめぐって―」『群馬文化』第三一七号群馬県地域文化研究協議会、二〇一四年を参照されたい。

＊52　『田中正造全集』第五巻岩波書店、一九八〇年一五頁。
＊53　同右。
＊54　同右。
＊55　同右一六頁。
＊56　同右一七頁。
＊57　同右一八頁。
＊58　同右。
＊59　『田中正造全集』第一三巻岩波書店、一九七七年、一五七頁。
＊60　同右二七六頁。

五　民衆の徴用経験
――徴用工の日記・記録を用いた分析――

佐々木　啓

1　はじめに

本稿の課題は、戦時下の日本において軍需産業に動員された日本人徴用工の労働と生活の実態について検討し、その経験を歴史的文脈のなかに位置づけることにある。ここでいう徴用工とは、国民徴用令（一九三九年七月施行）に基づいて国家に動員された人びとのことを指す。徴用制度は、戦時労働力動員政策の中軸となる制度であり、敗戦時には約六一六万人の人びとが同令に基づく徴用工として動員されていた。

日本の戦時労働力動員の研究は、その時々の時代状況のなかで、動員される側の人びと＝民衆の位置づけ方を大きく変化させてきた。戦後歴史学の枠組みがなおも強い規制力を持っていた一九六〇～七〇年代の研究においては、国家の強制的かつ暴力的な動員によって、民衆は低賃金、重労働を強いられたという事実が告発され、徴用制度は戦時国家独占資本による「全般的労働義務制」として位置づけられた。[*1] そこでは、劣悪な待遇に対する不満や欠勤、サボタージュ、逃亡者の増大など「自然発生的な抵抗」がクローズアップされ、「民衆の自然発生的な厭戦感情をもっとも先鋭な形で表現した」などと評価された。[*2] だが、八〇年代以降になると、こうした支配と抵抗の構図は影をひそめ、戦時体制の求心力が重視されるようになる。国民徴用制度や戦時労働政策のなかに含まれるイデオロギー（皇国勤労観）が注目されるようになり、勤労者が名誉ある存在として国家に認定されたことや、その名誉に見合った待遇改善が提唱されたことなどが明らかにされた。[*3] 国家の戦時労働政策には、民衆の同意や自発性を引き出す要素が含まれており、そうであるがゆえに民衆も能動的に戦時体制に協力していった、という歴史像がそこでは描かれたといえる。日本の歴史学界における国家論の転回と平仄を一にするかたちで、統合論的なアプローチへと研究が推移していったことが分かる。[*4]

筆者も、そうした八〇年代以降の研究に多くのことを学んできたが、他方でいくつかの問題点があると考えている。一つは、これらの研究の多くで、民衆の動向が治安当局の史料に基づいて示されていることに関わる。そこでは、逸脱し、抵抗する民衆がクローズアップされる一方で、それ以外の多くの「従順」な民衆の姿が看過されることになる。民衆の戦時下の日常に迫る新たな方法が必要だと考えられる。二つ目は、国家のイデオロギーと民衆意識の親和性を問題にする一方で、そこにある矛盾や亀裂が捨象されやすい、ということである。単に権力の求心性を敷衍するかたちで民衆意識をとらえるのではなく、また、六〇〜七〇年代の研究のように、民衆の権力への反発のみを救い上げるのでもなく、徴用される側の視点や生活世界に沿うかたちで、その意識構造を分析する必要があるであろう。

本稿では、以上のような研究状況をふまえつつ、二つの方法を組み合わせるかたちで徴用された民衆の経験について検討したい。一つは、彼ら自身が記した日記や記録類から彼らの意識動向を復元する、という方法であり、もう一つは、そうした史料を制度や統計などの情報と連関させて歴史的文脈のなかに配置していく、という方法である。そうした作業を通して、誰が、どこに徴用され、どのように働き、生活したのか、という基礎的事実を明らかにし、そうした経験が、徴用された人々にとって何だったのかという問題を検討するのが、ここでの課題である。[*5]

具体的な史料としては、徴用された人びとが書いた以下の日記と回想録を用いる。

①丸山波路『工員橋――徴用工員の記録』（栄光出版社、一九七二年五月）…日記／活字
②森岡諦善『「大東亜戦争」海軍工員記』（私家版、一九九二年一月）…日記・回想／活字
③竹鼻信三『徴用日記』（現物のコピー、大阪国際平和センター所蔵）…日記／ペン書き
④大石善次『徴用日記』（隆文堂大進社、一九四三年一一月）…日記・回想／活字
⑤宮秋算悟『舞鶴第三海軍火薬廠徴用工員日記』（私家版、一九九〇年一月）…日記／活字
⑥森伊佐雄『昭和に生きる』（平凡社、一九五七年八月）…日記・回想／活字

これらの日記・記録類は、徴用された時期や徴用先の事業場など、基本的な事実関係が記されており、また、単なる事実だけでなく日々の生活についての描写も比較的細やかになされている点で、徴用経験を考える本稿の趣旨からすれば、貴重な史料ということができる。ただし、これらを史料として用いる場合、次の点に留意しなければならない。

第一に、これらはいずれも戦時期に書かれた日記や記録を基にしたものであるが、厳密にいえば当時書かれた日記・記録そのものではなく、本人や本人と近い人間が、ある意図を持って編集したり、記録としてまとめなおしたりしたものである。②④⑤⑥は本人によって日記に手が加えられ、活字化されており、①は本人の死後遺族と編集者によって出版されたものである。③は本人の書いた日記のコピーであり、これらのなかではもっとも原資料に近いともいえるが、本人の手によって簿冊に綴じられたものであり、その際の取捨選択を念頭に置かなければならない。

第二に、これらの史料の書き手は、日記や記録を「書ける」人びとであった。したがって、社会的、経済的、ある

いは知識的な階層性の問題が想定されなければならず、また当該期の軍需生産の現場において、書ける環境（余裕）があったことの意味を考えなければならない。六人のうちのほとんどが文学や短歌・俳句に関心を示していたことが日記から読みとれることから、文化資本の相対的な高さを想定しておく必要がある。「書く」人間の意識動向を「書かない」人間のそれにそのまま適用することはできない。[*6]

こうした史料上の限界はしかし、徴用の全体像を示すような統計や調査資料などと組み合わせることによって、一定程度は補うことができる。すなわち、一般的な史料（統計・調査）と個別的な史料（日記・記録類）を往還しつつ、全体像との連関で個々の経験を位置づけることで、この六人の経験の偏りと普遍性を明るみに出すことが可能となる。このような立場で分析を進めていきたい。なお、六人の生年、職業、家族構成、住所、徴用年月、徴用先、徴用先での職務、住居について表1にまとめた。そのプロフィールをあらかじめ簡単に確認しておくと次のようになる（生年順）。

・丸山波路（本名：丸山定恵）は、一九〇五年に生まれ、四四年の段階では愛媛県に妻と子（六人）と暮らし、農業を営んでいた。もともとは文学を志していたがのち営農生活に入り、短歌を趣味として生活していたという。四四年三月に呉海軍工廠に徴用され、工員として働いたが（部署は不明）、四五年七月二日、呉市への空襲で死亡した。

・森岡諦善は、一九一〇年に広島県に生まれ、京都の仏教専門学校を卒業後、長崎県北松浦郡小値賀町善福寺の住職として、妻と子（二人）と暮らしていた。四四年七月に佐世保海軍工廠に徴用され、敗戦に至るまで造機部外業工場現場製図班で製図などの業務に就いた。戦後は長崎県の保護司などを勤めた。

・竹鼻信三は、一九一四年、京都市の木綿屋の勤め人の家に七男四女の九番目、五男として生まれ、商業実習学校を卒業後、京都に本店を持つ加藤伍商店に勤めた。四一年に結婚し、四二年には長女が生まれているが、四三年

表1　本稿に登場する人物のプロフィール

氏名	生年	前職	家族構成	住所	徴用年月	徴用先	職務	住居
丸山波路	1905	農業	妻・子７人	愛媛	1944.3	呉海軍工廠	現場	寄宿舎
森岡諦善	1910	浄土宗住職	妻？・子２人	長崎	1944.7	佐世保海軍工廠	事務	寄宿舎→下宿
竹鼻信三	1914	呉服卸問屋店員	妻・子２人	京都	1943.1	大阪陸軍造兵廠	事務	寄宿舎→のち借家に家族と同居
大石善次	1915	仏壇商	母・妻	香川	1942.5	佐世保海軍工廠	現場	寄宿舎→下宿
宮秋算悟	1915	書店店員	義父・義母・妻・妹？・子	京都	1943.6	第三海軍火薬廠（舞鶴）	現場→事務	寄宿舎→下宿
森伊佐雄	1922	漆職人	父・母・弟・妹	宮城	1943.12	中島飛行機（群馬）	現場	寄宿舎

出典：上記６名の日記・記録資料をもとに作成.

一月に大阪陸軍造兵廠に徴用され、以後敗戦に至るまで事務職として勤務することとなった。戦後は和装品製造卸会社を設立した。[*7]

・大石善次は、一九一五年に生まれ（出生地は不明）、四二年の段階では香川県丸亀市に母、妻、妻の妹と暮らし、仏壇商（修繕と製造も行なう）を営んでいた。四二年五月に佐世保海軍工廠に徴用され、検査工として働いたが、同年一〇月に腎臓結核のため「転地療養」を言い渡され、香川に帰った。その後については不明。

・宮秋算悟は、一九一五年に香川県に生まれ、呉市の田島書店を経て京都市中京区河原町の文祥堂書店に勤め、市内に妻、子、妹、義理の両親と暮らしていた。四三年六月に舞鶴の第三海軍火薬廠に徴用され、会計部材料庫で働いたが、一〇月に利材部に異動となり、敗戦までそこで働いた。戦後は元の書店に復職した。

・森伊佐雄は、一九二二年に宮城県古川町の漆職人の家に生まれ、高等小学校卒業とともに自らも漆職人となった。四三年一月に召集を受け、仙台東部第二二部隊に入隊するも、同年四月に召集を解除され、一二月に中島飛行機製作株式会社尾島工場に徴用された。敗戦に至るまで同会社の塗装工場などで働き、戦後は元の職人に戻った。

大石が比較的早い時期に徴用されているのに対し、他の四人は、いずれも四三年以降に徴用されており、いわゆる「根こそぎ動員」への過渡的段階に

表2　国民職業能力申告令要申告者の変遷

	年月	要申告者	制度の名称
国民職業能力申告令	1939年1月	16歳以上50歳未満の技能者（男子）	技能者国民登録
国民職業能力申告令改正	1940年10月	16歳以上20歳未満男子	青年国民登録
国民職業能力申告令改正	1941年10月	16歳以上40歳未満男子 16歳以上25歳未満女子	青壮年国民登録
国民職業能力申告令改正	1943年12月	16歳以上45歳未満男子 16歳以上25歳未満女子	
国民職業能力申告令改正	1944年2月	12歳以上60歳未満男子 12歳以上40歳未満の女子	

出典：労働省編『労働行政史』第1巻，財団法人労働法令協会，1961年，などから作成．

おける徴用ということができる。したがって、本稿で論じる徴用経験は、その多くがアジア・太平洋戦争後半期以降のそれであるということになる。

2　「応徴」の諸相

まず、これらの人びとにとって、徴用に応じる（応徴する）ことがどのような意味を持つものであったのか、その境遇や意識のあり方から考えてみたい。

(1)　年齢・性別から考える

国民徴用令には、徴用の対象者は国民職業能力申告令の要申告者と規定されており、この要申告者こそが徴用の給源をなすものであった。国民職業能力申告令における要申告者の範囲の変遷を表にまとめると、表2のようになる。一九四一年一〇月の改正以後は要申告者に女子も含まれるようになるが、女子の新規徴用は日本特有の家族制度を損なうという理由から実施されなかったので、国民徴用は実際には、①技能者→②青年男子→③壮年男子といった順序で主たる対象を拡大させていったということができる。四三年一二月までの新規徴用工の年齢構成は表3のとおりである。これによると、四三年末の段階に至っても新規徴用工の約三分の一が一〇代後半であることが分かるが、他方で、二〇代後半から三〇代にかけての年齢層が半分近くを占めるようになっている。労働力給源の枯渇によ

表3　新規被徴用者の年齢構成

（1943年12月までの分）

年齢	人数	百分比
16-19歳	352,385	32.2
20-24歳	215,590	19.7
25-29歳	295,478	27
30-34歳	181,664	16.6
35-39歳	49,246	4.5
合計	1,094,363	100

出典：西成田豊『近代日本労働史』有斐閣, 2007年, 表7-9（271頁）から作成.

り、比較的年齢層の高い男性が徴用対象となったのである。

先に挙げた六人の徴用された年齢（正確には徴用された年に達する年齢）は、それぞれ丸山（三九歳）、森岡（三四歳）、竹鼻（二九歳）、宮秋（二八歳）、大石（二七歳）、森（二一歳）となっている。森以外はすべて既婚者であり、森と大石以外には子どもがいた。それぞれの資料を読むかぎり、彼らにとって徴用は、まず何よりも家族の「大黒柱」の喪失、という問題として意識されたことが分かる。たとえば仏壇商の大石は、徴用銓衡の場で判定官に対し、「私は戸主でもありますし、商売や仕事の方も自分がゐなくなれば、当然止ってしまひ、あとの者が困るのは目に見えてゐます。しかし大君のお召しであれば、召集にせよ、徴用にせよ、よろこんで参ります」（大石・二六頁、以下、前記の文献からの引用は、（著者の名字・頁数）といったように示す。ただし、竹鼻については頁数がないので、日記の年月日を記す）と話している。また、大石と同じく戸主である丸山は、一人で子育てをしながら農作業をする妻に対し、「たまらなく可哀相になる」（丸山・九九頁）、「どんなに大変だろうかと考えて泣いたこともある」（丸山・一一五頁）と、徴用先から手紙を書いている。

徴用されるということは、彼らの生活単位である家族の観点からすれば、「一家の重要な稼ぎ手」が奪われるということに他ならなかった。とりわけ、日本社会で分厚い層を占める小家族経営の自営業者にとっては、事業／家族そのものの存続に関わる重大な問題でもあったのである。*8

(2) 前職の問題

次に、どのような職業の人々が徴用されたのか、見ていくことにしたい。徴用対象者については、国民徴用令に基づいて、一定の職業の者があらかじめ除外されることになっていた。すなわち同令においては、陸海軍軍人で現役中の者及び召集中の者、陸海軍学生生徒、陸海軍軍属、医療関係者職業能力申告令の要申告者、獣医師職業能力申告令の要申告者、船員法の船員、法令により拘禁中の者などは、「之ヲ徴用セズ」（二一条）となっており、「余人ヲ以テ代フベカラザル職ニ在ル官吏、待遇官吏又ハ公吏」や帝国議会、道府県会、市町村会などの議員、総動員業務に従事する者で「余人ヲ以テ代フベカラザルモノ」などは、「特別ノ必要アル場合ヲ除クノ外之ヲ徴用セズ」とされていた（二二条）。では、実際にはどのような職業の者が徴用されたのか。

この点についてまとめて実態を示しうる統計は管見のかぎりほとんどないが、東京勤労訓練所（配置前の新規徴用工などに対し、訓練を実施する機関）の「適性検査実施状況」のなかに、同訓練所における第一期から第一〇期（一九四三年七月〜四四年六月ヵ）の徴用工五二一〇人の前職を示す史料が残っている（表4）。この表によると、物品販売業が圧倒的に多く一二五一人、紡織工業が二番目に多く五九〇人、以下、自由業三七四人、機械器具製造業三一一人といったように続いている。これに対し、農業や水産業、鉱業といった部門からの徴用はごく少数である。時期的、地域的な偏りもあるであろうが、少なくとも同訓練所に入ってきた新規徴用工にあっては、商業や軽工業の出身者が大きな割合を占めていた。初期の頃を除き農民は極力徴用の対象外とされ、中小商工業が主たる給源とみなされたのである。[*9]

このように多様な前職を持った人びとが「旧来ノ生活」を後にして軍需工場の現場に入っていったというのが、当時の生産現場の一般的な様相であった。先に挙げた六人の前職を見てみると、丸山（農業）、森岡（浄土宗住職）、竹鼻（呉服卸問屋店員）、大石（仏壇商）、宮秋（書店店員）、森（漆職人）となっており、いずれも軍需生産とはほとんど縁のない生活を送っていた人びとであったことが分かる。重工業への職業移動が戦時下において急激に拡大したことを考えるなら、新規徴用工のほとんどが、おそらくは工場労働の経験を持たない人びとであったと推測できる。

多くの徴用工にとって、工場は未知の世界に他ならなかったのである。この点、一貫して漆職人の世界で生きてきた森は、「過去に読んだ暗鬱な工場闘争を主題としたプロレタリア小説の影響」もあり、工場に対する「先入的恐怖」（森・八六頁）を抱いていた、と記している。また、住職であった森岡は、佐世保海軍工廠に入職するに際し、総務部長から「工廠に入ったらどんな仕事を希望するか」と聞かれ、「これははなはだ当を得ぬ質問であって、全く工廠の内容を識らない私達には返答のしようがない」と書いている（森岡・一四頁）。このように、徴用されるということは、それ自体〝異文化〟への強制的編入に他ならなかったのである。

(3)「応召」と「応徴」の序列化

戦時労働力動員を進めていくにあたって、国家は、「応徴」は「応召」（兵役召集に応じること）に準ずる名誉であると喧伝した。[*10] それは、徴用工になること自体が国家的名誉であるということを意味する一方で、兵役召集に応じる

表4　徴用工の前職

前職	人数
農　業	66
水産業	6
鉱　業	10
工　業（合計）	2,579
金属工業	185
機械器具製造業	311
化学工業	137
ガス業電気業水道業	25
窯業及び土石工業	33
紡織工業	590
製材及木製品工業	178
食料品工業（煙草製造業を除く）	145
印刷業及製本業	245
土木建築業	132
其の他の雑工業	598
商　業（合計）	1,838
物品販売業	1,251
媒介周旋業	59
金融保険業	139
預り業賃貸業	18
娯楽興業に関する業	25
接客業	292
其の他の商業	54
交通業	148
自由業	374
家事業	6
其の他の産業	96
公　務	10
学生生徒	7
無　業	16
重要工業事業場	54
科学技術者	-
合計	5,210

出典：警視庁勤労部『勤労行政概況』1944年7月（労働運動史料委員会編『日本労働運動史料』第9巻，東京大学出版会，1965年，所収），451-452頁から作成.

ことに比べればその名誉の度合いは劣る、ということをも意味していたと考えられる。実際、徴用はあくまでも兵役を妨げない限りにおいて実施されると定められており（国家総動員法第四条）、戦争遂行上の重要性から見ても、副次的な位置に置かれていた。また徴用工自身にとっても、国民として、男性として、前線の兵士に比べて相対的に劣る存在であるとしばしば認識されている。たとえば森は、徴用検査の出頭命令書を受け取ったときの思いを次のように記している。

家業の漆工という職業を永続できるとは考えていなかったが、廃業は再度の召集のときだ、と楽観していた。常日頃の私の生活信条からゆけば徴用を心から喜ばねばならぬ訳なのに、いかに国家の要請とはいえ、父祖伝来の家業をたたんでゆく身が何となくうらぶれた感傷を伴い、敗惨者の感じがしてならない。「徴用工」という言葉の持つアクセントにも冷たい響きがある。そういった意味でなら、召集だって、徴用だって変りないはずだが、二つのけじめを区別していたというのは矛盾であろう。（森・八六頁）

兵役召集であるならば家業をたたむことも受け入れられるが、徴用であるならばそれは受け入れがたく、まるで自分が「敗惨者」のように感じる、というのである。

また、本稿で扱う日記・記録類の著者ではないが、アジア・太平洋戦争末期に徴用され、南方に海軍防疫班の班長として派遣された福田定良（哲学者）の記録には、以下のような事例が書かれている。すなわち、福田は、訓練期間中に若い軍人から「おまえたちは、おれが若いとおもって、なめてるんだろう」、「おれは若くても天皇陛下の軍人だぞ」といわれ、班員とともに理不尽な体罰を受けた。後になって「あいつらが天皇陛下の軍人なら、おれたちは天皇陛下の徴用工員じゃねえか」と福田が口にすると、班員の一人はげらげらと笑い、「そんなことをいったら、天皇陛下が、朕は迷惑だっていいわあな」、「おれたちは、みんな、あぶれ者なんだ。だから、何をいわれても黙ってる、ってわけさ」といったという。[*11] このように、〝序列〟は日常生活の端々で徴用工たちのあり方に影響を与えた。

他方で、これらとは異なり、国家に「御奉公」できる身分になれたことを誇りとするような意識も存在した。丸山は、妻宛の手紙のなかで、「直接軍人として国家に御奉公できなかった自分も、今こうして兵器の生産に従事できた事を心から喜んでいる」（丸山・一二五頁）と記している。竹鼻も、「兵役免除となり、戦局下、第一線に役立てぬ肩身のせまさ」（四三年一二月二二日）を感じる一方で、「産業戦士の一員として、特に名誉ある徴用工員として働けることは何より男子として仕事に対して不足はない」と書き記していた（四三年六月二二日）。兵役につくことのできない条件に置かれていた丸山、竹鼻にとっては、徴用というかたちではあっても、国家に召集されることで、「帝国臣民」として、「男性」として、一定程度の承認が与えられたと感じていた様子がうかがえる。

3 「増産」の諸相

つづいて、徴用工が、動員された先でどのような経験をすることになったのか、いくつかの視点から検討していくことにしたい。

(1) 生産現場の論理

まず、動員先の事業場において、徴用工はどのような作業に従事することになったのか、見ていくことにしよう。日本人徴用工のほとんどが、重化学工業を中心とする軍需産業に動員されたが、そこからさらに、現場で肉体労働を担う者（工員）と、事務作業を主とする者（職員）とにふるい分けられた。[*12] 先の六人の例で見ると、丸山、大石、森、宮秋は現場に、竹鼻、森岡は事務のほうに配属されている。当然ながら前者のほうが労働災害の危険性が高く、慣れない作業の過程で殉職する徴用工も少なからず存在した。[*13] たとえば宮秋は、舞鶴の海軍第三火薬庫に徴用されていたが、倉庫は革靴で入ることも許されない（革靴の底に打ってある金具と板に打った釘とが摩擦すると火が出ることがある）危険な職場であり（宮秋・二五頁）、また火薬によって皮膚がかぶれるなど、身体的にも負担の大きい職場であった（宮秋・七一頁）。

徴用工は、多くの場合徴用後一定期間（二週間〜一ヶ月）基礎的な訓練を受けた上で、生産現場に配属される。工場では、ほとんどの徴用工は、組長・班長・伍長・一般工員といった生産現場の序列の最下位に配置されることになる。日常的な生産の単位は、一〇〜二〇人程度の工員からなる班であり、そこで役付工員の指導の下に技術を習得して、生産活動に従事したのである。厚生省勤労局監修の『国民徴用読本』には、「航空機工場はじめ機械工場の作業は概ねその工作に僅か千分の何耗といふ誤差も許されぬ精密作業であるが、工程や作業内容が現在では極めて単能化されてゐるので、普通の人ならば半年か永くて七、八ヶ月間には一人前の腕になる」とある。[*14] 程度の差はあるであろうが、すでに労働の「脱技能化」が進んでいた大規模工場であっても、入職後数ヶ月間は、「見習」の段階に置かれるわけである。

このことは、班の編制や役付工員の人格に、職場のあり方や徴用経験が大きく左右されるということを意味する。大石は、自らの上司を「なかなかよい人」（大石・一二六頁）とみなし、森は、「皆な親切な人たちらしく、手をとるようにして私に塗装方法などを教えてくれた」（森・一〇一頁）としているが、丸山は、「生意気に古参をかさにきて、しかも偉そうに一等工員をカサにきて、持場が違うのに自分の仕事場へ俺をよんでまるで子供扱いに使う」（丸山・二五頁）とその態度に不満を抱いている。年齢という点では、森の職場にいた四一歳の徴用工の話が象徴的である。森は、その人物が事前訓練の際に「駈足」に参加させられる様子に触れて、次のように記している。「四十一歳の滝川さんは「何が辛いったって、あの駈足ほど体にこたえるものはねい。何の因果か、四十面下げて監獄の囚人みたいな服を着せられ、よいしょ、よいしょと駈足しなければならんとは……全く罪作りな話さ。故郷の嬶に見せたらたまげて泣き出すだろう」と休憩時間に笑っていた。彼は徴用前、四、五人の店員を使う海産物問屋の主人だったそうだ。見ること、なすこと癪の種なのだろう」（森・九五頁）。年齢や出身階層に関わらず、工場では工場の論理が貫徹するのである。

(2) 賃金統制の影響

つづいて、徴用工の賃金について見ていくことにしたい。賃金については、それぞれの工場事業場によって制度が様々であり、また、地域的な格差もあるので、一概にその傾向性を把握することは困難である。一般的に、戦時期には賃金そのものが上昇する一方で、生計費の騰貴はそれよりも著しかったので、結果として実質賃金は大幅に低下したといわれている。[*15] 徴用工にも、多かれ少なかれこのような傾向は当てはまると思われるが、徴用工の場合は何よりも職業移動が前提となるので、賃金についても前職との関係でこれを検討する必要がある。

戦時下においては、機械、金属、鉱山などいわゆる「時局産業」の工場事業場に雇われた労働者に対し、賃金統制令（一九三九年）などによる国家統制が実施された。同令では、最低賃金と最高賃金が公定されたが、そこでは新規徴用工は、「未経験労務者」というカテゴリーに入るため、彼らの賃金は全体として低く抑えられた。そのため、前職よりも収入が減少した場合、一定の基準に基づいて財団法人国民徴用援護会が補給金を支給することになっていたが（四三年中頃から）、四三年度には約六割、四四年中盤には約七、八割が補給を受けていたとされている。[*16] つまり、多くの場合、徴用は減収を意味したのである。

具体的な徴用工の収入状況について、先の六人の史料から、記述を拾ってみよう。たとえば四三年六月に海軍第三火薬廠に徴用された宮秋は、七月二八日に「初月給」をもらっているが、その内訳は、本給三〇円四五銭（一日一円四六銭）、加給手当四円三五銭、報国々費料二〇銭、差引合計三四円六〇銭となっている（宮秋・一二頁）。これが八月になると諸々合わせて八九円二〇銭の手取の収入となり（同二一頁）、九月には五三円二八銭（同二九頁）、一〇月には六五円九五銭（同四一頁）、一一月には六七円三五銭（同五〇頁）、一二月には九〇円（賞与含む）（同五七頁）といったように増額されている。こうした収入額についての不満はそれほど日記のなかには出てこないが、この収入額から「家事費」として毎月実家に送金していることもあり、手元に残った金額の少なさに「やれやれ、ちと淋しい小使様」と嘆いたり（宮秋・三〇頁）、実家の義兄から「家えの送金額が少ない」という手紙が送られてきたりするなど（宮秋・七〇頁）、宮秋やその家族たちにとって、収入は決して充分なものではなかったようである。

大阪陸軍造兵廠に徴用された竹鼻は、月収にして一〇〇円前後の収入（日給二円七八銭、四三年九月二〇日）と、七月には九七円（四三年七月三日）、年末には一六一円の賞与を得たほか（四三年一二月一八日）、徴用援護事業の補給金と、徴用前の勤め先から送られる補給金を得ていた。家賃に充てられるぐらいの額になる前者の補給金の存在は特に大きかったようで、竹鼻は「我々徴用者に対する政府の恵みに感謝」（四三年九月一六日）と記している。

一方、佐世保海軍工廠に徴用された森岡は、敗戦時には二円三〇銭を得ていたという。同工廠では、これに加えて家族手当、精勤手当、戦時特別手当、残業手当が支給されたので、扶養家族三人を有する日給二円の工員（森岡も同じだと思われる）は、一四一円の収入を得ることができた。しかし、このなかから弁当代、配給品の購買代、共済組合費、国民貯蓄、積立貯金、所得税、工廠在郷軍人会費、報国団費、健康保険掛金、国防献金などを天引きされ、さらに下宿代を支払うと結局もとの本給六〇円ほどが手取りの収入になっていたと書かれている（森岡・三四―三五頁）。森岡は、こうした収入に対する不満については特に述べていないが、「家族に送金さえしなければこれだけの金がそっくり一カ月の小遣いに廻っていくので、工員の金使いは至って荒い」と見ている（森岡・三五頁）。

民間の中島飛行機株式会社に徴用された森の場合も、月収はほぼ似たようなものであった。すなわち、四四年四月二八日に得た給料の明細書によると、支払賃金は基本金六三円七八銭、加給金五四円四六銭、諸手当三円五〇銭、合計一二一円七四銭であった。この金額から控除金（年金保険、健康保険、産報費、分類所得税、厚生物資代）合計二七円三銭と、国民貯金三〇円七一銭が差し引かれるので、手取りは六四円であったという。森は、ここから五〇円を父に送金している（森・一一五―一一六頁）。

こうした賃金の高低を一概に論じることはできないが、竹鼻が「二十八円の家賃が家計の赤字の重大問題」（四三年一一月二日）と記しているように、多くの徴用工にとって決して十分なものとはとらえられていなかった。特に、宮秋や森岡のように、世帯を実家と下宿（ないし寄宿舎）の二つに分けたことにともなう「送金」の負担も、重いものであった。

(3) 寄宿舎の世界

徴用された先が現住所から遠い場合は、必然的に転居か単身赴任の必要が生じる。徴用工の住居は、多くの場合寄宿舎、下宿、自宅の三つのパターンに分けられるが、戦時期は激しい人口移動のため、都市は慢性的住宅難という状況にあった。厚生省労働局の軍需関係工場（従業員一〇〇人以上）の住宅調査によれば、一九三九年三月現在、全国で約一〇万五〇〇〇人にのぼる労働者の住居が不足していた（うち普通住宅を必要とする既婚者が四万五〇〇〇人、寄宿舎を必要とする単身者が六万人）。「全国の都市工業地帯に集まった家のない労務者は一九三九年末までに五〇万人にのぼるだろう」といった事態が生じており、日中戦争の段階からすでに住宅難はかなりの程度進行していたのである。[*17]

徴用工の経験を住居の視点から見た場合、軍工場勤務か民間工場勤務か、下宿か寄宿舎か、で大きな違いがある。森の徴用先の中島飛行機では、収容する寮が不足したため、寮事務所からの指示で、養蚕部屋であった農家の二階を寮とすることになり、賭博や自炊など、事実上労務管理の及ばない世界がそこでは展開されていた。[*18] 軍工場の寄宿舎の場合はその逆で、きわめて厳しい管理と規律の下に徴用工は置かれた。大石、宮秋は規律の厳しい寄宿舎に対する不満から退寮し、下宿生活を選んでいる。「目の廻るやうに忙しい寄宿舎生活が、いよ〳〵明日からおさらばだと思ふと、身も心ものび〳〵とする」（大石・一二八頁）と大石は書いているが、寮生活は規則による制限の多い、大変厳しいものであった。舞鶴の火薬庫に勤める宮秋も、寮に対する不満は大きく、「今の徴用工員で此の宿舎生活に満足して居る者なぞ一人も居るものか、皆不平不満の渦である。一日の勤めを終えて帰ってほっとしている処え、寮長は竹刀を持って廊下を行ったり来たりして我々を看視する、まるで監獄の罪人扱いである」（宮秋・二二一―二二二頁）と書いている。軍工場の寄宿舎生活は、このように過酷な管理と規律の記憶として残っていくこととなった。

4　「産業戦士」の理念と実相

以上のような、徴用工たちの労働・生活の実態が進行する一方で、戦時下においては、労働者を統合するための新たなスローガンやイデオロギーが様々なかたちで使用された。「産業戦士」という労働者の呼称が至る所で用いられるようになったは、その一例である。日中戦争期からメディア上で使用されはじめたこの用語は、「銃後の生産戦を担う戦士」のことを意味しており、生産活動のために身を投じる者を称揚するものであった。また、これとは別に、徴用工に対しては、「応徴士」という呼称が定められ（一九四三年七月、第三次国民徴用令改正）、従来の「職工」や「工員」とは異なる、名誉あるものとして位置づけていくことが指導された。要するに、「労働」や「労働者」の意味を大きく転換するプロジェクトが国家規模で推進されていたのである。[*19] そうした動きは、企業の労務管理にも影響を与え、「名誉」ある「産業戦士」にふさわしい待遇として、生活賃金の導入や健康保険制度などの拡充が図られていった。丸山や竹鼻、大石の史料には、こうした労働観念の転換のなかで、自らを「産業戦士」として位置づけ、その名に見合った活躍をしなければならない、と自己規律化をはかる様子がしばしば見られる。真剣に戦時体制を支えるべく生産現場に入っていった徴用工にとっては、労働観念の転換は戦時体制の正当性を示す一つの大きな指標として機能した。

だが、そうした「名誉」ある「産業戦士」の世界に投げ込まれた徴用工たちが実際に直面した世界は、おおよそその理想の姿とはかけはなれたものであった。森の事例を見てみよう。[*20] 森は、工員たちが自分の通う「女郎衆」の話で盛り上がる様子を見て、「彼らに同調してゆけぬ自分をもどかしく思」うこともあったが、工場主宰の工員家族慰安会で「女の踊り子」に対して「卑俗な野次」を飛ばして口笛を鳴らす様子を見て、これを「チンピラ不良」と表現している。工場には、旋盤をまわすこともせずに窓に腰をかけて軍歌を歌っている笹川という工員がおり、この笹川が「親分」や「兄貴」と呼ばれて他の工員から慕われていた。工場内にはその亜流であるいくつもの派閥があって、それぞれの兄貴株が持つ権威は見習工員や年少工員の間では絶対的なものがあり、「その統括力は組長や係長以上」のものがあると森は観察している。しかし、そのような「与太者心理」は森には「滑稽」なものと映った。森にとっては、中島飛行機の工員たちは、あくまでも自らとは異質な他者として、場合によっては「低俗」な存在として、とらえられていたのである（森・一二八―一三三頁）。

愛媛の農村から呉海軍工廠に徴用された丸山にとっても、周囲の労働者たちの姿は低俗なものとして受け止められた。「工場に入って職工たちにふれて感じるのはその不良じみたことだ。暗い心になる」（丸山・二九頁）と記しているように、丸山にとっても工員たちの姿は「不良」として映ったのである。工員たちは、工廠で働いて得た給料をみんな酒保や飲食店で使い果たしてしまう（丸山・三五頁）、「命令されるがままに仕方なく仕事」をし、「時間だけやったらブラブラして少しもやらない」（丸山・三九頁）、「工場の便所の落書、工員の言動、路上にみる工員の風采、徴用工員は人間の屑が多いと思うとたまらなくさみしい。ああ自分も又その中の一人か……」と、丸山は嘆いている（丸山・六〇頁)。工員のなかに「ほんとうに現在の戦局を意識し、大東亜戦の真意義を解して必勝不敗の意気で働いている人間が果して幾人いるであろう」といったように、丸山においては工員たちの「不良じみた」姿が、支配イデオロギーの論理で指弾されている(丸山・三九頁)。このような支配イデオロギーに沿った理解の仕方は、丸山が相対的に熱心な「愛国者」であったということの反映でもあるだろうが、同時に、傷つけられた(と丸山が感じた)自尊心に、深く根ざしたものでもあった。

一方、竹鼻にとっては、動員された大阪陸軍造兵廠は、きわめて不能率な世界としてとらえられた。先に述べたように、竹鼻にとって「決戦」下の大阪陸軍造兵廠で「産業戦士」の一員として働けることは名誉なこととしてとらえられていたのだが、実際の生産現場は、そうした「名誉」とはあまりにもほど遠いものだと感じられたのである(一九四三年六月二一日)。すなわち、造兵廠における仕事量は竹鼻の目にはあまりにも少なく映った。四三年一〇月二七日の日記で竹鼻は以下のように述べている。

毎日これと云つた計画もなければ、追廻されること〔も〕なく、自然の間に人間が阿保ぼけした者になり、この生活が普通となり、ちよつとでも遊ぶ様〔に〕なり一日仕事することが損の様に感じたりする。こんな無気力な仕事、いやになる。これが官吏だそうだ。あの一時間も惜しく働いた昔の商売の方がずつと面白い。〔中略〕これからこの生活が続くと思ふと、なんとかこの生活の中に光を求め、経済の事より仕事に気力を求めたい。経済の点は考へても工員としてこれ以上望んだ所で駄目であり、充分腕をふるへる仕事が欲しい。三十働き盛りの男一匹、腕が夜泣きする。徴用せられて折角来てもこれでは、働き甲斐がない。

このように、竹鼻にとって大阪陸軍造兵廠の労働環境は、何よりも「商人」の世界との違いという視点からとらえられた。一時間でも惜しんで働く「商人」の世界と、暇な時間が多い(と竹鼻に感じられる)「官吏」の世界とでは、その労働に対する考え方があまりにも異なっていた。「働き甲斐と云つた点に於て、この陸軍造兵廠に於ける仕事は比較にならぬ国家的にも高い仕事」なのは認めるものの、「勤労精神が低く、国家意識の問題にならぬこと」に、竹鼻は失望したのである（四三年一〇月二九日、以下同）。竹鼻は、「物資の節約」、「能率の二倍」といった部屋ごとに掲げられている「所長方針」に対し、この職場は「自分の知つた範囲では最も非能率な、物資の乱用する社会」であり、「国のため、時局を考えて真面目に見る時、正視にたへない。指導者の罪か、制度の罪か」と皮肉をこめて記している。森や丸山が直面したものとは異なるが、竹鼻も造兵廠の労働のありように触れることを通して、戦時下における支配イデオロギーと現実との乖離がいかに大きなものであるかを実感することとなったのである。

5　おわりに

以上、徴用工の生活、労働の実態とそれに対する意識のあり方について、主として徴用工自身が残した日記・記録類と各種統計資料に基づいて、検討してきた。国家総動員政策によって徴用された六人の男性たちの経験を、どのように歴史的文脈のなかに位置づけることができるのか、最後に検討することにしたい。

(1)　徴用経験の三つの位相

本稿では、民衆の徴用経験について、年齢・性別や前職の問題、兵役との関係、生産現場の論理や賃金統制・寄宿舎生活の影響、「産業戦士」の理念と実態、といったように様々な角度からその生活・労働の実相を描き出してきた。これらの内容を踏まえるならば、六人の徴用経験には、異動、均質化、負担の三つの位相があった、とひとまずまとめることができよう。徴用は、第一に、居住地や職業の強制的な移動をもたらすものであり、それは往々にして経済的、社会的地位の変動と深く結びついていた（異動）。第二に、徴用は、異なる職業、階層、地域の人びととの遭遇をもたらすものであり、徴用先では徴用先の人びとのあり方との同化が強制された。そこでは、格差や個性の幅の縮小圧力がはたらくこととなった（均質化）。そして第三に、徴用は何よりも、経済的、あるいは身体的、精神的に、強い負担を当事者とその家族にもたらすものであった（負担）。経済的負担という意味では、徴用工の大半が従前の職業に比べて収入を減らしたことや、家族との別居にともなう負担増、自営業者にとっては小家族経営の危機といった問題が、大きく影響を及ぼした。身体的、精神的負担という意味では、慣れない職場や労働のあり方、軍隊式規律の苦痛がそこには常につきまとっていたといえる。こうした徴用工が独自に持つこととなった苦い経験は、空襲や食糧不足などの一般的な経験と合わせて、戦後の日本社会における素朴な平和主義の観念（戦争はもうイヤだ）とつながりうるものであった。他方で、戦時下を生きる生活者という観点からすれば、そうした負担にどう耐えていくか、ということこそが大きな課題になった。

徴用された男性たちは、「戦時下だ。堪えろ、この苦しさ、かなしさ、さみしさを――」（丸山・六九頁）、「大君のお召し」（大石・二六頁）、「決戦下」（森岡・三六頁）、「国の命令」（宮秋・二頁）、といったように、様々な言葉を用いて、厳しい負担を意義づけてとらえた。しかし、問題はこうした観念的な「戦時下」ではなく、現実の「戦時下」が彼らの負担の重さを説明しえるか、という点にあったであろう。丸山が工員たちの意識の低さに絶望し（丸山・三九頁）、大石が仮病を使う同僚に怒り（大石・二四一―二四五頁）、森や竹鼻が工場の労務管理の「でたらめ」ぶりに疑問を懐き（森・一一六頁、竹鼻・四三年一二月一八日）、宮秋が寮監の、森岡が上司の懲罰に反感を覚えるとき（宮秋・四四―四五頁、森岡・七四―七五頁）、彼らの「戦時下」は、大きな揺らぎのなかに置かれる。

(2) 物語の崩壊

したがって、徴用にともなう様々な負担は、権力の側からすれば、いずれも増産の隘路につながりうるものとなった。戦時体制の基盤が損なわれることを防ぐために、様々なかたちでこれに対応する国家政策がとられた。医療費・生活費の補助などの「経済的援護」や、慰問・表彰などによる「精神的援護」は、負担の緩和と同時に負担の国家的意味づけ（「産業戦士」という物語への回収）であったといえるであろう。

では、徴用工たちは「産業戦士」という物語を内面化したといえるであろうか。ここでは、それを内面化しえない条件が少なくとも四つあったことを指摘しておきたい。一つは、負担がそれを上回る過酷さを持っていた可能性があること。二つ目は、既存の労働者文化の厚みや労務管理の拙劣によって、労働政策が届かない領域が存在したこと。三つ目は、年齢、職業、社会的身分、ジェンダー規範などと連関する、動員された個々人の自負心が損なわれる可能性があったこと。四つ目は、資材・人員の不足、戦時経済の崩壊という歴史的状況である。こうした条件のなかで、国家が徴用工たちを「産業戦士」の物語につなぎとめておくことは困難であったというのが実情であろう。

したがって、物語の崩壊のなかで、徴用工たちは自らの物語を新たに紡ぎ出さなければならなくなる。すなわち、アウトローに歩みを進める（戦時体制から逸脱した行動に走るか）か、諦観する（体制内で「その場過ごし」の生活をする）か、なおも「産業戦士」たろうとする（現実をもう一度物語に引き寄せようと努力する）か――六人の残した史料には、引き裂かれていく現実を前に、揺れ動く気持ちが吐露されている。

そうした揺れ動く気持ちを一挙に押し流したのは、おそらく戦争末期における空襲の激化と食糧事情の悪化であった。ここにおいて、「産業戦士」の物語はいよいよリアリティを失い、生活を防衛するためのなりふりかまわない動きが民衆の間に広がっていく。右の三つの態度でいえば、なし崩し的にアウトローが前面化していったのだといえるが、それを押し進めたのは、体制に立ちむかった一握りの勇敢な運動家ではなく、戦勝を願い、体制におおむね従順であった、まさにこの六人のような一般民衆であった[*21]。闇取引、役得批判、隠匿物資の摘発などに見られる敗戦直後の民衆闘争のヘゲモニーは、こうした物語の崩壊状況のなかで、立ち上げられていくことになるのである。

註

＊1　加藤佑治『日本帝国主義下の労働政策―全般的労働義務制の史的究明』御茶の水書房、一九七〇年、など。

＊2　藤原彰編『戦争と民衆』（『日本民衆の歴史』第九巻）、三省堂、一九七五年、二〇八―二〇九頁。ほかに、法政大学大原社会問題研究所『太平洋戦争下の労働運動』東洋経済新報社、一九六五年や、粟屋憲太郎「国民動員と抵抗」同『十五年戦争期の政治と社会』大月書店、一九九五年、初出は一九七七年、など、同様の見地に立った研究は多い。

＊3　佐口和郎『日本における産業民主主義の前提―労使懇談制度から産業報国会へ』東京大学出版会、一九九一年、菅山真次「『就社』社会の誕生―ホワイトカラーからブルーカラーへ」名古屋大学出版会、二〇一一年、拙稿「徴用制度下の労資関係問題」『大原社会問題研究所雑誌』第五六八号、二〇〇六年、など。

＊4　国家論の転回をもっともよく示す著作として、西川長夫『国民国家論の射程―あるいは「国民」という怪物について』柏書房、一九九八年、がある。戦時体制のとらえ方の変容に関しては、山之内靖・ヴィクターコシュマン・成田龍一編『総力戦と現代化』柏書房、一九九五年、雨宮昭一『戦時戦後体制論』岩波書店、一九九七年、などが重要である。

＊5　「にとって」という視角については、成田龍一「新しい歴史家たちよ、目覚めよ」同『歴史学のナラティヴ』校倉書房、二〇一二年、を参照。なお、徴用という問題を考えるには、日本帝国の動員体制に組み込まれた朝鮮、台湾など植民地の人びとの経験も当然重要になってくるが、本稿では史料および筆者の能力上の制約から、ひとまず日本人に限定して論じる。帝国規模での労働力動員について検討したものとしては、松村高夫『日本帝国主義下の植民地労働史』不二出版、二〇〇七年、西成田豊『労働力動員と強制連行』山川出版社、二〇〇九年、外村大『朝鮮人強制連行』岩波新書、二〇一二年、などがある。

＊6　本人が残した記録資料を用いて戦時期の民衆の意識動向にせまった研究として、吉見義明『草の根のファシズム―日本民衆の戦争体験』東京大学出版会、一九八七年、がある。吉見は、主として各地の戦場の兵士たちの残した日記や回想録から、その経験の多様さと傾向性を析出した。膨大な記録類を整理し、地域や階層ごとの特色をあぶりだした吉見の手法から学ぶべきことは多い。本稿は、こうした吉見の手法を参照しつつ、戦時下の徴用工の経験を描写していくことを試みるものである。

＊7　竹鼻信三の徴用経験については、拙稿「総力戦体制下における徴用工の意識動向―竹鼻信三『徴用日記』の分析」『早稲田大学大学院文学研究科紀要』第五五号、二〇一〇年、も参照されたい。

＊8　大門正克・柳沢遊「戦時労働力の給源と動員―農民家族と都市商工業者を対象に」『土地制度史学』第一五一号、一九九六年。

＊9　西成田豊『近代日本労働史―労働力編成の論理と実証』有斐閣、二〇〇七年、第七章。

＊10　岡田文秀（厚生事務官）「国民徴用令の施行に就て」『職業時報』第二巻第七号、一九三九年七月、二頁。

＊11　福田定良『脱出者の記録―喜劇的な告白』新装版、法政大学出版局、一九七九年、四〇―四一頁。

＊12　J・B・コーヘン『戦時戦後の日本経済』下巻、岩波書店、一九五一年、七三頁。具体的にどのような業種の企業に徴用されるのかについては、「各人の経歴、年齢、体力、適性或は希望に応じて航空機とか造船、電機、機械、鉄工、化学、兵器産業にそれぞれ職場を配置する方針である」とされていた（厚生省勤労局監修・厚生研究会著『国民徴用読本』新紀元社、一九四四年八月、一一四頁）。

＊13　戦時下における労働災害の増大については、北河賢三「民衆にとっての敗戦」（中村政則ほか編『戦後日本―占領と戦後改革1　世界史のなかの一九四五年』岩波書店、一九九五年）、一六五―一六六頁を参照。

＊14　厚生省勤労局監修・厚生研究会著『国民徴用読本』新紀元社、一九四四年八月、一一四頁。

＊15　法政大学大原社会問題研究所前掲書、六四―六五頁。

＊16　児玉政介『勤労動員と援護』職業紹介安定局、一九六四年　※執筆は一九四四年、二六七頁。

＊17　法政大学大原社会問題研究所前掲書、一五七頁。

＊18　拙稿「戦時下労働のなかの「共同性」」『人民の歴史学』第一八九号、二〇一一年。

＊19　こうした動きの端緒となったのは、一九四〇年一一月の閣議決定「勤労新体制確立要綱」であり、そこでは「勤労」は「皇国ニ対スル皇国民ノ責任タルト共ニ栄誉タルベキ事」と定められていた。

＊20　森が徴用された中島飛行機のある群馬県は、戦時期に入って養蚕製糸業地帯から軍需工場地帯へと産業上の位置を大きく転換させ、多数の人々が労働力として動員されてきた地域である。こうした「外からの」工場労働者の増大は、地域にとっては大問題であったようで、乱闘や恐喝といった犯罪の増大とセットで認識されていた（小野沢あかね『近代日本社会と公娼制度―民衆史と国際関係史の視点から』吉川弘文館、二〇一〇年、二六五頁）。

＊21　こうした経緯については、拙稿「敗戦前後の労働者統合」『人民の歴史学』第一九七号、二〇一三年、で論じた。

六　産業化初期の韓国における労働福祉制度の導入と労働者の対応

——産業災害補償保険制度を中心に（一九六〇—一九七〇年代）——[*1]

張　美　賢
（金　鉉　洙　訳）

1　問題意識——労働運動家と産業戦士[*2]の間

産業化は労働者数の増加とともに進展する。韓国の場合、一九六五年の総就業者八五二万二〇〇〇人のうち、鉱業および製造業に従事していた者は八七万九〇〇〇人くらいであったが、一九七一年になると一三七万五〇〇〇人へと五〇万人増加した。被雇用者の数も増加し、一九六一年三二一万に過ぎなかった労働者は一九七二年になると一二二万人へと四倍増加した。当時を労働者として生きていた彼らにとって朴正熙政権期の国家は、以前の政権とは異なり、雇用される仕事場を提供したという点で「食って生きることは解決してくれた国家」として記憶されている。その結果、朴正熙大統領の娘で、朴正熙政権の後半期にファーストレディとして活動していた朴槿恵が「朴正熙の郷愁」という雰囲気に乗って韓国一八代大統領に当選した。

労働者たちが「成長と奇跡の時代」として朴正煕執権期を認識しているという事実は、これまで学界でなされてきた労働運動中心の韓国労働史研究に疑懼の念をいだかせる。労働運動史が描いているように産業化時期の反体制運動に立ち上がっていた労働運動家たちが朴正煕政権期の労働者を代表しているわけではないからである。もちろん、労働運動史中心の労働史研究を克服し、一般労働者らの経験や意識に注意を払わなければならないという問題提起は繰り返しなされてきた。[*3] ところが、当の労働者たちに対する研究は、国家の発展イデオロギーに即応する模範労働者や産業戦士として体制に順応する労働者ばかりに注目し、依然として限界性を有している。[*4] 実際に産業化時期の労働者と国家との「関係」は、対立したり包摂されたりする一方的な関係ではなく、国家が許容する法制度の内と外を行き来しながら協力、葛藤、妥協する多様な局面を示していた。

国家と労働者との関係は国家が作り出す多様な法と制度の中で取り結ばれる。産業化時期の朴正煕政権は産業災害補償保険制度、[*5] 職業訓練制度、労使協議会制度のような数多くの労働関連制度を法制化した。このような数多くの法条項は社会科学界で簡単に言及されているように国家主導の一方的過程を経て制定されたわけではない。労働者たちは国家が実施する法・制度をそれなりにふまえて行動していた。このような行動は、概ね自己の利害を満たすための行動に過ぎなかったが、時には状況によって自己の利害を超え、共通の利害を志向するレベルや国家に対抗するレベルに変容したりもした。

このような問題意識の下に、本研究は労働者たちが産業災害補償保険制度をどのように認識し、この制度の受容と改善のためにどのように行動し、その意味は何なのかについて把握してみようとするものである。よく産業保険制度は朴正煕政権が実施した唯一の労働保護政策であり、成功した制度として評価される。[*6] これ以前の時期の災害補償が作業場次元で労使間において個別的に行われたことを考えると、国家が施行した産災保険制度は労働者に国家の統治性を確認させる契機になった。したがって、産災保険制度の運用を労働者たちがどのように受け入れていたかを探ってみると、体制順応と労働運動の間に存在していた大多数の労働者たちの行為とそのような行為が実践された脈絡を把握することができるであろう。

産災保険に関する研究は社会科学界で主に行われている。既存の研究は主に軍事政権がその比較的初期に産災保険制度を導入した政治的意図を明らかにしようとする目的から進められてきた。[*7] 産災労働者の経験についても研究がなされてきたが、主に炭鉱労働者たちの産災経験を把握するなかで産災補償の経験と記憶に対する研究が行われた。その結果、炭鉱産業の二重構造により事業主の補償の差が激しかったことも明らかになった。[*8]

しかし、今までの研究は制度施行以降に国家、資本、労働が、実際に制度が施行される中で、国家の制度推進にどのように関与したのかまでには扱っていない。補償経験研究でも産災保険制度に対する炭鉱労働者たちの経験と記憶はきちんと扱われていない。産災保険制度の具体的施行過程と国家が実施した産災保険制度を労働者たちがどのように認識していたのかについては分析の視野に入らなかったからである。

このような限界を念頭に置いて、本稿においては、第一に、産災保険制度の導入後、この制度がどのような方式で運用されていたのかを把握し、第二に、産災保険制度改善の主体であり受恵者であった企業、特に労働者たちが産災保険制度をどのように認識していたのかを探り、第三に、労働者たちが産災保険制度の「結果」を修正するためにどのような試みをしたのかを明らかにしたい。

2　労働庁の産災保険運用――「産災適用制限」

一九六三年一一月五日の産業災害補償保険法の制定と一九六四年七月一日の施行を経て実施された産災保険制度は、企業主が保険加入者となり、産災労働者が保険受恵者、労働庁が保険事業を執行するという社会保険であった。

執行機関である労働庁は産災保険制度が労使双方の利益になるという点を強調した。労働界に対しては産災保険が独自の補償制度を設けている大企業だけのための制度ではなく、零細企業まで実施する予定なので、現在補償の死角地帯に置かれている中小企業の労働者たちまで補償が受けられるという点を強調した。企業主側にも、大企業さえ補償の際に企業の財力が不足する場合があるが、この場合保険を通して事前予防ができるという点を上げ、保険導入の意義を明らかにした。[*9]

しかしながら、産災保険制度の実施に対する労働界と財界の反応はそれほど歓迎する雰囲気ではなかった。産災保険制度が実施される予定であるという噂が拡まると、一部の国営企業や大企業、各級労組は反対意見を表明したのである。国営企業と大企業は、使用者が直接支給するのが労務管理上合理的である理由をあげて反対意思を表明し、労働組合は一部ではあるが、やっと団体協約を通じて法定基準以上の補償基準を整えた事業場のそれを阻害するかもしれないと憂慮したからである。

産業災害補償保険法の制定に対する政府内部の批判も存在した。次官会議と最高会議常任委員会において、保健社会部は保険事業を担当したことがないという理由から財務部が担当するほうが良いという意見や、政府機関で運営するより民間会社に委託して運営する方が良いという批判が提起されたのである。紆余曲折の末に、保健社会部労働局(後に労働庁)を管轄機関として指定する最終案が上程された際も、再び制度の導入を伸ばそうという意見が提起された。最高会議常任委員会において、「大企業であっても原材料の不足で二六%しか稼働できない状況で、従業員の報酬もろくに支払えない時期に産災保険を実施するのは正しい選択なのか」という意見や、「政府が財政難に陥っているが、制度実施後二年間は政府から人件費を補助するのは難しくないか」という産災保険制度導入延期論が表明されたのである。[*10] 当時、文教社会委員会所属の洪鍾哲最高委員が説得に乗り出した結果、法案は通過したが、その後の閣議では再び産災保険制度の実施のために上程された予算案はすべて削減された。政府の財政事情から、一切の新規事業費は削減するという原則によるものであったが、産災保険制度の導入に不満のある政府内の雰囲気が反映された結果であった。結局、事業推進予算は一九六四年度の保険社会部予算のなかの一部を使用することで処理された。[*11]

制度の導入に対する社会的雰囲気もそれほど友好的なものではなかった。『東亜日報』は産災保険制度の論議が活発であった一九六二年一二月二五日の社説を通して「労働者災害保険を実施する予定だと言うが、国家財政事情からして現実性があるのか疑問」という意見を提起した。また、国民の生活を保障するために急ぐべきことは社会保障のように「事後に対処すること」よりは事前予防策として失業問題の解決や公衆衛生であるとして、社会保障制度実施への効果に懐疑を表明した。義務加入保険制度に対する批判も少なくなかった。当時、産災保険制度より先に施行された義務加入保険であった自動車損害賠償保障法も自動車業者の激しい反対によって保健加入が遅延していた。[*12] そのため、産災保険制度もまた同様の状況に陥るのではないかと憂慮する雰囲気が施行関連の実務準備で忙しかった労働庁の内部にも広がっていたようである。

産災保険制度の実施に対する反対世論が存在する中で、労働庁は産災保険業務を遂行する準備に取り掛かった。産災申告の受付けと産災判定、保障を担当する地方事務所も七ヶ所を設置した。産災事務所に務める保健要員を急遽募集し、業務訓練に必要な教材の編成、産災適用範囲を規定した例規集発刊などの業務を整備していった。しかし、あまりにも急速に導入されたために、労働庁内では労働保険の実務経験を持つ者が全くいない状況であった。そのため、施行後に地方産災事務所の業務処理の未熟さに対する不満が続出した。

施行以降一九七九年までに産業災害保障保険法は四回の法改定と一二回の施行令の改正が行われた。一五年間に一六回もの法・施行令の改正があったことになる。[*13] 一年に一回は改定をするほど、制度改正が頻繁に行われた格好である。法改定と制度の実施過程において労働庁が重視した原則は大きく二つあった。第一に、適用事業場は急速に拡大されたが、補償水準は消極的にしか改善されなかった。導入初期から政府予算の支援を受けにくかった産災保険制度は保険加入者が納付した保険金によって事業費まで賄うように規定されていた。[*14] したがって、安定した保険金の運用に保険の持続可否がかかっていた。それだけに保険収入を増やし、保険料支給を制限することが労働庁としては重要な問題であった。適用事業場を急速に拡大したのは、保険料収入を増やす目的が大きかった。一九六五年から一九六八年まで保険料の収納増加率が減少すると、一九六九年からは適用業種を従来の四業種に建設業を含めた四業種を加え、八業種へと拡大し、保険料の収納額を増やした。一九六九年には高速道路建設を含めて建設業が盛況であったが、工事金二〇〇〇万ウォン以上の建設事業者を保険加入者に入れ、保険料収入を増大させた。[*15]

しかし、この過程で企業主の「抵抗」も強かった。産災保険の強制適用事業場が増加すればするほど、故意に保険料を納付しない企業も増加した。中小企業と建設業界が代表的であったが、建設業界は一九六九年に適用対象として指定された後にも、現代建設や三扶土建のような大型建設企業さえ、保険料の納入を回避するほどであった。[*16] 特に建設業界は保険加入に対する抵抗が強く、保険支給額は高かった。[*17] 一九七二年に建設業界と中小企業の滞納と保険支給額の増加によって採算性が悪化すると、労働庁はこれを理由に二次産業災害補償保険法の改定を断行した。[*18] それほど「十分な」保険料の確保を労働庁が重視しなければならなかったのである。

保険料をたくさん徴収するのと同じくらいに労働庁が気にしていた分野が保険給与支給の「適程合理化」であった。「適程合理化」というのは実際に、たくさん徴収して、少し支給するということであった。保険導入の当初から予算問題に直面していた労働庁は保険料の収納額を増加させるだけではなく、厳格な支給規定を通じて保険料の支給を制限した。改定法律条項に「保険料支給の制限」項目が含まれ、産災適用範囲を制限する「労働庁例規」[*19]条項を定めた。

産災保険は災害労働者と企業主のどちらの責任も問わずに補償してくれるのが原則であったが、韓国の産災保険では保険加入者が保険料納付を怠ったり、保険加入者または労働者が故意または重大な過失による保険給与の事由になる災害を受けた場合、保険金支給を一部、あるいは全額制限することもできると規定されている。[*20] これに対して労働者たちの反発が相次ぐと、労働者の重大な過失によって発生した災害の場合でも、療養給与や遺族給与は支給すると改定された。しかし、一九七七年の四次法改定の時まで休業給与と傷害給与は引き続き三〇％減額したまま支給された。一九七三年の二次法改定の時は、「被災者が療養に怠慢であったり、自分の身体傷害や疾病を悪化させる場合」という理解しがたい状況を想定し、この場合休業給与の支給を制限するという支給制限規定が新設された。

産災の適用範囲も制限された。当初、勤労基準法には「業務上」とだけ規定されていた産業災害の要件が、産災保険法においては「業務遂行性」と「業務起因性」という二つの要件をすべて満たせば産業災害に該当すると規定された。[*21] これは産災適用規定を制限することで、産災適用範囲を縮小させたものであった。労働庁は産業災害補償保険関連の例規を通じて災害が業務上の災害であるか、業務外の災害であるかを厳格に選別した。[*22] 治療費に該当する療養保険料支給でも制限を設けた。被災労働者が療養保険を通して支給が受けられる治療の範囲を厳格に規定し、それ以外の他の治療費は支給しないように制限を設けた。[*23]

第二に、産災保険は災害の事後対策である産災保険制度を通して災害の事前予防効果を図る方向で運営された。無過失責任主義の原則による産災保険制度に、災害発生時に被災労働者や企業主の過失が立証される場合、保険金の支給を中断するという項目が含まれたのもこのためであった。企業主や労働者が産災の事前予防に万全を期さなかった場合、事後補償を制限すれば、災害の事前予防に効果があると労働庁は期待したのである。しかし、企業主や被災労働者の双方共にこれに相当批判的であった。[*24] 企業主は保険金が支給されない場合、自ら補償しなければならないために引き続き規定の撤回を要求し、労働者は企業主の過失のせいで保険金の受給を制限されると生活困難に陥るとして撤回を求めた。その結果、企業主の過失によって発生した災害については被災労働者の生活保護という観点から保険給与の支給を制限する規定が削除された。

しかし、その後も労働庁は「勤労者の災害予防思想を振興するため」として労働者の重大な過失によって発生した産災事件の支給制限規定は存続させた。[*25] 労働者の災害予防思想を振興するという名分を立てはしたが、この規定によって産災保険事務所は産災保険金の審査過程において被災労働者の過失で産災が発生したのかどうかを調べた。これは被災労働者に災害発生の責任があるかを保険運用者である産災保険事務所が問う形であった。そして、このような条項は労働者保護のために実施するという産災保険に対して労働者たちに不信を抱かせるものとなった。[*26] 労働庁が発刊した『産業災害分析』によると、産業災害の第一の原因としていつも「災害者の危険な状態と行動」をあげている。[*27] 被災労働者に災害発生の責任を問う労働庁のこのような認識は、保険料支給の際、被災労働者に過失があるかどうかを調べる過程でもたらされた結果であると考えられる。

労働庁は保険料負担率つまり保険料率を決めるときにも、災害率によって保険料率を調整する個別実績料率制度を採択し、拡大していった。災害率によって保険料率を下げる方法を採択することによって、企業主の災害予防意欲を向上させることができると見たのである。しかし、実際には企業の実際災害率や企業主の産災予防努力、作業施設の改善、有害環境の改善などを考慮して保険料率が決まるのではなく、該当企業に保険料がいくら支給されたかによって保険料率が決められた。[*28] その結果、企業主たちが産災そのものを減らすよりは、自分の事業場の保険金支給額を下げるために産災を申告しない場合が発生した。[*29] 労働庁が期待したように保険料を抑えるために産災予防に力を入れるよりは、企業主は保険料率を下げてほしいという要求だけに力を注いだ。[*30] 産業災害補償保険法研究の権威者であった金致善も産災補償保険法第二二条に規定されている個別実績料率制度に対して「現制度の下では産災発生率が陰性化する可能性がある」と憂慮している。[*31] 産災を減少させるための制度が産災を隠蔽させる結果をもたらしたのである。

実際にも、事後補償制度を通した災害の事前予防の試みは効果がなかった。産業災害は毎年増えており、産業災害予防に無関心な企業主に対する社会的批判も相次いだ。[*32] 安全施設の設置を監督する労働庁に対する批判も後を絶たなかったが、労働庁が実施した政策は「災害予防週間」を設定して、主に労働者を相手に啓蒙事業を展開するか、企業主に産業安全委員会や保健衛生委員会を企業内に設置するよう「勧告」するに止まった。[*33]

毎年増加する産業災害の直接被害者であった労働者たちは産災保険制度が内包する制度的な限界によって、事後補償さえもろくにもらえなかった。このような状況に対し労働者たちは産災保険制度実施の当初から制度に対する不満を表明していた。理由は異なったが、産災保険制度の保険金納付者であった企業主もまた制度の実施に不満を募らせていた。

3 労働者と企業主の不満——より多く補償せよ！

労働者たちが抱いていた産災保険制度に対する不満は大きく言って二つあった。一つは、産災保険処理過程に対する不満であり、もう一つは、様々な要因によって補償水準があまりにも低かった点であった。

産災保険が拡大実施されても、労働者たちにとって保険料の支給が企業主から直接もらう時よりもあまりにも遅かった。保険料の支給が極めて遅いという不満は施行当初から出ていた。[*34] 産災の自社補償期間が長かった事業場の場合は不満が一層高かった。災害発生率が高かった炭鉱労働者たちの中で比較的に自社補償が円滑に行われていた大韓石炭公社所属の労働者たちは産災保険制度の実施後に補償を受けにくくなり、以前はすぐに補償をうけられたが、保険制度の導入後は少なくとも二ヶ月はかかっていると不満を吐露している。[*35] 療養保険料支給の際にも、以前は目に石炭の粉が入って視力を失うと義眼をしてくれたが、「産災実施後は厳しくなった」とし、産災保険実施の前後を比較しながら不満をもらしている。[*36] 炭鉱労働者たちの不満は炭鉱労組を通じて産災保険制度を廃止しろという要求として表明されたりもした。[*37] 用意しないといけない書類があまりにも多いのも不満であった。災害発生を申告しに行った被災労働者たちは不親切な産災事務所の職員たちが用意すべき書類をきちんと教えてくれず、何回も行き来したと不満を漏らしている。[38] 事業場ですぐにもらえた災害保険金を居住地から遠い産災事務所まで出かけてもらわなければならない点も被災労働者たちには大きな不満であった。

さらに、規定が厳格になったことも労働者たちの不満であった。労働者たちは業務遂行性と業務起因性を共に満たさなければ産災に該当しないという要件はあまりにも苛酷であるとして、どちらか一つ当てはまれば産災として認定せよと要求した。[39] ところが、労働庁は「産災保険制度関連労働庁例規」を通して、業務遂行中に死亡した産災についても死亡原因が業務から発生したことが証明できないと産災として認めなかった。この場合、業務遂行中に労働者が死亡しても産災保険金がもらえないという事例が現れた。この点は産災保険制度の様々な問題点の中でも最も批判されるところであった。

労働者たちだけではなく、産災審査委員として労働庁業務に協力していた人たちも「二重要件適用規定」は問題が多いという立場であった。産災審査委員会の委員であった曹圭常は、産災保険制度ができる前には心臓と脳血管関係疾患産災は殉職と見なして、企業で補償したが、産災保険制度ができてからは業務起因性を論ずることで多くの問題点が発生しているとし、改善が必要であるという意見を提出した。産災審査委員会の委員長であった李謙在も再審請求された事件の棄却率が高いのは、業務上の災害であっても、業務起因性を問わなければいけない規定によるもので、起因性の検討は別途の処理過程を別に制定することを提案した。さらに死亡のような重大災害に対しては災害対象者である家族たちが遺族給与をもらえないことのないように業務起因性の検討を緩和する必要があると主張した。[40]「二重要件適用」によって産災として認定されなかった被災労働者たちの不満に産災審査委員会の委員たちも共感していたのである。韓国労総も一九六八年の産業災害補償保険法の一次改定論議の当初から、①補償手続きがあまりにも複雑であり、②関係公務員の態度が官僚的であるという非難と共に、③療養給与受給と障害等級が極めて苛酷で、勤労基準法によって該当当事者らの間で交渉する時よりはるかに不利であり、数多くの問題があると是正を求めた。[41]

第二に、産災保険に対して労働者たちの不満は全般的に補償水準が低い点に向けられた。その根本的な原因は労働者たちがもらっていた低賃金にあった。[*42] 産災保険は被災労働者たちと家族の生活補償を目的としていたにも関わらず、保険受給額定額制や最低補償基準額が規定されていないので生活が保障されないとして不満であった。[*43] 産災保険金は原則上、自分がもらう賃金水準によって休業補償と障害補償、遺族補償金額が算定された。低賃金労働者は保険受給額も少なかった。労働庁が発表した資料によっても、一九七二年の一人当り休業給与支給額は一万一七〇二ウォンに過ぎなかった。[*44] 低賃金状態で賃金の六〇％だけが支給される休業補償で産災労働者の家族が生活していくのは容易ではなかった。[*45] 毎年賃金が上昇しても被災労働者の保険受給額はそのままである点も不満であった。韓国労総は長期療養中に賃金引上げがあった場合、引き上げられた賃金を被災労働者にも適用して休業給与額を引き上げることを要求した。[*46] 一九七四年に入り、保険料年間徴収決定額が一〇〇億ウォンを超えると、韓国労総は補償水準を向上させることを強く求めた。[*47]

被災労働者に支給される産災保険補償金が少ないという不満は企業主側からも出されていた。韓国経営者協会や全国経済人連合会は産災保険法の改定の際、随時保険金支給の現実化を求めた。企業主側が保険金支給額の引上げを要求したのは、保険料を納付しているにも関わらず、支給される保険金が少なく、被災労働者たちが別途の保証金を要求しているという理由からであった。労働庁の例規を通じて乱発された保険金支給制限による被害も企業主側がすべて受けているというのが彼らの立場であった。保険金の支給が拒否される場合、被災労働者側が企業主に別途の補償を求めるので、企業主としては「二重の負担」を負っているという理由からであった。[*48] 当時、被災労働者たちは企業主側を相手に損害賠償訴訟が頻繁に提起されたが、企業主側はこれまた国家が適切な補償を保障してくれないからであると考えた。一九六八年の産災保険制度に対する座談会において、大韓石炭公社は保険金制度実施以前には六―七〇〇〇万ウォンの補償が円満に行われたが、制度の実施以降には保険料として一億ウォン以上納付しても保険金が少ないという理由から被災労働者たちが訴訟を提起しているとし、労使協調のための産災保険制度が労使間の葛藤を深化させていると制度に対する不信感をあらわにした。[*49] 民事訴訟で企業側が敗訴する場合、賠償金を被災労働者に支給することになるが、保険料以外の補償金が別途支給され、損害が大きいというのである。もちろん被災労働者たちが民事訴訟を提起した理由が単に保険金が少ないからではなく、韓国労総は産災保険制度を通した補償と企業を相手にした賠償はどちらもみな労働者の権利であるとし、企業主のこのような主張に反発したが、[*50] 企業主としてはこれを保険料納付に追加された「損害」として考えていたのである。[*51] それぞれ理由は異なったが、労使双方が産災保険制度の低い補償水準については見解を同じくするほどに産災保険制度の補償水準には問題が多かった。[*52]

産災労働者の生活保護と補償を通した災害予防までを意図した産災保険制度は労働庁の意図とは別に、企業主と労働者の双方から批判を受けていた。被災労働者の場合、肉体の損失と生計困難によって、適切な補償を受ける問題にこだわるしかなかった。「産災適用制限」と低い補償水準に不満を持つ労働者たちは産災審査委員会に再審を請求したり、企業主を相手に民事訴訟を提起する方法を通して産災補償金を戦い取ろうとした。

4 訴訟する労働者たち

(1) 裁決を要求する労働者たち

「産災適用制限」と低い補償水準に不満を持つ被災労働者たちは〈産業災害補償保険業務および審査に関する法律〉で保障された審査制度を通して自分の保険給与決定に対する審査請求、再審査請求を提起した。この法律によって被災労働者は労働庁産業災害補償保険審査官（労働庁産災審査官）に地方産災保険事務所の原処分に対して第一審を請求することができ、その決定に異議があるときには、産業災害補償保険審査委員会（産災審査委員会）に再審を請求

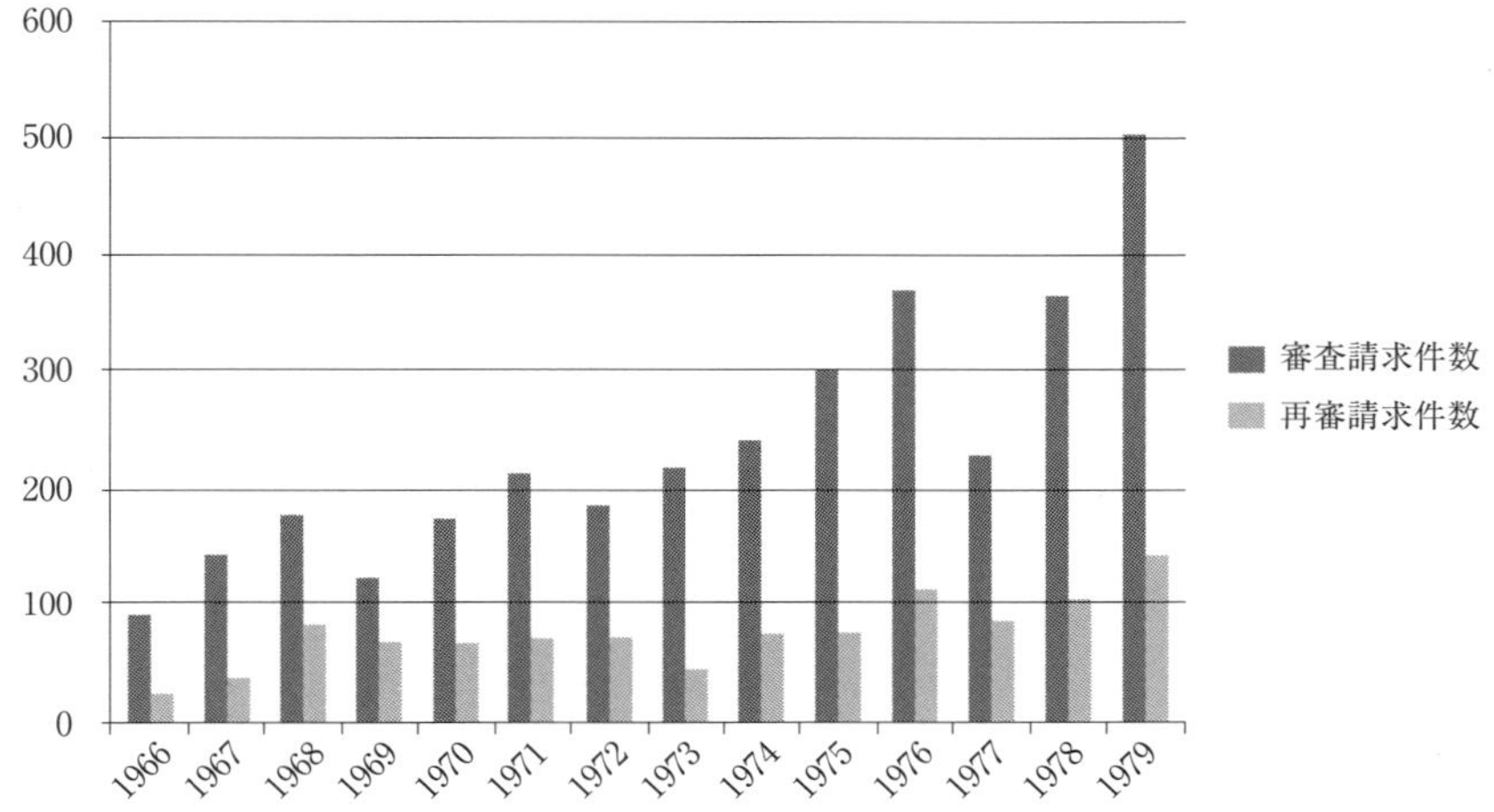

出典：〈年度別 産業災害 委員会 再審査請求 審理状況〉,〈給与別 年度別 審理状況〉, 労働部労働保険局編,『産災保険十五年史』1981 年, 236-239 頁を参照して作成.

図　1966—70 年代産災審査の請求数値変化

することができるようになった。

それでは再審はどれくらい請求されたのか。一九六六年から一九七九年までの労働庁産災審査官に請求されたのは三三四三件であり、このうち一〇五六件が産災審査委員会の再審まで求められた。労働庁産災審査官が判決した総請求件数三三四三件のうち、原処分取消しを通して権利救済[*53]された件数は一〇三五件であり、残りの二三〇八件中、半分に及ばないほどの一〇五六件が二審請求まで進んだのである。一審請求者のうち、三分の一は再び再審査を請求したのである。また産災審査委員会で裁決した一〇五六件のうち、原処分の取消し処分を通して権利救済された件数は四五八件であった。[*54]

しかし、権利救済の結果を得た数値より重要なのは、再審査を請求した総数値の変化である。

緩やかに増加してはいるが、一九六六年に九二件に過ぎなかった審査請求件数が一九七九年には五〇一件と大幅増加している。一審のみならず二審請求も一九六五年四件に過ぎなかったのが、一九七九年には一四三件と急増している。産災労働者たちが産災保険制度に対して持っていた不満が再審請求に繋がったのである。[*55]給与別に見ると、障害給与と遺族給与の関連請求件数が最も多かった。障害と死亡は療養給与と休業給与のみ請求する場合より、深刻な災害の結果であるばかりか、その後の給与の受給決定が生活に重要な影響を及ぼすため、被災労働者の側からより積極的に審査と再審査に応じたからである。

被災労働者たちが再審請求制度を通して異議申立てした内容は労働庁が一九六八年四月に発刊した『産業災害補償保険審査員会裁決集（一九六五―一九六七）』（以下、『裁決集』[*56]）によってある程度把握できる。ここには審査請求人の労働条件、作業内容、災害当時の状況、災害の具体的内容、審査に不服従する理由などが記述されている[*57]。この中の遺族給与と傷害給与審査請求の内容を中心にみて行きたい。

死亡した被災労働者が存在するにもかかわらず、産災認定をうけず、産災審査委員会まで裁決を請求した理由は何であろうか。被災労働者が死亡しても再審まで請求している最も大きな理由は原審査と労働庁産災審査官の審査で業務上の災害として認めてもらえなかったからである。再審まで至ったすべての事例の大多数は事故による死亡ではなく、高血圧、脳出血、心臓麻痺のような業務上の疾病によって事業場内で死亡した場合であった[*58]。業務遂行中に死亡したが、業務と産災の因果関係が証明できないという理由から産災審査過程で産災適用不可の判定を受けたのである。

このような結果は労働庁が労働庁例規九二号九条三項、「災害状態を時間的・場所的に明確にできるか、または発病前に特定な勤労時間内において特に過激な業務によって精神的・肉体的な負担があったという事実が認定されなければならない[*59]」と規定し、業務起因性要件を厳格に適用したからである。

事例A：本件の被災は被災者の安福童が夜間待機時間中に発生した発病によって死亡したので、勤務遂行中であった点と一日八時間以外に月間四〇―四五時間の延長勤務（時間外勤務）をし、電工がしなければならない特殊勤務分野として待機勤務（三交代）月間一〇回を合わせて月平均三七四時間を勤めなければならないために、身体的に過重な労働であり、また作業内容が承柱作業を主にしており、高度の精神的緊張を要するため過労でありました。特に四月三日と四日（被災日は四月五日）はそれに倍増して、修理件数一一件中、承柱作業が六件とし…（後略）[*60]

事例B：被災者の金龍鳳は仁川港洞埠頭作業場で会社が指示する麦類包装作業をしていたところ、一九六七年二月一一日午前八時頃に気を失い死亡、特に被災当日はマイナス一一度の寒い天気にも関わらず屋外作業をしており、また五七歳の高齢者として若い青壮年と同一の請負賃金をもらっているために同じ作業をする同僚たちから恥をかかないように力に余る無理な努力を傾注した事実と、特に災害当日は空叺（かます）の不足で、作業場から約二五ｍの距離にある空叺野積場から八〇kgの空叺束を五回も運び、休む間もなく、すぐに包装作業に着手していたところ、息を切らしながら慌てて叺を縛る途中に死亡しました…（後略）[*61]

事例C：被災死亡者の金振圭は作業道具を持って出る途中、卒倒と同時に意識不明、脳出血により死亡し、一七時間四〇分勤務は否認できない事実です。軌道工はそもそも軌道工具などを運搬整理する重労働に該当し、過重業務量と責任遂行を尽くしための精神的緊張が災害の原因だと考えます…（後略）[*62]

上記の事例の再審要請者たちはみな被災死亡者の妻たちで、業務上災害ではないという理由から全く保障を受けられず、再審査を提起した。死亡被災者の妻たちは夫の作業が業務上の重労働に該当する電気工、軌道工、埠頭労働者で、日ごろの重労働による疲労が蓄積し、その結果として脳出血や脳卒中、心臓麻痺を起こして、死亡したと主張し、産災補償を求めたのである。

しかし、労働庁例規では、日ごろ肉体的過労があったことだけで発生した産災は認めていなかった。産災発生当時の過重な業務と死亡原因の間の因果関係を厳格に証明できた場合のみ産災として認定した。しかし、医学的にも明確に判明し難い業務上の疾病と死亡の因果関係を遺家族たちが明らかにすることは容易なことではなかった。幸いに事例Aの場合は、急激な労働量の増加によって死亡したという点を認めてもらい、再審を通じて補償をうけることができたが、事例Bと事例Cの場合は、日ごろの持病が原因であるという理由から産災として認められず、遺族補償さえもらえなかった。事例Bの場合持病はあったが、業務遂行がこれを悪化させて死亡したにもかかわらず、被災死亡者の病気が業務上の疾病として規定されていないという理由で棄却された。死亡者の産災さえ業務と死亡原因を医学的に証明できる場合のみに認定し、疑いがある場合にはすべて産災適用不可と判定したのである。[*63] 業務遂行中に死亡したにもかかわらず産災ではないという判決を遺族が受け入れることは容易ではなかったはずである。だから、産災と認定してもらいたいという再審を要請したのであり、一九七〇年代にはこのような要求が後を絶たなかった。[*64]

死亡被災者の家族の他に産災審査制度を通して積極的に再審請求をした労働者たちは、障害判定に不満を持つ被災労働者たちであった。被災労働者がうけた傷痕から考えると少なからぬ衝撃であった身体障害を産災事務所が低い等級として判定することに不満が大きかったのである。障害給与申請者や障害等級変更申請をした請求人は一件を除けば、皆被災労働者本人であった。残された障害によって生活・労働能力が落ちてしまった被災労働者にとっては障害給与は最も切実な給与であったからである。

裁決集に載せられた三九件の事例の中で一九件が障害給与申請と障害等級変更申請に当たるほど、障害給与支給に対する産災労働者たちの不満は大きかった。しかし、一九件中で権利救済を受けたのは二件に過ぎなかった。産災労働者が理解していた障害補償の水準と制度の決定の間に格差が大きかったのである。被災労働者たちは自分が現在体感している苦痛と労働ができなくなった状況、医学的所見を引っ張ってきて自分の障害が審査によって決定された障害判定よりは「酷い」障害に該当すると主張した。

事例D：再審請求者の崔善安は…（中略）…切断された部位の痛みによる歩行障害によって労働ができなくなり、障害給与を申し込んだが、…（中略）…荷役業に従事する労働者は歩行如何の問題ではなく、手足がその生命線であるので、現状での荷役作業はもちろん困難であり、請求人の立場としては、趾（足の指）の喪失というよりは、むしろ生命の喪失と見ることができる点と、第一趾は末端趾骨骨頭のみを残して切断され、第二趾は遠位趾骨も切断されたので、両者を合わせると第一趾の喪失とみなしても良いのではないかということと、業務上災害に該当しながらも勤労基準法施行令別表身体障害等級表に該当しないということは、同法律の精神に反すると考えます…（後略）[*66]

事例E：再審請求者の申昌洙は約一〇ヶ月間にかけて入院加療したが、左側足関節機能障害と酷い痛みによって自由な歩行も不可能になったので…（中略）…六五年五月四日の退院当時（主治医――引用者）所見としては、左側足関節運動障害が九〇度から一五〇度であり、関節面の変形によって退行性骨関節炎は必然的であり、従って疼痛により長距離歩行は不可能であると考えられると診断を受け…（後略）[*67]

事例F：再審請求者の金東煥が勤労基準法（施行令――引用者）第四八条条項に照らしてみる際、健全な身体の所有者が一部分障害によって不自由な状態下にあることが立証され、一生を通じて心的苦痛と付与された職場の離脱またはやろうとすることにも身体条件によりすべての活動上において制約をうけることを想到する時、法律さえこれを救済できないことは遺憾であります。勤労基準法上、法律の趣旨や一般社会通念から見るとき、不具の障害に対して最小限の補償は行われるのが当然の措置だと信じます…（後略）[*68]

事例D、E、Fは皆身体に障害が残り、障害補償を申請したにもかかわらず、障害補償が支給されるほどの障害には該当しないという判決を不服として再審請求をした事例である。再審請求をした産災労働者たちの主張にも現れているように、彼らは産災による障害や苦痛を障害給与を通して補償してもらえると信じていた。しかし、運動機能の障害、痛み、労働の不可などは産災労働者たちが主張することにより認定されたというよりは、主に医学的な所見によって判定された。[*69]

類似した状況が障害等級変更要請審査請求においても繰り返された。髄核ヘルニア（herniated nucleus pulposus）で脊椎障害を負って重労働ができず、軽労働する際にも再発の憂慮が予想されるという主治医の診断をもらった李太成は、この診断に対して事実上労働力を喪失した不具であるので八級と支給決定したのは不当とし、六級へ上向調整してほしいと要請した。しかし、憂慮があるというのは軽労働は可能であるということで、障害の状態を「消極的に」解釈した産災審査委員会は障害等級を六級に変更する理由がないとして棄却した。[*70] 左右両耳の聴力異常で六級障害等級判定を受けた呉龍寿は、聴力機能全廃で四級へ上向してくれることを請求すると、彼が機能全廃ではなく、「全廃された状況に近いと診断されている」という理由から棄却判定を下した。[*71] 障害判定を受けた被災労働者たちは自分たちが動員可能な医学的所見と主治医診断書などの証拠資料を収集して提出したが、同じ医学的所見といっても判決機関が指定した医療機関は被災労働者の障害被害を積極的に解釈するよりは、「最小限の水準」として判決したのである。[*72]

産災労働者たちは申請した障害等級変更要請書に障害を負った自分の立場に対する悲観を表明しながら正当な裁決を訴えた。[*73] 産災労働者たちは裁決書の作成の際、自分たちの痛みを積極的に訴えながら、医学的に証明しようと努力した。しかし、産災審査委員会は医学的に証明可能であり、等級表に明示された痛みだけの補償の対象として取り扱った。[*74] 厳格な審査過程において産災労働者たちが訴えた苦痛と労働力の損失による喪失感、障害者へ転落した身分などは全然考慮されなかった。遺族給与再審請求者たちと同じく、産業災害によって自分の体に障害を負った労働者たちが正常運動範囲の二分の一以上か、以下かを基準として決定された障害等級結果を受け入れるのは容易なことではなかったのであろう。

再審を請求したすべての被災労働者たちは、自分が願う結果を得られたわけではない。しかし、制度施行機関である労働庁の保険料支給制限「原則」によって、「産災適用制限」問題に直面した被災労働者とその家族は不満を吐くことからさらには再審制度を通して結果の修正を試みた。この過程で被災労働者たちは産災保険制度が持っている問題点をさらけ出した。そして、このような不満は前述した制度改善の要求へ繋がったのである。[*75]

(2) 民事訴訟を提起する労働者たち

産災保険金の支給制限、支給水準、再審結果に不満を持つ被災労働者たちは企業を相手に損害賠償を請求する民事訴訟も積極的に提起した。前述した企業主たちの「二重負担」による不満もこれによって提起されたのである。このような民事訴訟によって一九六九年三月一三日大韓炭鉱協会では訴訟の激増による緊急対策会議を開催するほどであった。大韓炭鉱協会側は一九六九年二月二〇日現在、鉱山災害による損害賠償請求訴訟が七四六件であり、全体損害賠償請求額は一三億七〇〇〇万ウォンに達し、一件に対し約一〇〇〇万ウォンの賠償判決が下されているという状況であるとし、損害賠償請求権に対する特別法の制定を促した。鉱山業者たちが損害賠償請求権を制限しようと意図した会議であったが、報告された数値から考えると、被災労働者たちが民事訴訟を積極的に提起していたことは明らかである。[*76]訴訟が頻繁に起こると、この過程でブローカーや弁護士に手数料と受任料という名目で賠償権の大多数を取られる問題も発生したが、一九七四年には韓国労総が五月二三日大韓弁護士協会との間で、産災訴訟を進める場合、弁護士の受任料を二〇%以内に制限するという協約を締結したりもした。[*77]

被災労働者が民事訴訟を提起した理由は、産災保険金を受領しても企業の過失により災害が発生したので、損害による賠償金をもっと支給してもらうためであった。一九六八年二月、バスの車掌であった孫明子は、韓一旅客株式会社を相手に産災発生による労働力損失を賠償せよという民事訴訟を提起した。孫明子が車掌として搭乗したバスは定員が五五名であるにも関わらず、八〇名を乗せて運行する途中で転覆事故を起こしたが、この過程で孫明子は顔面と胸椎陥没性骨折傷を負って車掌職を遂行できなくなった。孫明子は自分の産災にバス会社の責任があると見て、自分の労働可能年齢までの収入を算定して損害賠償を請求した。結果的に大邱高裁は韓一旅客に損害賠償の責任があると判決して孫明子は五〇歳までの賃金を算定して賠償を受けた。[*78] 一九七六年『京郷新聞』には、永登浦区加里峰洞の印刷会社に従事していて産災で指を失った労働者が会社から補償をもっともらうための方法を尋ねると、損害賠償請求訴訟を紹介する内容が掲載されている。産災補償金とは別に会社からの賠償金をもっともらうための民事訴訟の提起が広く活用されていたのである。[*79] 一九七七年東信バス株式会社の李安根は、所属企業が保険料を少し払うために自分の平均賃金を控え目に報告し、補償において損害を被ったとして企業を相手に民事訴訟を提起した。最高裁まで進んだこの訴訟において最高裁裁判部は事業主が保険料を間違えて申告し、被災労働者が損害を被ったので、訴訟は正当であるとし、被災労働者に損害賠償をしないといけないという趣旨で破棄、差し戻した。[*80] 大韓石炭公社長省支部所属の被災労働者と家族たちが一九七七年の爆発事故で坑内に閉じこまれた労働者たちを救助する過程で有毒ガスに窒息、後遺障害によって会社を辞めた後、損害賠償を請求したが、ソウル民事地裁合議一四部は、会社の過失を認め、満五三歳までの労働力喪失による損害賠償額を支給するよう判決した。[*81]

被災労働者と家族たちの訴訟過程が簡単ではなかったであろう。産災裁決過程において再審請求人たちが医学的な証明をするのが容易ではなかったように、被災労働者たちが産災による企業の違法を証明することもまた容易ではなかったであろう。[*82] しかし、だからと言って損害賠償請求を考えることすらできなかったり、企業からもらえる慰謝料や労働庁が支給する産災保険金に「感謝」しながら満足していたわけでもなかった。[*83] むしろ、産災保険制度の「産災適用制限」という制度の「問題」を修正するための裁決を要求し、自分の労働力喪失に対する企業の責任を問いながら賠償を請求した。この過程で産災発生に企業の責任があるという点を明らかにし、自分の労働力の損失を賠償してくれることを要求した。産災によって発生した損害の賠償責任は企業主が負わなければならないという権利意識が拡がった結果であった。

しかし、労働庁に要求した補償請求行為であれ、企業主に請求した賠償請求行為であれ、このような行為の目的は正当な事後補償を要求したものに過ぎなかった。被災労働者たちのこのような行為が産災の激増を防ぐことはできなかった。もちろん産災激増の主な理由は事後補償制度を通じて災害の事前予防策の他になんの産災予防政策をとらなかった労働庁の労働政策にあった。[*84] 労働庁のこのような産災政策が企業主と労働者両方の災害の事前予防よりは、事後補償問題に没入するようにした。補償をきちんとしない労働庁と企業主の責任は問われたが、産災発生そのものの責任を問うまでは至らなかったのである。

このような雰囲気は一九七七年の協信皮革工業社の「閔鍾鎭事件」をきっかけに変わり始めた。[*85] この事件は協信皮革株式会社所属の閔鍾鎭が会社の命令によって工場廃水が流れる排水管の中へ掃除をしに入り、有毒ガスに窒息して死んだ事故であった。病院へ運ばれてから二日後に閔鍾鎭が死亡すると、家族たちは呼訴文を作り、産災によって死亡した閔鍾鎭の死は、利潤のために廃水処理施設を稼働せず、危険な作業を命令した事業主に責任があるとし、企業主による「殺人」と規定した。家族たちは閔鍾鎭の死後、会社側が補償によって事件をもみ消そうとしているとし、自分たちは「死んだ人の肉代を要求するのではない」ことを明らかにした。[*86] 家族たちの訴えに当時の労働運動陣営では、この事件を企業主による労働者「殺人」と規定し、ソウルと仁川の労働者たちが集まり、葬式を行った。閔鍾鎭の死に抗議して葬式に集まった労働者たちは産災補償を要求するレベルを超え、①安全施設を備えることを規定した勤労基準法を順守すること、②事件の責任をとって労働庁長は辞任すること、③殺人蛮行を犯した協信皮革工業社社長の文在仁を拘束することを要求した。[*87] 事後補償と賠償をきちんと実施することに留まっていた労働者たちの要求が産災自体を防げなかった責任を労働庁と企業主に問うレベルへと転換する瞬間であった。

5　おわりに

一九六三年に発足した労働庁が労働者向けに行った奉仕の中で最も役に立つものとして評価されてきたのが、本稿で扱った産災保険制度であった。産災保険制度は産災を受けた労働者に国家が責任を負って補償を実施するという点から代表的な労働福祉制度と受けられている。従って、制度の導入において労働者たちも当然歓迎したであろうと安易に考えてしまう。

しかし、韓国において産災保険制度が導入される当時、この制度は社会的に容易に受容されるものではなかった。社会保障制度よりは実業と貧困の退治が重要という導入初期の社会的状況がこのような雰囲気を作り出し、労働者たちの一部においても企業から確保した自分の産災補償水準が低くなることを憂慮して歓迎はしなかったのである。社会的にもそれほど歓迎されずに実施された産災保険制度は、制度の実施以降に保険適用事業場が急速に増えていくにつれ、労働者たちから多様な不満をひき起こした。これはまず、産災保険制度自体が持つ制度的欠陥、つまり徹底して保険料で運用される制度であったことに原因があった。保険料以外では一切運用基金を確保できなかった労働庁は保険適用事業場を増やすのに積極的であったが、保険金支給には吝嗇だったからである。「産災適用制限」という運用方針を立てた労働庁は、産災認定に「二重要件」を適用し、産災認定をもらえにくくした。

当時、労働庁は産災保険制度という事後補償制度を通じて災害の事前予防を図った。産災発生に企業主や被災労働者の過失がある場合、保険料の支給を制限する規定を産災保険制度に入れ、企業主と労働者たちが災害予防に務める効果を期待したのである。しかし、実際には産災を受けた労働者に産災発生の責任を問うもので、労働者たちが産災保険制度に不満を持つようになった重要な要因であった。同様の理由から実施された個別実績料率制度も、災害予防の効果よりは保険料率を抑えるために産災を隠蔽する結果だけをもたらした。

毎年増加する産災の直接被害者であった労働者たちは産災の施行自体に満足しなかった。むしろ、産災実施後においてより積極的に産災保険制度に対する不満をもらすようになった。労働者たちは「産災適用制限」によって産災保険が「苛酷に」運用され、低い補償が行われていると考えた。韓国労総は被災労働者たちの吐露したこのような不満を受けとめて制度の改善を求めた。

産災保険制度の問題と制度の結果「修正」は労働団体だけが試みたわけではない。被災を受けた労働者たちも個別的に産災保険制度の下で運用されていた再審制度と行政訴訟を通じてこれを試みた。この過程において産災保険制度が持つ問題点が如実に現れ、一部に過ぎないが、「権利救済」を受けることができた。産災による自分の労働力損失を賠償させようとした労働者たちは企業を相手に民事訴訟を提起し、産災発生に対する企業の責任を問いただした。産災によって発生した損害の賠償責任は企業主が取らないといけないという権利意識が拡がった結果であった。

一方、労働者たちが労働庁に求めた補償請求行為であれ、企業主に請求した賠償行為であれ、このような行為の目的は正当な事後補償を求めたに過ぎないという限界があった。補償をまともにしない労働庁と企業主の責任は問われても、産災発生自体の責任を問うまでには至らなかったのである。

このような状況は、一九七七年の協信皮革工業社の「閔鍾鎭事件」をきっかけに変わり始めた。閔鍾鎭の家族たちと労働者たちは産災が発生する作業現場で、労働者に作業指示をしたのは労働者殺人であり、事件の責任をとって労働庁長が辞任することと協信皮革工業社の社長である文在仁を拘束することを要求した。事後補償と賠償をきちんと実施せよという水準に留まっていた労働者たちの要求が、産災自体を防げなかった責任を労働庁と企業主に問いただす水準へと転換する瞬間であった。

註

＊1　本稿は「산업재해보상보험제도의 시행과 산재노동자의 대응」（首善史学会編『史林』五〇号、二〇一四年）に掲載された論文を加筆・修正したものである。

＊2　産業戦士とは、日帝下の戦時総動員体制期に総督府が後方で生産に従事する労働者らも前方で戦っている軍人と同様に、「戦士」として戦闘姿勢で臨むべきであるというイデオロギーを労働者たちに注入するために呼んだ名称で、解放後李承晩政権や朴正熙政権の下でも労働者らの生産性を高めるイデオロギーとして用いられた。朴正熙政権は輸出聖戦に臨む労働者らを産業戦士と呼び、労働者らが生産活動に邁進するように督励した。

＊3　社会科学界では早くもこのような問題意識に基いて研究が進められている。李鐘久他『1960-1970 년대 한국의 산업화와 노동자 정체성』한울 아카데미、二〇〇四年。同『1960-70 년대 노동자의 생활세계와 정체성』한울 아카데미、二〇〇五年。同『1960-70 년대 노동자의 작업장 경험과 생활세계』한울 아카데미、二〇〇五年。同『1960-70 년대 노동자의 계급문화와 정체성』한울 아카데미、二〇〇六年。同『1960-70 년대 노동자의 작업장 문화와 정체성』한울 아카데미、二〇〇六年。歴史研究領域における現在の労働史研究はこれとは多少異なっている。例えば、韓国史学界で労働者を研究する者が少数にすぎないながらも、最近の研究成果が任松子「전태일 분신과 1970 년대 노동・학생운동」韓国民族運動史学会『한국민족운동사연구』六五、二〇一〇年。金武勇「1970 년대 청계피복노동조합운동의 젠더화와 문화투쟁」『역사연구』二〇、二〇一一年。柳炅順『1980 년대 변혁적 노동운동의 형성과 분화에 관한 연구』高麗大学史学科博士学位論文、二〇一二年などである点を見ると、依然として一九七〇年代の代表的組織労働（家）運動が主な分析対象とされており、社会学や政治学領域における労働史の研究傾向と差があると考えられる。

＊4　金俊「1970 년대 여성 노동자의 일상생활과 의식：이른바「모범 근로자」를 중심으로」『역사연구』一〇、二〇〇二年。同『여공、그녀들의 反역사』이매진、二〇〇七年。三三八―三四二頁。同「한국 산업화 시기 여성 노동자들의「일상」」『일상사로 보는 한국근현대사』二〇〇六年。三〇五―三六〇頁。金俊は女工を抵抗した「民主闘士」として描く女工神話を破るために「一般」女性労働者たちがどれほど国家や家父長制イデオロギーに近接していたのか、彼女たちがなぜ成長イデオロギー、家父長制イデオロギーを受け入れたのかを説得力ある形で明らかにしている。しかし、女工が成長主義・国家主義を受け入れながら起こす「亀裂」と葛藤に対する踏み込みがないのが残念である。この二つの研究とは別に、李弘錫は国家の動員イデオロギーとして「産業戦士」という呼び名が実際の労働者たちの立場と摩擦を起こし、都市住民の生活安定のために炭鉱労働者の犠牲のみを強要することに不満を持つ労働者たちが以後労働組合運動に加わったと見て、国家の呼び名と炭鉱労働の現実との間に乖離があることを明らかにした。

これは動員イデオロギーが労働者にそのまま受容されるのではなく、むしろ不満を起こす要因として働いたことを明らかにしたという点で本稿の問題意識と似ている（李弘錫『1980년대 전반 탄광촌의 현실과 탄광노동자의 대응』延世大学史学科修士学位論文、二〇〇八年。三八―四〇頁）。

＊5 韓国における産業災害補償保険制度とは、日本の労働者災害補償保険を意味する。従って、本文で用いる「産災」とは「労災」を意味し、産災労働者というのは「労災」にあった労働者を意味する。つまり、労災労働者は被災労働者と同様の意味で使われる。

＊6 崔章集『한국의 노동운동과 국가』나남출판、一九九七年。二四七―二五一頁。

＊7 鄭武權「한국 사회복지제도의 초기 형성에 관한 연구」『한국사회정책』三、一九九六年。禹明淑「한국의 복지제도 발전에서 산재보험 도입의 의의」『한국사회학』（第四一集三号）、二〇〇七年。

＊8 金元「광산 공동체 노동자들의 일상과 경험」『1950년대 한국 노동자의 생활세계』二〇〇九年。一一九―一六五頁。同「죽음의 기억、망각의 검은 땅―광부들의 과거와 현재―」『박정희 시대의 유령들』二〇一一年。一七五―二二六頁。李弘錫、前掲修士論文、二〇〇八年。南春浩「1960-70년대 탄광산업의 이중구조와 노동자 상태」『1960-70년대 한국노동자의 계급문화와 정체성』二〇〇六年。三二一―三七九頁。

＊9 沈康燮「〈特輯〉산재보험제도 실시 15주년 회고。그 前夜에 있었던 일들。산재보험사업 15주년에 본다。」労働庁『노동』（第一三巻三号）一九七九年八月。二七頁。労働部労働保険局編『산재보험 15년사』一九八一年。二七―三一頁。

＊10 労働部労働保険局編、同上、二六頁。沈康燮、同上、二八頁。

＊11 沈康燮の回顧によると、最高会議朴正熙議長がすでに一九六二年一月、「災害補償保険を発足させてほしい」とし、法案審議や行政手続き上にそれほど問題がないと楽観していたが、一九六三年一〇月の法案通過のための最後に、このような危機に面したという。それだけ産災保険制度の導入に対する憂慮が導入直前までも存在していたのである（沈康燮、同上、二八頁）。

＊12 一九六三年二月二八日、最高会議常任委員会で通過した自動車損害賠償保障法案は、自動車事故があった際に、被害者が賠償するための自動車損害賠償責任保険に加入するか、相当な現金と有価証券を供託公務員に供託することを規定したもので、加入しない場合自動車運行ができないように規定した強制加入保険であった。（「死亡者＝一〇万ウォン、負傷者七万ウォン」『京郷新聞』一九六三年三月一日付、「全国自動車総ストップの危機、保険加入に反対」『京郷新聞』一九六三年七月一日付、「自動車保険料率大幅値下げを検討中」『東亜日報』一九六三年八月八日付、「業者ら保健に入らず」『東亜日報』一九六三年一二月二五日付）産災保険制度の加入に対する社会の反発とそれに対する憂慮は沈康燮、同上、三〇頁。

＊13　政府組織法の改定に従い、産災地方事務所と出長所および保険業務を監督する産災監察官の設置根拠を削除した一九七三年一月一五日の産業災害保障保険法の改定は例外とする。産災保険法の内容改定と関連して直後の一九七三年三月一三日に法改定が別途行われたからである。

＊14　一九六三年一一月五日に制定公布された〈産業災害補償保険特別会計法〉および施行令によって原則的に保険料収入によって発生する税入で保険給与と保険事業施設費、事務費等の費用を歳出するようになっていた。この他にも積立金を賄い、これをよく活用して収入を発生させる義務も規定されていた（「八　労働保険改正」労働庁『노동행정 10 년사』一九七三年。二八四―二八六頁）。

＊15　表〈年度別前年度対比保険料の収納額増加率（1964–1972. 8. 30）〉（単位％）

年度	1965	1966	1967	1968	1969	1970	1971	1972
保険料収納増加率	302	207	195	137	160	154	109	132

出典：労働庁『노동행정10년사』1973 年、265 頁。〈年度別業種別収納状況表〉を活用して作成した。

＊16　「외면당하는 산재보험」『毎日経済』一九六九年二月一四日付。

＊17　一九六九年に業種の拡大と五〇人以上に適用事業場が増えたことによって、一九六七年に九三％の収納率を示していたものが、一九六九年、一九七〇年にはそれぞれ八四．一％、八一．五％まで落ちた（労働庁、前掲書、一九七三年。二六四頁）。

＊18　「収納率は制度の創設初期の五年間九〇％を超えていたのが、一九七〇年には八四．一％、一九七二年には八五．一％へ多少増える傾向をみせた」（「第二回法律改定の背景」労働部労働保険局編、前掲書、一九八一年。一〇八頁。）二次法改定では適用除外事業として指定されていた保険業、金融業が強制適用事業場として規定された。

＊19　例規というのは、行政部処が法律と大統領令を施行するための必要な具体的な業務処理基準を定めた規範のなかの一つで、この他に訓令、公示、指針などがある。

＊20　「第一四条（保険給与の制限）」（「산업재해보상보험법」[法律第一四三八号、一九六三年一一月五日制定]、国家法令情報センターホームページ（www.law.go.kr 参考））。

＊21　産業災害補償保険法第三条用語の定義で、①この法において「業務上の災害」というのは、業務遂行中にその業務に起因して発生した災害を示す。と規定している（同上国家法令情報センター参考）。

＊22　例え、労働庁例規第二九号（一九六五年）が「中枢神経および循環器系疾病（脳卒中急性心臓死など）」を、例規第九二号（一九八七年）が「業務中災害認定基準」（金晉局『産業災害補償制度의 研究—業務上 災害概念을 中心으로—』서울大学法学科修士学位論文、一九八七年。八〇頁から再引用）を規定していても、規定から外れる場合には産災に該当しないと判定した。

＊23　制定された産業災害補償保険法では義足、義肢、義眼のような補助具の支給は治療費（療養保険金）に入れなかったが、一次法改定でこれを療養保険金に含めると改定されたことから考えると、治療費支給規定も相当細かく規定されていたと考えられる（呉定根「개정 산업재해보상보험법과 개정 산업재해보상보험업무 및 심사에 관한 법률」国会事務処『국회보（一一〇）』一九七一年二月。一〇二頁）。

＊24　当時の言論においても、保険料は多く徴収して、支給は少し支給するという産災保険制度に対する批判はたえず提起されている（「그늘진 산재보험」『京郷新聞』一九六九年一〇月三〇日付、「〈사설〉 산재보험을 확충하려면」『東亜日報』一九六九年一〇月三〇日付、「지금보다 징수에 치중、인색한 산재보험」『毎日経済』一九七〇年一一月二日付、「많이 거두고 적게 내줘 산재보험금 말썽」一九七〇年五月二九日付、「15인 이하 업소 내버려 둔 채 산재보험 흑자 막대」『東亜日報』一九七四年六月一九日付）。

＊25　一〇〇％の支給制限を定めたわけではなく、休業給与と傷害給与の場合は三〇％を支給制限した。勤労基準法第八一条には労働委員会の決定によって全額支給制限できるとされているが、これに比べてみると多少緩和されたとも言えるが、一九七〇年代に引き続き存続していた産災保険のこの条項は、勤労基準法条項と共に被災労働者の帰責事由を見つけ、補償しないようにしようとする国家と資本によって悪用された（南春浩、前掲論文、三五三頁の이원갑のインタビュー事例を参照）。

＊26　産災保険制度に対する労働者たちの具体的な不満内容については第三章参照。

＊27　労働庁『산업재해분석』一九七八年。

＊28　この点は法条項にも正確に規定されていた（保険給与額の比率が一〇〇分の八五を超えたり、一〇〇分の七五以下である場合、労働庁長はその事業に適用される保険料率を一〇〇分の三〇の範囲内で大統領令が定みるところにより引上げまたは引下げられように規定した「第二二条（保険料率決定の特例）」『産業災害補償保険法』、前掲国家法令情報センター参考）。

＊29　南春浩、前掲書、三五三頁。김경문のインタビュー事例を参照。

＊30　「경제계 산재보험요율 내려야」『東亜日報』一九七〇年六月四日付、「산재보험요율인하 경제계 개선안 제시」『毎日経済』一九七〇年六月四日付、「산업재해보상보험법 및 동 시행령개정 요망의견（1975.7.）」労働部労働保険局編、前掲書、一九八一年。一二九頁。

＊31　労働法と社会保障法の専門家であった金致善は、韓国の労働関連法に関する多数の叙述を残している。産災補償保険法については、金致善「산업재해보상보호법의 방향（일본제도와 비교고찰）」韓国日本学会『일본학보』一九七四年一〇月がある。彼はこの論文で上記のような意見を開陳している。

＊32　一九六六年一四四名であった災害死亡者数は、一九七五年に一〇〇〇名を超え一〇〇五名に達し、一九七九年には一五三七名に増えて、増加傾向もあった（労働部労働保険局編、前掲書、一九八一年。二八二頁）。増加傾向の産業災害に対する社会的な憂慮が、毎年表明された。たとえば、「한국 노총 건의 산재 직업병 발생 증가 대처케」『毎日経済』一九七四年七月二七日付、「안전시설 외면 산재 부채질 현대조선」『東亜日報』一九七五年五月三日付、「광부의 직업병이 늘고 있다」『東亜日報』一九七五年一〇月一四日付などを参照。

＊33　労働庁、前掲書、一九七八年。一〇二―一〇六頁。

＊34　一九六六年二月一八日に開催された座談会において、産業災害補償保険金が第二次経済開発計画の中の、財政安定計画施行事業に含まれ、財務部が財政を統制し、実際保険金の支給が延期される状況に労働庁がきちんと対応できていないと企業主と労働組合の双方が不満を表した（「〈좌담〉산재보험제의 확립과 운용」『산업과 노동』（創刊号）一九六七年三月。二二頁）。

＊35　同上。二二頁。

＊36　「〈좌담회〉산재 보상 보험 제도를 말한다」『산업과 노동』（二巻一号）一九六八年二月。三八―三九頁。

＊37　同上、三九―四〇頁。埠頭労組も全国一六支部長全員が参加し、一九六七年六月一三日に開かれた中央委員会において、産災保険制度が労働者保護に全く助けにならないとし、是正を要求する声明を採択している（「유명무실 산재보험 노동청에 시정 건의」『京郷新聞』一九六七年六月一四日付）。

＊38　韓国労働組合総連盟「산재보험제도의 문제점과 개선방안（1971.11.23.）」労働部労働保険局編、前掲書、一九八一年。一〇四―一〇六頁。

＊39　韓国労働組合総連盟「산업재해보상보험법 개정건의（1976.4.）」同上、一三〇―一三一頁。

＊40　曹圭常「산재보험운영의 개선점에 대하여 의료기관 선정을 연구 검토해야」李謙在「재해등급이 중간에 해당될 경우를 참작 등급수를 늘여 재해자의 불평을 덜었으면」『산업과 노동』（二巻四号）、一九六八年八月。一五―一九頁。

＊41　韓基洙「산재보험제도는 명실 공히 근로자 위한 체제 갖추도록」、同上。一四頁。

＊42　韓国労総は生計費の半分にも及ばない賃金を基準に支給される産災保険補償額が、「人間の尊厳性に照らし、あまりにも微々た

るものだ」と批判した（「시정되어야 할 이중부담 직원행패。보상금액 인상해야」『毎日経済』一九六九年五月二九日）。

*43 「말썽 많은 산재보험」『毎日経済』一九七〇年一一月七日付、呉定根、前掲論文、九九頁。韓国労働組合総連盟「산재보험제도의 문제점과 개선방안（1971.11.23.）」労働部労働保険局編、前掲書、一九八一年。一〇四―一〇六頁。

*44 〈年度別療養休業給与〉、労働庁、前掲書、二七四頁。一九七二年の新聞記事によると炭鉱労働者たちが月二万ウォン前後の賃金をもらっても最低生計を維持し難いとされ、一万ウォン程度の金額では生活が厳しかったことは十分予想できる（「적자생계―광부노임」『毎日経済』一九七二年四月八日付）。

*45 一九七七年四次法改定に至って中小企業労働者たちの低賃金による災害補償金額が労働者保護に不足しているという主張が受け入れられ、被災労働者の平均賃金が極めて低い場合には、労働庁長が別途告示する金額によって保険給与を支給すると規定された。しかし、休業給与の支給においてはこの規定が適用されず、依然として被災労働者が治療を受ける間は、家族たちの生計困難は持続されるしかなかった（「九条五項」산업재해보상보험법［法律第三〇二六号、一九七七年一二月一九日一部改定］、前掲国家法令情報センター参考）。

*46 韓国労総「산재보험법 개정에 관한 건의（1970.1.12.）」労働部労働保険局編、前掲書、一九八一年。一〇四頁。韓国労総の要求は二次法改定の際に受容され、同一職種の事業場労働者がもらう通常賃金が被災労働者がもらう通常賃金より上昇したり、下落する場合、変動比に応じて引上げ、または引下げられた金額を平均賃金とするという条項が含まれた（「一一条の二」산업재해보상보험법시행령［大統領令第六七四〇号、一九七三年六月二三日一部改定］、前掲国家法令情報センター参考）。

*47 同上、一二二頁。

*48 「二重負担」というのは当時産災保険料を納付していた企業人たちが使っていた用語で、保険料だけではなく、さらに民事訴訟を通じて負担する個別損害賠償金まで企業が負担している状況の不当さを訴えるために用いられた（尹能善（全国経済人連合会調査部長）の発言、「〈좌담회〉산재 보상 보험 제도를 말한다」一九六八年。四二頁。韓国経営者協議会「산업재해보상보험법 개정에 관한 건의（1970.9.7.）」労働部労働保険局編、前掲書、一九八一年。九四頁）。

*49 柳鐘（大韓鉱業会理事）の発言「〈좌담회〉산재 보상 보험 제도를 말한다」、同上、一九六八年。三八―三九頁。「한국경영자협의회、대한상공회의소 등 경제계의 입장」（呉定根、前掲論文、九九頁）。

*50 「산재보상과 손해배상의 택일제는 위헌이다」（「노동법 및 기타관계법령 개정에 관한 기본방향」韓国労総『사업보고（1969）』、一一二頁）。

＊51　この後の法改定過程において労働者側は補償水準を引き上げることに力を注いだ。反面、企業主側は労働者たちの民事訴訟を制限する条項を産災補償保険法に入れることに力を注ぎ、立場が分かれた。

＊52　企業側は一九七〇年代初期まで労働庁が実施する産災保険制度に対する不信が蔓延していたが、労働庁が保険料をたくさん徴収しながらも適正な保険金が支給できないのを運用能力の不足と見なし、産災保険の公社化または民営保険化を主張したりもした（「산재보상 민간 운영토록 기업주 이중 부담 지적 경제인협 건의」『毎日経済』一九六七年一二月二二日付。「한국경영자협의회、대한상공회의소 등 경제계의 입장」（呉定根、前掲論文）。「상의 건의、「산재보험공사」 신설토록」『毎日経済』一九七〇年三月二七日付）。

＊53　審査結果は四種類あった。審査は原処分に対する不服請求であるため、自分の請求結果が受け入れられると「取消し」に該当する。これに反して再審請求を受け付けて原処分および一審請求を取消す理由がない場合は「棄却」、請求手続き上に問題がある場合も「棄却」として処理される。再審判決が下されてから以降の決定は原処分をした地方保険事務所へ送付するようになっている。

＊54　〈年度別審査請求審理状況〉、〈年度別産災審査委員会裁決審査請求審理状況〉労働部労働保険局編、前掲書、一九八一年。二三七—二三九頁参照。

＊55　もちろんこの数値が災害者総数に比べると少数に過ぎない。一九六四年災害者数が一四八九名だったのが、一九七九年には一三万三〇七名にまで増加した。一三万三〇七名中、産災震災委員会において二審まで請求した者が一四三名であったことを考えると、この制度を活用している者がごく少数に止まっていることは否定し難い（労働部労働保険局編、前掲書、一九八一年。〈別表16〉〈年度別業種別災害者数および災害率〉および、〈年度別産業災害員会再審査請求審理状況〉参照）。

＊56　一九六五年から一九六八年まで産災審査委員会委員長であった李謙在（大韓生命保険（株）会長）が歴任し、三九件の処理過程において委員として参加した者若干違いはあるが、曹圭常（カトリック医科大学附設産業医学研究所所長）、沈康燮（職業安定局長、一九六八年）、尹圭相（国民大学教授）、金光澤（大韓商工（株）社長）であり、この中で曹圭常は一九七九年まで産災審査委員会委員として歴任し、沈康燮は産災審査首席監察官を経て労働保険局長、一九七四—一九七七年までは産災審査委員会委員長も歴任した。金光澤は社側委員として委嘱されたと見られる。以上の経歴は労働庁、前掲書、一九七三年。二七七頁。労働部労働保険局編、前掲書、一九八一年。一七二—一七四頁参照。

＊57　一九六五—一九六七年まで産災審査委員会で処理した再審総件数は六一件であるが、このうち三九件のみが『産業災害保証保険審査委員会 裁決集』（労働庁、一九六八年二月。以下、『裁決集』）に載せられている理由は定かではない。

＊58　業務上の疾病規定と関連しても基準によって分類されている。業務上疾病が業務上疾病と呼ばれない理由は、産業災害が業務上労働者の傷病に該当するからである。この業務上というのは重要な基準になり、職業病ではなく、業務上疾病と称しているのである。業務上の疾病には災害性疾病と非災害性疾病（職業性疾病）として区別されるが、災害性疾病は業務上の負傷のため発病するものなどが含まれ、職業性疾病は有害物質に相当期間曝され健康に有害な労働条件下で労働を継続して危険有害物質が体内に徐々に蓄積し健康が害され発病することを意味する。（勤労基準法施行令第54条参照）このような分類については金晉局の論文（前掲修士学位論文、一九八七年。七一―七二頁）を参考されたい。

＊59　同上、八三頁。

＊60　引用内容は『裁決集』の事例を抜粋、再構成したものである。被災者の安福童は、韓国電力株式会社忠北支店忠州営業所工務課分室所属電気工であった（「韓国電力忠州営業所事件（裁決日一九六五年八月一七日）」『裁決集』、一五頁）。

＊61　被災者の金龍鳳は仁川所在東方運輸株式会社に属した労務者であった。（「東方運輸株式会社事件（裁決日一九六七年一二月二八日）」『裁決集』、一二二―一二三頁）。

＊62　「韓国電力株式会社慶南支店運輸事務所事件（裁決日一九六七年一二月二八日）」『裁決集』、一二七―一三〇頁。

＊63　事例Cの場合も脳出血で死亡したが、業務と脳出血発生の因果関係が証明できないという理由から遺族給与支給が棄却された。（「東方運輸株式会社事件（裁決日一九六七年一二月二八日）」『裁決集』、一二二―一二三頁。「韓国電力株式会社慶南支店運輸事務所事件（裁決日一九六七年一二月二八日）」『裁決集』、一三〇頁）。

＊64　一九七八年に発刊された『実務　産業災害補償保険法』には、産災補償と関わる再審要請による判例と判決の際に適用された労働庁例規が叙述されているが、この中で業務上疾病に関する判例、例規において脳出血、脳溢血、心臓麻痺死亡による再審要求の事例が多数存在する（韓国経営法学研究所編『実務　産業災害補償保険法』一九七八年、法元社。参照）。

＊65　日本の労働基準法に該当する。

＊66　「大韓通運株式会社全北支店事件」（裁決日一九六六年一〇月一〇日）『裁決集』、八一―八二頁。

＊67　「大明鉱業九鋒鉱業所事件」（裁決日一九六七年一月二七日）『裁決集』、八一―八二頁。

＊68　金東煥は障害を負ったにも関わらず、障害の程度が最小障害補償等級である一〇等級に及ばず、障害補償をもらえず、再審を請求した。「京城ゴム工業社事件」（裁決日一九六七年四月一四日）『裁決集』、一〇〇頁。

＊69　事例Dの最善案は第一趾の骨頭だけを残して切断されたというのは、第一足趾の廃用であり、喪失ではないとし、支給人の主張

が現行法上において無理な主張であると判定され、身体障害等級表に掲記された内容を満たさないという理由から棄却判定を受けた。事例Eの申昌洙は、左側足関節の運動機能が二分の一以下に機能が低下していないので、「顕著な」障害と見ることはできないという理由から棄却判定を受けた。事例Fの金東煥は、障害に対してなぜ補償しないかと抗弁したが、「障害が認められるとしても、障害補償は障害等級によって行われるので…（中略）…障害等級表は厳格に準則として取り扱わなければならない」という原則的な答弁だけを聞かされた。

＊70 「大韓重石上東鉱業所事件」（裁決日一九六六年二月一四日）『裁決集』、二二九頁。

＊71 「大韓石公道溪鉱業所事件」（裁決日一九六七年二月一四日）、同上、二一八―二二〇頁。

＊72 医学的所見が異なる場合、被災労働者が診療を受けた主治医の意見が重視されるよりは、労働庁が指定した所属医療機関の診断がより重視されると、韓国労総は被災労働者の主治医の意見を重視してほしいという要求を提出したりもした（方弘奎（全国鉱山労働組合）の発言、「〈좌담회〉 산재 보상 보험 제도를 말한다」前掲論文、一九六八年。四一頁）。

＊73 「障害等級一〇級として判定したのはあまりにも苛酷な決定であり、不具の身で障害等級一〇級としての今後が心配です」（一九三頁）、「今後引き続き薬物治療およびリハビリをしても完全に脊椎機能が回復できないが、個人の事情としては治療を受けられる状況にはなっておらず、不具者の状態を脱することが出来ない状態であるので…（後略）…」（二二四頁）、「徒歩の時には障害を負った部分が痛みを訴え、頭痛を感じ…（中略）…痛い病症によって正常な安眠ができない実情であり、到底運動とはできない実情」（二三二頁）、「三ヶ月に一回ずつ尿道拡張手術を受けている実情であり、完全に廃人に近い半身不具になっただけではなく、性行為ができないので子供の出生を願ってもこれができない障害に対して原処分庁が行った処分は苛酷なものとして考えられ」（二三九頁）、以上の事例は『裁決集』参照。

＊74 「産業医学上、精神および神経の障害において問題になるところは、外傷性癲癇、外傷性神経症、外傷性脊椎障害疼痛などの知覚異常が柱を成しており、疼痛の原因を明確にあり、神経系統の機能に顕著な障害を残し、軽易な労働以外には従事できない場合に八級三項に適用させるだけで、局部に頑固な神経障害を残したこととか、局部に神経症状を残したことは補償の対象として扱っていない」（「東原炭座舍北鉱業所事件」（裁決日一九六六年六月一〇日）『裁決集』、七六―七七頁）。

＊75 再審請求の結果に不服した被災労働者たちは再び行政訴訟を提起したりもした。旅客自動車株式会社の労働者である金日浪は、五〇kg以上のタイヤを運ぶ途中、腰に負傷を負い、これによって小児期の時の左股関節炎が再発したとして療養保険金を申請した。しかし、労働庁大田地方事務所はむしろ持病を理由にして、療養保険金を支給しなかった。結局、ソウル高裁と最高裁両方が

業務上の災害に該当するので、労働庁大田地方事務所が原告の療養申請を不承認したのは違法に該当するという判決を下した（「산업재해보상보험요양신청기각처분취소」［最高裁一九七九年八月一四日宣告、79누148判決］、前掲国家法令情報センター、判例、解釈例参照）。

*76 「변호사는 도산 부채질, 민법에」『毎日経済』一九六九年三月一三日付。

*77 「指名された訴訟代理人に対する裁判確定と強制執行終了時までの着手金と報酬金はこれを合算して勝訴額の二〇%を超過することはできないし、仮執行金の中、上記手数料を先に控除することはできない」（第八項）という条項を入れた〈勤労者の損害賠償請求に関する協約締結〉を結んだ（韓国労働組合総連盟『사업보고（1974）』一七七―一七八頁）。

*78 「損害賠償請求事件」［大邱高裁一九六八年二月一日。67나147. 第二民事部判決：上告］（前掲国家法令情報センター、判例、解釈例参照）。

*79 「기계에 오른쪽 손가락을 잃어, 보상금 외 배상금을 받을 수는 없나」『京郷新聞』一九七六年八月九日付。

*80 「損害倍書」［最高裁一九七七年九月一三日宣告、77다807判決］（前掲国家法令情報センター、判例、解釈例参照）。

*81 「산재입은 근로자 손해배상 임금인상 예정분 포함되어야」『東亜日報』一九七九年九月一七日付。

*82 注七六参照。

*83 炭鉱労働者に限定されるが、金元、前掲論文、二〇〇九年。一一九―一六五頁。同、前掲論文、二〇一一年。一七五―二二六頁。南春浩、前掲論文、二〇〇六年、三二一―三七九頁の先行研究によって一九六〇―七〇年代の産災労働者たちの補償請求行為がほぼなかったという記述は再考する必要がある。

*84 一九七四年ゴム工場の労働者たちの職業病発生が社会問題とされた時にも産災を防ぐために労働庁が設けた方案は、化学、石油、石炭、ゴム、プラスティック製品製造業に限り、常時五人以上の労働者を雇用している零細事業場までを産災保険介入事業場として適用するということだけであった（労働部労働保険局編、前掲書、一九八一年。一二二頁。東亜ゴム工業社従業員一三名、当局に陳情「화공약품 악취로 하반신 마비 됐다」『京郷新聞』一九七四年六月一五日付、「직업병 동아고무공업 대표 입건 신고 않고 운영」『京郷新聞』一九七四年六月一九日付、「직업병 고무공장 대표 입건」『東亜日報』一九七四年六月一九日付）。

*85 閔鍾鎭は清渓被服労組の主要活動家であった閔鍾徳の兄である。閔鍾徳事件では一九七〇年代後半のソウル、京畿地域において活動していた主要労働運動家たちが皆結合した。閔鍾鎭事件の「社会問題化」において閔鍾徳の役割がどうだったのかということと事件の展開過程に対する検討は今後の課題としておきたい。

＊86 「呼訴文（協信皮革工業社閔鍾鎭氏事件）」（生産者：故閔鍾鎭氏遺家族閔鍾べ、閔鍾ホ、閔鍾徳。生産日時：一九七七年七月七日。提供：韓国基督教社会問題研究院）、民主化運動記念事業会資料館（http://archives.kdemo.or.kr）提供。

＊87 韓国基督教協会協議会韓国協会産業宣教二五週年記念大会『1970 년대 노동현장과 증언』一九八四年。五八六―五八七頁。

第Ⅲ部

マイノリティからの視点

一　マイノリティ研究と「民衆史研究」
――アイヌ史研究と部落史研究の視点から――

檜皮瑞樹

1　はじめに

日本の歴史学、特にそのオーソリティであった戦後歴史学は、マイノリティの歴史を常に他者の歴史として描いてきたといってよいであろう。日本社会において長らく差別の対象とされた被差別部落に関わる歴史的研究、あるいは北海道を中心にした北方先住民族であるアイヌ民族に関わる歴史的研究は、マルクス主義歴史学においては主として階級ないし階級闘争として解釈される傾向が強く存在した。そのため、賤民集団やアイヌ民族が歩んだ独自の歴史を描くということに対する意識は希薄であった。

また、戦後の日本史研究において、無自覚なままその分析対象をサンフランシスコ講和条約以後に確定した〝日本〟の範囲や、その日本に帰属する狭義の日本人の歴史に限定してきた問題を指摘することができる。植民地やそこに生きた人々の歴史、あるいは戦後の在日コリアンの歴史や、アイヌ民族、琉球（沖縄）に関する歴史は常に学問の

――日本史研究からも、そして朝鮮史や中国史などの研究分野からも――埒外に置かれてきたのであり、アイヌ史研究や部落史研究、在日朝鮮人史研究が、日本史研究の進展に比べて大きく立ち遅れる要因となった。

本稿では、アイヌ史研究と部落史研究を主たる分析対象とし、戦後歴史学、なかでも「民衆史研究」[*1]がマイノリティ史をどのように位置付け、そして自らの歴史叙述のなかに描いてきたのか、そしてマイノリティに対する民衆の暴力をどのように扱ってきたのかという点を分析する。

2　戦後歴史学とマイノリティ史

最初に戦後歴史学におけるアイヌ史研究、及び被差別部落史研究の歩みについて、その問題点を簡単に整理する。

第一に、アイヌ史研究が北海道史・北海道開拓史と表裏一体な関係にあることが、問題の根底にある点を指摘して置かなければならない。近世・近代の北海道史研究の主人公はあくまで和人[*2]であり、アイヌ民族は和人によって一方的に迫害、搾取される存在として描かれるという特徴を有する。同時に、北海道開拓史研究の背景には開拓史観と呼ばれる歴史意識が存在する。この開拓史観は、主に近代以降の北海道における和人――その多くは明治維新以後の移住者である――の歴史に関して、その苦難と成功を歴史叙述の中心に据える歴史意識である。開拓民、屯田兵などのキーワードを伴いながら、北海道の近代化こそが日本の近代化を象徴する歴史であるとする意識に支えられた歴史が描かれる。[*3]

このような歴史叙述のなかで、アイヌ民族の歴史は近代化に適応出来なかった〝可哀そうな存在〟という役割を一方的に押し付けられてきた。当然ながら、北海道開拓史において、和人が明治維新以後の歴史過程において、アイヌ民族からアイヌ・モシリ（アイヌの大地）を奪ったことに対する植民地責任が問われることは多くない。北海道における近代史である開拓史とは、あくまで現在の北海道に生活する人々のルーツに関わる歴史として語られるのであり、アイヌ民族の歴史は往々にして忘却ないし副次的に描かれてきたといってよいであろう。

一方、被差別部落史研究は、日本近世史研究においては身分制研究とも深く関わりながら進展した。本稿では詳細な検討を省略するが、峯岸賢太郎や脇田修、中尾健次など[*4]日本近世における部落史研究では多くの優れた研究業績が発表されてきた。また、戦後日本における部落史研究が部落解放運動と密接に関係していたことも指摘しておかなければならない。その特徴としては、戦後歴史学において、近世の身分制が日本社会の近代化プロセスにおける阻害要因である〝封建遺制〟として把握されたこと、その結果として〝封建遺制〟たる身分制の解体と克服こそが現代的命題と認識されたことを挙げることができる。ただ、その一方で日本社会全体においては部落問題（部落差別）に触れることがタブー視される傾向が少なからず存在したこともあり、歴史研究全般において部落史研究が中心的テーマとして位置付けられることは少なかった。

日本近代を対象とした部落史研究は、藤野豊や黒川みどり、上杉聡など[*5]による多くの業績があり、近年においても友常勉や関口寛[*6]などの若手研究者によって多くの成果が発表されている。また、全国水平社の活動に関しては多くの研究成果があるものの、その一方で日本近代史全体からすればあくまで周縁的な存在であることは、現在においても変わりない。

このように、全体的な状況からみれば、アイヌ史研究や部落史研究は日本史研究の「他者」として位置付けられてきたといって過言ではないであろう。このような日本史研究とマイノリティ史研究との隔たりは、現在の研究状況において改善されないどころか、益々分業化という状況によってその隔たりが広がっている。もちろん、マイノリティ史研究を日本史―マジョリティ日本人の歴史―の一部に安易に回収することは忌避されなければならないが、一方でマイノリティ史を日本史の「他者」として排除し続ける状況は決して望ましいものではない。

このような研究状況に対して、マイノリティや差別の歴史を日本史研究の側から相対的に取り上げた数少ない研究者がひろたまさきである。[*7] ひろたは個別分散化したマイノリティ史研究を日本近代史のなかで総体として扱うことを問題提起しまた実践した。ひろたの業績はマイノリティ史を日本史の表舞台に登場させたという意味で大きな業績であり、一九八〇年代後半以降のマイノリティ史研究を牽引した。一方で、ひろたに代表されるマイノリティ史研究は、近代的価値意識を比較的肯定的に捉えるという問題点を指摘しておかなければならない。もちろん、無批判に近代的諸制度を肯定する訳ではなく、近代性に対する批判的意識も当然に存在する。その一方で、近代的価値観の浸透——封建遺制の打破と言いかえてもよい——がマイノリティ問題や差別を解消するという意識が強く存在している。しかし、多くのマイノリティ問題は近代以降に再生産、もしくは新たに創出されたという側面を軽視することはできない。また、近代主義との対峙という問題は、マイノリティ研究者に固有の問題ではなく、民衆史研究においても本質的に抱える課題である。ひろたの研究成果に学びながら、マイノリティ史と日本史研究との対話を継続することが何よりも求められるのである。

3　アイヌ史研究と〝主体性〟の問題

次に、アイヌ史研究におけるアイヌ民族の主体性やアイヌ民族への暴力をめぐる歴史叙述に関する問題点について論じていく。前述のように、戦前の学問状況においては、「アイヌ滅亡史観」と称される学問的特徴を有していた。これは、アイヌ民族という歴史的存在を、〝必然的に滅亡を余儀なくされる存在〟として歴史的に位置付ける歴史観であり、その背景には北海道史研究が植民学にルーツを持つことが深く関係している。

これに対して、戦後のアイヌ史研究はこのような戦前の研究姿勢への批判意識を強く持った。海保峯夫や田端宏、榎森進など[8]に代表される研究においては、和人によるアイヌ支配、特に統治権力であった幕府や開拓使による支配の暴力性、あるいはアイヌ支配において直接に暴力を行使した支配人や番人と呼ばれる和人の最下層労働者の残虐性を厳しく批判するという傾向が強く存在する。

このようなアイヌ史研究が抱える課題は大雑把に分類すると以下の四点であることが指摘できる。

第一には、幕府や開拓使の暴力性を強調するあまり、権力による支配が無前提に〝悪〟として描かれる点である。当然、幕府など支配者による暴力性を批判することは歴史学にとって必要な姿勢であることに異議はない。そして、このような権力の暴力性を隠蔽し過小評価することは許されないのであり、近年の植民地近代化論のような状況に陥ることは、アイヌ史研究にとっても回避されるべきものでることはいうまでもない。一方で支配を単に〝悪〟として糾弾するという姿勢に固執することは、結果として学問を停滞させる。

この問題について先鋭的な批判を展開しているのが小川正人[9]である。近代以降のアイヌ教育史を専門とする小川は、既存のアイヌ史研究がアイヌ統治の本質を同化や皇民化として批判する一方で「「差別」「同化」の現われを指摘するところで追究を終えてしまい、この制度がどのような内容・方法を持っていたのかの分析に進まない」と、アイヌ史研究における本質的な問題点を指摘する。さらに、「アイヌ政策史の展開過程は、「同化」と概括するのみでは、あるいは「差別と同化の巧みな使い分け」という程度の説明では、とうてい解明できない」と、アイヌ民族に対する暴力性の指摘からさらに一歩進んで、同化政策の本質にまで踏み込んだ分析の必要性を提起する。

小川の批判を筆者なりに解釈すれば、①マイノリティ統治政策を政治起源論で説明することへの批判、②統治政策を剥き出しの暴力かヒューマニズムかという二項対立で把握することへの批判、③マイノリティ統治における暴力を生み出した政治文化（統治イデオロギー）への着目、として整理することができる。小川の研究業績は多くの示唆を与える。

第二には、アイヌの歴史的主体性をめぐる問題である。既存のアイヌ史研究が権力の暴力性や強靭さを強調すればするほど、アイヌ民族は〝和人によって一方的に搾取される存在〟として描かれることとなり、結果として歴史的主体性を喪失するという矛盾を抱えてしまう。この問題は、アイヌ史研究のみならず、民衆史研究が長年抱えてきた大きな課題でもある。

さらに、このような表象が繰り返されることで、〝アイヌ民族は純真無垢で、和人の悪辣や非道に対しても無抵抗であり、その結果として和人の暴力に晒された〟というイメージが再生産される点も指摘して置かなければならない。アイヌの主体性を歴史的に復権することを目指した戦後のアイヌ史研究は、皮肉にもアイヌの歴史的主体性を希薄化するという結果を生み出したともいえる。

このような問題に多くの示唆を与えるのが谷本晃久[*10]の業績である。谷本は近世蝦夷地において和人支配に組み込まれないアイヌ独自な経済活動や社会領域の存在として〝自分稼ぎ〟の存在を指摘し、和人による支配から自立したアイヌ社会の存在を実証的に論じている。谷本の業績はアイヌの歴史的主体性を再評価しようとする試みとして大変意義深いものであるが、その反面アイヌの歴史的主体性を強調することが、結果としてアイヌに対する暴力や差別を希薄化するという厄介なジレンマを抱えていることも事実である。安易な歴史修正主義にからめとられることなく、歴史におけるアイヌ民族の主体性に焦点をあてる継続的な試みが必要とされるのである。

第三には、民衆暴力に関する問題である。近世の蝦夷地において、アイヌと直接に接触し、物理的暴力を行使したのは支配人や番人と呼ばれた和人の最下層労働者（民衆）であった。この和人労働者の歴史的評価やアイヌ民族との関係について貴重な指摘をしているのが菊池勇夫[*11]である。菊池は、「異民族支配の結節点として位置づけられる場所請負制のもので、支配人―通詞―番人の職制に編成された和人出稼者が現場の収奪者としてアイヌ人に君臨したことは、和人勤労民衆とアイヌ民族の出会いがその出発点で対立・差別構造のなかに投げこまれていたことを意味する」

と、民衆によって行使された暴力そのものよりも、暴力を生じさせた社会構造こそを批判の対象とする。また、蝦夷地におけるアイヌ支配や暴力の所在については、「権力とそれと結びついた商業資本」が主体であったと位置付けている。菊池の指摘は重要であり、蝦夷地における直接の暴力の責任のすべてを民衆に押し付けることは不当であるばかりか、問題の本質を見失うことになる。

その一方で、実際に蝦夷地社会のなかでアイヌを差別し暴力を振るったのが和人民衆であったことは否定出来ないのであり、民衆暴力の存在を直視しつつ、その暴力を生み出した要因について社会・経済構造への批判からさらに分析を深めていく必要がある。

また、北海道における近代以降の民衆暴力に関しては、和人―アイヌ関係を本格的に取り上げた研究がほとんど行われていないのが実状である。その要因は、前述の開拓史観だけでなく、自らの祖先がアイヌ民族に対して行使した暴力を直視することに対する共同体としての忌避感が存在し、そのことが研究の進展を阻害する要因となっている点は否めない。

このような民衆暴力をめぐってアイヌ史研究が抱える問題の要因は、戦後歴史学が国家権力や資本に対する民衆の連帯を過剰に求めた結果でもあり、民衆と民衆、あるいは民衆とマイノリティとの関係における暴力や差別の存在を正面から取り上げてこなかったことにその本質があることはいうまでもない。

第四の問題は、暴力や差別の要因を政治権力に求めるあまり、民衆暴力を直視しないだけでなく、その一方で限られた一部の人物をアイヌへの理解者として高く評価するという構造的課題である。戦後のアイヌ史・日本史研究がアイヌへの理解者として高く評価した代表的人物が松浦武四郎であり、武四郎は多くのアイヌ史研究者からもヒューマニストとして好意的に評価されている。武四郎の思想に関する考察は紙幅の関係で省略するが[*12]、ここでは武四郎という人物が、民衆を含めた和人暴力を中和するある種の〝免罪符〟として機能してきたことを指摘しておきたい。民衆を含めた和人によるアイヌ民族への暴力に関して、権力（幕府や開拓使、あるいは商業資本）をスケープゴートとしながら、その反面で一部の例外的人物を和人社会全体の〝免罪符〟として描くという構図が存在したことが問題である。このような〝スケープゴートと免罪符〟の相互補完的な構図は開拓史観とも奇妙に調和しながら、現在にいたるまで再生産され続けている。そして、〝スケープゴートと免罪符〟の構図は、民衆暴力への無関心（忌避）とも密接に関係しているのである。少し厳しい表現になってしまうが、既存の研究が、和人社会の暴力性を強烈に批判しつつも、その責任を政治権力や資本主義といった社会構造にのみ押し付け、結果として民衆自身が行使した暴力からは目を背けてきたとの批判は免れえないのである。

4　部落史研究と民衆史研究——一九世紀を中心に

次に、部落史研究と民衆史研究との関わりについて、特に民衆史研究が賤民集団に対する民衆暴力をどのように描いてきたのか、という点について検討を進めていく。前述したアイヌ民族に対する民衆暴力と同様に、部落史研究においても長らく民衆の差別意識や暴力を正面から論ずることへの忌避意識が存在した。その原因としては、民衆を変革主体として純真無垢な存在であるとする歴史意識や、解放運動における戦術論の影響などを指摘することができる。研究史におけるこのような問題に関しては、既に黒川みどり[*13]による指摘と実践が行われている。

一方、民衆史研究において賤民集団への暴力や差別が正面から扱われることは決して多くなかったといえよう。しかし、民衆史研究にとって避けて通れない歴史的事象として、新政反対一揆における被差別部落（民）襲撃事件がある。解放令反対一揆とも呼ばれ、急速な近代化政策に対する民衆騒動である新政反対一揆のなかで生じた事件である。既存の民衆史研究において、解放令反対一揆を正面から取り上げ、民衆暴力の歴史的意味について考察した研究は多くない。本稿では、民衆史研究が解放令反対一揆をどのように描いてきたのかという問題を、襲撃事件を含む民衆暴力の問題とも絡めて論じていく。

最初に、一九世紀を中心に日本近世から近代を対象とした民衆史研究の動向とその特徴について整理しておく。近年の民衆史研究（あるいは村落史研究）では、村役人層などの政治的中間層や、彼らが支配した村・連合村などの地域共同体の役割を高く評価し、彼ら政治的中間層の村落運営における民主的な側面や政治的成熟度を高く評価する傾向が強い。このような研究においては、村落の一体性や権力とのバーゲニングといった側面に目が向けられる一方で、村落内の対立や軋轢、あるいは民衆が行使する暴力に目が向けられることは相対的に多くない。より具体的には、訴願や国訴などといった公儀権力に対する異議申し立ての行為が「合法的訴願闘争」として高く評価される一方、暴力を伴う騒動や実力行使は例外的事象として位置づけられる。このような傾向は、近世社会における村落の成熟度を、明治維新以降の民主主義のルーツとして評価する姿勢と表裏一帯の関係にある。その背景には、近代という価値基準に対する揺るぎない確信が存在することはいうまでもないであろう。近代以降を対象とした自由民権運動史研究においても同様の特質を見ることができる。

一方で、一九世紀の民衆運動に多様な民衆暴力が存在したことは多くの研究者が認めるところである。このような民衆暴力をめぐる研究状況を厳しく批判したのが須田努[*14]である。須田は一九世紀には民衆運動の規範から逸脱する民衆の行為が多く見られることを実証したうえで、従来の研究が「〝民衆〟の正統性へのこだわりが諸前提となって」いたことを指摘した。さらに、世直し状況における暴力行為などは、「これに合わぬ事例は例外として、捨象されてきた」と、その研究史における本質的な問題を批判した。須田は、既存の民衆史研究が民衆運動における暴力を〝意図的〟に不可視化してきたことを厳しく批判したといえよう。

具体的には、既存の研究が一九世紀の世直し状況における民衆暴力の主体を、「無宿」や「悪党」といった民衆の外部に求めてきたことを批判した。しかし、「無宿」や「悪党」といった存在は近世の民衆世界の中から生み出された存在であり、民衆暴力の要因は民衆世界にこそ存在し、常に顕在化する可能性を持つものとして解釈しなければならないという須田の指摘は非常に刺激的であった。

日本近世を対象とした民衆史研究は、民衆暴力の問題を、民衆の外部に位置付けた「悪党」をスケープゴートとすることで、民衆暴力から目を背けてきたともいえよう。このような研究史における構造的問題は前述のアイヌ史研究と奇妙にも一致する。このことは、民衆史研究が民衆を美化しようとするあまり民衆暴力と向き合ってこなかったことの象徴でもあるといいかえることが可能である。

次に、民衆史研究における新政反対一揆の扱われ方について検討する。新政反対一揆とは、明治維新後に明治政府が実施した近代化政策――徴兵令や地租改正、「解放令」[*15]――などの撤回を求める民衆運動・民衆騒動であり、そこで行使された民衆暴力とは、第一に役場など公的機関や公権力に対する打ちこわし・放火、第二に賤民集落（被差別部落）に対する襲撃、の大きく二つに分けることができる。新政反対一揆に関する歴史研究の間隙、特に民衆暴力をめぐる研究状況が抱える課題については、藪田貫[*16]が早くから指摘していた。藪田は、被差別部落を襲撃した解放令反対一揆に関して、一部の部落史研究者を除いてほとんど取上げて来なかったという研究史の問題点を指摘した。この問題は現在に至っても大きく改善されてはいない。

西日本を中心に発生した解放令反対一揆は、上杉聰[*17]によれば二一件の事例が確認されている。筑前地方（福岡県、筑前竹槍一揆とも呼ばれる）では五五〇〇～二〇〇〇〇戸の家屋が焼失、北条県（岡山県）では二六〇〇戸の焼失・一八人の死者という被害が民衆暴力によって生み出された。ここで重要なのは、解放令反対一揆研究を牽引し、また民衆暴力の存在に着目したのが、郷土史家である石瀧豊美[*18]や戦後歴史学と距離を置いた上杉聰であったことである。ここでも、戦後歴史学・民衆史研究が抱える問題が顕在化する。

石瀧は、この課題についても厳しく批判する。歴史研究（民衆史研究）が解放令反対一揆を扱わない（扱えない）理由を、石瀧は民衆史研究が理想とした民衆像と、解放令反対一揆で被差別民を襲撃した民衆暴力とが本質的に相容れない点にあると指摘する。確かに、民衆史研究における「権力への抵抗の姿、大衆性、戦闘性といったものへの共感がモチーフ」となった民衆像というフレームワークでは、「解放令」が掲げた近代的平等という理念を民衆自身が否定し、また民衆が主体的（公的機関の制止を振り切って）に下層民を襲うという歴史的事象を解釈することは困難である。民衆史研究が描いた民衆像の有効性がここでは問われている。

また、石瀧は民衆史研究の立場から解放令反対一揆を扱った数少ない研究成果にも多くの問題が存在することを指摘する。例えば、既存の研究成果が被差別民を襲撃した民衆暴力の要因を、「士族の扇動であるとか、部落であると知らずに焼いたのだとか、被差別部落民と一揆参加農民とのゆき違いから発生した偶発的な事件」と理解し、解放令反対一揆での民衆暴力が民衆運動における例外的事象として捨象されてきたことを批判する。石瀧の指摘に学びながら、民衆史研究における解放令反対一揆の民衆暴力をめぐる問題点について以下の三点を確認しておきたい。第一に、民衆暴力が民衆自身の自発的（主体的）行為ではなく、「士族の扇動」という他者の〝悪意〟によって誘導されたと理解する点、第二に、部落民とは知らずに襲撃したという意味において〝過失〟であったと理解する点、第三に、「行き違い」という偶発的要素、もしくは被差別民にも過失を求める点である。

特に、民衆暴力の要因を論じる際に、「士族」という民衆の外部に存在する存在をスケープゴートとして位置付けている点は興味深い。百姓一揆研究における「悪党」とも共通する問題である。

民衆史・村落史の立場から北条県での事例を分析した業績として久留島浩[*19]の研究がある。久留島は、北条県での解放令反対一揆における民衆暴力について、その個別の暴力の諸相を分析し、事件が偶発的であるとの理解には疑問を提起している。その一方で、民衆暴力全体の要因については、「この一揆は、獲得目標が明確でないまま意思統一もせずに蜂起した観があり、行動も分散かつきわめて暴力的なものになった」と、あくまで民衆暴力は非計画的であり、集団としての統一された行動ではなかったと理解している点は重要である。民衆暴力はあくまで例外的、いいかえれば近世の合法的行動規範を有した民衆像からの逸脱的存在として解釈されているのである。また、前述のひろたまさき[*20]においても、被差別民襲撃事件については、文明をめぐる「一般民衆」と被差別民との意識の相違として説明されるように、民衆暴力を例外的事象、もしくは文明観の差異という外的要因によって解釈するという特徴は、民衆史研究において広く共有されているといってよい。このように、民衆暴力をめぐる歴史叙述は、依然として大きな課題を抱えている。

5 おわりに

戦後の歴史研究、特に日本近世・近代史研究がマイノリティ史研究を自らの周縁として位置づけてきたことは前述の通りである。なかでもマイノリティやその歴史に少なからず理解を示してきた筈の民衆史研究――少なくとも研究者自身がそのように強く自覚してきた――が、マイノリティに対する民衆暴力について直視してこなかったことも本論で確認した。その要因として〝スケープゴートと免罪符〟という構造が存在し、その構造が民衆暴力を不可視化する要素ともなっている。

ここでのスケープゴートとは、民衆暴力の主体を民衆の外部に押し付けてきたことである。アイヌ史研究における幕府（国家権力）や請負商人（商業資本）、民衆史研究における悪党や無宿、解放令反対一揆における士族や暴徒といった存在への批判が、結果として民衆自身の暴力を免罪する役割を果たしてきた。

その一方で、民衆暴力の免罪符として、アイヌ史研究における松浦武四郎のような人物が、アイヌへの理解者・

ヒューマニストとして過剰に評価される。しかし、武四郎の思想は近世社会が共有したアイヌ観・統治認識から大きく逸脱するものではなく、アイヌへの和人化（同化政策）に対する認識も、その手法における差異が存在するのみであり、アイヌ民族の同化そのものは決して否定していないのである。

もちろん、彼らのようなマイノリティへの理解者が存在したことは歴史的に評価されなければならない。しかし、彼らを免罪符として強調することが、また民衆暴力の要因をスケープゴートに押し付けることが、民衆暴力の本質へのアプローチたりえないことは明白である。マイノリティ史研究に対する理解者・共感者であった民衆史研究であるからこそ、民衆暴力――特にマイノリティに対する民衆暴力――から目を背けるのではなく、民衆暴力を民衆自身に内在するものとして解釈しなければならないのである。

近年の日本史研究においては、地域社会における共生や共存を過剰に評価する傾向が強く存在する。日本近世史研究における民衆暴力への関心の低さも、このような研究史全体の状況と深く関連している。アイヌ史研究においても和人とアイヌとの歴史的な共存や共生といった側面に目を向ける研究が少なからず存在する。このような研究動向は、マイノリティに対する民衆暴力――差別と言いかえても良い――と真正面から向き合った上での成果ではなく、安易に地域社会における〝ユートピア〟を志向しているといえよう。地域社会に存在したコンフリクトから目を背けたままで、歴史的な共生を描くことに意味を見出すことは困難である。３・11以後の「絆」という妖怪が跋扈する日本社会であるからこそ、民衆史研究やマイノリティ史研究は、「絆」や共生という言葉が内包する暴力や抑圧、そして民衆暴力を今一度捉えなおす必要があるといえよう。

註

＊1　本稿では日本史における民衆史研究・百姓一揆研究・民衆運動史研究・自由民権運動史研究などをまとめて「民衆史研究」と表記する。このような扱い方が、既存の研究における詳細な研究史整理と齟齬することは十分に認識している。しかし、マイノリティ史研究との関わりや、民衆暴力の問題を検討するに際しては、多様な「民衆史研究」における差異を強調するよりは、「民衆史研究」を総体として把握することが有効であると判断するため敢えてこのように扱うこととした。

＊2　本稿では、アイヌ民族と対になる用語として「和人」を用いる。ここでの和人とは本州・四国・九州に古くから居住した社会集団を指す。

＊3　近代以前の蝦夷地（北海道）と和人との関係を過度に強調することで、蝦夷地が近世段階において和人の支配地であったように解釈することは危険である。このような歴史認識は、蝦夷地と和人社会が本格的に関わるのが一九世紀以降であるという歴史の改竄ばかりでなく、アイヌ民族が先住民族であることの否定につながるからである。

＊4　峯岸賢太郎『近世被差別民史の研究』校倉書房、一九九六年、同『近世身分論』校倉書房、一九八九年、脇田修『近世身分制と被差別部落』部落問題研究所、二〇〇一年、中尾健次編著『部落史からの発信』第一巻（前近代編）部落解放・人権研究所、二〇〇九年、中尾健次『江戸時代の差別観念』三一書房、一九九七年など。近年においても、西木浩一「都市江戸における非人身分とその『周縁』」（部落問題研究所『部落問題研究』一九七、二〇一一年）、木下光生『近世三昧聖と埋葬文化』塙書房、二〇一〇年、藤沢靖介『部落の歴史像』解放出版社、二〇〇一年などの研究成果が発表されている。

＊5　藤野豊『水平運動の社会思想史的研究』雄山閣出版、一九八九年、黒川みどり編著『部落史からの発信』第二巻（近代編）部落解放・人権研究所、二〇〇九年、同編著『〈眼差される者〉の近代』部落解放・人権研究所、二〇〇七年、同『異化と同化の間』青木書店、一九九四年、藤野豊・黒川みどり編著『近現代部落史』有志舎、二〇〇九年、上杉聡『明治維新と賎民廃止令』解放出版社、一九九〇年、朝治武『水平社の原像』解放出版社、二〇〇一年、同『アジア・太平洋戦争と全国水平社』部落解放・人権研究所、二〇〇八年、鈴木良『近代日本部落問題研究序説』兵庫部落問題研究所、一九八五年など。また、密接に関連する研究領域として都市下層社会研究がある。小林丈広編著『都市下層の社会史』部落解放・人権研究所、二〇〇三年、吉村智博「近代都市大阪と「釜ヶ崎」」（部落問題研究所『部落問題研究』一七、二〇〇六年）など。

＊6　友常勉『戦後部落解放運動史』河出書房新社、二〇一二年、関口寛「大正期の部落問題論と解放運動」（『歴史評論』七六六、二〇一四年）など。

＊7　ひろたまさき『差別の視線―近代日本の意識構造―』吉川弘文館、一九九八年、同『日本帝国と民衆意識』有志舎、二〇一二年など。ひろたの問題提起を継承した研究成果として、黒川みどり・藤野豊『差別の日本近現代史』岩波書店、二〇一五年がある。

＊8　海保峯夫「北海道の「開拓」と経営」(『岩波講座　日本歴史』近代三、一九七六年)、同『幕藩制国家と北海道』三一書房、一九七八年、田端宏『蝦夷地から北海道へ』吉川弘文館、二〇〇〇年、榎森進『改定増補　北海道近世史の研究―幕藩体制と蝦夷地―』北海道出版企画センター、一九九四年、同『アイヌ民族の歴史』草風館、二〇〇七年など。

＊9　小川正人『近代アイヌ教育制度史研究』北海道大学出版会、一九九七年。以下の小川に関する引用も同様。

＊10　谷本晃久「アイヌの自分稼」(菊池勇夫編『蝦夷島と北方社会』吉川弘文館、二〇〇三年)、同「幕末・明治維新期の松前蝦夷地とアイヌ社会」(明治維新史学会編『講座明治維新　第一巻　世界史のなかの明治維新』有志舎、二〇一〇年)など。

＊11　菊池勇夫『幕藩体制と蝦夷地』雄山閣、一八八四年、一一二頁。他に菊池勇夫の業績として、『北方史のなかの近世日本』校倉書房、一九九一年、『アイヌ民族と日本人』朝日新聞社、一九九四年、『アイヌと松前の政治文化論』校倉書房、二〇一三年などがある。

＊12　この点に関しては、拙著『仁政イデオロギーとアイヌ統治』有志舎、二〇一四年を参照。

＊13　黒川みどり『異化と同化の間』青木書店、一九九九年、黒川みどり編著『眼差される者の近代』解放出版社、二〇〇七年など。

＊14　須田努「暴力・放火という実践行為―世直し騒動から新政反対一揆へ―」(新井勝紘編『民衆運動史四』青木書、二〇〇〇年)、以下の引用も同様。他に『悪党の一九世紀』青木書店、二〇〇二年など。

＊15　明治四年八月の太政官布告であり、賎称廃止令・賎民廃止令とも呼ばれる。一般には解放令が知られているため本報告では「解放令」と記す。

＊16　藪田貫「民衆運動史の「現在」」(町田市立自由民権資料館『自由民権』八号、一九九五年)。

＊17　上杉聡・石瀧豊美『筑前竹槍一揆論』海鳥社、一九八八年。

＊18　石瀧豊美『筑前竹槍一揆研究ノート』花乱社、二〇一二年。

＊19　久留島浩「近世後期の地域社会と民衆運動」(久留島浩・趙景達編著『国民国家の比較史』有志舎、二〇一〇年)。

＊20　前掲ひろた『日本帝国と民衆意識』。

二　民衆の暴力と衡平の条件

張　龍　経
（伊藤俊介　訳）

1　問題の設定

一九二五年、第三回衡平社全国大会に際して『東亜日報』は次のような論評で衡平社の今後の課題について述べている。一九二〇―一九三〇年代における衡平社の進路と関連して、この論評の示唆するところは大きいと筆者は考える。

……いわば衡平社が青年団体と労働団体と農民団体に如何に協調し、民族問題と階級問題は如何に調節するのか、このことへの適切な考案を発見するのが第一に緊急必要なことである。要するに、問題は結局朝鮮人全体が衡平社員と同じ運命にあるという点を自覚しなければならない。さらに衡平社運動はある意味では朝鮮人解放運動の前衛である。この意味で我々は同大会の遠大な着目と健全な発達を祈るものである。[*1]

この文章で注目したいのは衡平社が「朝鮮解放の前衛」であるという規定ではない。これはもっとも差別されている者が解放の尖兵になるという表象＝再現前化的な認識の反影により、逆に事態の真実を掩蔽する役割を担わされている、というのが事実である。むしろ筆者は、衡平社が青年、労働、民族、階級問題についてどのように調節するかが今後問題になるという、その関係性の問題に注目したい。見方によれば『東亜日報』の憂慮は労働、農民、民族、階級では回収できない「異質」な白丁《ペクチョン》（屠殺業などに従事していた朝鮮の被差別民：訳者）団体の衡平社が立ち上がり（蜂起）、社会に投じる波紋を憂慮するものだった。差別に黙従していた白丁が「公平は社会の根本」であるから「我々も真の人間たることを期」すると宣言して既存の秩序や論理を拒否するとき、この蜂起はどのように受け入れられ、朝鮮社会の民衆はこれにどのような態度を取ったのか、さらに衡平社は朝鮮社会と民衆の態度にどのような傷を被ったのか。白丁と民衆との間に起こった暴力の実際的かつ社会・象徴的な原因と性格を推しはかる一方、この険悪な顔をした民衆のあり方を倫理的な側面からではなく歴史的に分析する方法を模索すること、この二つが本稿の論点である。

2　民衆の反衡平社暴力と「分義」意識

衡平社への知識人や社会団体の歓迎的な反応を除き、言論にもっとも多く登場するのは農民や労動者など一般民衆の衡平社および衡平社員への反感と暴力行使だったといえる。一九二三年五月、晋州《チンジュ》で行われた衡平社創立祝賀式の翌日から地方の農民二五〇〇人が衡平社本部を襲撃し、次のような決議を行った。

一、衡平社と関係のある者に限っては白丁と同一に待遇すること
一、牛肉は絶対に非買同盟すること
一、晋州青年会に対して衡平社と絶対に関係のなきようにすること

一、労働団体では衡平社と絶対に関わらないようにすること
一、衡平社を排斥すること[*2]

白丁の「同等な人格」という主張に対する農民らの最初の反応は、その要求の排斥と経済的な圧迫・威脅だったのである。農民らは白丁の「同じ人間」という同権主張を受け容れられなかった。こうした排斥と否認は衡平社が成立していた全国各地で展開されたが、そのもっとも代表的な事例が一九二五年に醴泉《イエチョン》で起こった事件だった。一九二五年八月、醴泉分社創立二周年を期して開かれた記念行事において醴泉青年会長金碩熙《キムソッキ》は思いきったように次のような要旨の祝辞を述べた。

……白丁を抑圧するのは何ら罪悪になることではない。どの時代と国家とを問わず国法がある。その国法を犯して白丁になったのだ。だから白丁を圧迫することは決して個人の罪悪や社会の罪悪ではない。また朝鮮王朝の五百年にはそうした圧迫を受けていたが、今はよい時代を迎え、衡平運動の起きる前から勅令により差別を撤廃したのだから、衡平社は組織する必要がない。ぜひともお金をたくさん集めて勉強だけに励んでいれば郡守にもなれる。[*3]

衡平分社の祝賀式場での発言というには挑発的すぎる感が否めないが、このような反応は儀礼的な言辞を除いた一般民衆に共通した反応だったといってもよかろう。金碩熙の発言とこれに対する衡平社員の反発が導火線となり、醴泉市内では戦争を彷彿とさせる乱闘と襲撃が相次いで展開され、「衡平社員らは山野で夜を明かす状況」となった。全国の衡平支社をはじめ思想団体や社会団体は真相調査団を派遣し、また衡平社を擁護する声明を発表するなど、醴泉事件は全朝鮮的な争点となった。

こうした大小さまざまな衝突事件は一九二三年の衡平社創立から一九三五年まで衡平社の存在期間中ずっと続いたが、朝鮮総督府の資料によれば事件発生件数は四五七件に及んだという。[*4] 事件の発端は大同小異だが、衡平社員の

「不遜な言行と行動」に我慢できず一般人が衡平社員を殴打したり、白丁に飲食物の販売を拒否したり、一般人と酒を飲んだことに難癖をつけて衡平社員を乱打した、などの事例が挙げられている。こうした民衆の暴力が偶発的な個人間の争いでなかったのは明白であり、なおかつ若干の不良な民衆の常習的な悪行でもなかった。すなわち、この殴打や乱打は、明らかに衡平社の「主旨」を認めることができず、白丁を人間として待遇しない、という民衆の集合的な意思だったのである。民衆のこの意思がどのようなものだったのかについて推測する前に、衡平社と社会団体ではこの問題をどのように考えていたのかをまず検討しよう。次の引用文はそれぞれ醴泉事件への衡平社本部と社会運動団体の反応である。

我々は今回の醴泉衡平社襲撃事件について、これは我々の社会運動の一部陣営が反動分子の手に蹂躙されたものと見做し、これに奮起して次の各項を実行し衡平運動を徹底して擁護することに決議する。

一、今度の事件は大衆が衡平運動の本意をまったく理解していないことから起きたものであるから、我々は演説会その他の必要な方法で衡平運動の意義を宣伝するよう努力すること。[*5]

……四、醴泉地方にある本総同盟〔朝鮮青年総同盟：引用者〕の加盟団体をして当地の無産運動団体と協力して一般農民や市民に衡平運動への覚醒を促す運動を積極的に展開させること。[*6]

彼らは、無産大衆・民衆と衡平運動の趣旨は相反するものではないため、暴力は民衆が「特殊階級の不良輩」の扇動に乗せられ、または衡平運動の意義を知らなかったために発生したものと考えた。言い換えれば、農民―衡平社員の間の葛藤とは、彼らの存在の核心に根ざした死活をかけた認定闘争ではなく、誤解さえ除かれれば解消し得るものと考えられたのである。ともすれば社会主義者や知識人の「視点」からは農民・労働者の境遇と白丁の境遇には文字どおり紙一重の差しかなかったのかもしれない。「衡平社員と農民の間に差別があるとして何万分の一では」ないかという『東亜日報』の態度がこの視点の典型といえよう。こうして民衆と衡平社員の間の暴力は非本質的なものとしてエピソード化されるのである。

趙明煕《チョミョンヒ》の有名な「洛東江」という小説でも、現実の争闘が「あいつらの腐りきった考えかた」のために起こったものと置き換えられている。

ことしの夏のある市のたつ日のことだった。市場で衡平社員たちと市場の人との間で大きなけんかがおきた。騒ぎのおこりは市場に集ってきた人のひとりが、そこの衡平社支部の前を通りすぎる時、侮辱したことばを投げつけたことから、たがいに口論となり、けんかとなり、さらに双方いり乱れての乱闘となった。乱暴な市の人が棍棒をもって衡平社員の村落を襲撃するという急報をうけて、ソンウンが先頭に立って、青年会員、小作人組総動員し、衡平社員がわを応援……騒ぎが静まってから、

「おまえも新白丁だな」

という相手側の嘲笑と慢罵をものともせず……

「とうさんは、何百年何千年、先祖の時から、あのひどい奴らのためにあらゆる虐待を受けてきたんでしょう。なのにあいつらの腐りきった考えかたを、そのままそっくり受けついでるんですね。あれっぽっちのろくでもない官職がなんだっていうの！」[*7]

ましてや白丁出身の衡平運動指導者の呉城煥《オソンファン》さえも、衡平社を攻撃しているのが主に農民や労働者であると認識しながらも「衡平社が農民に特に悪い感情を抱いているわけでもなく、また衡平社員と一般農民が階級的背景や経済的利害関係のために対立や葛藤をきたす理由はない」[*8]と訴えている。これは「階級的背景」や「経済的利害関係」を二集団間の関係の本質と想定するものであり、「人格の差」には目を瞑ったのも同然である。実在がどうであれ、農民や労働者の衡平社襲撃事件は「特殊階級の扇動」や「一般無識者の侮辱と虐待」のせいだと言表されたのである。この暴力を正面から認識できなくさせたものとは何だったのか。倫理的には知識人が献身しようとする「無産者」と

いう理念型のために、暴力が民衆と白丁との関係に内在しているという認識は妨げられただろうし、社会が経済的支配関係という「本質」の表出的総体であるという認識が、民衆―白丁の存在の違いを無視させたのだろう。

この暴力の原因を内在的でありながらも非倫理的な考え方と認識できるだろうか。衡平社研究者の高淑和《コスックア》はその原因を「社会の最下層階級だった白丁が身分解放と平等を主張するや、これを白丁階級と自分たちの同質化ないしは自分たちの社会的階級の下向と認識したため」に展開されたものと認識している。[9] また醴泉衡平社事件を研究した金日《キムイル》洙《ス》は一九二〇年代における醴泉地域の社会運動の性格の変化を鳥瞰しながら、この暴力は醴泉青年会など既存の運動団体と新興青年会との軋轢の中で、新興青年会員の衡平社への入社を機に、衡平社に転換されていく過程で起こったものと脈絡化している。[10] 大枠で見ればそうだったに違いなかろう。だが、身分の下落という一般的な説明枠や、暴力の対象の代替物としての衡平社という醴泉の地域的脈絡のみに還元するには不十分な部分があるのではないか。それは「白丁奴はみんな殴り殺せ、踏み殺せ」[11]という言葉に凝縮・表出された農民の嫌悪感情といえよう。この感情こそは暴力が発生する特殊な脈絡のみならず、これを通じて民衆の存在条件とあり方をも現すことのできる地点ではなかろうか。

暴力が展開される状況は明らかだった。一方で民衆が衡平社員への差別的・侮辱的な言辞を弄し、他方で衡平社員が「不敬・不遜」な態度および同席・同権の主張をして暴力が展開される。[12] この狭間で白丁に行使される暴力はどのような顔をしているのか。[13] 醴泉青年会長・金碩熙の演説からその手掛かりが求められよう。彼は、どんな理由であれ「差別されて当然だった」存在である白丁への差別を勅令により――したがって無償で――撤廃してやったのだから、おとなしく「お金をたくさん集めて勉強だけに励」むべきであり、どうしてわざわざ衡平社などという組織を作って騒ぎ立てるのか、と強い不快感を示している。この不快感とは白丁が、差別を撤廃してやったのにも満足せず特別な努力もしないで一般民と同等の待遇を要求しているという、ともすれば階層的はしご内におけるフリーライドへの反発から出たものであり、彼らなりの階級的な正義感に基づいたものと見られる。「白丁が平民になろうとするのは叛逆」[*14]といったスローガンもまた、このことをよく示しているといえる。階級的・階層的な区分を前提とした正義感、すなわち「分義」に基づき、白丁の衡平要求を「犯分」と認識しているのである。この「犯分」に対する正義感が牛肉販売などに白丁が行使すると考えられている「独占的権利」への認識と重なり、全国各地の名もなき農民・労働者をして衡平社員の暴行に向かわせただけでなく、牛肉などへの非買同盟も結成させたものと推察される。職業的側面における「特権」のみならず、人格的側面における「待遇改善」という「二重特権」を要求するとの考えから来る人間的な嫌悪感なしには、このような暴力は説明できないだろう。

　さらに踏み込んで考えれば、労働者・農民もまた上から侮辱と抑圧を受けて生きている。侮辱と抑圧の移譲を耐え忍んで生きる労働者・農民にとって、最下層の白丁の「犯分」は社会的・象徴的な秩序をその一部として守っている自分たちの生の営みを惨めにしてしまうものだったといえる。「順良な農民が一時の酔い心地で起こした」[*15]この暴行こそ、侮辱された生の営みの傷に対する補償心理から起因したものでもあっただろう。

　しかしながら、こうした農民の立場から脱け出せば、全体の事情はこれよりも複雑だったものと筆者は考える。農民側に衡平社員の「犯分」への嫌悪感があったならば、衡平社員側では通常「生活・生存権守護運動」と呼ばれていた身分的に約束された職業空間の侵害という危機感があった。ここでは詳しくは述べないが、その核心は既存の白丁だけの特殊職業と認められていた領域——屠殺業・屠肉場管理・獣肉販売など——が開放されて一般人の進出が強まることへの危機感だった。「獣肉販売業は我々相応の職業なのに、非社員がこの営業を経営して我々の生活を脅かすのは黙って見過ごしでき」ない、という一九二七年の開城《ケソン》衡平社臨時総会の決議から、その切実さが強く窺われる。結局、衡平社員は人格的待遇の同等化がなされなかったことに加え、職業への参入障壁の解消がもたらした「二重剥奪」に憤怒していたといえる。

結局、「二重特権」と「二重剥奪」という、同じ現実に対するこの感覚差あるいは視差こそ、農民—白丁間の暴力と反暴力を招いた根本的な原因ではないかと筆者は考える。

3　衡平社解消論と象徴的障壁としての「普通民」

衡平運動がその他の社会運動とどのような関係を結ぶべきかについては創立当初から問題となった。白丁の人権運動としての固有性を維持しなければならないとする「穏健派」の主張、さらには衡平社を無産者と有産者に分立すべきだとする衡平社解消論などは、いずれも衡平運動の特殊性を普遍性との関係において調節しなければならないという意識を持っていたことを示している。

衡平運動の方向転換あるいは解消問題が定期大会の核心的な議題として登場したのは新幹会の創立と解消をめぐる時期だった。方向転換論者と解消論者は、いずれも衡平社が特殊な白丁だけの運動から脱け出して一般的な運動に合流しなければ「ゲットー化」の危険から脱け出すことができない、と主張した。

朝鮮の衡平運動は純粋たる人権運動から始まりました。しかし支配階級の圧迫が激しく多くの犠牲者も出し、そのため運動の効果も少なからず得たことは事実ですが、我々の階級の徹底的な解放はこのような生ぬるい運動だけでは達成されないということを過去の経験から得たのです。したがって今後我々の運動は方向を転換し、経済的ないし政治的に踏み出そうと思います。これを実現する方法としては同じ社員間にも不純分子、言い換えれば個人の安楽のために支配階級の手先になる者を除いた分子の別個団体の構成にあると考え、新年からはそれを実現していくつもりです。[*16]

衡平社があれば有産社員はさらに豊かになるが、その反対に無産社員はさらに貧しくなる。その理由は有産社員が衡平社を背景に無産者の利益を搾取するからである。例えば牛肉販売の合併会社というのがあるが、これは資本のある有産階級が衡平社を背景に組織したもので、彼らが利益を独占し、無産社員は資本がないという理由で加入できない。[*17]

このような方向転換論や解消論に対して、衡平という特殊な立脚点を放棄して普遍に投降したのだから衡平という問題性自体を放棄した、といった批判が提起され得るが、これは妥当な指摘であろう。「人の同一性の特異性を無視しようという試みは、常に危険な程に抽象的であろう。このような同一性が、人の自己についての「確信のおける」感覚と同じほどに抑圧者の構成概念であることを認めた場合においてさえも」という主張[*18]は、解消論の盲点を的確に指摘している。こうした要求は圧制者が押した「衡平社は白丁である」との烙印を堅持せよという主張ではない。それは固着化という他の形態の暴力だからである。ただし社会的区分と差別は単純に分散集合式の問題として解決されるわけではない。運動性の起源である自己を含みつつも、自己を越えることのできる抱越の主体的な力能がなくては、その暴力が無視されることはあっても制御または終息することはないのである。さらに条件によって現れる民衆の暗く醜い姿あるいは民衆の存在の関係性——存在の暴力——は可視化されもしないだろう。

事実、衡平社解消論争で展開されたのがそれだった。民衆の直接的な暴力と存在の暴力は曝け出されることなく密かに通り過ぎたのみならず、衡平社解消論の根底には民衆の存在論的な暴力の顔が見えかくれした。実在する暴力だけでなく、民衆あるいは無産者という判断の基準と規範としても暴力はずっと残っていた。

対外的に衡平社の設立以来、一般人との間にはかえって衡平社があるために一般人の感情を刺激し紛争を誘発する結果になったので、衡平社を解消して職業別に屠夫組合とか牛肉販売組合とかを組織するほうが、先に述べた弊端を除去でき、無産者社員の利益になると考えたのである。[*19]

衡平社の存在が一般人の感情を刺激し紛争を誘発する結果となったため、衡平社を解消して一般的な分類の職業別組合に衡平社員は入らなければならない、という主張である。産業別組合という急を要する課題が眼前にあったにしても、こうした主張は原因―結果が完全に顛倒したものだった。一九二九年に結成された衡平青年前衛同盟の核心的な主張も同様だった。

これまで衡平社は封建的な人権解放運動を続けてきたが、手を握るべき無産大衆との衝突が続出したため、これは差別撤廃ではなく、むしろ普通民との障壁を積むものであった。それゆえ従来の運動方針を転換し、無産者本位の経済闘争により社内の無産者を指導・獲得して漸進的に一般無産大衆と提携することで、現資本主義社会制度を打破して無産者独裁の共産主義社会を実現し、根本的に社員の差別撤廃を図らなければならない。[*20]

衡平社の設立自体が一般人との関係を悪化させた原因であるため、これを解消することで民衆の暴力を除去できると考えたのである。しかしこれは「現資本主義社会制度」の打破を名分に衡平という人格的要求を撤回したことと変わらなかろう。こうなると普通民の暴力の「正当性」に盲目となるほかないだけでなく、同一化または提携すべき対象と規範としての民衆・無産者もそのまま残っているのである。

もちろん衡平社内に差別への対応と衡平運動の「脱ゲットー化」を同時に堅持しようとした者がいなかったわけではない。白丁出身の李東煥《イドンファン》の次のような主張が代表的な例であった。

前者の解体勧告の主張は、衡平運動の特殊な情勢を考慮しなかったというよりは、今日の衡平運動自体が自らの役割を果たせていないにも拘わらず、その運動部の別動隊である衡平青年団体に解体勧告をするのは一種の過敏な行動であり、衡平運動の質的段階を無視する観念論だといわざるを得ない。後者の衡平青年運動団体は別個体の問題であるとの主張は、朝鮮全体の運動陣営から孤立させ衡平運動を大衆から引き離した一介の人権運動に極限するものである……今日のように差別事件が頻発する情勢下で、衡平青年団体を解体し全民族的な運動に進むことが可能なのだろうか……我々は今自らを強固にして主体的に運動を推進するためには、不安定な本来の自由連盟制を改め、有機的な中央集権制を確立しなければならない。そうして衡平運動は大衆運動と歩調を合わせ、その一部分としての役割をしなければならない。[*21]

だが、解消論も解消論反対も一九三三年一月に起こった「衡平青年前衛事件」で主要人物らが拘束されたことで、それ以上の議論が進められることはなかった。一〇年余りの衡平社の経験において民衆に刻印された衡平運動への実在的・象徴的な暴力は、その後も彼らの中に残されたままだった。一方、主要人物らの収監中に衡平社は大同社と名を変え、名実ともに衡平という運動性自体を喪失していった。

4　おわりに

本稿では、衡平社への民衆の襲撃事件と衡平社解消論争を通じて、実在的・象徴的に民衆の暴力が衡平運動自体に如何に介在しているかを検討した。まず、同じ現実に対する示差的な認識があったと考える。労働者・農民は、獣肉販売などへの「特権」はそのままにしておきながら人権の同等を要求して世事に口出しする衡平社員が気に入らず、それは彼らの分限を越える行為であり「二重特権」を要求するものだと感じたに違いない。民衆の暴力行使は偶発的ないしは悪漢の扇動によるものではなく、「分義」という彼らなりの正義感と嫌悪に基づいたものだったといえる。一方、衡平社員にとって現実は人格的待遇も受けられず獣肉販売への独占権も保障されない「二重剥奪」として経験されたと推察される。こうした「二重特権」の要求に対する嫌悪と「二重剥奪」という現実経験との間に約分の可能な規範が存在し得ただろうか。

他方、民衆の存在は判断の基準と規範としても存在した。衡平社解消論の主な根拠は手を握るべき無産大衆との不和のためというものだったが、衡平社員らは不和の原因を「彼らの頑固な階級観念」ではなく「我々の同等要求」のためと考えたのである。この思考の顛倒に規範としての民衆の存在が巣くっている。

もちろん、ここで民衆暴力一般を倫理的に否定しようというのではない。暴力（violence）がなくては位階を取り壊すことも、実在に接近することも、他者性を解消することもできない。暴力とその情熱の残痕である「傷」は社会的な生の営みの本質的側面でもある。しかし、重要なのは盲目的な暴力など存在しないという点である。暴力には目と手があり、どの地点にどのようなベクトルで作用すべきかをすでに知っている。

「どんな解放的な政治学も、その特異なものから出発せねばならないのだが、同じ姿勢でそれを後に残さねばならない。というのは、問題の自由は、たとえそれが何を意味するにせよ、「アイルランド人である」とか「女性である」とかの自由ではなくて、彼らが願うように彼らの同一性を決定するある別のグループにより今享受されている自由に過ぎないからだ」とテリー・イーグルトン（Terry Eagleton）はいう。[*22] このような観点から見るに、衡平運動における民衆の暴力は、白丁が特殊に固着されるか、あるいは特殊を破ってこそ無産者として抽象され得るようにする、その分岐点において脱昇華政治として作動していたといえよう。

韓国近現代史において「民衆」は、その存在の正当性を疑われたり、関係の中の存在という点を批判されたりしたことがなかった。植民地期の白丁への暴力のみならず、ハンセン病患者への排除や追放、あるいは昨今の移住労働者や外国人妻に対する差別的な視線に至るまで、民衆に否定的な事実はいつも少数の悪者の問題だとか扇動によるものと考えられるのが常だった。潜在的であっても「大多数の善良な被害者」という強固な表象が民衆への他の表象の余地をなくしてしまった。今日マイノリティから民衆を見つめ直すことの意味は、民衆の持っている原初的暴力性を告発するためではなく、「分義」に閉じ込められマイノリティに向かいやすい民衆の正義感＝「犯分」に基づいた嫌悪と自己尊重感の偏狭性を警戒する一方、このような恥ずべき感情を上に対する民主主義的要求に転換させる契機を探るためである。そのためにも民衆の行動と存在のこうした「奸悪な側面」は指摘、批判されなければならないだろう。

註

＊1　『東亜日報』一九二五年四月二六日付「全朝鮮衡平社大会에 対하야」。
＊2　『東亜日報』一九二三年五月三〇日付「衡平社를 反対하야 牛肉의 非買同盟」。
＊3　『東亜日報』一九二五年八月一四日付「衡平祝賀式紛糾」。
＊4　朝鮮総督府警務局編『最近に於ける朝鮮治安状況』朝鮮総督府、一九三三年・一九三五年。
＊5　『東亜日報』一九二五年八月一六日付「在京二三個 社会団体 모임의 決議文」。
＊6　『東亜日報』一九二五年九月一四日付「朝鮮青年総同盟決議案」。
＊7　趙明熙「洛東江」『朝鮮之光』、京城、一九二七年。
＊8　呉成煥「衡平運動의 教訓：農民에 対한 悪感은 없다」『新民』五、京城、一九二五年。
＊9　高淑和『衡平運動』韓国独立運動史編纂委員会、서울、二〇〇八年、二三四―二三五頁。
＊10　金日洙「日帝強占期，醴泉衡平社 事件，과 慶北 醴泉地域 社会運動」『安東史学』第八集、二〇〇三年、서울、二〇七頁。
＊11　『東亜日報』一九二五年八月一五日付「五百余農民 衡平社를 襲撃」。
＊12　高淑和前掲書、二二九―二三三頁。
＊13　「実際、定着者―部外者闘争の経済的な側面の優位性は、闘争者間の権力のバランスが最も不均衡な――権力のバランスが定着者に有利に傾いている――場合に最も明らかになる。それが事実であることが少なくなればなるほど、緊張と対立の他の非経済的な側面がいっそう明確に認識できるようになる。部外者集団が最低生活のレベルで暮らさなければならない場合、部外者集団の所得の量が重要度の点で他の要求を凌ぐ。それが最低生活のレベルを越えて上昇すればするほど、部外者集団の所得――部外者集団の経済的資源――でさえも、最も基本的な動物的もしくは物質的欲望を満す手段とは別の手段、つまり人間的欲望を満たす手段として、ますます役立つ。さらにまた、そのような状況にある集団はよりいっそう激しく社会的劣等性――部外者集団が経験する権力と地位の劣等性――を感じがちになる。まさしくそのような状況において、定着者と部外者の闘争が徐々に、後者の側では空腹を和らげるための、肉体的存在の手段を得るための単なる闘争であることを止め、他の人間的要求をも満たすための闘争となる」。Norbert Elias and John L. Scotson, "*The Established and the Outsiders: A Sociological Enquiry into Community Problems*", Second Edition, 1965.
＊14　『東亜日報』一九二三年八月四日付「衡平運動反対」。
＊15　『東亜日報』一九二三年八月二三日付「金海騒擾後報」。

＊16　『東亜日報』一九二九年一月一日付「政治的進出」。
＊17　光州地方法院、一九三四年三月「被告人 朴好君 訊問調書」国史編纂委員会所蔵『衡平社資料』五―上、文書番号二・四五七〇―四五七八。
＊18　Terry Eagleton, "Nationalism—irony and commitment", in Terry Eagleton, Fredric Jameson, and Edward W. Said, *Nationalism, Colonialism, and Literature*, University of Minnesota Press, 1990.
＊19　前掲「被告人 朴好君 訊問調書」。
＊20　光州地方法院検事局、昭和九年予第八号「李東煥 外一三名 治安維持法違反 予審終決決定書」国史編纂委員会所蔵『衡平社資料』五―一、文書番号二・五〇九三―五〇一五。
＊21　『東亜日報』一九二八年一月二六日付「衡平運動의 今後」。
＊22　Terry Eagleton, op. cit.

〔追記〕翻訳に際して註7・13・18・22の各引用文については、大村益夫・長璋吉・三枝壽勝編訳『朝鮮短篇小説選（上）』岩波書店、一九八四年、ノルベルト・エリアス／ジョン・L・スコットソン（大平章訳）『定着者と部外者―コミュニティの社会学』法政大学出版局、二〇〇九年、S・ディーン／T・イーグルトン／F・ジェイムスン／E・W・サイード（増渕正史・安藤勝夫・大友義勝訳）『民族主義・植民地主義と文学』、法政大学出版局、一九九六年、の各該当箇所をそれぞれ引用した。

三　神戸の港湾労働者と清国人労働者非雑居運動

青木　然

1　はじめに

一八九九年七月一七日、日本で外国人の内地雑居が開始となったが、その直前に、神戸の港湾労働者が「清国労働者非雑居期成同盟会」を結成した。結成を報じた七月一六日付の地元有力紙『神戸又新日報』には、同会が、清国人労働者の雑居を不可とする意見を内外務両大臣へ陳情すること、その目的を達するために大演説会を開くなどして世論喚起に努めることを計画しているとある。[*1] 果たして同月三一日には、同盟会主催の「労働者保護政談大演説会」が開かれた。雑誌『労働世界』によると、この演説会には神戸沖仲仕組合・神戸中央陸仲仕組合の要職が弁士として出席し、聴衆は二五〇〇余名ほどであったという。[*2]

『労働世界』の演説会レポートは高野房太郎が執筆しており、高野自身が城常太郎の要請で客員弁士として登壇した経緯を述べている。城・高野は日本の労働運動の黎明期を支えた人物である。城常太郎は、一八八八年に渡米して造靴店を開き、一八九一年に高野ら在米の日本人とともに職工義友会を起こした。帰国後の一八九七年には、東京で片山潜、高野らと労働組合期成会設立に関わった。非雑居運動は、期成会設立後、病気療養のため神戸に滞在していた際に関与したものであった。このように、非雑居運動は労働組合主義者と密接な関わりを持っていた。そもそも、運動の経緯を逐次報道した『労働世界』が、労働組合期成会の機関誌であった。

この運動は、近代日本における民衆と政治・社会運動との関係を考察するうえで、次のような重大な歴史的意義を有している。第一に、労働組合が未成熟だった当時の日本にあって数千人規模の集会が行われた点、第二に、アメリカの労働組合主義に触れた人物が関与していた点、第三に、組織化の難しいその日稼ぎの労働者が参加者の多数を占めていた点、第四に、こうした性格を持った運動が清国人労働者の排斥という排外的な目標を掲げた点である。

この運動に関し、現在のところ最も詳細な研究成果を提示しているのは、布川弘氏である。[*3] 布川氏は、松永昌三氏がこの運動について「巨大外国資本の侵入という以上の幻影であったが、こうした幻影が日本の労働組合運動出発の一つの有力な推進力であったことは注意しておかねばならない」[*4]と述べたことに反駁するかたちで議論を展開している。外国人荷役請負業者の増加とそれに伴う清国人労働者への雇用集中により、日本人労働者の雇用が危機に瀕していたことを明らかにし、運動に社会的基盤があったことを指摘したのだ。

この布川氏の見解は、ある予見を下敷きにしている。民衆が対外硬派の主張するナショナリズムに導かれるという日露戦後の状況は、宮地正人氏がかつて実証したような対外硬派の民衆への接近によってのみ生起したわけではなく、[*5] 民衆の側にも彼らの主張に感応する基盤が予め準備されていなければならなかったはずだとの予見である。この予見において、非雑居運動は、民衆による生活基盤確保の動きがナショナリズムと結びついていく先駆的な事例としての役割を与えられている。

確かに、港湾労働者の置かれていた状況と運動の目的を直結させれば、民衆の生活保障要求がナショナリズムと結びついた事例として、非雑居運動を位置づけることができるかもしれない。しかし、労働組合主義者の意向が強く反映したこの運動を、港湾労働者の行動から問い直すことなしに、同時代の民衆意識を物語るものとして帰納してしまう方法には疑問を呈さざるをえない。藤野裕子氏は、従来の都市騒擾研究について、当該期の民衆が暴力を用いることには問いを立てず、都市民衆の不満を高めた社会経済構造や、都市民衆を動員する政治勢力の思想的特徴や政治的上昇過程を主たる分析対象としてきたと批判しているが、[*6]雇用構造から非雑居運動を説明しようとした布川研究もこの批判の延長上にあるといえるだろう。

本稿では、港湾労働者が非雑居運動以前には雇用危機とどう向き合っていたか、そして非雑居運動にどのように関係したかを、港湾労働者の行動様式に着目しながら分析することで、非雑居運動を民衆の視点から問い直したい。そのことにより、初期の労働組合主義の思想や、日稼ぎ労働者の置かれていた状況など、非雑居運動が孕む歴史的に重大な問題群について、先行研究とは異なる知見が得られるはずである。なお、非雑居運動をめぐる状況から、民衆とナショナリズムの関係を考察し直すためには、港湾労働者の対外認識を併せて検討することが重要な作業となるが、紙幅の都合上、稿を改めて論じることにしたい。本稿では、民衆の行動に着目することで、運動像をどのように再描出できるかという道筋を示すことに主眼を置くこととする。

2　港湾労働と労働者社会のあらまし

本節では、前提として、一八九〇年代後半の神戸での港湾労働がどのようなものであったか、仕事の種類、雇用、暮らしの三つの側面から検討する。

まず、仕事の種類についてだが、当時の港湾での仕事には、沖仲仕、浜仲仕（荷揚仲仕）、車仲仕、艀船業者の主

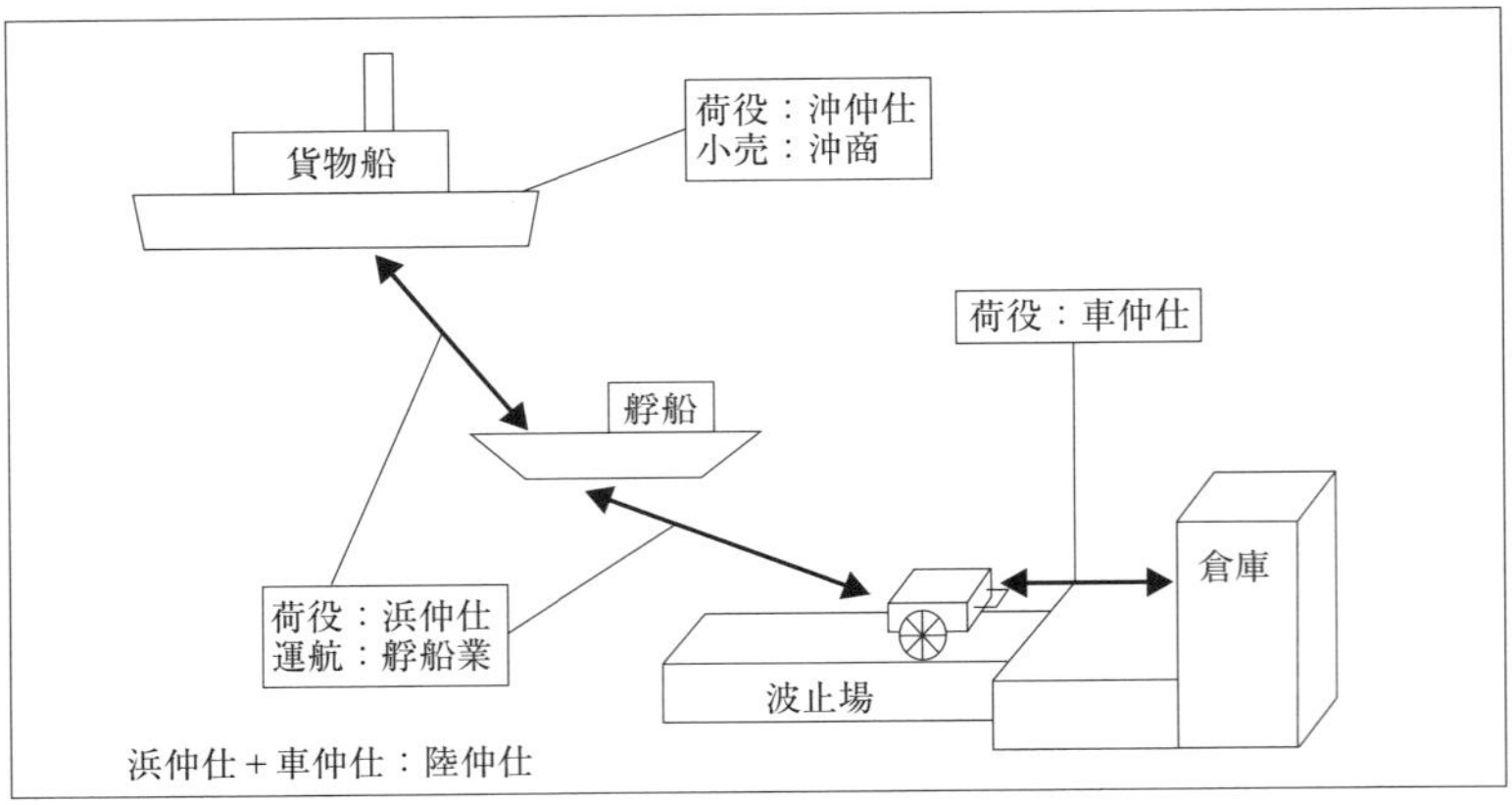

図　港湾での仕事

に四種があった（以下、図参照）。沖仲仕は、碇泊した船舶に乗り込んで、艀船や他の船舶への荷物の積卸しに従事する。浜仲仕は、波止場あるいは艀船で、艀船への荷物の積卸しに従事する。車仲仕は、波止場と倉庫のあいだの荷物運搬に従事する。艀船業者は、艀船による荷物・旅客の運送に従事する。[*7]陸上での荷役には、他にも石炭仲仕や鳶仲仕など種々専業化したものがあり、陸仲仕という呼称は、浜仲仕、車仲仕、その他種々の仲仕を含めた陸上荷役の総称として、すなわち沖仲仕の対語として用いられた[*8]（陸仲仕は、車仲仕の別称として用いられる場合もあったが、本稿はこの意では用いない）。

なお、荷役・運搬の仕事ではないが、沖仲仕と同じように船内で行う仕事として、沖商があった。沖商は行商人の一種で、碇泊した船舶に乗り込み、食品・日用品の小売を行った。また神戸の場合、人力車夫は波止場から市街へ船員・船客を運ぶのが主たる業務であったから、本港では彼らも港湾労働者の一として把握しておきたい。

浜仲仕は、前近代より港として栄えていた隣港兵庫港にも存在していたが、沖仲仕と艀船業者は、業態そのものが近代に始まったものであった。前近代は、和船に対する荷客の積卸しであったため、船を港に着岸させて作業できたが、西洋型の蒸気船は、着岸が不可能なため、艀船輸送が必要となったのである。

次に雇用のありかたについてだが、沖仲仕と陸仲仕には、重大な二つの違いがあった。

ひとつは雇用主の違いである。沖仲仕は船長に雇用されたのに対し、陸仲仕は貨主に雇用された。[*9] この違いゆえに、外国船が増加していくと、沖仲仕は陸仲仕に比べ、外国人に雇用されることが多くなっていった。艀船業者も、船長・貨主との契約で艀船を動かしたため、外国船の場合は外国人の意向に左右された。

ただし、仲仕・艀船業者は、発注者と直接契約を結ぶわけではなかった。仲仕と船長・貨主のあいだには人足請負業者が、艀船業者と船長・貨主とのあいだには回漕問屋が、それぞれ介入して仕事を周旋し、仲介料を受け取ることになっていた。[*10] そしてこの人足請負業にも、外国人が食い込んでいった。神戸でとくに有力だった請負業者が、清国人梁鶴軒（通名ジャック・ヤング）による松記とドイツ人P・C・M・ニッケルによるニッケル商会であった。布川氏が指摘しているように、[*11] 彼らは外国商館の資本に支えられ、船内荷役から艀船輸送、沿岸荷役までを一貫して請け負えるため、外国船の荷役を独占するのは、いわば必然であった。その結果、従来の日本人請負業者は外国人請負業者を経由して受注せざるをえなくなった。そして、雇用の多層化は、ピン撥ね回数の増加、すなわち仲仕当人が受け取れる賃金の減少を招来したのである。

もうひとつは、労働の質に基づく違いである。陸仲仕の仕事は、分業が進んだことからもわかるように、熟練を要する業務を含んでいたが、沖仲仕の仕事は、丈夫な身体さえあれば、比較的容易に身につけることができた。また、沖仲仕労力の需要は、着港船数や船舶に積載された荷物の多寡によって左右され、きわめて不安定であった。この非熟練かつ需要不安定という労働の特質が、沖仲仕の雇用を、常人足・部屋人足・臨時人足（買人足）という三形態が並立する状況に至らしめた。常人足は、実質的には仲仕の頭で、請負業者に常時雇われて一定の賃金を受け取れる者、部屋人足は、必要の際に雇われる契約を結んでいる者、臨時人足は、臨時の応募により一時的に雇われる者である。一八九七年時点では、神戸の沖仲仕六〇〇〇人のうち、常人足と部屋人足はそれぞれ一〇〇〇人程度で、残りが臨時人足であった。[*12] 沖仲仕のほとんどが、日雇いだったのである。

最後に暮らしについて検討したい。生活面においても、沖仲仕は特異な事情を抱えていた。伝統的な熟練労働で需要が比較的安定していた陸仲仕は、親分・子分の関係を基軸にした仲間組織が地区ごとに存在した。かたや、歴史の浅い非熟練労働で需要が不安定な沖仲仕の場合、請負業者である上位の仲仕頭から現場で常人足として働く仲仕頭へと連なるピラミッド構造は、人足を斡旋する系統として存在したが、末端の仲仕が日雇いであった以上、個々人を仲間組織に組み込むことは原理的に不可能であった。この把握統制の困難さが、沖仲仕の居住のありかたに大きな影響を及ぼしたのである。

沖仲仕の労働需要が生じた一八六八年当初には、浜仲仕の組織が沖仲仕の管理を試みたが早々に頓挫した。そこで、神戸村名主の生島四郎太夫は、海岸通で早船営業をしていた元関取の関浦清次郎に、沖仲仕の統括を命じた。一八七〇年になると、関浦は兵庫県令に奨励金を与えられ、のちに百人部屋と呼ばれる大規模な人足寄場を運営するに至った。関浦は、農村から職を求めて神戸に出て来た人びとを百人部屋へ収容し、彼らに授産した。[*13] しかし、孤児・高齢者・障がい者といった就労困難な人びとも多く収容・保護したため、経営が行き詰まり一八七七年には閉鎖に追い込まれた。関浦はこれを機に一旦上京するが、のち帰神し神戸労働者界の「顔役」として長く活躍することになる。[*14]

百人部屋の閉鎖と前後して、就労可能な人びとは木賃宿や長屋に生活するようになったため、兵庫県は一八七七年九月両港寄留人規則を制定し、一〇戸一組の相互監視体制を企図した。[*15] ところが、松方デフレにより深刻な不況が到来すると、物乞い、賭博、窃盗、売春が到るところで行われ、[*16] 相互監視体制は体をなさなくなった。そこで県は、一八八七年三月に宿屋取締規則に基づく木賃宿営業区画を定め、集住化政策へと転換を図った。神戸市街の木賃宿を、波止場周辺や既存の木賃宿・長屋密集地域といった、外国人居住地域から離れた場所に囲い込んだのである。[*17] こうした経緯によって、沖仲仕は、木賃宿・長屋を拠点に生活圏を形成するようになった。

沖仲仕に限らず、港湾労働による収入は潤沢とはいえなかった。そのため、港湾労働者が夫婦で居住する場合は共働きがほとんどであった。女性の沖仲仕もいたが、[*18]女性、子ども、身体の不自由な者は、家内でマッチの箱貼りなどの内職を行ったり、工場でマッチ製造や茶焙じに従事したりすることも多かった。[*19]また、浜仲仕・沖仲仕の別を問わず、少ない賃金を補うために頻繁に行われた手段として、積卸し作業中にかすめ取った荷物を転売する「荷抜き（ニゴ）」も横行していた。[*20]

稼ぎをいわゆる「飲む」「打つ」「買う」に投じ、憂さ晴らしをすることも多かった。一八九九年七月の『神戸又新日報』には、その日の稼ぎ一円三〇銭を、居酒屋の大半で使い果たし、さらに買春しようとした沖仲仕の夫が、引き止めに来た妻と喧嘩になって、警察騒ぎになるという記事が載っているが、この一件は彼らの生活を象徴している。[*21]より良い待遇の職に就いたり、貯金して生活水準を向上したりすることは、経済的にも心情的にも難しかったのである。刹那主義的志向は、港湾労働者のなかでとくに雇用が不安定だった沖仲仕に、最も顕著に表れた。

ここまで検討してきたように、労働の性格や暮らしのあり方に着目すると、仲仕のなかで沖仲仕は特異な存在であり、他種の仲仕よりもむしろ、その日稼ぎの艀船業者、沖商、人力車夫に近しい存在であった。以降は、彼らを日稼ぎ港湾労働者と称し、本稿の課題にとって特に重要な港湾労働者として対象化する。

3　喧嘩・ストライキの開始

日稼ぎ港湾労働者が雇用危機にどのように向き合ったかを検討するうえで、看過できない重要な行動が喧嘩である。一八八〇年代後半になると、彼らのあいだで大規模な喧嘩が発生したり、彼らと外国人とのあいだに摩擦が生じたりするようになる。ここでは、彼らの喧嘩の特徴がよく表れている代表的な三事例を検討しておきたい。

一つ目は、一八八六年一月に、沖仲仕の一団である仲組で起きた喧嘩である。[*22] この喧嘩は、一月一七日に、病気の座古太助に代わって仲組の頭を務めていた新井銀蔵が、龍蔵という仲仕の出頭の遅れを咎めたところから、起こったものである。新井銀蔵、龍蔵、そして仲裁に入った岩吉が負傷した。後日、神戸港の「顔役」である関浦清次郎と山口亀吉が仲裁に入り、警察署に新井銀蔵らの放免を願い出た。しかし結局、三名は神戸軽罪裁判所で重禁錮二ヶ月の刑を言い渡された。一方、座古太助は事件を苦に病状が悪化し、自刃を図り、介抱されるも死去した。後任の親方には、山本所右衛門が選ばれた。この喧嘩は、当事者に頭の代行者がいたため、刑罰が及ぶのを危惧して顔役が仲裁に出る事態となった。警察に放免を願い出た関浦・山口や、自刃を図った座古太助の行動から明らかなように、顔役や頭には、不安定な港湾労働者の社会を束ねるための高度な手腕が求められ、重圧ものしかかっていたのである。

二つ目は、一八八六年二月一七日に起きた、仲仕と車夫の喧嘩である。[*23] この喧嘩は、大島屋と加賀商店という二つの石炭商店のあいだで、アメリカ船テーラン号への石炭売込み価格をめぐって起こったものである。大島屋方の船頭と、加賀商店出入りの車夫とのあいだで口論になり、大島屋に雇われている仲仕が車夫を攻撃したことで、仲仕と車夫あわせて五〇―六〇名規模の喧嘩に発展し、七―八名が神戸警察署に拘引された。このように、売込み価格のような契約事も喧嘩の原因になったのであり、その場合、多くの労働者の利害に関わるだけに、親分子分関係を巻き込んで長期化、大規模化する傾向にあった。

一つ目と二つ目の事例から明らかなように、喧嘩の原因となる問題の利害に関わる者が、喧嘩の当事者に動員され、顔役に仲裁されるか警察に拘引されるまで、互いに力をぶつけあうというのが、日稼ぎ港湾労働者の喧嘩に見られる特徴であった。派閥や組織による拘束が希薄な社会ならではの特徴といえよう。

三つ目は、一八八七年七月三日に起きた、沖商と清国人との喧嘩である。[*24] この喧嘩は、沖商田中辰五郎が外国船へ商売に行き、コックの清国人に巻き煙草の紙を売ろうとした際、清国人が、一度商品を受け取ってから買うのをやめて、辰五郎に戻したことで起こったものである。辰五郎は、戻された紙の枚数が渡したときより減っていることを指摘したが、清国人は聞かず口論になり、さらに他の清国人三名が加勢して、辰五郎を殴打した。このため、辰五郎は神戸警察署に彼らを告訴した。このように、一八九〇年代前半までは、日本人の日稼ぎ港湾労働者が、外国人から不当な扱いを受けることで、喧嘩に発展するケースが多かった。他にも、一八八九年五月には、イギリス軍艦の水兵が、車夫に代金を支払う際、突然暴行を加えた事件[*25]、一八九〇年九月には、清国人八名が、艀船業者に代金を支払う際、談判の果てに艀船業者の頭部を斬りつけた事件[*26]が起きている。いずれも代金の支払いを渋った結果、暴行事件に至っており、客から金を受け取るという、彼らの生活を支える根本の行為が脅かされていたことがわかる。当然ながら、この背景には日本人への蔑視があり、その蔑視がとりわけ沖仲仕や人力車夫のような日稼ぎ港湾労働者に向けられる傾向にあったのである。

彼らは、日本人社会においても蔑視される存在であった。沖仲仕は「権蔵」と蔑称され、当時の新聞に「着るに衣なく醜体を露はして船舶に至るものあり、船中の残飯を争ひ乞ふて恥とせざるものあり[*27]」と描写された。その一方で、彼らは肉体労働をこなす屈強な身体の持ち主でもあった。自らの要求を通そうとするとき、彼らには学問も地位も富も無かったが、腕っ節の強さを見せつけることはできた。腕力の行使は、彼らの社会的な劣位性を一時的に払拭させることで、要求に迫力を付与したのである。喧嘩が衝動的に行われている以上、こうした腕力の機能を自覚することは難しいが、一八八〇年代後半以降、喧嘩の経験が日稼ぎ港湾労働者のあいだに蓄積していったことで、腕力のもつ機能は意識化されやすい状態になったといえる。ただし腕力の行使は、要求に迫力を付与する手段として機能する一方、「粗暴」との印象を生み出し、彼らへの蔑視や疎外を再生産するというディレンマも抱えていた。

このような、腕力に訴えるほど腕力に依存した生き方をせざるをえなくなるスパイラルは、別の見方をすれば、彼らが日稼ぎ港湾労働者としての個性を強めていく過程でもあった。一八九〇年代前半になると、自らの力を相手に見せつけて要求を通そうとする行動様式が、よりはっきりと相貌を表すようになる。ストライキや示威行動がそれである。

管見の限り、日稼ぎ港湾労働者が労働放棄による要求を行った最初の事例は、一八九〇年九月に起きたラスパテック号に対するストライキである。[*28] アメリカより渡来した石油積載帆船ラスパテック号が神戸港に入港した際、沖商三〇余人が入船して売り物を勧めたところ、日本の事情を知らない同船では、うるさいとして彼らを帰したうえ、領事館へ、日本の船を寄せ付けないよう日本官吏に照会することを依頼した。果たして沖商に同船に行かないよう達しがあったため、沖商は、沖仲仕にも働きかけて、同船に行かないストライキを開始した。その結果、テレジング商会が石油を引き取る手筈になっていたが、荷揚げもできず、同船は閉口する事態に陥った。

この事件では、日稼ぎ港湾労働者は、相手に拳を振り上げることなく自らの要求を主張しているが、労働を放棄することで自らの労働の力を見せつけている点で、喧嘩の延長上にあるといえる。この事件で注目すべきなのは、沖仲仕が沖商のストライキに協力している点である。沖商の入船が拒絶されたことで、沖商が販売するような日用品が途絶えただけでは、ラスパテック号の船員に、効果的な衝撃を与えられないから、沖仲仕までもが入船しないことで入港の目的を達せさせないようにしようという判断が、沖商のあいだに働いたことは明らかである。沖仲仕は、順当に仕事を行い対価を受け取れたはずだが、「同船へ行くべからず、行くものあれば、見附け次第に云々すると、堅く約束をなし」て、ストライキを成功させた。

沖商・沖仲仕とも、客や雇い主が一定しない日稼ぎの仕事であるため、労働者が同じ雇用契約のもとで働いている工場などでのストライキに比べて団結が難しい。それでも彼らを結束せしめていたのは喧嘩で培われてきた方法であった。問題の利害に関わる者が、即席で当事者に動員される、流動的な人間関係を前提にした結合のあり方である。

同船へ「行くものあれば、見附け次第に云々する」という糾合の仕方に表れているように、その結合を律していたのも、また腕力であった。

翌一八九一年七月一二日には、艀船業者四〇〇余名が示威運動を起こした。[*29] 発端は、従来黙許されていた艀船の港内常繋が、一八九〇年一一月に原則禁止となったにもかかわらず、ニッケル商会が、艀船五、六艘を港内荷積場に繋いで数時間にわたって揚卸作業を行い、実質他の艀船を港内に入れないという行動をとったことにあった。艀船業者は連合して三回にわたって県知事に嘆願を出したが、県は何の対応も行わなかった。そこで、七月一二日に、艀船の船夫・船主が元町三丁目の善照寺に集合して、示威運動に出たのである。警察は彼らに注意を加え、ニッケル夫婦は大阪へ避難するほどの騒動になった。ニッケル商会よりも経営基盤が圧倒的に弱い艀船業者たちにとって、ニッケル商会に規則を守らせるのは容易でない。行政に公正な判断を求めても拒絶されるなか、彼らは団結して示威するという方法をとったのである。ここにも、暴力的な手段で一時的に強弱関係を逆転させ、要求を通そうとする行動様式が見て取れる。なお、この一件でニッケル商会は曳船営業の免状を剥奪されたが、無免許船で曳船を行うなど、その専横な挙動に変化は見られなかった。

4　労役請負会社の設立

外国人請負業者の台頭によって沖仲仕の雇用・待遇が悪化するなか、関浦清次郎らが新たな計画を起ち上げた。艀船業者の示威行動と時期が前後するが、一八九〇年一〇月、関浦が同志に図って労役会社を組織し、日本人沖仲仕を外国人請負業者からその会社に鞍替えさせようとしたのである。

一〇月二二日の『神戸又新日報』には、井上百浦という人物の、この計画を支持する投書が掲載される。この投書によると、現在の港湾荷役は、発注主である船長から、「外人なる人夫受負者」、「第二の受負者南京人」、「本邦人なる受負業者」＝「本邦人の頭と称ふるもの」を経て、ようやく労働者を直接雇うことになっており、労働者の取り分は十数銭だという。そのため、彼らのあいだには、船内の便所等に隠れて怠けたり、抜き荷をしたりすることが横行しており、各国人は日本人労働者を清国人労働者よりも低く見ていると、百浦は嘆いている。「外人」（＝欧米人）と「南京人」（＝清国人）の請負業者が、対等な関係ではなく、清国人が欧米人の下請けをする関係になっているという指摘は、他の史料にはなく注目される。実態に関する記述はさらなる検証が必要だが、いずれにせよ、百浦は雇用の多層化を問題視して、関浦の計画は「我が労役者をして、外人の羈伴を脱せしむるの好機会」であると支持している。

一〇月二五日には、関浦が合同資本で神戸労役会社を設立し、知事より認可を受けている。これを報じた『神戸又新日報』も、「美挙といふべし」と支持する立場を明確にしている。[*30] そして、一一月一〇日には、会社発起人の一人である井上方勝が、上阪のついでに板垣退助を訪ね、会社のことについて意見を求めたところ、大いに賛同を得たという。[*31] 滑り出しは順調であったといえよう。しかし、資本金の募集が思うように進まなかったのか、会社が本格的に稼働し始めるまでの約二年間の経過が明らかでない。

一八九二年一一月一七日には、関浦清次郎、藤野清八、池本兼太郎、大沢方麿、諸岡忠次郎、河谷正艦らによって、ステベドーリング商会が設立された。午後七時より三宮朝日座で会費不要の懇親会が行われ、一五〇〇名以上が集まったものと見られる。[*32] ようやく、船長・貨主と直接契約を結ぶ日本人請負業者が、稼働し始めたのである。ニッケル商会は、この動きに負けじとしきりに船長に雇入れの営業を行った。ところが、ニッケル商会と松記に雇われていた仲仕頭はストライキを起こし、ステベドーリング商会に鞍替えしており、実際に人足を調達することができない。そのため、ニッケル商会は、兵庫や西宮に募集員を派出して、人足確保を行わざるをえなかった。[*33] ここまでは、事態がねらいどおりに展開したのである。

しかし、会社設立から数日後には、早くも暗雲が立ちこめ始める。一一月二三日の『神戸又新日報』には、「早く調停せよ」と題した社説が掲載される。この社説は、ステベドーリング商会の設立について、その気概には賛成せざるをえないが、この商会の挙動は「何分にも不穏当」であると非難している。なぜなら、この商会に属する仲仕が、数十名ときには数百名規模で、各自の小船に乗り、この商会に属さない、すなわちニッケル商会に属する仲仕に対し、通行を遮ったり悪口を浴びせたりして、仕事の邪魔をしているからだという。しかも、ステベドーリング商会では、こうした仲仕の挙動を黙許するどころか、奨励するほどの状態にあり、ニッケル夫婦はまたもや避難することになった。

一一月二八日頃には、出入りの船舶が少ないこともあり、前述した騒動は鎮静化したものの、事態は好転しなかった。居留地の汽船取扱商会に挨拶のないまま突如開業し、示威行動を起こしたため、船長らの商会に対する心象は悪く、発注依頼に応ずる者は少なかった。また、松記への合併申入れも失敗に終わった。[*34] そこで二八日、ステベドーリング商会は、雇い入れていた沖仲仕を解雇した。そのうち、ニッケル商会等へ雇われることができない八〇名程度については、家族の数に応じて、当分給助を与えることになった。商会は、この日までに八—九〇〇〇円程度消費したが、運動は失敗したのである。[*35]

布川氏は、この運動が失敗した原因として、たったひとつの会社が、ただでさえ過多な買人足（＝日雇いの沖仲仕）を掌握しようとすることに無理があったこと、そしてより根本的な原因として、外国船と外国船請負業者とのあいだには強固な関係があり、汽船取扱商会や外国船から受注するのが難しかったことを挙げている。[*36] 確かに、これらの原因は根本的なものである。しかしそれだけに、これらの原因は運動開始前から明白だったことでもある。

問題は、『神戸又新日報』の社説がいみじくも指摘していたように、上記二つの原因を打開する方法が「不穏当」だった点にある。買人足の掌握においては、酒肴を供するなどの懐柔策のみならず、ニッケル商会に属する仲仕を挑発・業務妨害することで、ステベドーリング商会に入った方が良いとの意識を植えつけるという、強硬策も用いていた。汽船取扱商会や外国船に対しては、まず信頼を得ることで注文を獲得すべきところを、挨拶もせず突然開業することで、彼らの心象を悪くした。そして、挑発・業務妨害といった示威行動は、信頼喪失に拍車をかけた。

関浦ら請負業者は、外国人請負業者の台頭による日本人労働者の雇用問題を、国家・社会の問題として訴えかけることで、篤志家から賛同金を募り、その問題を解決に導くための労役請負会社を設立した。この手法には、県からの奨励金で百人部屋を経営した関浦の経験が活かされていると見てよいだろう。自らの腕力に訴えるしかない末端の仲仕と異なり、顔役レベルの請負業者は、地位の高い人から協力を取りつけられるだけの知見と手腕を有していた。しかし、その彼らでさえ、仲仕の挑発・業務妨害が発生するとそれを奨励した。顔役レベルの請負業者も、多くは現場からの叩き上げであったから、腕力を見せつけて要求を通そうとする日稼ぎ港湾労働者の気風を、胸中に留めていたのであろう。ステベドーリング商会の雇用掌握計画は、請負業者と仲仕が一団となって発揮したその「不穏当」さゆえに、頓挫した。見方を変えれば、この計画は、それだけ日稼ぎ港湾労働者の主体性が発揮された試みだったのである。

5　一八九七年以降の外国人襲撃

一八九七年には、神戸の輸出高の大半を占めていた軽工業品の輸出が沈滞し、深刻な不況に陥った。[*37] この影響で、一八九七年以降、喧嘩やストライキが頻発・激化するようになる。

同年六月一日には、松記で殺害事件が起こる。[*38] 殺害されたのは広瀬佐二郎で、松記に雇われ、仲仕の繰出しなどをしていた仲仕頭である。殺害したのは、神港組の仲仕頭吉原勝蔵と他七名である。原因は、佐二郎が勝蔵よりも賃金の撥ね方が少ないため、みな佐二郎になつき、勝蔵方の人足も流れたことにある。さらに松記が神港組人足二〇名を雇止めしたため、勝蔵方の者が殺害に及んだのである。その後、松記では恐怖して仲仕の雇入れをしないことを協議していたところ、三日に勝蔵方に操出しを依頼していた梶原愛之助が、商会へ来て嫌味な文句を浴びせたため、神戸署へ引致され説諭を受けた。

この事件も、外国人請負業者が介在することによる請負の多層化という問題が、原因の一端になっていることは明らかである。佐二郎は、松記の事務も請け負って、松記から特別な待遇を受けることで、ピン撥ねを少なくして、多くの仲仕を抱えることに成功し、結果として神港組の怒りを買ったのだと考えられる。

七月二三日には、フランス船サラジー号の荷揚作業中、同船の水夫一〇〇名と、仲仕三〇〇名とが衝突する大規模な喧嘩が起きた。[*39] 仲仕福田正吉の作業が手間取っているところを、水夫が馬鹿にして打擲したことからトラブルとなった。仲仕らは、「会社の名誉を重んずると共に、温順にし、少々の事は堪へ忍ぶを常とすれど」、この一件で衝突を起こし、仲仕と水夫双方に負傷者を出した。神戸署より、数名の警官が出張し、船長に水夫への無教育による不法を詫びさせて、示談となった。この事件でも、第三節で確認した、日本人仲仕への蔑視感情が争いの引き金になっている。こうした些細なトラブルが、数百名規模の喧嘩に発展してしまうところに、この時期の港湾労働者社会が如何に沸騰寸前の状態であったかを、うかがい知ることができる。

八月一八日には、郵船会社配下の仲仕がストライキを行った。[*40] この原因は、郵船会社が賃金以外に付与していた利益配当について、上の上以上の仲仕頭しか受け取っていなかったことにある。配下の仲仕一二〇名は、すべての仲仕が配当を受けるべきと主張し、一六日より協議を始め、一七日に仲仕頭の一人松村長三郎へ連署の嘆願書を差し出した。さらに、一八日より九〇名がストライキに入り、協議のうえ一七日のものと同じ嘆願書を郵船会社役員に差し出した。一六日より探知・警戒していた警察は、一八日夜に仲仕五〇名を連行して、取調・説諭した。仲裁は、浅野栄次郎という顔役が行い、頭の下に仲仕取締人という役を設け、一二〇名のうち若干名を抽選して取締人とし、各自勉励の結果によって頭株に任命することで、双方折り合った。

このストライキは、日本の船会社に日本人請負業者を介して雇われた仲仕が起こしたもので、外国人請負業者は関係していない。ストライキを始めた日に顔役が入って示談になるという、比較的穏便な展開を見せており、日本人業者を相手取った方がコミュニケーションが円滑に進むことを示唆している。その一方で、仲仕頭に「上の上以上」というランクがあるように、外国人請負業者が介在しなくても雇用の多層化は起こっており、仲仕自身がその階層性を問題視していたこともうかがえる。

八月にも、ニッケル商会雇いの仲仕が、賃金が他の仲仕よりも少ないと苦情を言ったところから仲仕頭と喧嘩になった事件[*41]、車夫数名とその人力車に乗った西洋人水夫四名が、通りがかりの酔っぱらいと衝突を契機に喧嘩になった事件[*42]などが、相次いだ。一一月七日の『大阪毎日新聞』は、神戸の監獄への入監者が非常に増加しており、下等社会の者が八割を占めていること、米価騰貴が原因であることを伝えている。こうした状況を受け、兵庫県は対策に乗り出すことになる。

一一月二〇日、兵庫県は、仲仕業保護取締規則を公布した[*43]。この規則の趣旨は、全仲仕を業種別組合に組織させることで、仲仕個々人を警察が把握して管理することにあった（業種は、沖仲仕、浜仲仕、鳶仲仕、石仲仕、車仲仕の五種と規定された）。これにより、仲仕は、各組合長または身元保証人の加印を受けた願書を警察に届け出て、鑑札を受けなければ営業できなくなった。同規則第五条には、「喧嘩口論嘲弄罵言其他苟クモ粗暴強迫ヶ間敷言行アル可ラス（第四号）」「醜体ヲ露ハス可ラス（第六号）」とあり、この規則が、沖仲仕の外国人に対する粗暴な振舞いや「野蛮」さを抑止する目的で制定されたことが読み取れる。神戸沖仲仕業組合は一八九八年二月一日に認可を受け、二月二六日には役員選挙を実施し、組長、副組長、評議員を選出した。組長には関浦清次郎が、副組長には吉井鐵四郎が選ばれた。[44] 吉井は、一八八九年、関浦とともに沖仲仕団体の関吉組を設立した人物である。[45]

組合が組織され、仲仕業保護取締規則は運用の軌道に乗ったかに見えたが、実際には沖仲仕の把握は困難を極めた。一八九八年四月二一日時点で、神戸署は三―四〇〇〇名の下付を見込んでいたが、六―七〇〇〇名しか下付できていなかった。[46] そして逆に同年一〇月には、登録数が一万名以上になったにもかかわらず、入港船減少に伴って、神戸の沖仲仕を辞めて大阪・横浜の仲仕や鉱山の人夫になる者が続出し、実数が五〇〇〇名を下回る事態となる。[47] このように、沖仲仕は景況に左右されて数が大幅に増減するため、鑑札で把握する仕組み自体が非現実的だったのである。

また、沖仲仕を把握統制することで、日本人と外国人との摩擦を減らそうという、政策の背後にあったねらいも達成からは程遠く、事件は相次いだ。たとえば、一八九八年四月には、高原要蔵方の人力車夫岡村五三郎が、清国人の乗車賃の釣りを持ち逃げするという事件が起きる。清国人が要蔵に泣きついたため、要蔵は一〇円を立て替えてやったうえで、五三郎を告訴した。翌年一月、五三郎が別の帳場で働いているところを要蔵に気づかれ、戸場署へ引致された。[48]

このように、一八九七年以降の事件は、それ以前と異なり、日本人側が加害者となるケースが多かった。この事態を受け、一八九八年六月一日―二日頃、神戸の各国領事と居留地外商等が、居留地警察署に集会し、日本人労働者の外国人に対する暴行について、取り締まる巡査の少なさを問題視して、新条約実施後すなわち内地雑居開始後に増員するよう、大森鐘一県知事へ具申することを議決した。[49] 大森は、この具申に対し、次の談話を発表した。

> 神戸港の労働者が多少不都合の行為あるは事実なるべきも、亦外人中にて言語通ぜざる為めか、随分粗暴の行為を為すものあり、サレド兎に角今日は、我労働者を充分に取締る必要あれば、此程仲仕人足等を使役する諸会社の役員を招集して、取締方に命じたり、又別に此等のものを取締るべき特殊の違警罪を設け、警察官の配置法を改めて、充分に之れが取締りを為し、内地雑居後も成べく不都合なき事を期すべし[50]

表　違警罪中ゆすり・たかりに該当するか結果しうる行為

改正で追加	取締規定
○	強テ人ニ面会ヲ求メ，又ハ強談威迫若クハ威迫ヶ間敷所為アル者
	強テ合力ヲ乞ヒ，又ハ物品ヲ押売スル者
○	社寺ノ建築修繕又ハ祭典法会等ノ為メ，強テ出費ヲ促ス者
○	諸興行等ニ托シ，濫ニ他人ノ家ニ物品ヲ配リ金銭ヲ乞フ者
○	諸入札ニ付，落札人ニ対シ其事業又ハ利益ノ分配ヲ強請シ，又ハ出金ヲ促シタル者
○	道路ノ難所等ニ於テ，乗客又ハ車夫ヨリ需メサルニ，其車ヲ押シ賃銭ヲ求ムル者
○	故ラニ他人ノ身辺ニ立塞リ，又ハ背後ニ追随シテ不快ノ感ヲ抱カシムヘキ行為アル者
○	神職僧侶ニ非スシテ，猥リニ他人ノ為メニ加持祈祷ヲ為シ，又ハ守札ノ類ヲ配布シタル者
○	官許ヲ得スシテ，道路橋梁渡船ノ通行銭ヲ取リタル者
○	富籤ニ類似ノ所業ヲ為シタル者

日本人労働者による外国人襲撃事件は、外国人側にも非があると釘を刺したうえで、人足請負会社の役員を取締方に命じること、特殊違警罪を設けること、警察の配置法を改めることを約束したのである。この違警罪は、六月二七日の兵庫県報号外で公布された。[*51]

違警罪を改正前後で比較してみると、単純な暴力行為やいわゆる風俗紊乱行為が追加されたのは当然だが、ゆすり・たかりに該当するか結果しうる行為が八規定追加され、全五六規定中一〇規定を占めていることが、注目される（表）。改正で追加された行為は、その経緯から、それまで日本人労働者が外国人に仕掛けてきた行為を反映したものといえる。実際、違警罪改正前の一八九八年六月五日には、自称竹細工の仲買、実は彫物師の松浦信太郎が、停泊中のノルウェー船アードチ号に行き、乗組員に入れ墨を施しているところを、巡査に認められ、拘留一日に処せられた事件が起きていた。[*52]違警罪改正には、まさにこの事件のような「いかがわしい」商売で外国人から金を巻き上げる行為が、雑居地の街路で行われても、取締を可能にするという意図があったと考えられる。

このように、一八九七年以降の外国人襲撃には、強請などにより一時的に日頃の搾取・被搾取関係を逆転させ、生活の糧を手にするという特徴が見られた。ここにも、日稼ぎ港湾労働者の、自らの力を見せつけることで要求を通そうとする行動様式が、かたちを変えて表れていたといえよう。

6　非雑居運動

一八九九年七月には、清国労働者非雑居期成同盟会が結成される。第一節でも取り上げた七月一六日の結成を報じる新聞記事には、同盟会の会則が次のように掲載されている。

一　本会は、神戸海陸労働者を以て組織し、事務所を○○に設置す
一　本会は、清国労働者の入国を排し、我国労働者の風紀を保全するを以て目的とす
一　本会は、前項目的を貫徹せん為め、神戸市海陸労働団体より、一団体に付二名の委員を選出し、百般の事務を処理せしむ
一　本会の費用は、前項各団体に於て、平等負担するものとす

布川氏も指摘しているように、[*53]会の目的は「清国労働者の入国を排し」という、雑居だけでなく入国さえも認めない強硬なものである。特定国籍の労働者を排斥するよう政府に要求するという発想は、自らの力を見せつけて要求を通そうとする日稼ぎ港湾労働者の行動様式とは異なっている。また、会則の第四項にあるとおり、同盟会は労働者たちに運動費用の負担を求めており、篤志家の賛同金を資本にしたステベドーリング商会の雇用掌握計画とも発想が異なっている。

では、非雑居運動は、どのような発想のもとに生じたのだろうか。そのことを検討するうえで重要なのが、会に関与した城常太郎、高野房太郎の存在である。繰り返しになるが、彼らはアメリカで労働組合主義に触れ、帰国後職工義友会を再結成した。一八九七年六月二五日には東京で、労働組合期成会の決起集会「我国最初の労働問題演説会」を開催した。その成功をアメリカ労働総同盟会長サミュエル・ゴンパーズに報告する高野の手紙に、注目すべき

記述がある。高野は、演説会での反応から、労働者の資本家に対する強い憎悪感を感じ取ったと告白する。そして、その憎悪感を労働運動に混乱を来すものと見て、適切に指導すべきだと述べている。ゴンパーズから学んだ〝trade unionism pure and simple〟(労働組合は経済要求の実現を目ざすもので、政治活動からは距離を置くべきとする主張)の重要性を悟り、労働者のあらゆる急進的な行動を非難することを決意したというのだ。[*54] このように、当時の労働組合主義は、適切な待遇の確保を第一義とし、そのためには労働者の不満を統御することも厭わなかった。このことを踏まえると、神戸における日本人労働者の外国人請負業者に対する激しい憎悪は、城・高野の目に統御すべきものと映じたと考えられる。そして、城は米国で白人靴工による日本人靴工排斥運動を受けており、その圧迫に対抗すべく加州日本人靴工同盟会を結成した経験を持っている。この日本人排斥運動は、政府に低賃金の外国人労働者を排斥させ、自国民労働者の雇用を担保しようとするという点では非雑居運動と同じであり、城の排斥される側としての経験が着想の源になっていた可能性は極めて高い。

『労働世界』に掲載された、七月三一日の演説会で頒布されたという檄文は、非雑居運動と当時の労働組合主義的な発想との結びつきを裏書きしている。注目されるのは、一八九二年のステベドーリング商会の運動について、次のように言及している点である。

明治二十五年十一月某々外人が、神戸港に於て盛に労働者取扱を営むや、同業者は外人に其業を奪はるゝを憤慨し、白日抜刀血を見るの惨劇を演じたるは猶人の知る所なり、取扱業者に於て且然り、数万労働者が身体を賭するの場合には、其惨状果して奈何あらん、勢茲に至らば国家の治安を擾乱するのみならず、施て国際の紛議を醸出し、隣交を害ふこと、必ず尠少にあらざるべし

檄文の書き手は、一八九二年の運動で流血事件にまで及んだことについて、請負業者の運動でさえこのような惨状を見たのだから、労働者が運動する場合はさらなる惨状を覚悟すべきだと述べている。外国人請負業者に向けられて

きた暴力を、巧みに清国人労働者へと向け直そうと鼓舞する表現だといえる。それと同時に重要なのが、一八九二年の運動を、単なる請負業者の運動と誤解している点である。破綻時に再就職の困難な仲仕を扶養したことから、ステベドーリング商会が、請負業者のみならず仲仕労働者の保護も企図していたことは明らかであるし、その際に暴動を起こしたのはむしろ仲仕労働者の方であった。この誤解は、神戸での港湾労働事情に精通していない者が檄文を草したことを暗示している。

このように、非雑居運動は労働組合主義者が指導的役割を果たしていた可能性が極めて高い。とはいえ、日本人労働者の外国人請負業者への激しい憎悪を抑制することは、日ごろ沖仲仕の統制に苦慮していた日本人請負業者すなわち仲仕頭たちにとっても、望ましいことだったはずである。実際、長らく関浦とともに人足請負をし、当時は神戸沖仲仕業組合副組長を務めていた吉井鐵四郎は、非雑居運動を積極的に推進していたようで、「労働問題団結ぶし」なる小冊子を刊行し、街頭で高唱・頒布したという。[*55] 七月三一日の演説会における二五〇〇余名という参加者の多さには、流動的な労働者にもある程度顔の利く、吉井のような上位の仲仕頭の協力が作用していたと考えられる。

一方、同盟会結成以降の経過をつぶさに追っていくと、港湾労働者が、非雑居運動に対して必ずしも一枚岩でなかった様子が浮かび上がってくる。ここでは、三つの事例を検討しておきたい。

一つ目は沖商業組合への清国人の加入である。七月一七日には、内地雑居が開始されたが、居留清国人に限っては、政府より発令のあるまで居留地に留め置き、市内には雑居させないということになった。[*56] そして同月二七日には、勅令第三五二号が発令され、「労働者ハ特ニ行政官庁ノ許可ヲ受クルニ非ラサレハ、従前ノ居留地及雑居地以外ニ於テ居住シ、又ハ其ノ業務ヲ行フコトヲ得ス」という文言で、実質的に清国人の内地での労働が禁じられた。ただし、行商人については、この「労働者」の規定からは外れていたため、以後清国人は主に行商人として日本国内に流入した。[*57] こうした動きに伴い、神戸の沖商業組合は従来未加入だった清国人の加入を認めている。[*58] 請負業者との雇用関係を持たない沖商は、非雑居同盟会会員の対象ではなかったとはいえ、沖商にとっても清国人は競争相手だったにもかかわらず、沖仲仕とともに彼らを排斥しようとはしなかったのである。

二つ目は、沖仲仕名義による運動に反対する新聞投書である。七月一九日の『神戸又新日報』に、次のような投書が掲載されたのだ。[*59]

近来我々労働者の一致協同と称し、支那人労働者排斥運動を始めたものがあるが、是等は我々に曽て一応の相談も遂げざりしものである、そしてコンナ大問題は、分らぬ者程余計に理解せしめたる上の事にして下されば宜《よい》に、運動費の七百円かとて、我々の頭《あたま》にかゝることですから　沖組合一員

運動は、沖仲仕の預かり知らないところで始まったものであり、運動の事情も理解できない状態で、運動費を支払うのは迷惑だというのである。無学文盲の多かった沖仲仕にこのような投書ができたかは疑わしく、仲仕頭を務めるような、ある程度教養のある者が書いたと考えられる。いずれにせよ、非雑居運動は従来の喧嘩やストライキと異なり、特定の雇主や顧客に対する要求行動ではなかったから、運動の意義を理解しがたいという意見が出るのは当然であった。また、そうした立場から運動に参加しなくても、それで不利益を蒙る懸念もなかった。非雑居運動においても、沖仲仕の流動性が、糾合を難しくしていたのである。

三つ目は、神戸陸仲仕業組合による運動不参加宣言である。沖仲仕の反対投書が載った同日の同紙には、次のような正誤記事も載っていた。

清国労働者非雑居期成同盟会と題する項中、本組合も一致運動するものゝ如く掲載相成候得共、本組合は該会とは処見を異にする為め、委員を出さず、随て費用の分担も致さゞる次第に候条、此全文を掲げ正誤相成度、此段及照会候也

一六日の記事に掲載された同盟会の会則は、「海陸労働者」が一致して運動を始めたような記述だったが、陸仲仕

業組合は、正誤記事のかたちで明確に不参加の意思表明をしたのである。確かに、熟練労働で仲間組織も強固な陸仲仕には、清国人労働者の入り込む余地がほぼ無かったわけで、陸仲仕の運動参加は自ずと沖仲仕への協力という意味合いを持つ。しかし、当時の両者の関係は、協力が成り立つほど良好な状態になかった。沖仲仕業組合と陸仲仕業組合は、従来陸仲仕業組合にのみ所属していた浜仲仕を沖仲仕業組合にも加入させるべきかをめぐって対立し、一八九九年四月、つまり非雑居運動の始まる三ヶ月前まで裁判を続けていたのである。[*60] 陸仲仕業組合の不参加声明には、この事情が介在していたと考えられる。匿名の個人で運動反対の投書をした沖仲仕とは対照的に、組合の総意として運動不参加を言明したことは、拘束性の強い陸仲仕の結合のあり方を物語っている。

このように、港湾労働者の非雑居運動に対する非協力や反対の態度には、それぞれの業種の抱える事情や行動様式が影響していた。運動の主力として期待された沖仲仕・陸仲仕のうち、沖仲仕は組織化が難しく、組織化の容易な陸仲仕からは理解を得られない状況にあったため、指導者の強い牽引力をもってしなければ、運動を継続させることは難しかったといえる。八月二六日には、第三回演説会が行われ、一三〇〇余名の参加者を得て活況を呈したが、[*61] 同時期に東京の労働組合期成会が急速に衰えたこともあり、[*62] 九月以後の活動の形跡は確認できなくなる。

しかし、労働組合主義は、上位の仲仕頭のその後に影響を与えた。翌年の一九〇〇年一二月、大庭竹四郎（元市議会議員、進歩党系）を社長とし、関浦を営業顧問役とした神戸労働株式会社が設立された。一九〇二年五月の決算報告では、吉井が取締役に名を連ねている。この会社は一〇〇〇人の労働者を集め、斡旋することを目的としており、実際には、常時二〇〇人前後の労働者を寄宿させていたという。人夫の寄宿舎として一六舎を建設し、舎ごとに舎監一人、一〇棟の売店、一棟の医院と常任医員、浴場、二棟の炊事場、一棟の事務所を備えていた。[*63] 労働者の衣食住を保全する一方、舎監による監視体制を敷いている点に、労働者の適切な待遇を確保しつつも、彼らの「粗暴さ」を抑制していこうとする労働組合主義の影響が見て取れる。

なお、時代を下るが、吉井は一九一八年に『資本と労力の調和』なる談話本を発表している。吉井は、労働者は愛撫すべき存在であるという前提と、「不良学生」から労働者になる人びととも対峙してきたという実際的見地から、請負業者の全国的な組合を組織し、資本家と労働者のあいだの調整に努めるべきことを提唱している。そのなかで、ゴンパーズの演説稿中の、労働協会にあらゆる権能を持たせていこうとする主張を、危険だと批判し、請負業者の存在意義を訴えている点が、とくに注目される。吉井は、労働組合主義をそのまま内面化したのではなく、労働者の事情に通じた請負業者が調整弁になるべきだという、港湾労働者独自の労使協調モデルを模索していったのである。ここには、根無し草的な労働者を目の当たりにしての彼らへの温情と、その温情の実現により自らの存在意義を確認していこうとする意識が媒介していたといえよう。

話を非雑居運動後の時点に戻すと、日稼ぎ港湾労働者たちは、相変わらず大規模な喧嘩やストライキを繰り返していた。たとえば、一九〇〇年六月二日—三日には、ニッケル商会に対し三〇〇人規模のストライキが起きた。[*64] 一九〇一年九月二五日には、神戸労働株式会社寄宿の労働者三〇名を中心に、一五〇—一六〇名の「仲仕風の者」が、賃金をめぐる集会を起こし、警察が散会命令を出している。[*65] 環境の整った神戸労働株式会社に寄宿していても、承認しかねる事態が起きれば、労働者たちは、それまでと同様の行動様式を採るしかなかったということを、如実に示している。非雑居運動は、それまでの日稼ぎ港湾労働者の行動様式とは異なった要素を持った運動であったが、その影響を受けたのは上位の仲仕頭たちであり、末端の仲仕たちには大きな影響を及ぼさなかったものと考えられる。

7　おわりに

これまで述べてきたように、日稼ぎ港湾労働者のあいだには、一八八〇年代後半より共通した行動様式が表れた。

それは、自らの力を相手に見せつけることで要求を通そうとするものであった。その「力」とは、多くの場合、喧嘩で発揮される文字どおりの「腕力」であったが、一八九〇年代以降繰り返されるようになったストライキでは、「労働の力」を団結しての労働放棄によって見せつけた。そして、一八九七年以降には、腕力・知力を駆使して外国人から金品を巻き上げることで、かねてから彼らを侮蔑してきた外国人への復讐と、生活の糧の確保とを両立させた。

彼らには学問も地位も富もなく、行政や雇主・請負業者の保護も十分でなかったため、こうした手段によってしか、自らに降りかかる問題に対処することはできなかった。しかし逆にいえば、彼らは、他者の保護に依らず、自らの力を見せつけて請負業者らを困惑・恐怖させていくことで、「強さ」を自他に認識させることができたのである。

一方、清国人排斥を政府に要求する非雑居運動には、労働者が自らの力を見せつけて「強さ」を実感できるような局面は存在しなかった。本論で分析したように、この運動には、外国人請負業者に対する露骨な攻撃を抑制しようとする、労働組合主義者の意図が働いていたとさえ考えられる。労働者が、この運動において「強い」自己像を抱くためには、排斥の主体である国家に自己を同一化しなければならなかった。別の言い方をするなら、非雑居運動に参加した者は、清国人労働者を排斥しうる日本国民という、彼らにとってかつてなく「強い」自己像を抱くことになった。ただし、国家の恩恵を実感できることがほとんど無い彼らにとって、その自己像がきわめて虚構的であったことはいうまでもない。もちろん、自らの力を見せつけて要求を通す自己像にも、必ずしも要求が通ることばかりではなかったから、虚構は混入しているが、彼らの日常的な行動様式に根ざした自己像である以上、国民としての自己像よりは実像に近かったといえる。

日稼ぎ港湾労働者の国民意識を検討するには、「はじめに」でも述べたように、日清戦争時の経験など、さらに多くの事象を加味して検討する必要があるため、これ以上の言及は避ける。しかし少なくとも本稿での分析から、日稼ぎ港湾労働者が政府へ清国人労働者排斥による保護を要求する過程において、彼らは、自らの力を見せつけることで要求を通そうとすることで表明してきた「強い」、しかし他から見れば「粗暴」と映る、ありのままの自己像を、一度放棄せねばならなかったということは、指摘できるだろう。前述したとおり、非雑居運動は日稼ぎ港湾労働者の行動様式を変えるほどには影響を及ぼさなかったが、運動に参加し、演説会の熱狂の渦に身を置くことで、こうした意識変化が生じた可能性は高いといえる。

註

＊1　『神戸又新日報』一八九九年七月一六日。
＊2　『労働世界』第四二号、一八九九年八月一五日。
＊3　布川弘『神戸における都市「下層社会」の形成と構造』兵庫部落問題研究所、一九九三年。
＊4　松永昌三「社会問題の発生」、『岩波講座　日本歴史　一六』岩波書店、一九七六年、二五七頁。
＊5　宮地正人『日露戦後政治史の研究』東京大学出版会、一九七三年を指す。
＊6　藤野裕子「都市民衆騒擾期の出発―再考・日比谷焼打事件―」、『歴史学研究』第七九二号（二〇〇四年九月）。
＊7　『神戸築港調査書』神戸築港調査事務所、一八九八年、六六―六七頁。
＊8　『神戸又新日報』一八九九年三月五日。
＊9　同前。
＊10　回漕業については、村田誠治編『神戸開港三十年史』下、開港三十年記念会、一八九八年（原書房復刻版、一九七四年参照）、二二三―二三六頁。
＊11　布川弘前掲書、二一頁。
＊12　『大阪毎日新聞』一八九七年一二月二四日。『神戸開港三十年史』下、六二三―六二四頁。
＊13　『神戸開港三十年史』上、四〇六―四一二頁。
＊14　朝日新聞神戸支局編『兵庫百年　夜明けの人びと』中外書房、一九六七年、七三―七五頁。
＊15　『神戸開港三十年史』下、六〇七―六〇八頁。『神戸開港百年史』神戸市、一九七二年、六三五頁。

＊16 『神戸開港三十年史』下、七九―八〇頁。
＊17 『神戸開港三十年史』下、六二九頁。『神戸開港百年史』六三五頁。
＊18 『神戸築港調査書』六三頁。
＊19 『神戸開港百年史』六四五頁。
＊20 『神戸築港調査書』六四頁。
＊21 『神戸又新日報』一八九九年七月一四日。
＊22 『神戸又新日報』一八八六年一月一七日、二二日、二六日、二九日、二月二日。
＊23 『神戸又新日報』一八八六年二月一八日。
＊24 『神戸又新日報』一八八七年七月七日。
＊25 『神戸又新日報』一八八九年五月九日。
＊26 『神戸又新日報』一八九〇年九月三日。
＊27 『大阪毎日新聞』一八九七年一二月二五日。
＊28 『神戸又新日報』一八九〇年一〇月二日。
＊29 『神戸開港三十年史』下、二三六―二三七頁。兵庫県労働運動史編さん委員会『兵庫県労働運動史』兵庫県商工労働部労政課、一九六一年、一八頁。
＊30 『神戸又新日報』一八九〇年一〇月二九日。
＊31 『神戸又新日報』一八九〇年一一月一一日。
＊32 『神戸又新日報』一八九二年一一月一七日。『神戸開港三十年史』下、六二二頁。社名は「貨物積卸請負会社」、「ステウドー商会」(steward ＝船の手荷物係)、「ステベドーリング商会」、「ステベドーリング・カンパニー」(stevedore ＝船荷積卸人足)など複数種の記載がある。
＊33 『神戸又新日報』一八九二年一一月二〇日。
＊34 『神戸又新日報』一八九二年一一月二七日。
＊35 『神戸又新日報』一八九二年一二月一日。
＊36 布川弘前掲書、一〇五―一〇六頁。

＊37 『神戸開港三十年史』下、一一六頁。
＊38 『神戸又新日報』一八九七年六月三日―五日。
＊39 『神戸又新日報』一八九七年七月二五日。
＊40 『神戸又新日報』一八九七年八月二〇日、二一日。
＊41 『神戸又新日報』一八九七年八月二一日。
＊42 『神戸又新日報』一八九七年八月二四日。
＊43 『兵庫県報』第五九六号、一八九七年一一月二〇日。
＊44 『神戸又新日報』一八九八年二月二七日。
＊45 『兵庫百年　夜明けの人びと』七五頁。
＊46 『神戸又新日報』一八九八年四月二三日。
＊47 『神戸又新日報』一八九八年一〇月一七日。
＊48 『神戸又新日報』一八九九年一月二三日。
＊49 『大阪毎日新聞』一八九八年六月四日。
＊50 『大阪毎日新聞』一八九八年六月二一日。
＊51 『兵庫県報』号外、一八九八年六月二七日。改正前の違警罪については、『兵庫県報』二〇〇号、一八九二年三月二九日。
＊52 『大阪毎日新聞』一八九八年六月七日。
＊53 布川弘前掲書、一一二頁。
＊54 「職工義友会の演説会の成功を伝える」（高野房太郎発・サミュエル・ゴンパーズ宛書簡）、大島清・二村一夫編訳『明治日本労働通信』岩波文庫、一九九七年、五〇―五一頁。
＊55 吉井鐵四郎『労力と資本の調和』弘徳館、一九一八年中、筆記者（氏名等不明）による「本書の公刊に就て」の一―二頁に記載あり。
この史料については本文で後述。
＊56 『神戸又新日報』一八九九年七月一七日。
＊57 許淑真「日本における労働移民禁止法の成立―勅令第三五二号をめぐって―」、『東アジアの法と社会』汲古書院、一九九〇年、五七七頁。同「労働移民禁止法の施行をめぐって―大正十三年の事例を中心に―」神戸大学社会学研究会『社会学雑誌』第七号、

一九九〇年、一〇八頁。

＊58　『神戸又新日報』一八九九年七月二八日。なお、この記事では、沖商に苦境を強いている主因として、欧州汽船を中心とした外商同盟が、沖商から日用品以外の買取を禁じたことを取り上げている。買取禁止の背景には、陶漆器・絹物を転売し巨利を得る乗込員の存在があった。

＊59　『神戸又新日報』一八九九年七月一九日。この投書は、牧民雄『ミスター労働運動 城常太郎の生涯』彩流社、二〇〇六年の一九〇頁でも取り上げられている。

＊60　『神戸又新日報』一八九九年三月五日―八日、四月二一日。

＊61　『労働世界』第四四号、一八九九年九月一五日。

＊62　牧民雄前掲書、一九六頁。

＊63　原田敬一「第二章第二節　神戸の労働者」、高尾一彦・鈴木正幸監修『新修神戸市史』歴史編Ⅳ近代・現代、神戸市、一九九四年、三三四頁。一九〇二年の決算報告は、『神戸又新日報』一九〇二年六月一日。

＊64　『神戸又新日報』一九〇〇年六月四日。

＊65　『神戸又新日報』一九〇一年九月二六日。

〔付記〕本稿の執筆に当たり、関浦清次郎のご曾孫、関浦昭子氏に関浦清次郎・吉井鐵四郎に関するお話しを伺い、文献探索等の参考とさせていただいた。心より感謝申し上げたい。

四　孤独な叫び
――植民地期妻／嫁に対する「私刑」と女性たちの法廷闘争[*1]――

蘇　賢　淑
（金　鉉　洙　訳）

1　家庭内暴力にも歴史がある！

久しく「女性と干鱈は三日に一度ずつ叩かなければならない」ということわざが通用しきた韓国社会において、最近妻に対する夫の強姦が性暴力であるという裁判所の判決が下された。[*2]一部では、この判決について「夫婦間の事柄を法の物差しで判断することは難しく、危険であろう」という懸念が表明されたりもしたが、この判決は、「例え夫婦間とは言え、相手の意思に反して強制的に性的関係を結ぶことは明白な暴力である」という主張が説得力を得られるようになった韓国社会の変化した現実を示している。「妻に対する殴打」が「暴力」であり、「明白な犯罪」であることを主張し、それに対する法的対策を講じることを求める女性たちの要求によって家庭内暴力防止法が制定されたのが一九九〇年代末であることを想起すると、家族関係の中で発生する暴力に対する感受性は、遅ればせながら徐々に敏感になっていることは明らかであろう。このような変化は、家族関係における加害者の暴力が決して「訓戒」や「しつけ」として美化できない深刻な暴力であることを明らかにした女性被害者たちの勇気と、彼女たちの被害が個人的な被害ではなく、家父長的社会秩序という構造的条件の下で現れる暴力であると主張して、被害者への支援と保護のための法的措置を設けるように国に要求してきた女性運動界の努力の賜物であろう。

家庭内暴力に対する法的処罰や社会的感受性の変化は、一見超歴史的に見える家庭内暴力も時代によってその意味が変化する歴史的産物であることを雄弁に物語っている。そしてこのことは、これまで女性学や家族学、社会学の研究対象であった家庭内暴力を歴史的な研究課題として積極的に検討する必要性を提起している。歴史的な脈絡から遊離した現実研究は、空虚な西欧理論の単純な繰り返しや「男性の暴力性」のような本質的・生物学的なアプローチに傾斜しやすく、現実に対する鋭い認識をむしろ妨げる障害物として機能することがあり得るからである。

本稿では、妻／嫁に対する暴力の問題を中心に、それが近代以降どのように変化してきたかを考察する。[*3] 既存の研究には、朝鮮時代の妻に対する暴力とそれに対する法的処罰規定および実際の処罰慣行の変化と一九八〇年代以降の妻殴打追放運動および家庭内暴力防止法制定運動の歴史を分析したものがある。それによると、朝鮮時代には儒教的家族秩序の樹立のために妻の夫に対する暴力は極めて厳重に処罰されたのに対し、夫の妻に対する暴力は寛大に処罰され、朝鮮後期になるほど、この傾向が強まったとされている。[*4] また、韓国社会における妻に対する暴力の問題は、一九八三年の「女性の電話」の設立を基点にして本格的に社会問題となり、その後、家庭内暴力防止法制定運動へと移行して、組織的な運動と実践の場となったという。[*5] このように既存の研究では、朝鮮時代／現代とに研究時期が切断されているだけでなく、法制度史／運動史研究とアプローチ方法が異なっており、前近代から近現代に繋がる歴史的な変化の過程を認識することは容易ではない。それは、何よりも、本格的に近代的変化が現れ始めた植民地時期の変容相が捉えられていないからである。したがって本稿では研究の空白として残っている植民地期を中心に近代社会への変化過程における妻／嫁に対する暴力問題が社会的にどのように発現し、認識されていたのか、それに対する女性たちの対応にどのような変化が現れていたのかを追跡してみたい。そのために新聞紙上でよく報導されていた女性「私刑」事件と妻／嫁たちの法廷訴訟等を分析していく。

2 妻／嫁に対する暴力の現実と「私刑」

(1) 植民地における貧困層の量産と日常の暴力文化

植民地時代にどれほどの多くの妻／嫁に対する暴力が発生していたかを体系的に示してくれる統計はない。したがって、新聞社会面の事件報道の頻度を通じて、当時の状況を推測してみるしかない。この時期の新聞では、今日よりもはるかに頻繁に家庭内暴力が報道されているが、当時報道された家庭内暴力事件の様相を見ると、妻／嫁が主な被害者であったことが分かる。例えば、一九二〇—四〇年の間に『東亜日報』に報道された夫婦間の傷害事件の関連記事は合計二三五件であるが、そのうち、夫や婿に対する傷害事件が一七件に過ぎないのに対し、妻または嫁に対する傷害事件は一三六件に達している。さらに、妻に対する暴行が主に夫によってひき起されたのに対し、夫に対する暴力は、主に義父、妻の男兄弟、姦夫など妻をかばう男性たちによって行われた。[*6] このような状況は、妻／嫁に対する暴力問題をジェンダー的に中立を仮定する家庭内暴力という脈絡からよりも、家父長的位階秩序によってねじまげられた家族秩序とその秩序の維持・強化のために幅広く許容されていた日常的なジェンダー暴力の問題として把握してみる必要性を提起している。[*7]

もちろん、当時の新聞に報道された暴力事件は大部分が極端な事例であろう。しかし、このような極端さは暴力の例外性を意味するよりは、その裏面にある日常化された暴力文化を暗示している。当時出版された小説の中で夫婦喧嘩の描写はこのような暴力の日常性を端的に表現している。例えば、羅稲香の小説『水車小屋』で富家の作男をしている夫が妻を殴る理由はただの「腹いせ」である。妻は「最も与し易いというよりも、最も安心して当たり散らせる人」として描写されている。[*8] 金裕貞の小説『妻』においてもまた、山里の貧乏な夫は、日々の営みで残すものもなく、むしろ借金に追われる農業と、妻子もろくに養えない恥ずかしさなどの、困窮のどん底で「やけくそになり」その怒りを妻に対する「ひとしきりぶん殴る」行為を通して解消する。そうしながらも夫は、「だけど、わしらが仇のようにいつも喧嘩するからといっても情がないわけじゃねえ。話ついでに言うが、情はわしらくらい厚くてべたべたしてるのはいねえだろうよ」と夫婦仲の良さを表現している。[*9] 夫にとって妻に対する殴打は暴力ではなく一種の夫婦間のコミュニケーションに過ぎず、日常的で当然な生活の一要素であったのである。

このように妻や嫁に対する暴力が一つの日常化した文化として家族関係の中に位置づけられていたために、度々深刻な傷害や傷害致死事件として飛火した夫や舅姑の暴力は偶発的な事件ではなく日常的・持続的な暴力の延長線上で発生する場合が多かった。[*10] 社会的に容認されていた日常的で些細な暴力がある瞬間に過度で残忍な暴力に転換したのである。

当時、妻／嫁に対する暴力が発生した要因は多様であった。新聞報道を見ると、ほとんどの場合、下層民たちの生活難と失業・貧困による妻たちの同居拒否や無断の家出、夫の蓄妾など多様な状況がきっかけとなり、暴力が振るわれている。特に、農村と都市に蔓延していた下層民の生活難とそこから来る生存条件の悪化は、植民地期の家庭不和が頻繁に現れる主要な契機であったし、それが家庭内暴力に繋がっていたと考えられる。家庭不和の増加傾向を確認する方法はないが、植民地経済政策によって農民層が没落し、貧民層が本格的に量産された一九二〇—三〇年代に自殺率が急激に増加したことを勘案すると、家庭不和もまた増加したであろうと推測してみることもできる。[*11] この時期、生活難によって自殺が急増し、特に男性自殺者数が急激に増加していた。[*12] 経済的な理由による男性の自殺の増加は、失業と貧困などによる悲観と挫折の中で下層民の家庭生活が極めて不安定な状態になったことを反映するものであり、このような条件は自殺だけではなく、家庭不和と妻／嫁に対する暴力の頻繁な発生の基盤になっていたのである。

(2)「婦徳」の強要と妻／嫁に対する「私刑」

経済的要因の他に家父長的社会文化もまた暴力発生の主な要因であった。新聞に報導された事件をみると、妻が労働をろくにできなかったり、労働を放棄する場合、夫の決定を待たずに妻が意思決定の主導権を行使する場合、夫と舅姑に対して従順でない態度を見せる場合等に頻繁に暴力が行使された。これは夫と舅姑に従順であり、よく敬い尊ばなければならないという「婦徳」が妻／嫁に強要され、そこから外れた妻／嫁に対する制裁手段として暴力が行使されたことを意味する。

そして、このように家父長的統制手段として暴力が活用される場合、その様相は殴打、結縛、チュリ（訳者：周牢=両足を縛りその間に棒を挟んでねじる刑罰）、拷問、烙刑など、極端で苛酷な形態が取られ、偶発的な暴力というよりは飼いならすための意図的懲罰の性格が濃厚であった。母が恋しくて実家へ無断に帰ってしまったりしたある嫁に舅姑と夫が「絶対服従」を強要して足の指の間に火をつける「悪刑」を加えたという次の記事は上記の状況を端的に示している。

平南徳川郡日下面興徳里李雲華の次女李寶国（一六歳）はヒヨコのような少女で、徳川郡徳安面徳洞里金某の長男金東学（仮名、二一歳）と去年一一月二五日に結婚したが、新郎になった東学は黄牛のように壮大な男で幼い李寶国には怖い対象だった。寶国はお母さんが恋しく度々その実家に帰るのが好きだった。ところが、今年三月一五日に金東学に死ぬほど殴られ、密かにその身を実家に隠したが、その母親は寶国を慰め、言いふくめて婚家に連れていった。すると、本夫の金東学はいきなり寶国を乱打し、縄で手足を縛った後、その父の金某は綿の固まりに石油をかけ、左足指の間に挟んで火をつけ、油が尽きると度々油をかけながら三〇分間も悪刑を恣行した。寶国はほとんど気を失い、これからは従順になるので許してほしいと哀願した。だが、そこでようやく解放された寶国は、再び舅が嫁として絶対服従するかと念をおそうとすると、玉ねぎのようにおとなしい寶国も「貴方みたいに極悪非道な人の嫁には死んでもならない」と拒絶した。金某と金東学は再び私刑をしようとしたので、金某の妻が駆けつけて制した。この噂を聞いた寶国の父母は駆けつけてその娘の寶国を自分の家に連れもどし、治療していたところ火に焼かれた左足の二本の指は腐ってとれてしまった。寶国は直ちに徳川署に告訴を提起し、前記金某らは徳川検事局に書類送検され、只今厳重な取調べを受けている。[*13]

嫁の絶対服従を確約させるための舅の努力はこれほど極端な暴力までいとわない方式でなされていたのである。当時のこのような苛酷な暴力は新聞紙上では「私刑」と命名されたが、この私刑は女性としての「婦徳」から外れた女性たち、特に労働をろくに遂行出来なかったミンミョヌリ（訳者：将来息子の嫁にするために幼いときから連れてきて育てる少女のこと）や姦通など性的にみだらだとされた妻や妾たちに集中的に加えられた。

姑の嫁に対する虐待問題は植民地期に頻繁にあらわれた現像であるが、特にミンミョヌリをはじめに幼い嫁たちに対する虐待は時として身体的暴力を含む苛酷な様相を帯びた。この時期、一〇代の幼い嫁たちの自殺事件がよく報導されたが、嫁の虐待が労働問題に比肩する朝鮮社会の「特殊問題」として指摘されるにいたったのもこのような状況においてである。[*14] 幼い嫁たちが虐待と暴力をうける契機は主に労働と関連していた。下層家族において労働力としての嫁の存在は極めて大きい意味を持っていた。家事や農事を担当する召使いを置く余力がない下層家族において嫁は労働力を確保する最も簡単な手段であったからである。[*15] 労働力としての嫁に対する高い期待とこれを満たせない嫁の不慣れ、未熟さ、弱さなどは舅姑の不満の種となった。農村へ嫁に行った女性たちの手記に嫁暮らしが、強要された労働と飢えとして記憶されるのはこのような理由によるのである。[*16] 幼い嫁たちは「寝坊をした」とか「遊びに行ってる」とか、「敏くない」または「農事がうまく出来ない」ために訓戒という名目の下にたやすく殴打された。深い傷を負い、さらには死亡したり、耐えきれず自殺する場合もあった。[*17]

一方、妻の姦通や姦通が疑われる場合にも夫や舅姑による暴力は極めて極端であった。この場合には殴打、結縛の他にも焼きごてなどの道具やその他のものを使って女性の性器を傷つけたり、[*18] または割鼻[*19]などの身体に対する直接的かつ極端な攻撃と、削髪[*20]などの象徴的な棄損としてあらわれた。このような苛酷な暴力は妻が姦通をしたことが明確になった場合だけではなく、姦通または不貞が疑われる場合にも恣行された。例えば、「通り過ぎる男性にタバコの火を貸した」とか、「村の粉屋で他の男子と一緒にいた」とか、さらには「実家でツバキ油を髪に塗ってきたのをみて品行が不正だ」と推測され、命にかかわる暴行を受けた。[*21]

3 訴訟を通じてみた暴力に対する女性たちの対応

(1) 暴力に対する多様な対応方式

私生活が厳しく隔離され、隣近所との意思疎通が断絶している今日と違って、植民地期には日常の生活空間が隣近所に開放されていたために、[*22] 妻や嫁に対する虐待殴打は今日よりはるかに可視的な形で村や共同体内で認知されていた。いき過ぎた暴力が発生した場合、これを規制する共同体的な規律が朝鮮時代以来の長い伝統として残っているところもあった。[*23] しかし、このような共同体的な規律は次第に弱化する一方、[*24] 没落した農民層の農村離脱は、共同体と社会から孤立した家族の増加をもたらした。それに従い、「いくら殴っても俺の女を俺が殴ってどこが悪いと突っかかられると、私は本当に言い様がない」に始まる金裕貞の殴打される隣の女性について描いた小説「悲しい話」のように、[*25]家族構成員に対する家父長の権限はもっとも侵犯し難しい事項として認識されていた。家庭内で発生する暴力に対して第三者が介入するのは容易なことではなかったのである。このように夫や舅姑の暴力行為に曝された女性たちは苛酷な状況が漏れないかぎり、暴力の下に放置される場合が多かった。そんな中で、女性たちが頼りにしたのは実家の父母と親しい知人であった。それでも家父長的な実家の父母と知人たちは婚家での暴行を問題視するよりは、娘に婚家での従順さと忍耐を強要するのが一般的であった。

多くの女性たちは、このように周辺の支持を得られない状況の下で諦念と忍耐をもって夫と舅姑の暴力に耐えていた。夫の暴力と虐待、蓄妾、金銭的な横暴などを単なる「運命」と「定め」として考え、それに耐えていく妻たちの手記が度々新聞等に報道された。[*26]しかし、諦念と忍耐だけで現実に耐えられなかった女性たちの中には、警察に訴えたり、逃亡または家出を通じて暴力的な状況から脱しようとする者が現れ、自殺や婚家への放火、夫を殺害するなど、極端な行為を選択する場合も度々発生した。一九三〇年代、家出女性が増加し、その中に既婚女性が相当数を占めていた状況、[*27]そして夫を殺害する事例がとりわけ多く発生した背景にはただ早婚のせいだけでなく、このような虐待と暴力があったからである。

(2) 女性離婚請求権の導入と綱常罪規定の消滅

植民地期の夫と舅姑の暴力に対する女性たちの対応は、消極的なものや極端な形態のものだけではなく、法廷訴訟という積極的な方法としても現れた。離婚請求権が許容され、夫と舅姑に対する妻の告訴を制限する法規定（綱常罪）がなくなったこの時期、法規定上の変化により、女性たちに法廷訴訟への道が開いたからである。朝鮮時代には七去之悪を理由とした夫の一方的な離婚は可能であったが、妻が夫を先に裏切ることは処罰の対象となっていた。しかし、一九〇八年以降徐々に裁判離婚制度が導入され、日本民法が援用されるなかで、「配偶者や配偶者の直系尊属から同居できないほどの虐待または重大な侮辱をうけた時」（依用日本民法第八一三条五、七項）女性は離婚を請求できるようになった。また、一九一二年朝鮮刑事令が公布されることによって朝鮮時代の法条文上に存在していた「妻や妾が夫や祖父母、父母を告訴・告発すると処罰する」という法条項が無くなり、暴力を受けた時、妻が直接、夫や舅姑を告訴することが可能となった。[*28]

朝鮮時代にも法的には夫が妻を殴打し、骨を折る以上の傷害を加えた場合、離婚ができるという条項はあったが、その際にも妻の意思だけでは離婚することはできなかった。官が介入して夫妻双方の意思を把握した後に離婚如何を決定したが、『朝鮮王朝実録』の事例を見ると、官は離婚を決定するよりは、妻に夫に対する道理を強調し、これを甘受することを薦める態度を取ったことがよくあった。また、夫の妻に対する暴力を処罰する法的規定も存在したが、妻が夫と舅姑を告訴できないという法条項により、この規定を妻が活用することは事実上困難であった。実際に『朝鮮王朝実録』の妻に対する暴行および処罰事例をみると、ほとんどの告訴は妻の父など、実家の男性によって行われた。妻が夫を告訴することは極めて難しいことであったことが覗える。[*29]

妻に対する離婚請求権の許容と綱常罪（訳者：三綱五常の人倫に反する罪）規定の消滅は、いままで家父長に幅広く許容されていた私的な刑罰権を制限するきっかけになった。女性たちは法定訴訟を通じて本格的に自分に加えられた暴力を問題視し、離婚および夫と舅姑に対する法的処罰を要求することが可能になったのである。実家や周辺から保護や支持を得られなかった女性たちは暴行と殴打などの被害事実を訴えるために警察を尋ねて行く場合が多かった。そこで彼女たちは離婚や刑事告訴のような法的措置の説明を受けたと考えられる。[*30]

(3) 法的訴訟を通じた対応

一九〇八年統監府による司法制度の改変の一環として日本式裁判所が設立されてから裁判上の離婚請求が初めて審

理され始めた。一九〇八年に一件だった離婚訴訟は一九一六年三三五件へと急増した。一九一六年以降は、全国統計がないので詳細を把握することはできないが、京城などの地域統計を見ると、一時的に減少する時期もあるが、概ね増加傾向にあったと推測される。離婚の総体における裁判離婚が占める比重は一九一〇年代に一%前後であったのが、徐々に増加して一九二〇年代から三〇年代には六―一〇%を占めており、一〇%を上回る地域もあった。このように増加した離婚訴訟において何より注目されるのは、女性原告の比率が極めて高かった点である。一九一〇年代の離婚訴訟において九〇%程度に至った女性原告の訴訟は、以降徐々に夫妻間の懸隔が縮まり、一九四〇年代前半には半分程度になったが、植民地期の累積値を見ると、女性請求が男性請求より二倍以上多かった。[*31]

このように増加した女性請求離婚訴訟において夫と舅姑の「虐待と侮辱」、つまり暴力が主要な離婚請求の原因の一つであった。ほぼ半数近い訴訟において暴力行為が問題になったが、[*32]夫や舅姑の暴力が生命を脅かす、自分だけではなく実家の親にまで及ぼす、別居している時に訪ねてきて殴打を事とするなどの状況から女性たちは虐待と侮辱を理由として離婚を請求した。[*33]

法廷は妻／嫁に対する暴力が、暴力であることを彼らの経験に基づいて言語化しようとする女性たちの行為が可視化される場であった。しかし、女性たちの言語が簡単に受け入れられたわけではない。女性の証言は男性の証言より重要性が低く、劣等なものとして扱われた。実際、虐待と侮辱を原因とした妻の離婚請求は棄却される事例が多く、これは統計からも確認される。一九〇八―一九一六年、妻から提起された離婚請求訴訟の統計から主要原因をまとめ、各原因別の受理件数に対する事実上の棄却と認容件数をパーセンテージにすると表のようである。

表で見られるように「夫の服役」や「生死不明」のような項目は事実上棄却の数値が低く、認容の数値が高い。これは原告である妻側の主張が裁判官から事実として認定され、離婚が認められる場合が多かったことを意味する。それに比べて「夫の虐待と侮辱」や「夫の直系尊属の虐待または重大な侮辱」の項目は、事実上の棄却の数値が高く、

表　主要離婚原因に対する処分結果 (1908 年—1916 年)

離婚原因	受理（件数）	事実上棄却（%）	認容（%）
夫の重婚	27	14.8	18.5
夫の強盗，窃盗，横領罪による服役	165	1.8	72.1
夫の虐待と侮辱	624	30.1	15.7
夫の悪意遺棄	153	24.8	33.3
夫の直系卑属の虐待または重大な侮辱	21	42.8	23.8
夫が妻の直系卑属虐待または重大な侮辱を加える	14	28.5	35.7
夫の生死 3 年以上不明	77	7.7	49.3

出典：司法府法務科，「朝鮮人間の離婚訴訟」，『朝鮮彙報』1918 年 2 月，113 頁．

認容は低い。これは原告である妻側の主張が事実として認められず、棄却される場合が多かったことを意味する。一九二〇—三〇年代の推移については正確に知ることはできないが、虐待を受けたという妻の主張が事実として認められない事例が依然として現れていることを考えると、このような状況が大きく変化したとは言えない。虐待や殴打に対する具体的な証拠を揃えないかぎり、女性たちの主張は往々にして嘘として排斥された。[*34] 女性側が勝訴したいくつかの事例は、妻に対する暴行があまりにもひどく村の人々がみな目撃し、かつ警察も目撃しており証言者としてその警官を法廷に立たせた場合であった。[*35]

一方、妻が経験した暴力が法廷で事実として認められたとしても、それがすぐに同居できないほどの虐待や侮辱として解釈されたわけではない。法廷は何が妻に対する同居のできないほどの虐待、侮辱であり、社会的に容認できない暴力であるのかに対する解釈をめぐって男女の間に闘争が展開される政治的空間であった。一九二〇年、嫁が姦通したという疑いで舅が嫁を「棕櫚縄で両手を縛り、棒や洗濯棒で全身を乱打し、ハサミで髪の毛の一部を切り、その残り部分は燃やし、陰門を破り、その中に手を入れるなど、夜を徹して惨虐を続けた」事件が発生、嫁がこれを理由に離婚を請求した。これに対して夫側は、妻が姦通した場合、これを反省させるため暴行をしたのは「適法行為ではないが、人情上当然の行為」であるとし、離婚を拒絶した。[*36] また、全北高敞郡の金レという若い農村女性は夫が酒を飲んで家に帰ってきてむちゃくちゃに殴打し、家の外に追い出したのに耐えられずに実家へ逃げ出したが、夫が探しに来て家に連れて行く途中でどぶ川に蹴飛ばされ、棒で殴られ、全治三週間の重傷を負ったとして離婚を請求した。これに対して夫側は、妻が遊びまくり、家のことは世話を見ず、虚栄心が強く、何度も諭したが、それを聞かずにかえって夫にむやみに飛びかかってきたので、「興奮のあまり何回か殴っただけなのに、そのぐらいのことで一緒に住めないほどの虐待をしたとは言えない」と離婚を拒絶した。[*37] 高裁まで上がったこの訴訟においては、妻の被害事実は認められたものの、これが同居できないほどの暴力であるかどうかについて舌戦が交わされた。上記の事例は結局妻の勝利に帰結したが、これは暴力を行使する男性側の感受性ではなく、その暴力をうける女性の感受性から暴力が再解釈され始めたことを意味する。注目したいのは、その成果が単純に裁判部の判決に起因するものではなく、敗訴判決にも関わらず、諦めずに法廷で最後まで戦い、勝訴判決を勝ち取った名もない女性たちの行為から始まったという点である。

暴力を加える夫や舅姑に対する妻たちの抗議は単なる離婚訴訟を提起することに留まらなかった。一九二〇年代から妻が夫や舅姑の暴力に対して刑事告訴をする事例が徐々に現れる。[*38] 告訴事例らを見ると、全治一週間程度の比較的に軽い暴行事例もあるが、概ね全治三週間以上の重傷や命にかかわるほどの暴行である場合が多かった。このような傷害罪告訴には男女平等に目覚めた新女性のみならず、一般の下層女性たち、甚だしくはミンミョヌリとして売られていた年少の女性たちも加担した。[*39] 告訴のほとんどは被害者である女性の父親や兄など、実家の家族の積極的な支援のもと行われたとみられるが、[*40] 女性自らによる告訴も現れていることが注目される。例えば、慶南密陽郡に住む「父親も無く老母だけの貧しい家の娘」の具在石は夫と舅姑の殴打に立ち向かって実家の家族の助け無しに、自ら夫を告訴した。[*41] このような女性たちの積極的な行為は新たな判例が現れる契機となった。一九三九年、確かな証拠もなしに姦通を口実に妻を暴行し、これを「当然な夫権」と主張する夫に対して高裁は上告を棄却し、「夫は妻がたとえその命令に順従せず、自意の行動を取るとしても、これに対する制裁の手段として暴行を加えても良いという法的根拠はない」と判決した。[*42] しかし、極めて苛酷な暴行が立証されない限り、大抵の女性たちの告訴は訴訟取下げや棄却として帰結し、処罰されても罰金刑などの極めて軽い処罰に帰結した。[*43]

離婚の際の財産分割権や親権および養育権、そして刑事告訴による被害者保護措置などの積極的な法的措置が揃えていなかった当時の状況で、妻／嫁たちの法廷訴訟は、実に生存そのもののための闘争であったと言うことができる。

4 妻／嫁への暴力に対する社会的無関心と分裂症的視線

(1) 暴力の可視化と社会的無関心

妻、あるいは嫁に対する体罰が正当な家父長的統制手段として夫と舅姑に寛大に許容されていたとみられる朝鮮時代にも、[*44]「両班はいくら腹が立っても決して妻を殴ってはいけない」という規範が存在した。[*45] しかし、これはあくまで家門の和睦を最優先価値とする儒教的道徳規範に基づいたもので、暴力が表象する夫と妻の不平等な権力関係を問題にし、妻の人権を考慮して夫の暴力を否定したものではない。「孝」や「親親」の原理によって父母や家長の非行があったとしても告訴できないようにしたのは、朝鮮時代の家族内における私的関係の規定が社会的正義や公正性の原理に優先するものとして受け入れられていたことを意味する。[*46] 国家は法を通じて家の構成員に対する家父長の排他的権利を支持し、夫の妻に対する私的統制を許容する態度と取っていたのである。このような法規定において社会的問題となるのは綱常の秩序をみだし、[*47] 夫と舅姑の権威に挑戦する妻および嫁の暴力行為であり、夫や舅姑の暴力行為ではなかった。

女性に対する虐待や暴力が社会問題として認識され始めたのは、「男女同等論」が導入され始めた韓末開化知識人らによってであった。例えば、一八八八年朴泳孝が内政改革を要求する上疏文において、「夫が婦人に対して暴力を行使することを禁じること」を提示したことがこれを示している。[*48] しかし、韓末の男女同等論は、周知の如く女性に新たな権利を付与することに強調点があったわけではなく、帝国主義の侵略の前で朝鮮の国家的強化を図るための一つの手段であった。そのため、男女同等論という旗印の下に女性たちは国民として新たに指称されたが、新たな権利が付与されるよりは国民としての女性の義務のみを強要される状況におかれることになった。[*49] 前述した朴泳孝の要求が「百姓の身体の健康に留意することによって、百姓を強く繁栄させるようにする」という項目に背置しているのはこのことをよく示すものである。夫の妻に対する暴力は女性の人権ではなく、ただ「健康な国民の養成」を阻害する非文明的現実として捉えられていたのである。

社会運動および女性運動が本格化した植民地期にも妻に対する暴力問題は社会的にほとんど注目されないまま、無視された。これは女性自身の経験に基づく運動というよりは、民族または階級運動に対する女性の動員と献身が強く要求されるという植民地女性運動の条件の下で、妻に対する暴力として表象される民族内部の家父長的権力関係が主な闘争課題として提起され難かったからであると推測される。さらに公的暴力が蔓延した植民地という条件は、私的暴力の暴力性に対して敏感な態度を取り難くする制約条件として機能した。一九一〇年代には日帝による笞刑が合法的な刑罰として与えられており、三・一運動以降、たとえそれが撤廃されたとはいえ、警察による拷問と身体的な暴力が日常化されていた政治的条件のなかで、家族内において発生する私的暴力は社会的に可視化されるとしても、問題として鋭く捉えられることは難しかったであろう。

(2) 「私刑」の意味

このような社会的な無関心のなかでも、当時の言論が妻／嫁に対する苛酷な暴力を「私刑」あるいは「悪刑」と報道して批判的な視線を現したところが注目される。この時期、「私刑」という言葉は日本人や西洋人宣教師が朝鮮人に加えた暴力に対して主に使われたが、それに加えて妻／嫁に対する暴力を意味する言葉としてもよく使われた。もちろん私刑という用語は朝鮮時代にも公的な刑罰に対比する用語として時折使われたが、ほとんど他人に対する不法な刑罰と関連させられるだけで、家族構成員に対する懲罰を問題視する観点は一般的では無かったと考えられる。[*50] 綱常の倫理下において夫や舅姑の暴力は、妻が死に至らない限り、社会的問題になり難く、私刑という範疇として捉えられることも難しかったのである。これに比べて植民地期において暴力を理由とした離婚および刑事告訴ができるように変化した状況下で、死に至らない暴力も刑事事件として扱われるようになり、私刑の範疇として認識されるようになった。

とすれば、当時の私刑とは何を意味したのであろうか。一九二二年に刊行された『私刑類纂』は、「「私」は「公」に対する言」として、私刑は「一私人または私人団体が犯罪者に加ふる私的刑罰」と定義している。[*51] そして、私刑の起源を説明しながら、「私人団体に害を被らしむる行為、多衆団体に不利を来たすべき行為、これを悪行為として、復讐的に懲罰を加へし事」で、国家組織が成立して復讐的懲罰を禁止し、国家に刑罰機関を設け、すべての犯罪人を処罰するようになったが、一個人または私的な団体が従来のように犯罪人に直接懲罰することを止めないので、初めて公刑、私刑の区別が現れるようになったと説明している。[*52] すなわち、夫／舅姑の妻／嫁に対する私刑は、妻／嫁の悪い行為に対する復讐的懲罰を意味するもので、国家の領域を個人が侵犯することが問題であり、懲罰をうける者の人権の側面が積極的に考慮されたものではないことがわかる。結局、妻／嫁に対する苛酷な暴力を「私刑」と名づけて報道したのは、彼女らの人権に対する社会的認識の変化を意味するよりは、家族を基本単位として天皇の下に垂直的に繋がった国家を組織し、これを通じて国民を生産しようとした日帝の家族政策[*53]のなかで国家による家族介入が強化されていく状況を示すものである。したがって、妻／嫁に対する私刑事件は度々報道されたが、にも関わらず、事件報道以外に特別な社会的関心が提起されることはなかった。これは妻または嫁に対する私刑事件とは別に、日本人による朝鮮人私刑事件、または西洋人宣教師による朝鮮人私刑事件が発生した場合、民族問題という構造的な暴力として認識し、青年会や新幹会などが立ち上がって策を講じ、真相究明や世論喚起などの活動を展開していたことと対照される。[*54]

(3) 女性の積極的な実践と分裂的な社会の視線

妻に対する暴力に関する社会的な関心が欠如した状況のなかでも女性たちによる個別的な法廷訴訟はうまずたゆまず行われた。このような個別的抵抗が継続されていたのは、社会的な無関心のなかでも、暴力の正当性に対する疑問が当事者である女性たちの内部に現れていたことを意味する。なぜなら、状況を認識する女性たちに自覚がないと、同一の虐待や暴力に対しても、反応は異なることもあり得るからである。例えば、一九二二年慶北達城郡において金今守は夫に棒で殴打され、「今や男女が同等なのに、私がなぜ夫に殴られ、我慢するか」と夫を告訴し、一九二四年京城府に居住する朴貞子は夫が賭博に明け暮れて、彼女を虐待すると、「今まで我慢してきたが、現代の男女平等思想からみる時に、到底この侮辱は我慢できない」として離婚を提起した。[*55] 自分がうけた暴行を個人的次元ではない男女不平等の社会構造の産物として把握する積極的な認識が現れている。時代の変化に対する感覚は、単に新女性だけの専有物ではなかったのである。

しかし、上記の金今守の事例を扱った記事のタイトルに「男女同等に中毒」と表現されたことからも明らかなように、女性たちの意識変化とそれに基づく実践は「男女同等に中毒」された行き過ぎた行為として非難されたりもした。夫の虐待を理由に改嫁に悩むあるミンミョヌリに「娘までいる立場なのに改嫁するのは正しくありません。夫も普通の人である以上、なんの問題もない妻を公然に虐待するはずがないので、あなたは夫の嫌いな点を直し、くれぐれもその夫とうまく暮らせるよう努力しなさい」と答えた相談記事は、夫の暴力が妻の誤った行動から始まったという家父長的信念を率直に示している。[*56]

個別的ではあるが、女性たちの法廷訴訟が行われるなかで、一九三〇年代には暴力夫に対する女性の離婚提起や刑事告訴を「女権」の次元から肯定的に解釈し、新たな判例に積極的に意味を付与する記事も現れた。[*57] しかし、他方においてはこれを非難する視線も依然として持続していた。特に品行問題で妻が暴力を誘発したと認識される場合、非難はより強化された。一九三三年黄海道鳳山郡の李寶佩は「品行が方正ではないという理屈で」夫と舅姑、小姑から集団暴行をうけた。[*58] 体を縛り付け吊るす、焼きごてや刃物で刺す、槌で殴打するなど、報道に現れた暴行の程度は極めて深刻なものだったが、記事はむしろ「自分の品行不正を叱り、殴打したとして夫への告訴を提起した「超モーダン」婦人」として告訴した妻に対し多少皮肉ともとれる態度を見せている。暴行の程度や深刻性が焦点とならず、暴行の原因であった品行不正問題により注目して妻に非難の視線を送っているのである。啓蒙的議論のレベルでの女性解放というレトリックと事件報道記事の間に現れる無意識的な非難の視線が、分裂的に交差していたのが当時の時代状況であった。

5　結びにかえて

植民地期朝鮮における妻／嫁に対する暴力は日常的であり、特に夫徳から外れた行為をした女性たちにとって暴力は極めて苛酷なものであった。当時、このような暴力は「私刑」と名付けられ批判されたが、社会はこの問題に無関心であり、女性の人権に対する積極的な考慮は提起されなかった。政治的自由が抑圧され、公的暴力が蔓延した植民地という条件の下で、私的暴力に対して敏感な視覚を保つというのは容易なことではなかった。そういう状況下においても女性に許された離婚請求権と夫／舅姑に対する刑事告訴権を活用し、法廷訴訟を通じて夫／舅姑の暴力に対抗する女性たちが現れていた。これらの女性は自分に加えられた暴力が「訓戒」と美化できるようなものではないと主張して新たな判例を導き出すために戦った。もちろんこのような法的な闘争をする女性たちは総体としてみると極めて少数に過ぎず、大多数の被害女性たちは悲劇的に対応していたのは確かである。経済的な自立が難しかった当時の状況において、女性が離婚を覚悟して法廷訴訟に出るというのは、今日でもそうであるが、容易なことではないからである。それにもかかわらず、このような個別の女性たちの行為に注目するのは、それが今までの記録上最初の女性被害者たちの抵抗行為であり、自分の被害が正当でないことを認めてもらうための闘争であるからである。そういう意味で妻に対する暴力への抵抗が一九八三年「女性の電話」の設立により、初めて現れたとする既存の見解は修正する必要がある。社会運動は遅れて始まったが、女性被害者たちは運動が始まる以前から全身で孤独な戦いをしてきた。

女性たちの法廷訴訟の数多くの事例が訴訟取下げや棄却として帰結したが、そのうちの幾つかは新たな判例を通して家父長的秩序を揺さぶり、社会的に許容できない暴力の範囲を再設定する契機を開いてくれたりもした。しかし、女性運動や社会運動の支援がない状況で、これらの判決は社会的な認識の変化を導く動力源としては積極的に機能できないまま忘れられていった。そういう意味で依然として一九八〇年代の妻に対する殴打追放運動と家庭暴力防止法の制定に帰結した立法活動は重要な歴史的意味を持っている。女性運動の組織的な問題提起が結合した時、被害女性の経験ははじめて社会的意味を積極的に獲得できる。しかし、力を尽くして勝ち取った家庭暴力防止法に対して、最近ある方面では、あまりにも家庭保護イデオロギーに基づくものであって、人権保護という実質的な機能を果たしていないという批判も提起されている。今日では妻に対する暴力は明白な犯罪として認識されるが、それに対する適切な処罰と被害者の安全および人権保障が現実においてどのように具体化できるかという問題については今なお課題として残されている。法が実質的に機能できるように、引き続き関心を持って新たな代案を探っていくことが我々の世代に果たされた課題であろう。

註

＊1　本稿は「고독한 외침 : 식민지시기 아내／며느리에 대한「사형死刑」과 여성들의 법정투쟁」（『歴史批評』歴史批評社、二〇一二年八月、一〇四号）を日本語訳したものである。

＊2　「「부부강간죄」인정、부부관계 특수성보다「인권」이 우선」、『京郷新聞』二〇一三年五月一六日付（http://news.khan.co.kr/kh_news/khan_art_view.html?artid=201305162212335&code=940301）。

＊3　本稿において妻に対する暴力ではなく、妻／嫁に対する暴力を研究対象にするのは、夫婦中心の核家族が一般化していなかった植民地期の特性を考慮し、家族内における女性に対する暴力が単に妻という位置に局限されるものではなく、嫁という位置とも密接な関連を結んでいることを明らかにするためである。

＊4　朴景「刑政운용을 통해 본 조선 전기의 가족정책—夫妻간의 폭력에 대한 처벌 실태 분석을 중심으로」『사학연구』第九〇号、二〇〇八年。同「살옥（殺獄）판결을 통해 본 조선후기 지배층의 부처（夫妻）관계상」『여성과 역사』一〇、二〇〇九年。白玉敬「조선시대의 여성폭력과 법—경상도 지역의「검안」을 중심으로」『한국고전여성문학연구』一九、二〇〇九年。柳承喜「19세기 여성관련 범죄에 나타난 갈등양상과 사회적 특성」『대동문화연구』第七三集、二〇一一年。文賢雅「판결문 내용분석을 통한 조선 후기 아내살해 사건의 재해석」『진단학보』一一三、二〇一一年など。

＊5　李賢淑・鄭春淑「아내구타추방운동사」韓国女性の電話連合編『한국여성인권운동사』、한울、一九九九年。鄭春淑「가정폭력방지법 제・개정과 여성운동」韓国女性の電話連合企画、김은경他『가정폭력、여성인권의 관점에서』한울、二〇〇九年など。

＊6　夫に対する傷害事件一七件のうち、妻が暴行した事件は五件のみであり、他は妻の実家の男性や姦夫による暴行事件であった。これに比べ、妻に対する傷害事件一三六件のうち、夫による暴行事件は一〇二件、夫と舅姑が一緒に加担したのが一二件で、夫が加害者である場合が圧倒的に多かった。

＊7　家庭内暴力は「家庭内で発生する暴力行為」という比較的に素朴な定義で、家庭内暴力の固有の暴力性、持続性、性別性、複合性などは捉えられないという問題がある。梁鉉娥は家庭内暴力においてジェンダー間の力学関係から来る暴力が支配的である点を指摘し、家庭内暴力のジェンダー暴力的性格を明確にするために「ジェンダー暴力」という概念を提示した。ジェンダー暴力という概念は家庭内暴力に対する新たな理解方式を提供する。女性が身体的に弱かったり、経済的に劣っているから家庭内暴力が発生

するのではなく、家庭内暴力によって女性が弱められ、統制されるという論理の転換が行われる。また、家庭内暴力の原因は他のものに還元されない、女性を飼い慣らすための意図的な手段であり、逸脱的な個人によって恣行される事件ではなく、ジェンダーシステムから発生する社会構造的問題であるという視角を内包している。（梁鉉娥「가정폭력에 대한 비판적 성찰――젠더폭력 개념을 중심으로」『가족법연구』第二〇巻第一号、二〇〇六年。二一―二三頁）。

＊8　羅稻香「물레방아」『한국문학대표작선집 23』文学思想、二〇〇五年。一一九頁。

＊9　金裕貞「안해」『원본 김유정 전집（개정판）』도서출판 강、二〇〇七年。一七一―一七二頁。

＊10　例えば、普通学校教員の張某は結婚生活の一〇年間、妻を暴行してきた人物で、結局妻と別れることになったが、寝具を取りに来た妻を乱打し、「ノコギリで右側の肩を切りつけて」妻を昏睡状態に落とし、告訴された（「상해소에 나타난 남성의 잔인성」『東亜日報』一九二九年二月二八日付）。

＊11　二〇世紀韓国社会の自殺に関する議論を分析した鄭昇和は一九一〇年から二〇一〇年までの一〇〇年間の自殺率の変動相を追跡した。それによると一九二〇―三〇年代の植民地期、朝鮮戦争以降の七〇年代までの近代化時期、そして一九九七年ＩＭＦ経済危機以降の二〇〇〇年代までの三つの時期が韓国社会において自殺率が急激に増加して新しい自殺に関する議論が形成された時期であった（鄭昇和『자살과 통치성――한국사회 자살 담론의 계보학적 분석』延世大学博士学位論文、二〇一一年。六頁）。

＊12　女性の自殺率が男性より高かった一九一〇年代とは異なり、一九二三年からは男性の自殺率が女性自殺率を上回り、増加の頂点をなした一九三七年には男性自殺率が女性自殺率に比べて一・五倍以上高かった（上記論文、七六頁）。

＊13　「子婦를 結縛코 烙刑媤父」『東亜日報』一九三一年四月二二日付。

＊14　「（사설）며누리 대우 문제」『東亜日報』一九三五年六月二四日付。

＊15　時期が多少前後するが、一八九〇年代半ばから朝鮮の農村に居住しながら宣教活動をしたアメリカ人宣教師 JACOB Robert Moose は、一九〇九年発刊した彼の本で幼い嫁たちは「文字どおりの奴隷」で「家の中に奴婢がいたら奴婢に任すあらゆる種類の家事をすべて押し付けられる」と叙述している（JACOB Robert Moose、文武烘他訳『구한말 미국 선교사의 시골 체험기―1900、조선에 살다』푸른역사、二〇〇八年。一五一頁）。

＊16　계〇덕「이즐 수 업는 일、지긋지긋하든 시집살이」『東亜日報』一九三〇年一月一六日付、一七日付、一八日付。

＊17　「시모 걸어 고소」『東亜日報』一九二六年二月一九日、「분한 김에 縊死」『東亜日報』一九二七年七月二〇日付、「怪惡한 媤母 메누리를 蹴殺」『東亜日報』一九三三年二月六日付、「학대받든 소부가 남편을 걸어 고소」『中外日報』一九二七年五月一六日付。

＊18 「痴情으로 私刑하고」『東亜日報』一九二二年七月九日付、「부뎡한 자긔 안해에게 말못할 악행」『東亜日報』一九二四年一〇月一三日付、「品行이 不貞하다고 小妾을 烙刑断髪」『東亜日報』一九二六年一〇月一五日付、「不義妻를 烙刑」『東亜日報』一九二八年一月三一日付、「妾의 淫行을 憤慨해 烙刑」『東亜日報』一九三一年六月二二日付、「不貞 자백하라고 소부에게 火針질」『東亜日報』一九三四年二月一七日付、「친정 갓다고 삭발 후 烙傷」『東亜日報』一九三五年九月一日付、「乃妻를 사형」『東亜日報』一九三七年八月二七日付。

＊19 「割鼻 제口」『東亜日報』一九二二年一一月一三日付、「같이 살기 실탄다고 코를 무러떼어」『東亜日報』一九二四年五月五日付、「임신 만삭된 己妻에게 削髪割鼻의 慘刑」『東亜日報』一九二五年六月一一日付、「不正妻 割鼻 경찰에 잡혓다」『東亜日報』一九三一年六月一九日付、「변심한 안해 코를 베어」『東亜日報』一九三四年三月二九日付、「동거를 거절한다고 기처를 난타 후 割鼻」『東亜日報』一九三四年八月一七日付、「정부 못 잇는 乃妻에게 削髪 斷鼻로써 보복」『東亜日報』一九三八年一二月二八日付など。

＊20 「嫉妬끗에 勒削」『東亜日報』一九二二年八月九日付、「不貞女의 末路」『東亜日報』一九二三年五月三日付、「임신 만삭된 己妻에게 削髪割鼻의 慘刑」『東亜日報』一九二五年六月一一日付、「出奔햇든 不貞안해 削髪당코 本夫告訴」『東亜日報』一九二六年一月一二日付、「淫妻를 削髪逐出」『東亜日報』一九二六年八月六日付、「妻와 丈母兩人을 強制로 削髪逃走」『東亜日報』一九二七年一一月二四日付、「姦夫 둔 本妻를 削髪코 亂刺」『東亜日報』一九三七年八月二二日付、「姦夫와 醜行現場서 削發制裁爆笑劇」『東亜日報』一九三八年九月二日付など。

＊21 「少婦飲毒自殺」『東亜日報』一九二六年七月二三日付、「子婦를 亂打하고 逮捕傷害로 被訴」『東亜日報』一九二六年一二月一六日付、「媤父母와 男便協力 結縛하고 亂打烙刑」『東亜日報』一九三四年五月二七日付。

＊22 朝鮮で生活していたアメリカ人宣教師のJACOB Robert Mooseは、「村に秘密などはない。誰もが自分のことのように他の人々のことも全部知っている。時には自分のことより他人のことをはるかに知っているのではないかとも考えられるくらいである」とし、私生活が隣近所に開いていた村共同体の姿を興味深く描いている（JACOB Robert Moose、前掲書、九五頁）。

＊23 朝鮮時代以来、郷約などに「夫婦が殴り合い、悪口をし、喧嘩すると重罰に処す」という規例が含まれているなど、暴力の濫用を規制する共同体的な規律が存在した。一九三一年五月に沃溝郡では姑が共に一七歳と同年齢の二人の嫁を毎日ムチで打ち、耐えられなかった嫁たちが家出し、自殺する事件が起こったが、村の人々は姑を捕らえ、服を脱がせた後、村の中を引き回した（「媤姑虐待에 難堪、두동세 携手自殺」『東亜日報』一九三一年五月五日付）。

＊24 一九三九年、彦陽郡に住む朴種豚とその妻と息子は、嫁であり妻である鄭永順（二三歳）を虐待したことで村の振興会から忠告

まで受けたが、「何ら反省も無く、むしろより一層虐待」して、結局嫁が井戸に身を投げて自殺してしまった。このような事件は共同体的な規制がきちんと働いていない様子を示してくれる（「사랑 식고 학대 받어 젊은 人妻 投身」『東亜日報』一九三九年四月一五日付）。私的暴力に対する公的な規制の強化過程で村落共同体の規律は次第に弱まった。しばしば暴力を伴う共同体的な制裁は、これまた不法な「私刑」として扱われ、処罰された。このような共同体的な規制に対する公権力の処罰は、妻に対する暴力の温情主義的共同体の対応までも無力化させることによって、家族を次第には私的空間へと変化させることになった。

＊25 金裕貞「슬픈 이야기」『원본 김유정 전집（개정판）』도서출판 강、二〇〇七年。二九三—三〇一頁。

＊26 仁川金〇子「남편의 방종으로 십오 년간 고통으로 지냇다」『東亜日報』一九二九年一二月四日付、五日付、六日付。

＊27 金明淑「일제강점기 여성출분（出奔）연구」『한국학논총』三七、国民大学韓国学研究所、二〇一二年。五一七頁。

＊28 離婚法および刑法の変化に対しては蘇賢淑『식민지시기 근대적 이혼제도와 여성의 대응』（漢陽大学校博士学位請求論文、二〇一三年）第二章第一節と第六章第一節参照。

＊29 朴景、前掲論文、二〇〇八年。八七—九二頁。

＊30 植民地期警察は治安だけではなく、行政、司法事務にわたる広範な日常領域を担当していた。特に一九二〇年代には人事相談所を設置し、民衆の日常生活に深く浸透、夫婦喧嘩や離婚などの私生活の領域にまで広範に介入した。これに関しては蘇賢淑、前掲博士学位請求論文、七一—七八頁参照。

＊31 詳細な統計内容は蘇賢淑、同上、第二章第二節参照。

＊32 残っている統計を参考にすると、一九〇八—一九一六年の全国統計における妻の離婚請求原因の中、虐待侮辱が四八%を占めており、一九二八—一九三〇年の海州地方法院統計では一七%を占めている。しかし、公式統計では重複した原因のなかの一つを選ぶ傾向があるので、実際暴力がどのくらい発生していたかを正確に反映しているとは言えない。また、虐待侮辱は証明し難く、勝訴率が高くなかったので、次第に他の原因を選択する方向に変化したと推測される。これを補完するために新聞に報道された離婚訴訟の原因を見ると、一九一〇年から一九四〇年までの『毎日新報』、『東亜日報』、『朝鮮日報』に掲載された女性請求離婚訴訟三八三件の中、約四八%にのぼる一八二件の事例に殴打と暴行が登場している。詳細な統計内容は蘇賢淑、同上、一三三—一三五頁参照。

＊33 「취하면 처를 난타」『毎日新報』一九一七年二月二八日付、「본부의 구타로 결국 리혼을 하여」『東亜日報』一九二二年六月二日付、「구타가 이유로 여자가 또 리혼청구」『東亜日報』一九二二年六月一四日付、「구타로 이혼소송」『朝鮮日報』一九二三年三月二日付、

「시모 학대로 이혼」『東亜日報』一九二五年一一月一〇日付など。
＊34 「烏의 雌雄的 離婚」『毎日新報』一九一五年六月二二日付。
＊35 「홍복순의 이혼소、남편이 때린다고」『毎日新報』一九一五年一二月一日付、「법정에 고부전」『毎日新報』一九一五年一二月二日付。
＊36 「離婚請求事件（一九二一年民上四二一号一九二一年一二月二三日判決）」『（国訳）高等法院判決録』（民事編）第八巻、三八〇―三八三頁。
＊37 「안해 학대하는 남편은 단연 리혼해도 조타」『朝鮮日報』一九三五年二月七日付。
＊38 「남녀동등에 중독、남편을 드러 고소」『東亜日報』一九二二年五月二〇日付、「빰 따렷다고 처가 남편을 고소」『東亜日報』一九二四年二月二二日付、「부부 간에 고소」『東亜日報』一九二五年九月一日付、「남편을 고소」『東亜日報』一九二五年一〇月一四日付、「안해를 난타、안해는 고소」『東亜日報』一九二六年一〇月三日付など。
＊39 「학대받든 소부가 남편을 걸어 고소」『中外日報』一九二七年五月一六日付。
＊40 「媤姑 걸어 고소」『東亜日報』一九二六年二月一九日付、「二八少婦가 본부를 고소」『東亜日報』一九三〇年一月一一日付。
＊41 「고자 남편 고소」『東亜日報』一九三二年三月一二日付。
＊42 「조선에서 처음 생긴 폭행 남편의 처벌、인도적 입장에서 다시 생각할 문제」『朝鮮日報』一九三九年六月一四日付、「夫勸은 暴力이 아니다 女権擁護의 新判例」『東亜日報』一九三九年六月一三日付。
＊43 「빰 따렷다고 처가 남편을 고소」『東亜日報』一九二四年二月二二日付、「이혼 위자료 건어차고 형사문제로 대항」『東亜日報』一九三四年二月三日付、「안해 빰 따리고 벌금 이십 원！」『東亜日報』一九三五年二月一八日付。
＊44 『内訓』や『小学』などでは夫や舅姑のムチ打ちを妻や嫁の非を難ずるためのものと正当化している。
＊45 燕巖朴趾源『両班傳』。
＊46 金惠淑「조선시대의 권력과 성」『한국여성학』第九集、一九九三年。三七頁。
＊47 綱常とは儒教文化において人が常に守り、行うべき徳目である三綱と五常を示す。三綱は君と臣、父と子、夫と婦の間に守らなければならない道理として君爲臣綱、父爲子綱、夫爲婦綱であり、五常は人が守らなければならない五つの道理である仁、義、礼、智、信で、または五倫という。
＊48 金甲千訳「박영효의 건백서―내정개혁에 대한 1888년의 상소문」『한국정치연구』二、一九九〇年。二七一頁。

＊49 全美慶「근대 계몽기 가족론과 국민생산 프로젝트」昭明出版、二〇〇四年。一六七―一六八頁。

＊50 『朝鮮王朝実録』において私刑という用語を検索してみると二つの事例があるが、すべて他人に対する私的懲罰を意味した。

＊51 『私刑類纂』は法学者が書いた専門的な法律書ではない。序文によると、著者は「読みて面白く、聞きて珍しき」刑罰の事実を集めて書くことで、読者たちに興味を伝えようとし、同時に公刑だけを扱う法学研究者に私刑事件に対する関心を喚起し、参考資料を提供しようとした。編述過程において東京帝大法学部教授の吉野作造、中田薫、穂積重遠など当時を代表する法学者たちに助けてもらったと記録されている。掲載された事件はほとんど日本の事例であるが、台湾・朝鮮などの植民地や外国の事例も含まれている。外骨『私刑類纂』半狂堂、一九二二年。三頁。

＊52 同上、三頁。

＊53 「家」制度の移植を通じた日帝の家族政策に関しては洪良姫『조선총독부의 가족정책연구―「家」제도와 가정 이데올로기를 중심으로』（漢陽大学博士学位論文、二〇〇四年）参照。

＊54 日本人による朝鮮人私刑事件に関しては張龍經「私刑과 식민주의」李相錄他『일상사로 보는 한국근현대사』（책과함께、二〇〇六年）参照。

＊55 「남녀평등에 중독、남편을 드려 구타상해죄로 고소」『東亜日報』一九二二年五月二〇日付、「離婚訴訟提」『東亜日報』一九二四年九月二五日付。

＊56 「가정고문、다른 데로 시집갈가」『東亜日報』一九二七年一月一八日付。

＊57 「離婚慰藉料 걷어차고 刑事問題로 対抗」『東亜日報』一九三四年二月三日付、「조선에서 처음 생긴 폭행 남편의 처벌」『朝鮮日報』一九三九年六月一四日付、「夫権은 暴力이 아니다 女権擁護의 新判例」『東亜日報』一九三九年六月一三日付。

＊58 「己妻殴打코 警察에 被訴」『東亜日報』一九三三年一〇月一七日付。

五　「貞操」言説の近代的形成と法制化
——一九四五年以前の朝日両国の比較を中心に——

韓　奉　錫
（久留島　哲　訳）

1　はじめに

アメリカのジャーナリストであると同時に活動家でもあったスーザン・ソンタグ（Susan Sontag）は、その本『隠喩としての疾病』（邦題『隠喩としての病い』：訳者）において、本質を隠喩することの恐怖について述べたことがある。彼女が指摘したのは、結核や癌のような病などへの人々の対応が歴史的に変遷しており、近代に入って、その病の本質から目を背け、これを感情や個人の特徴と結び付けて思考する方式が登場したということであった。そして、このような歴史的過程を経る中で、社会的な逸脱と病に対する隠喩が結合し、究極的には、逸脱それ自体を治療対象として他者化するという論理が登場するようになったことを論証した。乳癌を治療する過程で白血病まで患ったソンタグは、見事な銀髪を失いながらも敢然と著述したこの本において、対象の歴史性や本質を無視した瞬間に他者化が生起し、これによって差別が作動することを、説得的に読者へと伝えた。

これと同じような脈絡で、我々がよく使用する貞操という語も今一度考えてみる必要がある。ジュディス・バトラー（Judith Butler）以来、ジェンダー・セクシュアリティがただ肉体に先んじた言説たり得ること、それにもまして、身体の物質性もまた懐疑の対象たり得るということが、主張されてきたが、依然として「貞操」は我々の社会の呪縛として作動する。この語は、その意味体系の内外に「純潔」「貞節」「処女性」「性交」などを配置し、時には人間身体の不透明な表象である「純潔」を賛美したり、または「不貞」を貶めるために動員されたりもする。しかし貞操という語は、支配と差別を正当化する反復過程を通じて、歴史的に生み出された。韓国における「貞操」の原型と目される「貞節」は、実は中国の明清代に社会指導の原理として標榜され、東アジアへ拡散した言説であった。朝鮮と日本は、これを文化的に受容し、特に朝鮮の場合は、性理学的な国家統治の表象として「貞節」を理解しようとした。その後、植民地朝鮮における「貞節」は、日本を通して伝えられた西欧の法と文化から、さらには日本における「貞節」言説の変容からも影響を受け、「貞操」言説へと再構成された。そして、新たに大韓民国が樹立された後の一九五三年に制定された新刑法においては、その新刑法のモデルとなった日本刑法にも存在しない、第三二条「貞操に関する罪」が誕生するに至ったのである。この解放以後の一連の過程は、「伝統」「美風良俗」の保存という名目によって合理化された。しかし実際には、「貞操」という語は韓国史において多義的に使用されてきたのであり、「貞操」が女性身体に限定され使用され始めたのは植民地時代からであった。

本稿においては、まさにこのような問題意識に基づき、「伝統」という名目によって、そして「人間の道理（?・）」という俗説によって、あいまいに流布している貞操言説の霞を振り払い、その言説内部の実像を白日の下に晒そうとする。このような作業を通じて、人間身体や個人の性的自己決定権、そしてセクシュアリティ言説の地層に結合している、ある一つの小さな権力関係を解体する際のささやかな手助けとなることを希望しつつ、本論を始めたいと思う。

貞操に関する従来の先行研究は、フェミニズムの脈絡で広範囲にわたって展開している、と表現するのが妥当であろう。これは貞操言説自体が、一夫一妻制・自由恋愛・性科学・優生学・母性・出産などの、近代が女性に強制したセクシュアリティの典型を維持する際に、中心的なキーワードとして作用したためである。その上、言説の形成過程が中国と日本の歴史とも密接に関連しているために、その研究の外延も比較的幅広い。元来、貞操をめぐる論争に関しては、一九一〇年代の日本の新女性集団「青鞜」において大きな論争があり、これ以後に貞操言説が形成される上での重要な出発点となった。[*1] 従って、徐恩恵・李智淑・朴裕美などの「青鞜」に関する最近の研究では、主にその内部での貞操論争を紹介し、当時の思想背景からみた論争のフェミニズム的意義や、雑誌『青鞜』内の文章の文学的価値を明らかにしようとした。[*2] 一方、この時期の日本において、一夫一妻制と自由恋愛・優生学が結合する中で、最終的には女性を「処女」と「醜業婦」に区分するようになる一連の過程を説明する日本側の既存の研究は、貞操言説を理解する上で、同様に重要な先行研究だと言える。[*3] しかし、これらの先行研究は、貞操それ自体について直接的に焦点を当てた研究ではない。貞操言説自体に焦点を当てた研究としては、李明善・蘇賢淑・金順槙・張味京・朴鐘弘の研究がある。

李明善は、自由恋愛論と貞操との関係を考察しつつ、植民地近代の主体として想定されたのが、男性化された主体であり、当時の新女性たちの貞操論が、既存の性道徳に対する反駁であるだけではなく、性別不平等の構造をも解体しようとする女性たちの欲望を反映していたことを指摘している。[*4] さらにまた蘇賢淑は、植民地時期の貞操蹂躙慰謝料請求訴訟を分析し、当時の訴訟において女性の権利を代弁する唯一の回路であった貞操蹂躙訴訟が、実際には、貞操の権利は言うまでも無く、貞操の義務もまた強調するという矛盾点を持っていた点を指摘した。[*5] その一方で、金順槙・張味京は、一九二〇年代の女子高等普通学校の『修身書』の分析により、修身教科書が貞操を強調したのは、当時の自由恋愛の流行への対応という側面が強く、これは当時の変容した貞操観念を反映したものであったことを指摘した。[*6] 文学研究の側でも貞操は重要な関心事であった。朴鐘弘は、新女性と新知識人男性のテキストを基にして、新女性と新知識人男性の相互間で、貞操観念に対する差異が存在していたことを指摘した。[*7] 他方で、日本国内の貞操観念に注目した研究成果において、貞操が女性に限って強調された徳目であり、身体的な「純潔」「処女」などを要求した言説であった点が指摘されている。[*8]

しかし、貞操に関する既存の研究は共通して、空間的には韓国、または韓日両国間の場合のみに主たる関心が向いており、ヨーロッパ、そして東アジア的な文脈からのアプローチが不足していた。また、個別事例などには注目しつつも、貞操言説を取り巻く状況に対する総合的な考察は相対的に不足している側面があった。ここでは、既存の研究成果に留意しつつ、貞操言説の歴史的形成過程を時間的空間的に明らかにしようと思う。このためにまず、明治政府樹立以後の日本における貞操言説の形成を、修身教育、性欲学、そして民法の側面から考察し、その後で、「貞操」という語が近代的な意味で朝鮮において登場し始めた一九二〇―三〇年代を中心に、朝鮮内部での言説形成過程を、修身教育、性欲学、民法と刑法という側面から明らかにしようと思う。

本稿では考察のため、一八七六年から一九四五年の間に「貞操」をキーワードにして発刊されたテキストを、主要な分析対象として用いた。この中で日本側の史料は、日本の国会図書館で運営されている Digital Library from the Meiji Era（近代デジタルライブラリー：訳者）を検索して、時代別主題別に重要なものを選択して使用した。そして、植民地朝鮮の貞操言説の分析においては、当時発行された主要新聞の『東亜日報』を主に活用し、これを補完するために、特定の主題に限っては、『朝鮮日報』などの別の新聞や主要雑誌などを分析に活用した。

2　言説誕生の背景

(1)「貞節」の「専有」、「貞操」の誕生

貞操という語は奇妙な言葉である。韓国の国立国語院で編纂された『標準国語大辞典』によれば、貞操とは「貞節」、または「異性関係において純潔を保つこと」と定義されている。[*9] 若干無味乾燥な印象を抱かないだろうか。そこで、この語についてより丹念に探ってみよう。はじめに、『標準国語大辞典』の定義について、歴史的に理解してみる。「貞節」という概念が登場したのは、紀元前に執筆された劉向の『古列女伝』までさかのぼる。この概念の意味は歴史的・内容的に変化してきたが、最近の研究に従うと、「貞節」とは、肉体的・精神的な純潔を包括する意味を持つ「貞」と、女性の社会的実践・義務といった概念が強い「節」の、二つの理念で構成されたものだといえる。貞節の内容は、烈行の様式によって区分され、我々がよく知る「烈婦」という形式で、朝鮮中期以来、一般にも影響を及ぼすようになった。[*10] しかし、我々がよく「貞操」だと理解するのは、後者の定義においてだ。つまり、「異性関係において純潔を保つこと」である。

ところで、「純潔」もまた歴史的な意味を持っている。今日、我々がよく使用する「純潔」という語は、女性のセクシュアリティを特に強調した言葉である。この語の源流としては、明治維新以後の日本社会において、江戸時代から大きく変化した空間的・社会的文化の中で、肉体的に成熟した女学生たちの性を規制しようとして発明された、「規範」の一種だとみることができる。[*11] そして、この語が誕生した背景には、異性関係に対する注目、その中でも特に、女性の性関係に対する注目があった。一九五〇年代の韓国の知識人たちは主に、こうした「純潔」概念に沿って貞操を定義した。当時の知識人たちにとっての貞操とは、男女が異性と性交を行っていない状態を「保有」すること、

または、婚姻関係にある男女間で、婚姻相手以外の別の異性と性交を行っていない状態を「保有」することを、総じて意味した。[*12] これをもう少し科学的（?）に描写した人もいる。当時としては開明的だったとされる小説家の鄭飛石は、ある雑誌で、「貞操というものは、即ち処女膜を破った男性に限ってのみ成立され得るもの」だと主張した。[*13] このような思考様式は、単純に言説レベルにとどまっただけではなかった。韓国で一九九五年に改正され、その法令名が変わった「強姦と醜行の罪」の歴史的な起源は、一九五三年の韓国新刑法において立案された「貞操に関する罪」であった。この法令は主に、強姦、姦淫、醜行などに関する罪を取り扱ったが、法理上では「婦女の性的自己決定権」を保護しようとしたものであっても、実際の保護法益は女性の「貞操」だった。[*14] 従って、今日我々が使用する「貞操」という語は、一九五〇年代の知識人たちや一九五三年の新刑法における用例とほぼ同じであると言える。

「貞節」という語は、この「貞操」とは多少の差異がある。「貞節」の歴史的起源は、かなり以前にまでさかのぼる。語句としての最初の登場は、中国秦代の法令である。以後、漢代には劉向の『列女伝』、班昭の『女戒』などでも登場し、女性の貞節と礼教、行動規範などに対する社会的教化が始まった。[*15] これらのテキストは、『周易』『礼記』などで紹介された観念をより一層強化したが、宋代に確立した「礼教」が整備されて明清代に至ると、国家による「貞節」の強化と強要が、法的・文化的な側面から積極的に行われはじめた。[*16]『礼記』などが朝鮮半島に伝来したのは三国時代であった。この時には、極めて一部の支配層に対してのみ紹介されたが、高麗時代末に至ると、士大夫たちがこれを政策に反映させようとした。[*17] しかし、「貞節」が政策化されたのは、朝鮮王朝の建国以後であった。朝鮮王朝は『経国大典』と法令、国王の受教などを通じて、女性の改嫁禁止などを法的に実践しようとした。同時に、劉向の『列女伝』から貞節に関する部分を抜粋して強調した『三綱行実図』を刊行したり、『礼記』の女性観を反映させて諺解まで付記した大衆教育書『小学』や、姑の怨念を含んだ『内訓』などを刊行して、女性の失行を警戒しようとした。このような試みは、一七世紀を経て民間にまで拡大し、ついに朝鮮後期に至ると、安鼎福が魔術のような行為とみなした、肝臓や心臓を掘り起こして夫を生き返らせる奇跡を行ったり、守節と自殺を「節義」とみなしたりする、「烈婦」の誕生をもたらすことになった。[*18]

重要なのは、この時の中心的な価値観である。当時の支配層は女性の教化度合を風俗の基準とみなし、その結果、性理学に基づく国家を維持する上で中心とされていた『礼記』や『儀礼』「喪服伝」に依拠し、その中で提示されていた「三従之義」について明らかにした。朝鮮王朝はこのような指導理念を、『小学』の外篇「嘉言」を通じて、女性一般へ強調した。我々がよく頻繁に言及する「七去之悪」も、やはり『小学』で紹介され、今日までも伝わる言葉である。[*19]このような言説が強制されたのは、性理学に基づく国家を維持する上で、女性を風俗強化の対象とみなしたことに起因するものであり、結果的に女性の男性に対する従属強化を通じて、家庭、さらには国家に対する従属性を強調するためでもあった。

貞節に対する規制が、言説レベルを超えて一般に強制され得た理由としては、朝鮮時代の『経済六典』において明示された失行内容の定義、いわゆる「内外」に関する規定と、さらには『経国大典』において明示された、「改嫁婦女」の子孫に対する官職への任用禁止が、大きな役割を果たしていた。また、これらに対する違反は、『大明律』と刑律・犯姦条に依拠して処罰され、個々の権力者の恣意によって、法典に規定された以外の方法でも処罰することが可能だった。そして、この事が「生産的権力」であると同時に規律権力化され得たのは、一七世紀中葉以後に一般へ広く頒布された『小学』と『三綱行実図』などの教訓書の発刊と、「烈女」に対する国家的な旌閭（忠臣や列女などを輩出した村に旌門を建てて表彰すること：訳者）活動によってであった。[*20]

しかしその一方で、朝鮮時代に貞操という語は、男女すべての「節概」（節操と気概：訳者）を賞賛する際に使用されてもいた。つまり、男性が君主に忠誠を尽くして節概を守ることを描写する際にも往々にして使用され、女性の「節行」を賞賛する際にも使用された。[*21]これは、「貞」という言葉が元来、「辛く困難な場面を乗り越え、苦しくとも節概を守る」という意味を持っていたからこそ可能となったのである。[*22]

二〇世紀初の大韓帝国でも、「貞操」は士族の「志操」(固い志：訳者)と「節概」を表現する際に使用されたりした。一九〇七年『皇城新聞』に掲載された「今日志士の頂門一針」という文章においても、「貞操」は志士のそれとして描写されたりした。[*23] これもやはり、「貞」という語が元来持っていた意味により可能なものであった。[*24]

従って、一九一〇年以前までの「貞操」は、朝鮮時代の脈絡に沿って、貞節より上位の概念として機能していた。「貞操」は、忠・孝・烈という三綱の範疇に含まれる行為を賛美する語と、ほぼ同義に使用され、その概念の内部においては、ジェンダーに基づく意味の差異について、大きく重視はされていなかった。しかし一九一〇年代以後、「貞操」という単語を外国語に訳そうとする際に、それが女性名詞であることを示す冠詞が付されるように変化した。この時期以後、女性と女性のセクシャリティを特定の様式で規制する際に、次第に「貞操」が主として利用されるようになる。そしてこのように、ある単語に対して一つの側面からのみの限定的な解釈を施すこと、つまり語の「専有」が行われる背景には、近代日本からの影響があったのである。

(2) 修身教育と法、そして性科学 (Sexology)

明治期以来日本で形成された「貞操」言説は、植民地朝鮮のジェンダー・セクシュアリティ関係の一つの規範として作用した。実際のところ、明清代以来、東北アジア地域で法的・文化的に強固に形成された「貞節」言説は、近代国民国家形成期のアジア各国において、その内容が再構成される転機を迎えることになる。[*25] これら近代国民国家の形成過程には、文明化を前提としたジェンダー・セクシュアリティ関係の近代的再編も含まれていた。しかし、こうした一時的な再編の機会は、法的・言説的な操作によって結果的に失敗してしまった。むしろ、「科学」と「法」という名を借りた前近代的な言辞が、女性自身の身体に性別分業を刻印する契機となり、女性たちのセクシュアリティは、「性科学」の名の下、異性愛的家父長制に適合した方式へと制限(「専有」)されてしまった。そして、このような言説の流れを主導したのが、まさに日本で明治期以来形成されてきた「貞操」言説だった。

アジア各国でジェンダー・セクシュアリティ関係が近代的変容を遂げる際、日本はその変容に影響を与えた重要な「他者」の一員であった。特に明治―昭和期において、ジェンダー・セクシュアリティ関係とその内容に関する激烈な対立や論争、事件などが多かったが、この渦中で「貞操」言説もその実質的内容を獲得していった。以下では、既存の研究に留意しつつ、この時期の日本における貞操言説の形成を、教育勅語以来の修身教育、性科学、法的な側面から明らかにしようと思う。

「伝統」という脈絡において、日本における貞操言説の源流とみなせるのが、江戸時代以来紹介されてきた中国の古典などを編纂した『女訓書』である。中国の古典を編纂して紹介した辻浦原甫の『女四書』、江戸時代の婦女子の道徳指針書だった『女大学』などがその代表である。これらの書は主に、「七去」「三従」や「貞節」など、ジェンダー差異を当然視する論理に基づいて、東アジアで一般的であったセクシュアリティ規範を説いていた。[*26]

明治初期には、女性への伝統的規範に対する批判が存在したが、一八九〇年一〇月三〇日に「教育ニ関スル勅語」が発布されて以後、この規範が変化し得る余地は大幅に狭まった。氾濫する西洋文明を憂慮する中で道徳教育の重要性が強調され、教育全般において、日本の「伝統」とみなされた事柄が学生たちに教え込まれた。[*27] 従って、当時の女学生たちへは、男女性別分業に沿った「徳性」「婦徳」などが強調され、これが、「近代」という名の下で女性の責務を強調する方向へと進んでいくことになった。[*28]

このような雰囲気の中で、「貞操」という語はずいぶん早くから使用されたとみられる。この時期の日本で使用された「貞操」の用例は、中国や朝鮮で使用された「貞節」の内容と比べて、大きな差異がなかった。国家が本格的に教科書を制定して教育への統制を強化した一九〇三年以前までに、日本に紹介された図書などを基にして整理してみれば、一八八〇年から一九〇〇年までの間の貞操の用例は、大きく分けて二つのカテゴリーに区分できる。一つ目は、中国や朝鮮における「貞節」と同様に、「烈婦」とみなされるような行為を「貞操」の内容とするものであり、二つ目は、修身教科において強調された「婦徳」を「貞操」の内容とみなすものである。

明清代以来中国と朝鮮が共有してきた「貞節」と同義で「貞操」を使用した例は、この時期に刊行された様々な書籍から発見できる。例えば、一八八二年に出版された『本朝古今閨媛略伝』においては、昔から婦女子に読ませて手本とさせた文章などを集めた、と述べつつ、それら文章を、孝行・貞操・義烈・母訓・才芸という、それぞれの「部」で区分している。そして「貞操部」で主に取り扱ったのは、夫が死去しても守節した女性たちの事例であった。[*29] また、この時期の修身教育で度々使用された元田永孚の『幼学綱要』でも、やはり「三従之道」を援用し、「父母の家に居る時は、静淑にするべきであり、嫁いで人の妻になった時は、終身他靡《ほかな》く、大事に遭った時は、体を守ることを軽んじない」ことを「貞操」だと述べていることから、「貞節」と同じものとして「貞操」を使用しており、[*30] 朝鮮と同じく、「烈女」と「節婦」の遂行を「貞操」の内容とみなしていることがわかる。しかし、朝鮮のような「内外」と再嫁禁止については中心的に強調されていないこともわかる。[*31]

この時期の日本における「貞操」は、家族イデオロギーを唱えるための一環として主に提示された。そして、この時に「貞操」が活用される背景には、男女の性別分業、そして家族の「和睦」があった。

例を挙げると、修身教科書の尋常小学校第一学年教授用掛図では、「家庭の楽み」という題名の下で、舅と姑、夫婦、子供たちが食事をする姿を紹介しているが、これは、性別分業と孝行に対する基本的な型、そして目指すべき家族形態を提示したものであった。また、第四学年教科書（明治三七年、一九〇四）を見ると、「男子の務と女子の務」という項目を設けて、女性の「優しさ」を強調し、「男子の務と女子の務」が異なっているのを周知させていたことがわかる。[*32]

「貞操」は、まさにこのような条件の下で、「孝」を行い家庭を守る女性にとっての重要な行為の一環として描写された。一八八九年『尋常小学修身科教授書』巻三には、「貞操」の項目で「忠五郎の妻が貞操を尽くす話」が載せられており、病気の夫の看護と、夫の死後も亡夫の父母に仕える妻の行いを叙述している。この時の教科書は、「貞操」の項目の下に、「貞婦」「貞節」「孝行」を配置した。[*33]

従来の「貞節」という項目を、「家庭」の下部に配置して強調しようとしたのは、当時の修身教科を直接指導した教師たちの教材でも強調されていた部分であった。[*34]この時期には、こうした「婦徳」を紹介するための訓話・唱歌などが一般でも制作され、一八八六年に刊行された『教育勅語唱歌集』には、ついに「貞操の歌」が収録されるに至った。[*35]

これら修身書の大部分は、従来からあった女性用の儒教経典を引用したが、明治日本が志向した近代国家樹立の基盤となる「家」を形成するために、「孝行」と「家族」の内部に女性を位置付ける方便として、「貞操」を活用したとみることができる。

その一方で、西洋の説話を「婦徳」の面でのみ限定的に解釈したのも少なくなかったと言える。しかし、一九〇〇年代に入ると、貞操言説の内容的な変容を引き起こすような、いくつかの大きな変化が生じることになる。それがまさに、明治・大正時代に全盛期を迎える自由恋愛・性科学の登場と、一八九八年の民法の親族編・相続編の公布を媒介とする日本への西欧法体系の輸入であった。

西欧の性科学が日本に伝わるのは、主に一九世紀末の文明開化期であった。特に開化初期の記念碑的な輸入書としては、解剖学に基づいた性科学書であった、ゼームス・アストン（James Ashton）の『造化機論』が挙げられる。この本は、男女性器の結合などのセクシュアリティに関連した内容が多かったが、同時に、夫婦の愛情についても注目していた。この本で特筆すべきは、少女と、性交経験を持つ女性とを識別する方法として処女膜の有無を紹介しつつ、これを「処女」の肉体的証拠として提示したことで、その後の日本人の性言説に莫大な影響を与えたことである。[*36] これと同時期に、性科学の一環として、フランシス・ゴルトン（Francis Galton）の優生学観念も一緒に流入し始めた。この性科学・優生学の潮流の下で、「処女」「純潔」などの言説が女性の身体と結合し始めた。そして、貞操言説と関連する最も代表的な「風評（rumor）」が、「科学」の名の下に、この時期に誕生することになった。いわゆる「処女鑑別法」「性交反応説」、または「非処女体液説」と称されたのが、それである。「性科学」「性欲学」「民俗誌学」等の様々な名称で呼ばれた、「科学」に名を借りたこれらの偏見の中で、いわゆる「処女」の実体性の根拠としてみなされた「非処女体液説」は長い間一般にも膾炙した。この説の起源を明確にすることはできないが、一九一〇年代には幾人かの代表的な論者たちがこれについて議論している。例えば、一九一五年に伊藤野枝は『貞操についての雑感』において、女性は性交時に血球の変化を起こすため、出産に際して、最初に性交した男性の影響が残った状態で二番目に性交した男性の子供を産む場合は、その子供は二番目の男性の純粋な子供ではない、と主張した。[*37] また澤田順次郎は、様々な文章の中で「非処女体液説」を主張したが、『性欲に関して青年男女に答ふる書』（一九一九）では、性交経験がある女性の血液中で男性の精子に反応する酵素が生じるという、オーストリアのウィーン出身の医師ワルドスタインの血清診断法を紹介している。医学博士であると同時に性欲学者でもあった羽太鋭治によっても、これは主張された。[*38]

羽太鋭治は「貞操の生物学的実証」という小節において、ドイツの「アブデルハルデン」（Emil Abderhalden）の妊娠診断法に着眼したオーストリアのウィーン出身の学者「ワルドスタイン」と「エークレル」の二人が、一九一四年一〇月に動物実験を通じて、一回の性交でも女性の血液中に男性の精子に対する発酵素が生成され、一種の生物学的反応を引き起こすことを発見した、と紹介している。また、羽太はこの実験結果に依拠して、子宮内に進入した精子が子宮上皮内では発見されず、白血球内で精子の残余物が発見されたことから、他の大部分は子宮内の輸卵管の粘膜から血液中に進入した、という推論を「科学」として紹介している。[*39] この「ワルドスタイン」と「エークレル」の生物学の実験結果は、その後に様々な場面で引用されつつ、「非処女体液説」を強調する一つの重要な根拠となった。[*40]

この過程において、女性の体の一部が、「科学」の対象として特別に注目を受け、信頼し難い研究成果なども、西欧の様々な学者たちの実験に基づくものとして注目を集めた。ここで特筆すべきは論者の処女膜に関する叙述である。田中香涯は『女性と愛欲』(一九二三)という著作の中で、「ビショッフ」と「デニケル」などの西欧科学者たちの研究に依拠し、サルなどの「動物には処女膜が無い」という点を強調した。そして、処女の純潔を尊重する風習が古今東西を問わず存在したという点、これはまさに「自然の事実」であった、ということを強調した。さらに続けて、「処女がその肉体を異性に許すことは、取りも直さず、その特徴たる性機関の処女膜を破綻せしめること」だと指摘して、いくつかの論理を動員する。その一つとして、『孝経』の「身体髪膚受之父母」について言及する。すなわち、これを毀損しないことが「孝」と連結するというのである。彼は特に、古今東西の純潔を尊重する風習がすべて科学的に支持されると述べつつ、古代ローマの処女判別法の一つを紹介している。すなわち、今日のイタリアでも依然として残っているこの風習の内容とは、性交を経験したかどうかは、頸囲の増大によって判別できるというものだ。そこで彼は、この事が科学的に支持される主張であると説明する。彼が述べたままに引用すれば、「性交を行つた後、女子の頸囲の増大するのは、喉頭の下部に横はる甲状腺の腫脹を来たすからで、その原因は血液中に吸収された精液の蛋白成分が先づ女性生殖腺たる卵巣に作用して、その内分泌を促進するがため、卵巣と密接の内分泌関係を有する甲状腺にも影響を及ぼす」可能性があるためだ。そして、この甲状腺が女性の精神生活にも影響を及ぼし、性交以後、女性の精神生活に阻害が生じたり、感情が強まったりするのは、すべてこの事と相関関係がある、とみなした。[*41]

ジェンダー差別的な古今東西の既存の伝統を、「自然」である、つまり正常なものとみなしたのは、伝統から派生した貞操観念もまた「自然」である、すなわち正しいものであると主張するのと同じである。これが、「性科学」と

「孝」という二種類の言説によって強く支持されることになった。

性科学の輸入は、「科学」という名の下で言説がどのように強化されるのか、その過程で男性のどのような欲望が透過されるのかを示してくれるという面で、重要である。そして、このような男性たちの欲望の下で、今まさに貞操言説に女性の身体器官が必須なものとして関連付けられるようになったと言えるだろう。

貞操言説の内容を構成する要素として最後に挙げるのは、明治期から昭和期にかけて継続的に続けられた民法・刑法公布との相関関係である。刑法については後に述べることにして、ここでは民法の部分だけをまずは論じることにする。周知のように、日本は初期の民法制定において、フランス民法の影響を受けて民法草案を作成したが、これは日本内部の保守派と進歩派の葛藤を引き起こした。いわゆる民法典論争である。その後、ドイツ民法と以前の旧民法を基本にして、日本の民法を制定することになる。そして、まさにこの過程において、我々がよく知る家制度・戸主制度が完成することになる。[*42]

民法と貞操が密接に関連するのが、一九二〇年代以後に頻繁に発生し始めた「貞操蹂躙」に関する訴訟であった。この「貞操蹂躙」裁判の意義は、訴えの本質にあった発想、つまり、霊肉一致で結びついた夫婦間では貞操を守ることが義務であると同時に、他方で、それが破られた時には補償を受けるという当然の権利があるという感覚を生み出した点にある。

実際に、日本内地の「貞操蹂躙」判決は植民地朝鮮にも紹介された。植民地朝鮮に日本民法が援用される際の差異や、植民地朝鮮の女性たちがより劣悪な境遇に置かれていたことなどを考慮しなければならないが、すでに蘇賢淑が指摘しているように、貞操蹂躙訴訟自体が、限定的ではあるが、女性の義務であると同時に権利でもあるという両義的意味を有していた。[*43]

「貞操」は夫婦間で遵守するべき義務であり、これを破った方は、道徳と倫理を破った者として、その義務違反に対する法的責任を当然取らなければならないという発想は、すでに民法公布の前後には日本内部へ入ってきていた。一九〇三年に発刊された『明治法律学校　三六年度　二学年講義録』では、フランスの事例を紹介しつつ、配偶者の「破倫ノ行為」に対して、民法・刑法上でこれを制裁処罰する方法があることを説明している。ここでは、民法において、配偶者片方の破倫行為を理由に離婚請求や別居を行うこと、刑法において、破倫を犯した方に一定の刑罰を加える、といった具体的な制裁方法を説明している。[*44] そして、一九一〇年代中盤の雑誌『青鞜』での論争とその中での「男性の貞操」への注目、エレン・ケイ（Ellen Karolina Sofia Key）の霊肉一致の恋愛観、[*45] さらに優生学思想などが現れては消えていく時期に、「貞操」という表象を纏いつつ、こうした新たな意識が当時の法律的脈絡にも影響を与え始めた。

万朝報の記者だった坂本正雄は、法学者たちが推薦の序文を書いた一九一三年の著作において、当時目立ってきた「不貞操」に対して強い語調で非難している。彼は、人事一切の罪悪の根源には貞操を守らない男女がいると述べているが、これは彼が、貞操を男女双方が厳に守ることが最高の道徳だと考えたためである。そこで、一つの興味深い論理が現れる。このような男女双方の貞操厳守を彼が主張した理由としては、「純粋なる血統を有する一門一族は、人間界の最善最強」であり、一夫一妻制下で貞操を守った両者の結合を通じてこの純粋な血統が維持された時、「日本の皇室が世界に冠たるの位置を占め、大和民族が世界最強の地位に居る」ことが真に自明だからであった。だからこそ彼は、男女双方に対して、貞操を守らなければならないと主張したのであった。[*46]

無論、男性の貞操に対する意見は一九一八年に『青鞜』グループを中心とする議論の中ですでに存在していたが、それにもかかわらず、多少の月日が経った後に初めて可視化された。しかし、この可視化以前にすでにこの論理自体が登場していたことは、これ以後の貞操言説において、男女同権論的な思考の背景に何が存在したのかを示唆するという点で重要だといえる。特に一九二〇年代に入り、「貞操は男女同権論的」なものだという思考は、少なくとも当時の知識人たちの言説空間においては馴染み深いものとして語られることになった。[*47] 一例として、一九二七年に修身の教授によって編纂されたある文章の中で展開された論からは、このような思考に基づいた多様な論が登場し得る程に、この男女同権論的な思考がすでに社会全般で一般化していたことがわかる。この文章において著者は、「貞操の道徳」について述べる中で、過去の貞操観念が、(夫が妻を所有するという他律的な)私有財産の概念であったとすれば、現在の貞操とは、自分自身に忠実であることを意味している、とする。貞操は他者に対して実在するものではあり得ず、それを固守するという、自分自身に対する「ロヤルティー」がまさに「貞操」である、と述べて、カントにおける「理性」、「理性」の自律的行動、道徳的行動などにも言及している。すなわち、貞操は「自律意思の発現」であると主張したのであった。そして、このような思考の延長線上において、はじめて「貞操蹂躙」に対して視線を向けることが可能になった。

そしてこの著者は、当時の大審院で扱われた「貞操蹂躙訴訟」の事例にも言及している。この訴訟は婦人側の敗訴で終わったが、著者はこの判決について、男尊女卑の伝統的思想に基づいて、民法と刑法において男女の貞操義務が異なる規定となっているのは、旧道徳を反映した現行法の不合理な部分であると述べ、男女同権論的な側面を法的に反映させるべきだと主張した。[*48] これ以後も、貞操は男女同権的なものであるという議論が、一九二〇年代中後半以後に絶え間なく繰り返されていた。しかし実際には、これ以後に現れる貞操蹂躙訴訟において、このような男女同権論的な感覚は適用され得なかった。権利概念としての貞操の法律的な意味付けと、その基になる言説としての男女同権的貞操概念が、実際の民事裁判の中では、当時の様々な偏見によって排除される傾向を示すようになる。[*49]

ここで、民法上の「貞操蹂躙」がどのように定義されたのかを探ることにしよう。一九三〇年頃に弁護士だった実田実男が著述した『貞操蹂躙とその裁判』では、これについて詳細に説明している。植民地朝鮮の日本人裁判官たちが日本の民法第八一三条に主に依拠して離婚事由を判別する際、明治民法下の判決事例・実務事例を援用しつつ判断したと考えられるため、その定義を紹介することには一定の意味があると思われる。[*50]

著者は貞操について、「女性にとっては貞操ほど貴重なものはない」とひとまず定義した後、貞操の内容を法的に構成するものとして、貞操権と貞操義務を挙げた。まず貞操権とは、性交に関する自由であって、自身の意思に反する性交を行わない「権利」だ、と述べる。これ（性交を行う自由や名誉ある性交を行う権利を保持すること）は、貴賤貧富を問わず、誰でも持っているのである。結論的には、貞操は自由権及び名誉権の一種として人格権に属すると言える。これは誰も異議を提起できない絶対権に属する。次に貞操義務とは、夫婦それぞれが相手に対して負っている義務であって、配偶者以外の人間とは絶対に性的交渉を行わないということだ。この義務は、法律上は配偶者相互が負担する。

そして、「貞操の蹂躙」とは、まずもって適法行為と違法行為の二種類で構成される。ここでの貞操蹂躙の適法行為が何を指すのかについては説明自体がないが、この理由は不明である。従って、ここで違法行為だけを説明すると、次の通りである。すなわち、違法行為とは、故意または過失で他人の権利を侵害する行為や、正当な理由なく責務を履行しない行為などについて言う。そのため、暴力を利用したり、または意識不明等の状態を利用したりして、正当な許諾なく他人の貞操を侵害することは、貞操蹂躙の違法行為に属する。この次の説明が重要なのだが、「婚姻予約の下に性的交通をして、その予約を正当の理由なく拒絶する行為は、婚姻予約を有効な契約を解釈するならば、これ亦違法行為」となるのである。要約すれば、貞操蹂躙とは、正当な理由なく他人の貞操を弄ぶことであって、故意と過失により不法行為を行う場合と、婚姻予約不履行によって貞操蹂躙の結果を招来する場合とがあった。[*51]

貞操と貞操蹂躙に対する法理的解釈が、比較的に個人の選択や夫婦の平等を支持する方向で定義されているのは、貞操蹂躙への慰謝料請求事件に対する法理自体が、一六世紀後半のドイツ民法や、その後のスイス・ロシアの民法に起源を持つという理由が大きい。実際に日本では、「徳川時代の慣習として女房を奪《と》られたときの「七両二分」」を支払うという程度の単純な前例以外はなかった。その結果、当時の識者たちは、この慰謝料請求訴訟が日本の伝統にはない、ということを指摘していた。他方で、慰謝料請求額を算定する方法は、やはり女性に対して公正ではなかった。例えば、裁判官は慰謝料を算定する前に、特に婚姻契約不履行の場合に、年齢の老若、容貌の美醜、同居期間の程度、精神的苦痛の深さなどを考慮することが通例であった。[*52] また、別の事例をみると、被害女性が未成年であり、確実に違法な貞操蹂躙であるにもかかわらず、被害女性の「知能上の発達が通常」ならば、貞操権の処分を自ら行えるので、たとえ未成年者で法律的にはその行為能力を有していなくても、貞操を蹂躙されたとは考えられない、という判決が出たりもした。[*53] そして、このように形成された貞操蹂躙に対する多様な意見は、すぐに植民地朝鮮にも紹介されていった。

明治期から昭和期にかけての日本内地の貞操言説は、出版物の輸出、植民地の教育制度（修身教育）、留学生の帰国などを通じて、植民地朝鮮の「貞操」言説に大きな影響を与えざるを得なかった。この時期の貞操言説の形成を結論的にまとめてみれば、以下の通りである。まず初め、明治初期に西欧から性科学と恋愛言説が輸入された。この中で性科学は、処女性（処女膜）・体液説などを日本国内に伝播させつつ、貞操言説の「科学的」土台を形成した。そして、エレン・ケイなどの著作を通じて輸入された恋愛言説は、その言説内部に含まれていた国家主義的・優生学的要素が原因で、雑誌『青鞜』などでの細かな論争の結果とは関係なく、十五年戦争期以後に結婚・母性・良妻賢母言説にその内容が吸収された。これは霊肉一致の道徳などを強調する、貞操の文化的側面を形成することになる。[*54] 他方で、この時期に行われた民法と刑法の制定も貞操言説に影響を与えたという点が、「貞操蹂躙」慰謝料請求訴訟の中で現れた事柄を通じて確認できると言える。

3　貞操言説の植民地的「専有」

(1)　植民地空間と「貞操言説」

植民地朝鮮において、「貞操」という語が人々の間に本格的に膾炙し始めたのは、一九二〇年代からだった。一九二〇年代以前の「貞操」では、男女双方に「貞」の意味を強調する、「品格」などの意味で主に使用された。*55 しかし一九二〇年代に入り、制度的・文化的な影響の下で、既存の「貞節」の内容からは勿論、日本の言説からの影響も受けて貞操言説が再構成され始めた。そうした言説空間において、貞操言説の形成と最も関連性が高いのは、新女性たちの結婚観と恋愛観だった。この論争は全方向にわたって行われたが、結局のところ、「文明化」という側面からの一夫一妻制と、「科学」という名の下に導入された性欲学や優生学の強い影響を受けざるを得なかった。それと同時に、新女性たちは勿論、より幅広い階層において、女性に対する既存の貞節観念を貞操観念へと変化させていったのは、こうした言説的な影響に加えて、民法と刑法の反覆的な遂行によるものだった。

一九二〇年代朝鮮における貞操言説の形成過程には多様な要素があった。しかし、最も重要だったのは、文明化と一夫一妻制だったと言える。既存の研究が主に注目した自由恋愛論は無論、貞操論争における重要な一基軸となった。しかし、朝鮮時代の貞節の主たる内容が、再嫁禁止と「内外」を通じて構成されていた点を考慮してみた場合、「結婚」、それも一夫一妻制が、文明化の象徴として早い時期から多様な媒体を通して理解されていたことに注目する必要がある。

一八八〇年代に朝鮮で受容された「文明」観念は、論者ごとに主張する内容の脈絡が異なってはいたが、開化期朝鮮における絶対的命題となった。そして一九〇〇年代中盤に、この文明観は愛国と結びつき、結局は「民族と愛国」

の問題が同時に作動することになり、全国民の開化が要求される時代が到来することになる。[56] 亡国以後、国民の奴隷的状態が大きな問題となり、改新儒学者たちまでもが、国家の富強と文明化のレベルからして、女性に対する教育が必要だと主張した。[57] しかし、そうして設定された女性の立ち位置は、既存の貞節で強調されていたものとは若干異なる類の、教育を行う母親としての良妻賢母像であった。既存の朝鮮社会で強調されてきたのは「烈女」であって、賢明な母親ではなかった。[58] この点は当時の修身書などにおいても現れている。

開化期から植民地期に至るまでの女性への修身教育は、大きく分けると、伝統的な修身教科書、帝国日本からもたらされた「修身書」、そしてキリスト教系列のミッションスクールによって刊行された修身教科書などによって行われた。この中で、開化期に発刊されて一九一〇年代に活用された修身書は、文明化という観点から女性の教育を扱った。この時期に強調されたのは、依然として朝鮮時代の用例に沿った「貞節」だった。しかし、これは「婦徳」を強調した「貞節」でもあった。開化期の修身教科書として当時普及していた何種かの書籍を調べてみると、この点がさらに明確になる。一九〇八年の『初等女学読本』『女子小学修身書』を取り上げてみよう。キム・スギョンによれば、開化期の修身書に記された女性への教育内容は、「婦徳」を強調する形を取っていた。無論これらは、『小学』が唱える価値観を尊重し、『女誡』『内訓』『列女伝』における故事を相変わらず引用し、「烈女」の源泉となっていた『礼記』もまた引用していた。[59] 従って、『初等女学読本』においては、「貞」と「烈」を重視して、「貞というのは、志が終始一貫しているということであり、烈というのは、欠けた所が無く完全だということ」と定義し、「徳が深く賢い女性たちの、清浄な志操と烈しい行実」を模範とすべきことを強調した。[60] しかし「婦徳」もまた、絶えず一緒に強調されている。当時、ミッション系学校の女性の修身書として著述された『女子小学修身書』は、三綱を強調して『列女伝』を引用したが、家政教育と衛生に関する項目も一緒に取り扱っている。[61] そして、女性の「婦徳」と、妻と母親の役割を強調していた。[62]

これら修身書以外の一九二〇年代以前の書籍においても、今日のような用例で「貞操」が使用された痕跡はほとんどない。[*63] 依然として、女性のセクシュアリティを規律化することにおいて、「貞節」という語が使用されていた。だが同時に、「貞節」の内容は既存のものと同じではなかった。修身書などでみたように、女性の「貞節」は一九一〇年代に、「文明化」という観点から「婦徳」が強調されるという内容的な変化を経験していた。ところが、このような貞節観念は、似たように「婦徳」を内包している別の用語によって代替、もしくは併用されるという言説変化を経ることになる。その代表的な事例が、一九二〇年代から国内の女学生への教育において使用された修身書の登場である。

一九二〇年代の学校現場で女性たちに対して教育され始めたのが、日本から輸入された修身書だった。これらの修身書では共通して、天皇制下での家父長制を重視しつつ、その構成要素として、一夫一妻制と結婚、そして最も重要な女性の役割である「婦徳」の会得を強調した。[*64] さらに、これらすべての事柄を一つにまとめる語として、まさに教育用語の中で「貞操」が「貞節」に代わって登場し始めたのである。

一九二〇年代中盤に出された『女子高等普通学校修身書』の中で、「貞操」が項目名となっている課は第二巻八課「温和と貞操」だけだが、内容上で貞操について多く言及したのは、第四巻七課「家」、八課「配偶者の選択」、九課「夫婦の和合」である。既存の研究では、この時期の修身書が貞操について言及した理由に関して、当時流行した自由恋愛と新女性の潮流に対抗し、結婚生活に対する慎重さを教育しようとする意図があった、と評価している。[*65] これは、新女性に関してのみ焦点を当てた場合、妥当な説明だといえる。しかし、ここでは、「結婚」と一夫一妻制の問題と、性欲学と密接に関連した優生学が、植民地朝鮮において「貞操」言説の下で結合して登場し始めた点に注目したい。[*66]

この時の修身書が要求した貞操の内容は、再嫁禁止と「内外」を強調した朝鮮時代の貞節や、一九一〇年代前後に

「婦徳」を強調した貞節と比べて、より一層家庭と密着した形で扱われた。第一に、それは明確に男女の性別分業を前提としている。第二巻八課「温和と貞操」において、男女の差異について述べながら、最も多く使用されたのが、まさに「やさしい」という言葉だ。女性は家庭の調律者として温和の徳と貞操の徳を共に持たなければいけない。なぜなら、それが女性にとっては、「最も重要な生命」だからだ。[*67] ところで、優しさがなぜ必要なのか。冷徹に貞操を守ってはいけないということか。これは、家庭内で夫が「慰安」を感じるために必要なのである。[*68] 女性の「慰安」が家庭内に限定されるのは、独身生活を行う者たちが「何等かの事情で嫁ぐことができない」非正常な人間たちだからである。従って、結婚とは、適切な年齢に家庭の「慰安者」となり、上に舅姑、下に子供、そして夫、という三角構図の内に女性を位置付ける作業だったのである。さらに、このような女性の品性の他に、家庭を守るために提示されたのが、まさに「貞操」だった。「貞操」は、夫婦生活を持続させる際に、相互の「純潔な愛情」を保障する、夫婦関係一切の道徳の基礎となる。この時に万が一、女性の貞操に疑念を持たれるような事態が生じたならば、夫婦の和合と家庭の平和は「破壊」される。[*69] しかし、このように壊れた家庭というものは、国家の利益に全く一致しない。

そして、日本では早くから登場していた優生学的思考が、この修身書でも初めて登場する。[*70] 優生学的側面からみる場合、貞操を失うことはさらに危険だ。『女子高等普通学校修身書』第四巻第八課「配偶者の選択」では、「優生学の立場」から遺伝血統の重要性について説いている。ここでは、不良な遺伝程度が結局、悪疾・心身薄弱・低能などの害悪を子孫へ及ぼすことがあり得るために、この問題が夫婦二人だけの問題に止まらない、ということを強調する。そして、「遺伝」という観点からして、酒に酔う人間や品行不良な人間たちは、やはり低能や不具へと結びつく遺伝因子を持っている可能性があるということを暗に述べている。[*71] この次の課がまさに「夫婦の和合」であって、これらすべてを保つ重要な基軸としての「貞操」を提起するのである。

結局、修身書の中で当時の女学生が要求された「貞操」とは、一夫一妻制下の良妻として家庭を慰安する者であると同時に、次世代出産のために、出産の担当者である女性が家庭の内部で「純潔」のままであるように、優生学的側面から女性を位置付ける重要な一環として作動するものだったと言える。

それならば、一九二〇年代に社会一般へ拡散した貞操に対する観念も、ここに根拠があるのだろうか？一九二〇年代を支配し当時一般的だった言説は、自由恋愛だった。しかし実際のところ、この自由恋愛の背後にも、優生学的にみて欠陥のない一夫一妻制なるものが位置していた。

朝鮮における一夫一妻への志向は、何種かに区分してみることができる。一つ目は、前にも言及した、文明化の当為としてのそれだ。たとえ許英粛などの新女性の一群が、「永久的売春」という側面から婚姻を批判したことはあっても[*72]、一九二〇年代において、一夫一妻制は文明社会への第一歩であると同時に、人類社会の歴史の中で最も合理的な結論である、ということは、新知識人男性たちは無論、新女性たち自身によっても事あるごとに強調された[*73]。二つ目は、直接間接的に朝鮮に伝わった「自由恋愛」言説の影響である。たとえ後日のアレクサンドラ・コロンタイ（Александра Михайловна Коллонтай）の登場によって自由主義恋愛論が批判を受けるようになっても、エレン・ケイの恋愛論は一九二〇年代の朝鮮において、自由恋愛の模範とみなされていた。しかし朝鮮に伝えられたエレン・ケイの恋愛論は、日本のそれと同じく、その裏では優生学を基盤とした国家主義を論理上の前提としていた[*74]。ただ、朝鮮における自由恋愛論の内容がエレン・ケイの影響だけ受けていると単純に言うことはできない。一九二〇年代に様々な紙面を通じて登場した貞操言説の論争者たちは、過去に日本留学を経験した人間たちでもあった。羅蕙錫は一九一三年にすでに東京私立女子美術学校（現在の女子美術大学：訳者）西洋画部選科普通科の第一学年に入学し、金一葉もやはり一九一九年に日本の英和学校に入学した。その数は多くはなくても、すでに一九一〇年度には男子学生三八六名と女子学生三四名が留学に出発しており、一九二〇年代に日本本土で留学中だった男子学生は一〇八五名、女子学生は一四五名に達した[*75]。つまり彼らは、『青鞜』誌上を中心として重要な論争があった時期に日本にいた人間たちであった。この時期は、日本の貞操言説を構成する重要キーワードすべてが、日本社会に拡散した時期でもあった。当時の『青鞜』における「貞操論争」「母性論争」の結果として、一般社会にも波及した論争の内容とは、女性の精神的価値としての貞操、過度の性欲への警戒、精神的性欲の優勢、男性の貞操などに関する問題だった。[*76]これらの主題すべてがその当時に争点化したというわけではないが、朝鮮人の日本留学生活の中でこのような主題は、少なくとも馴染みが薄いわけではなかったのである。

セクシュアリティという側面を考慮する時、一九二〇年代以来、男女の性欲は自然なものとして受容された。それは結婚のための必須条件の一つであった「肉」の要素であり、これを受容できないのは、野暮な新知識人男性の反応とみなされた。このような発想が、処女と貞操は異なるという主張へとつながり、ついには、新たな人間との絆は新たな貞操の誕生を意味するのだ、という発想にまでつながる。[*77]ただし、性的欲求は食欲のような人間の根本的欲望だが、人間は禽獣ではないので、男女の結合はひとえに霊肉一致を通じて成し遂げられなければならなかった。そして、この霊肉一致を通じて生まれた子孫は、健康な身体を持つ健全な子孫となるのであった。つまり、この構成要素を破壊するものが「旧弊」とみなされたのである。[*78]

このような論争において、論争初期の一部例外意見を除けば、一九二〇年代に自由恋愛と結婚が連結されないことはなかった。貞操観念を解体することはできなかったものの、既存の貞操観念を批判した金一葉や、貞操を趣味とみなして性的主体としての女性の位置を復原しようとした羅蕙錫さえも、貞操の概念とは、男女間の結合をその前提としたものだった。[*79]その上、許英粛の場合、在来の婚姻が「永久的売春に過ぎない事実」を指摘までしつつも、純潔な処女が梅毒にかかる（そして結婚できなくなるという）惨状に言及して、再び結婚という枠組みへ回帰する姿勢を示していた。[*80]

実際のところ、一夫一妻制に関する感覚は、日本では明治時代に初めて登場して民法典に反映された。明治期日本が受容しようとした一夫一妻制とは、西欧列強を基準にして日本の旧習を打破しようとする側面が強かった。日本における一夫一妻制が、自由恋愛、そして女性の出産と結合され始めたのは、一九二〇年代前後である。ここにエレン・ケイの思想までが重なり、性的・人格的結合がそのまま「霊肉一致」の家庭となり、それが一夫一妻制の土台となる、という思考様式は、日本では一九二〇年代前後にすでに完成していた。[*81] 従って、朝鮮の新女性たちの恋愛観もやはりこの影響を強く受けたのである。しかし、朝鮮と日本の最も大きな相違点は、文明化に対する強度の差であろう。明治日本が、旧習打破と称して、西欧列強に対して自国の恥ずかしい点を包み隠すという側面から一夫一妻制に言及したとするならば、植民地朝鮮におけるそれは、亡国の運命とも相互に関係する、より決定的なものとして認識された。その結果、一九一〇年代中盤からの言論において、世界各国の婚姻の実態と、さらには健全な国民形成のための子孫出産を目的とする結婚像が提示された。そして、この事が文明化に向けた改造という観点と結びついていたことにより、植民地朝鮮における貞操言説の形成に大きな影響を与えたのである。[*82] さらにこれは、日本において形成されていた「良妻」対「醜業婦」の構図が、植民地朝鮮において「良妻」対「売春婦」の構図で再現されるということにも影響を与えた。

新聞『東亜日報』の当時の紙面上で、「新女性と貞操問題」について論争した梨花女子専門学校の学生劉英俊や「光山」という筆名の論者、そして崔活たちの議論は、文明化＝一夫一妻制という論理の前では、結局女性の性的自己決定権が売春婦のものとみなされ攻撃されてしまう様子をよく示している。

当初、植民地朝鮮の女性たちの貞操観念を攻撃した崔活の文章に対して、新女性の劉英俊が反駁したことから始まったこの論争は、光山が介入したことによって、劉英俊と光山の二人の間の論争へと激化した。男性本位の性道徳が人間本位の性道徳へと変化する過程では多少の弊害は仕方がない、と劉英俊が主張したことにより、二人の論争は始まった。当時、光山は劉英俊が用いた「自由性交」という単語に着目して、彼女の貞操観は風紀紊乱だと詰難した。

そしてさらに、一夫一妻制の原則が性道徳の最高極致であって、二つの人格が全人格的に合致するのは、貞操という神聖な恋愛の擁護者が存在するからこそ可能だと主張した。そう述べながら光山は、貞操の厳守対象を結婚前後の対象にまで拡大した。これに対して劉英俊は、実は今日の「貞操破滅」は、結婚を無理に押し付ける父母、女性の低い教育水準や経済的自立度などの条件で引き起こされると主張した。なおかつ、売春婦もやはりそのような経済的限界によって発生する、と光山を批判した。しかし結局、この論争の終結は、光山が、劉英俊に対して犬や猫と同じだと当て擦って攻撃しながら、論争から中途半端な形で離脱し、劉英俊が、諸条件が解消されたならば、女性たちもまたなるべく貞操を守りたがるのだ、と述べて議論を締めくくるという形で終わった。[*83]

この論争で現れたもう一つの重要な点は、「良妻」と「売春婦」という構図が貞操論争において顕在化し始めたという点だ。そして、このような論理が支持され得たのは、将来の子孫に対する憂慮、つまり優生学の存在があったからであり、セクシュアリティという側面から優生学を支える論理を準備したのが、日本から直接導入された性科学、つまり性欲学の民間における言説化であった。

植民地朝鮮の男性たちが、性愛に対する強迫を外面的に表出する際、重要な役割を果たしたのが、まさに「科学」という名目であった。まず医学と解剖学が朝鮮に伝来したことにより、貞操と関連して、女性の身体一部、つまり「処女膜」の存在が民間にも知られるようになった。[*84] そして、「性科学」という名の下で、男女性別の身体的差異、性的役割の差異に関する性教育が確立され、ついには、日本から輸入された「非処女体液説」が、一夫一妻制を支持し、「良妻」と「売春婦」の区分の正当化へとつながることになる。[*85]

特に、売春婦に対する定期検診、解剖学を通じての処女膜の有無に関する認知、家父長制下での処女性の強調など、極端な事例が言論誌上で時折取り上げられもした。[*86] こうした事例は、主に一九二〇年代中盤に民間で発生したが、この時期に「医学」という名目で解剖学の知見が一般に紹介される中で、女性の病気と結びつけられて民間に流布されたという要因が大きかったと思われる。[*87]

他方で、「非処女体液説」もやはり、言論や留学経験者などを通じて早くから一般に紹介された。一九二六年一一月『東亜日報』の紙面上の家庭婦人たちを啓蒙する連載記事の中で、日本から影響を受けたことが明らかな「非処女体液説」が一般に紹介されている。[*88] 続いて一九三二年三月一三日の『東亜日報』の記事では、当時「処女反応研究」によって博士となった野島泰治が、小林博士なる人物と協力して研究した新しい処女鑑別法を紹介している。記事では、既存の小便検査法と異なる、煮沸血液を用いて反応を検査する新たな方法が考案されたことにより、「厳正な科学」が一刀両断に「処女」宣告を下せるようになった事を伝えている。[*89] このような話は、特に知識人男性たちにとって影響が大きかったようだが、一九三二年の『女人』という雑誌の「女人問議室」というコーナーでは、男性が童貞かどうかは確認できないが、女性が処女かどうかは確認可能だ、と主張され、処女膜の破裂が生じて性交関係を持った後、「男性の精液が女性の血液に混入して、その内部で蛋白質を持つようになる」ので不利だ、と述べられている。[*90] しかし、一九三三年頃から次第に、こうした見解は風聞ではないかという疑念が持たれはじめ、[*91] ついに一九三五年に至っては、これらの見解に科学的根拠がないことが医学的見地から指摘され始めるようになる。[*92]

だが、このような性欲学からの見解が早期に否定されたにもかかわらず、優生学の潮流が盛んだった植民地朝鮮においては、女性身体の一部に注目することで、従来からの文化的内容で構成されていた貞節の内容がより物理的に具体化された。そして、これがまさに、母性と一夫一妻制、そして優生学が強調される一九三〇年代へと引き継がれることになったのである。

小括をするならば、植民地朝鮮における貞操言説とは、再嫁禁止と「内外」を強調した既存の貞節内容が、「文明化」という観点に基づき、一九一〇年代に「婦徳」を強調する方向へと変化し、さらに一九二〇年代に入っては、一夫一妻制下で女性身体の特定器官に注目する方向へと転換したといえる。従来の修身教育や、日本から輸入された貞操論争・性欲学などが、この過程でその役割を発揮した。さらにこれらは、すでに朝鮮へ援用されていた日本の民法と刑法の中の具体的な法律条項に対して、その血統主義には勿論のこと、貞操の具体像を提供する上でも大きな役割を果たした。従って、こうした言説について、科学的に正確ではないという指摘が一九三〇年代序盤に医学者たちから提起されていたにもかかわらず、植民地朝鮮における性欲学は、貞操言説を具現化する上で十分な役割を果たしたといえるのである。近代科学の力で物理的に証明された女性の貞操は、以前より一層具体性を帯びるようになり、今や法の名の下に、その具体的物神性をさらに強化される時を待つばかりとなった。

(2)「保護法益」としての貞操の誕生

①民法と「貞操」

日常においては見慣れない言葉ではあるが、個人の権利保護と関連して、「保護法益」という用語がある。これは法が保護する具体的対象を指す言葉である。この場合、民法と刑法では保護法益が異なるが、民法が保護する法益ではまず、財産上の損害が発生したかどうかを判断する。その後、損害を被った被害者を保護する範囲を確定して保護することになる。従って、主に契約と不法行為を取り扱うことになり、植民地朝鮮においては、主に日本の民法が援用された。一方で刑法の保護法益とは、刑法によってその侵害が禁止されている個人及び共同体の利益や価値、と定義できるが、ここでの法益の意味とは、民法のそれを超えて、言い換えると、個人の利益を超えて、社会秩序全体との関係内において規定される概念だといえる。*93

植民地期の民法の施行下で、女性は身体の一部分を担保として法の保護法益の対象となることもあったが、同時に、戸主制の施行によって、その身を制限される存在でもあった。一九一二年朝鮮民事令の公布と朝鮮総督府の旧慣調査により、日本の民法体系が朝鮮の女性たちにも強制された。その結果、当時の女性たちは、単に言説上の影響を受けるだけでなく、実際に民法上の戸主との関係に従属させられることは勿論、四大法律行為無能力者とみなされた。そしてこれが、「伝統」という名で朝鮮民衆に喧伝されたのである。[*94]

「貞操」言説の形式面として、植民地民法において注目されるのが、寡婦再婚の問題と貞操蹂躙慰謝料請求訴訟である。まず寡婦再婚の問題については、貞節の植民地的変奏を示してくれる重要な事例である。実際にはどの程度まで民衆がこれを規律化していたのか、疑問の余地はあるが、寡婦の再婚問題は元来、朝鮮時代に「貞節」を律した二つの文化的制約の内の一つであった。[*95] 朝鮮時代初期において、再婚した女性たちは、失行を犯した者として「恣女案」にその名が記載され、再婚当事者たちが直接的に法の処罰対象となることはなかったものの、その子孫たちを清要職（学識や家柄が高い人間に限って与えられた官職：訳者）に起用することが法で禁じられた。そのため、朝鮮時代においては、貞節の規律を強制する効果を自然と発揮した。従って、植民地朝鮮における寡婦再婚禁止への社会的な雰囲気は、従来の貞節の要素が依然として貞操言説の内部に位置付けられていたのかどうかを知る上で、重要な試金石となるだろう。

女性たちに要求された徳目は、結婚前、結婚生活、離婚或いは死別後、と時期によって細かく区分提示されており、これは植民地期の朝鮮民衆にも影響を与えた。[*96] これらの徳目すべてが、大雑把にまとめて「貞節」であると説明されていたが、植民地期には純潔と貞操の程度によって整理された。なぜならば、「守節」に対する当時の人々の批判が一筋縄では行かなかったためだ。当時の新女性たちは、個人的立場の差異や一九三〇年代以後の母性愛・一夫一妻制言説の影響があったにもかかわらず、再嫁問題については批判的だった。『東亜日報』紙面に紹介された金一葉・許英粛などの論争においては、仮に子女養育と前夫への気持ちが残っている場合には、道徳的には再嫁を行なわないことが「貞操」であろう、というような話が出てきていたが、再嫁は言説上では可能な範疇に属していた。[*97] 無論、現実はそう甘くはなかった、当時、一部の新女性たちの反駁にもかかわらず、寡婦となった女性たちに対する社会的視線は優しくなかった。『東亜日報』の「家庭顧問」欄で、二人の子供を養育する寡婦となったある女性が、自分の息子の財産権を食い物にする親族たちへの対応を相談してきたことがあった。しかし、これに対する回答者の実際の反応としては、今回の事態は相談者女性の身の処し方が間違ったために誘発されたものであって、今のような世上では、再婚すると言っても別に賞賛される事ではない、と述べて、再婚を思いとどまらせようとする姿勢をみせている。そして、これは単に一つの事例に限ったものではなく、[98]総督府学務当局が結局、各道の群邑に対して寡婦解放の通牒を伝達するまでに至ったことからみれば、寡婦再嫁に対するタブーが依然として存在していたことがわかる。

ところで問題は、女性の再嫁に対する規定がすでに定まっていたという点である。植民地期の戸籍制度の整備過程で、寡婦となった女性の再婚は、女性側の実家および婚家（元夫の実家）の戸主の同意を得なければならないという規定が新たに導入されている。すでに女性は、法律上の根拠なく新たな家庭を創立できなかったため、自分自身の力だけで再婚することは不可能だった。[99]そのため、依然として再嫁することは現実的に難しい問題であり、なおかつ、時代の雰囲気もやはり依然として寡婦に対して好意的ではなかった。従って、再嫁することは、言説上では新女性たちの支持を受けたものの、法律的文化的には依然として容易なものではなかった。[100]朝鮮時代の貞節における「再嫁禁止」と比べると、この時期に実際に転換した「貞操」内容については、再嫁による子女差別が、むしろ女性の再婚それ自体を民法の家族編の下に位置付けることで、言説的タブーであったものを法的不能なものへと作りかえたことにその核心があったのである。

その一方で、この時期の女性たちによって相次いで提起された「貞操蹂躙慰謝料請求訴訟」は、こうした民法上の制約の枠内で、財産権・人格権を旗印にして女性たちが自身の権利を訴えることができる唯一の回路であった。しかし同時に、保護法益としての「貞操」内容の構築が、権利と義務という観点から推し進められることにより、それ以前までは言説的抽象的なレベルで「旧習」とみなされていた貞操言説が、近代国家の枠組みに含まれるようになったという点で、この貞操蹂躙に関する慰謝料請求訴訟は大きな役割を果たすことになったのである。一九一〇年代から日本と朝鮮両方の言論誌上に現れ始めていた貞操蹂躙訴訟では、「婚姻予約の不履行」の当否を裁判の核心として取り扱った。この時の被害内容は、純潔たる処女として将来結婚ができるはずであった女性の「貞操」が毀損され、財産上の損失が発生したというものであり、これによって貞操言説は、女性の身体の一器官と結びつけられ、価値を持った商品として物神化される過程を経ることとなる。日本で起こった貞操蹂躙裁判において、女性の保護法益となったのは、貞操権と貞操義務の二種類である。この中の前者は、性交の自由、つまり女性の性的自己決定権を保護するものであり、後者の貞操義務とは、婚姻契約が成り立っている当事者双方の義務事項を勧告するものだ。しかし、女性の性的自己決定権は、慰謝料について論じる過程で財産権化・商品化され、婚姻契約に伴う双方の義務事項は、女性だけに対する義務事項へと転化した。[*101] その結果、民法で保護されるのは、天賦人権論などで語られた人間としての女性の人格権ではなく、商品として流通可能な女性の貞操となったのである。このような発想が売春婦の「慰安」と結びつけられる時、結局は女性の貞操を商品化して売買可能にする端緒となり得る余地があった。女性を法的言説的に包摂した社会構造の下で、植民地近代性と結合しつつ生み出された貞操言説の一つの特質を、これは表しているとも言える。

②刑法と「貞操」

民法が、戸主制下で女性の地位を規定し、個人の保護法益として「貞操」という実体を提示する役割を果たしたとするならば、刑法は、社会の性風俗を規律するという観点から女性の貞操にアプローチした。この過程において、女性の貞操に対する具体的内容が結婚前後の「保護法益」として法的に提示された。これを通じて、「純潔」「処女」などの従来の言説的領域においては、修身と性科学などに依拠して支持されていた女性の「貞操」が、「公共の法益」ともみなされ始めた。これはつまり、国家が女性の貞操を管轄し始めたことを意味する。その結果、保護法益としての貞操について、その詳細な内容を構成することが可能となり、身体の一部が身体全体を、さらには個人の人格権全体を代弁するようになった。その上で、身体器官に人格を付与し、「破損」したと推定された身体の一部を保護法益の対象から排除する、という思考様式がついに刑法を通じて完成し、我々はそれを「貞操」と呼ぶようになったと言える。

一九三〇年代に入り、女性の貞操を保護法益化して、法的なレベルでこれに介入しようとする国家の意志が何度か発現する。その最初の兆候は、日本で制定され、一九三〇年五月二三日に公布された「盗犯等ノ防止及処分ニ関スル法律（以下「盗犯防止法」）」からであった。[*102] この盗犯防止法は、正当防衛の範囲を拡張したことがその特徴であったが、女性が貞操蹂躙の危機に置かれた場合、「ピストルで撃って相手を殺傷」しても問題ないという点が注目された。このような盗犯防止法の実施は、女性の貞操の保護に国家が乗り出したものとして認識された。そこで、当時の一部言論においては、朝鮮に援用された日本の刑法第一七六条・第一八一条・第二二五条と結びつけて、盗犯防止法の意義を説明していた。この中で第一七六条と第二二五条は、すべての未成年者に対するわいせつ行為、より正確に言えば、結婚前の男女に関する条項であった。例えば、刑法第一七六条は、「十三歳以上の男女に対し、暴行又は脅迫を用いてわいせつな行為をした者」を処罰する条項であり、第二二五条は、「営利、わいせつ、結婚又は生命若しくは身体に対する加害の目的で、人を略取し、又は誘拐した者」を処罰する条項であった。[*103]

これは、当時深刻だった処女の拉致などを考慮したものとも言えるだろうが、結婚しない者を「やむを得ざる者」と認識した当時の修身教育などから推察してみれば、女性の性的役割を当然のごとく結婚と出産に限定し、国家がその身体を保護しよう、という意志を表明したものだとも言える。それと同時に、すでに民法上「財産」として十分にみなされていた女性の貞操が、刑法とこれを補完する法律によって、ついには銃器で保護しなければならない程に重要なアイデンティティーともみなされ始めたのである。これは、一九三〇年代に入って急速に保守化していく内外の雰囲気を反映したものでもあった。この時期の日本においては、「貞操浄化聯盟」などが結成されたかと思えば、廃娼運動が推進されるなど、結婚と出産を核とした貞操言説が急激に保守化し始めていた。そして、植民地朝鮮もやはり、新女性たちの攻勢に疲れた男性たちの「固陋」に伴って、結婚と出産、そして女性の貞操が強調される時期へと入っていくのである。

こうした傾向は、刑法の性風俗に関する条項を通じて、さらに強化された。一九三〇年代当時の朝鮮で女性のセクシュアリティを管掌したのは、朝鮮刑事令第二二章「わいせつ、姦淫及び重婚の罪」だった。ここでは姦淫、淫行媒介、姦通、重婚などの項目が取り扱われた。しかし、これらの項目は、個人の性的自己決定権を保護することよりも、公共の法益という側面から女性の身体にアプローチしようとしていた。そして、優生学や一夫一妻制などの観念から、これらは支持されたのである。実際に当時の刑法は、民法で提示された貞操という保護法益の内容を構成することを試み始めていた。まず強姦罪（刑法第一七七条）は、民法において、名誉毀損、婚約契約の不履行などで間接的に定義された貞操の毀損に対して、「婦女の意思に反して強行された不貞の交媾」[*104]と定義された。そして姦淫罪（刑法第一八二条）では、その保護法益の対象たる「淫行の常習なき婦女」とは、「品行方正な婦女」であることを明確に述べている。姦通罪（刑法第一八三条）も同様に、優生学的側面と一夫一妻制の側面から、夫婦関係を破壊し、血統の混乱を惹起し、親族の融和を壊して、直ちに風俗を阻害する、と叙述されたりもした[*105]。

これほどまでに国家と公益の枠組みの中で女性の貞操が解釈されたのは、日本刑法の歴史的由来によるためである。そもそも朝鮮刑事令の転用元であった日本刑法は、大陸法系刑法を模範とした。ところが、元々の大陸法系刑法では、セクシュアリティの側面において個人と国家の法益は分離されていた。簡単に述べれば、結婚と家族に関連した部分は公的領域に属し、その多くが「風俗」に該当する部分であって、強姦・淫行などに関する部分は個人の性的自己決定権と結びついたものであった。しかし、初期の日本刑法の立案過程においては、この点に関する考慮が存在せず、ただ単に公共の法益と風俗のレベルで、「わいせつ、姦淫及び重婚の罪」としてこれを項目化したのである。従って、植民地に適用された刑法が個人のセクシュアリティに関与するレベルは、近代国家一般が個人のセクシュアリティに関与する形態と比べて、はるかに公式的な法理を選択せざるを得ないという構造を有していた。[*106]

解放以後の韓国の新刑法（一九五三年）では、このような植民地期貞操言説の影響を強く受けて女性のセクシュアリティが再構成された。解放以後、個人の法益保護を目的とした「姦淫に関する罪」が「貞操に関する罪」へと名称を変えた背景は、この条項の犯罪構成要件において、植民地期と異なることなく、依然として「婦女の貞操」をその中心に据えていたためであった。これは、女性から性的主体としての地位を剥奪して「婦女」の地位へと格下げしたものであり、女性の性を公共の法益とみなした植民地期の言説を引き継いだものでもあった。[*107]

4　結論

解放以後、新刑法を起草する際に重要な役割を果たした厳詳燮は、朴仁秀事件[*108]によって社会が騒然とする状況を目の当たりにし、再嫁した婦女や二度三度と失恋した婦女の貞操も当然ながら刑法で保護しなければならない、と国会で述べたことがある。しかしこれは厳詳燮個人の見解であって、貞操は法理・言説上において、「良妻」と「売春婦」という構図を維持しながら、被害を受けた個別女性に「不潔」という烙印を押す役割として作用した。そして解放後の韓国において、こうした事は、伝統と美風良俗という名の下で貞操を失った女性たちを他者化する形で、あたかも常にそうであったかのように理解されてきた。

しかし、これまでに明らかにしたように、今日我々が使用する「貞操」という語は、実は歴史的文化的な脈絡に沿って近代期に再構成された、新たな記号体系だと言える。初めは、古代中国で『列女伝』などを通じて形成された貞節言説が、明清朝以来、東アジア各社会へ拡散した。当時の朝鮮において、王朝樹立以後、性理学に基づく国家運営の象徴として三綱を選択し、貞節はその重要な構成要素であった。しかし、開化期の朝鮮社会において貞節は、不可避に迫られた文明化や富国強兵などと結合しつつ、子息の教育を強調する「婦徳」や「良妻賢母」の姿勢といった概念を優先する方向へと、内容的な変化を遂げた。そして、日本から輸入された修身教育などを通じて得た「貞操」という新たな記号が、この「婦徳」を媒介にして、既存の貞節の意味を吸収することになる。

他方で、日本の貞操言説自体が、西欧の影響を受けて再構成されていた。まず、明治初期の日本では、中国と朝鮮で使用されていた貞節と同じ意味で貞操が使用されていた。しかし、一九一〇年代を経て、修身教育と性欲学、そして一夫一妻制の論理や自由恋愛言説と結合する中で、家庭内の重要な紐帯、という言説上の位置付けを貞操が占めるようになる。今や貞操は、「処女」対「売春婦」の対立構図を区分する基準点となるのは無論、一夫一妻制の下で良妻賢母観を支える重要な言説として機能することになったのであった。

一九二〇年代以後の植民地朝鮮においては、従来の貞節言説における慣習だった再嫁禁止と「内外」を土台としつつ、日本から流入した自由恋愛、一夫一妻制、性欲学、修身教育などの影響を受けて、貞操言説の内容構成が成立した。一九三〇年代に至ると、植民地朝鮮における貞操言説は、日本から導入した貞操言説と、従来のものから変化した貞節の内容・慣習とを網羅した形態で成立した。そしてこのように形成された貞操言説は、民法と刑法の保護法益の対象となりつつ、従来の抽象的なレベルを超えて、法的な具体性を帯びるようになった。民法上の貞操とは、権利であると同時に義務として機能し、戸主制を維持する重要な柱として作動した。なおかつ、刑法上の貞操は、姦通、強姦、姦淫といった重大な罪とともに機能した。貞操はこの過程において、その保護法益として女性主体の人格権を保護するよりも、女性主体の身体一部と過度に密接化する傾向を示した。そして、このようにして法的に再構成された貞操言説は、解放後の一九五三年新刑法で設けられた「貞操に関する罪」へと続くことで、解放後の韓国における貞操言説にその歴史性が同時に引き継がれることになったのである。

結論的に述べれば、貞操は創られた価値である。無論、その内部に「伝統」と呼ばれる歴史的起源と、言説的・法的な変化によって構築された実体的な土台を持っているが、その内容自体は近代において選択されたものである。それにもかかわらず、朝鮮と日本の両国においては、貞操言説を最も粗悪な形で再構成してしまった。そして、これによって女性の身体一部と貞操を結合させ、最も浅薄なやり方で個人の自己決定権を否定し、さらには、女性のセクシュアリティに対して機能的な性格規定を行うという形の無理解を社会全般へ拡散させ、これを当然視する結果を生んだ。スーザン・ソンタグが指摘したように、貞操の実体を度外視し、これを身体一部、そして断面だけで理解するという思考方式は、女性に対する差別に止まらず、結局は、「家族」以外の領域に存在している多様性への差別につながってしまうという蓋然性を持っている。そのために、我々はより明確に、より冷静に、「貞操」という言説を注視する必要があるのだ。

註

＊1　既存の日本側の先行研究においては、「青鞜」の貞操論争などが詳細に紹介されている。一例として、当時の「青鞜」での議論については、折井美耶子編『性と愛をめぐる論争（論争シリーズ五）』ドメス出版、一九九一年がよく整理している。しかし本稿においては、研究者本人の限界により、貞操に関する日本側の研究を網羅的にまとめることができなかった。従って本稿では、この間に韓国で翻訳出版された日本側の関連研究、そして韓国内の研究を中心にして、これまでの研究史を整理することにした。それゆえに、日本側の研究状況に疎いため、日本側の先行研究の整理に誤りがある可能性もあるが、これについての責任はあくまでも研究者本人にあることを明言しておく。

＊2　徐恩恵「일본의 '신여성' 운동과『청탑』—초기 신문을 중심으로」『현대문학이론연구』一三号一巻、二〇〇〇年。李智淑「一九一〇년대 일본 여성소설의 섹슈얼리티—청탑 소설을 중심으로」『일본문화학보（한국일본문화학회）』二一号、二〇〇四年。

朴裕美『青鞜（청탑）의 여성담론연구』忠南大学校大学院日語日文学科博士学位取得論文、二〇〇九年。

*3 その他の研究として、加藤秀一（서호철訳）『'연애결혼'은 무엇을 가져왔는가―성도덕과 우생결혼의 一〇〇년간』소화、二〇〇四年。川村邦光（손지연訳）『섹슈얼리티의 근대―일본 근대 성가족의 탄생』논형、二〇一三年。

*4 李明善『식민지 근대의 '신여성' 주체형성에 관한 연구―성별과 성의 관계를 중심으로』梨花女子大学校大学院女性学科博士学位取得論文、二〇〇二年。

*5 蘇賢淑「'貞操蹂躙' 담론의 역설」『역사문제연구（역사문제연구소）』二八号、二〇一〇年。同『식민지시기 근대적 이혼제도와 여성의 대응』漢陽大学校大学院史学科博士学位取得論文、二〇〇二年。

*6 金順槇・張味京「朝鮮총독부 발간『여자고등보통학교修身書』의 여성상」『일본학연구（단국대학교 일본연구소）』二一集、二〇〇七年。

*7 朴鐘弘「근대소설에 나타난 신여성의 '貞操관념'」『한국문학논총』三四集、二〇〇三年。

*8 既存の先行研究の中で、「貞操の男女平等」に関する研究については、赤川学「一九一〇年代、「貞操の男女平等」の一局面」『人文科学論集：人間情報学編（信州大学人文学部）』三一号、一九九七年参照。

*9 国立国語院『標準国語大辞典』、「貞操」項目参照（http://stdweb2.korean.go.kr/search/View.jsp）。

*10 もう少し詳しく述べれば、「貞」とは元来『周易』に出てくる語で、男女どちらに対しても使用される概念だとみるのが適当である。立派である、という意味も有している。「貞」と「節」を区分するのは、劉向の『列女伝』において成立した。이숙인『貞節의 역사―朝鮮지식인의 성담론』푸른역사、二〇一四年、八頁、二二七―二二八頁参照。

*11 江戸時代には有効だった、結婚以前の女性たちの性を統制する様々な方策が、明治期に入ると、効力を失ってしまった。ゆえに、当時の「女子教育」論者たちと「科学」の力を借りて、女性たちの性を、学校という空間で内面的に統制することを企図し、既婚の女性とは異なる未婚の女性に対して、抽象的なものでありながら強力に作動したのが、まさに「純潔規範」であった。渡辺周子『〈少女〉像の誕生―近代日本における「少女」規範の形成』新泉社、二〇〇七年、五九―六四頁参照。このような日本の純潔規範は、すぐにイデオロギー化して、一九一〇―二〇年序盤における話題を占めるようになる。この流れの中で純潔は、肉体的な状態を意味するとともに、精神主義的な側面までも強調するという形で強化された。명혜영「근대〈処女〉의 섹슈얼리티―한일 초기 여성소설을 중심으로」『일본문화학보（한국일본문화학회）』四六集、二〇一〇年、三一〇頁参照。

*12 朴鉉「貞操론」『부인』四巻二号、一九四九年、参照。本稿で言及した一九五〇年代前後の雑誌類については、主に이화형・허동

현他『한국현대여성의 일상문화―(一) 연애』국학자료원、二〇〇五年に収録されたものを利用した。以後本稿では、上記の叢書に収録された雑誌に言及する場合に、一般的な参考文献の表記の後に（叢書）という語を付し、他の雑誌類と区別するようにする。また、この叢書から引用した雑誌の頁数については、原本の頁数ではなく、叢書の頁数に依拠する。

＊13 정비석「貞操란 무엇인가?―여성각서（覚書）제五장」『여성계』四巻三号、一九五五年、（叢書）二〇七頁参照。

＊14 이호중「성형법 담론에서 섹슈얼리티의 논의지형과 한계―혼인빙자간음죄와 간통죄 폐지논의를 중심으로」『형사정책（한국형사정책학회）』二三巻一号、二〇一一年、三三九、三四五頁参照。

＊15 송경애「명청 시기 여성 교육서 고찰」『동북아문화연구（동북아시아문화학회）』三四集、二〇一三年、三一四頁参照。

＊16 박순철・김영「중・한 양국의 貞節관념과 양상 고찰―명청과 朝鮮을 중심으로」『한국사상과 문화（한국사상문화학회）』四六巻〇号、二〇〇九年、三七八―三八四頁参照。

＊17 강명관『열녀의 탄생―가부장제와 朝鮮 여성의 잔혹한 역사』돌베개、二〇〇九年、一一七頁参照。

＊18 以上については、이숙인前掲書、一五〇―二一四頁参照。

＊19 강명관前掲書、九三―一一五頁参照。

＊20 以上、朝鮮時代の「貞節」形成における法的側面での流れについては、이숙인前掲書、二六―二八、五三頁参照。

＊21 例を挙げると、一五世紀末葉に出版された徐居正の『四佳集』や宋浚吉の『同春堂集』においては、「貞操」は「烈行」を称揚するのとほぼ同義に使用された。一四世紀の鄭道伝の『三峯集』や、一六世紀の文人である張維が著した『谿谷集』での「貞操」は、男性の「節概」、つまり忠君たることを称揚する脈絡でも使用された。これらの中で、鄭道伝の『三峯集』に収録された五言古詩の一詩である「次韻寄鄭達可」の二句節を訳してみれば、「良き金属は鍛える程に輝きを増すのだ、堅固な貞操を共に守ると（「良金淬愈光、共保堅貞操」）」となっている。これは、朝鮮時代には「貞操」という単語自体が、男女の「節概」を称揚する際に併用、使用されていたことを示している。韓国古典総合DB『三峯集』第一巻、五言古詩篇参照。
(http://db.itkc.or.kr/index.jsp?bizName=MM&url=/itkcdb/text/bookListIframe.jsp?bizName=MM&seojiId=kc_mm_a024&guncha Id=&NodeId=&setid=332024)

＊22 이숙인前掲書、九頁参照。

＊23「今日志士의 頂門一針」『皇城新聞』、一九〇七年六月一五日、二面一段参照。

＊24 이숙인前掲書、九頁参照。

＊25　この時期は中国においても、貞操論争が活発だった。これについては、李瑾「周作人と「貞操論」」『中京学院大学経営学会研究紀要』一一巻二号、二〇〇四年、장징（임수빈訳）『근대중국과 연애의 발견』소나무、二〇〇七年参照。

＊26　早川紀代「일본의 근대화와 여성상・남성상・가족상 모색」早川紀代他（이은주訳）『동아시아의 국민국가 형성과 젠더—여성표상을 중심으로』소명출판、二〇〇九年、三四頁参照。

＊27　福沢諭吉など、当時のいわゆる「開明した」とみなされていた人々は、これに対する批判を敢行した。しかし、これらの人々は、文明論の観点から女性教育を主張していた。김미영「여훈서에 나타난 여성의 몸—후쿠자와 유키치의『여대학평론』을 중심으로」『한국여성철학』九巻、二〇〇八年、이병담「修身교육을 통한 국민형성」김순전他『修身한는 제국—명치・대정기《심상소학修身書》연구』제이앤씨、二〇〇四年、六三頁参照。

＊28　「教学大旨」と「小学条目二件」が出されたことで、依然として男女性別分業に沿った「徳性」の強調、特に「婦徳」などの強調が行われた。早川紀代前掲論文、四二頁参照。

＊29　高師聖『本朝古今閨媛略伝』高義亮、一八八二年。

＊30　元田永孚『幼学綱要』巻之五、元田永孚（出版）、一八八三年、一三頁参照。

＊31　夫の死後も再婚しない女性を指すのが「節婦」であり、命をなげうってでも守らなければならないほど、夫への性的従属性を強調するのが「烈婦」である。「烈」の種類については、강명관前掲書、三四—四五頁参照。

＊32　以上については、김순전他訳『일본 초등학교 修身書（一九〇四）』제이앤씨、二〇〇五年、九六・一九三頁参照。この後、時間の経過と伴に、初等科学生用の修身書には、「女子の任務」が追加され、そして再び変更が加えられ、「主婦の任務」などが記載されるようになった。「女子の任務」として、舅姑の奉養に関する話が引き合いにだされ、「主婦の任務」では、吉田松陰の母親の説話が、舅姑への奉養の例として引き合いに出された。

＊33　岸具瞻・直江三吉編『尋常小学修身科教授書』巻三、益智館、一八八九年、一九—二〇頁。

＊34　『修身教本：高等小学校教員用』四巻、第一二課「山内一豊氏の夫人（貞操）」では、山内一豊の妻の内助の功を扱っているが、この課での主眼は、貞操の必要性を知らしめることであった。小山左文二・古山栄三郎編『修身教本：高等小学校教員用』四巻、普及舎、一九〇一年参照。

＊35　この歌の本文を引用すると、一番は「桜の匂ひ桃のこび　月のかつらはたをるとも　松の操を守らずば　花の姿も何かせん」とあり、二番は「読書わざに勤みて　いかに心をみがくとも　操の徳をまもらずば　世にたつかひやなからまし」となっている。農

美重由編『教育勅語唱歌集』明輝社、一八九六年、三〇—三一頁参照。

＊36 川村邦光前掲書、六六—七三頁。朴裕美前掲論文、一〇九頁参照。

＊37 川村邦光前掲書、一二〇頁。

＊38 同右、一二〇—一二二頁。

＊39 羽太鋭治『性欲生活と両性の特徴』日本評論社出版部、一九二〇年、一二七頁。

＊40 田中香涯『女性と愛欲』大阪屋号書店、一九二三年、一五二頁参照。羽太鋭治『性欲に対する女子煩悶の解決』隆文書院、一九二一年、七三頁参照。

＊41 田中香涯前掲書、一四五—一五三頁参照。

＊42 明治期の民法典の準備過程において、旧民法の伝統が継承され、「家」の位置付けが浮き彫りにされていったことは、오카자키 마유미「식민지기 朝鮮민사법의 호주권 기능—明治민법의「家」제도와의 비교분석적 접근」『법사학연구』四七号、二〇一三年、五四—六二頁。우에노 치즈코（이미지문화연구소訳）『근대가족의 성립과 종언』당대、二〇〇九年、九一—九七頁参照。

＊43 蘇賢淑前掲書『식민지시기 근대적 이혼제도와 여성의 대응』、九一—九七頁参照。

＊44 ルイ・ブリデル述（野沢武之助訳）『法律原論：附・比較法制学講義（明治法律学校三六年度二学年講義録）』明治法律学校講法会、一九〇三年、一七〇—一七一頁。ただし、年齢に関する部分や、「貞操蹂躙」における未成年者との性的関係への注目は、ドイツ民法を参考にしたようである。一九三〇年代の「貞操蹂躙」に関する説明においては、日本の民法で扱われる「貞操蹂躙」の起源が、一八七二年に公布されたドイツ刑法の第一七六条「深刻な淫乱行為（Serious Lewd Acts）」の第三号、すなわち一四歳未満の者とわいせつな行為を行った者に対する処罰条項と、第一八二条（Seduction：誘惑）、すなわち一六歳以下の品行方正な処女を誘惑した者を処罰する規定を参考にした、という言及がある。アントン・メンガア（井上登訳）『民法と無産者階級：附・法学の社会的使命』弘文堂書房、一九二六年、九四頁。Translated by Gerhard O.Muller and Thomas Buergenthal, "*The German Penal Code of 1871*", New York University, New York, 1961, pp.101-106.

＊45 明治から大正期にかけての恋愛について指摘した加藤秀一によれば、エレン・ケイの恋愛観には実際に、優性生殖の機械として女性を国家のために奉仕させる装置が隠されていた。加藤によると、これは一九一一年に日本へ紹介されて自由恋愛ブームを巻き起こしたスウェーデンの思想だが、エレン・ケイにとっては、恋愛とは種族本能という源泉から生じた二次的現象に過ぎなかった。従って、日本は勿論、朝鮮の女性たちが、エレン・ケイの提示したような情熱的な恋愛に陥ったその瞬間さえも、女性を優性

生殖の機械として活用しようとするエレン・ケイの基本的な思考を、すでにそこに内在させていたと言える。そして、これが日本において、森有礼の血統概念とそれを発展させた優生学と結合し、処女性を強調する形へとつながった。やがて一九三〇年に入ると、一夫一妻制下で貞操を遵守する母性の強調へとつながっていくのである。以上、加藤秀一前掲書、一五八頁。

＊46　坂本正雄『二十世紀之男女』警醒社、一九一三年、四〇―四一頁。これは貞操言説が天皇制と結びついた地点を示す部分である。つまり、個人のセクシュアリティに対する自己決定権が、国家主義とどのように結合するのかを示す部分であるとも言えよう。

＊47　論者によっては、男女平等の観点からの「貞操」へのアプローチが、より早い時期から可視化されていたことを主張する場合がある。その代表的な論者である赤川学は、従来の議論が主に、貞操の男女不平等論的な史料だけに注目して解釈する傾向があったことを指摘している。赤川は特に、一九一九年に澤田順次郎が編集主幹を務めた雑誌『性』のアンケート調査を基にして、当時貞操について男女差別的な志向を抱いていた人たちでさえ、貞操が男女にとって等しく守らなければならないものであるとみなされていたという当時の雰囲気を説明しつつ、貞操に関する男女平等論的な思考がより早くから可視化されていたことを指摘した。赤川学前掲論文、一〇五―一一〇頁参照。しかし、これは公式的な言説空間における「定義」というレベルで存在したものであって、実際の言説空間や、そうした実際の言説が無意識に反映されて法理化された判例などにおいては、この男女平等論的な思考が守られなかったのも事実だ。

＊48　河野通頼『全人格的生活と修身教授の諸相』厚生閣書店、一九二七年、一五九―一六四頁参照。

＊49　赤川学はこれに対して、少し異なる意見を展開している。赤川は、この時期に関する今までの研究は、男女平等論的な貞操観念に関する史料を敢えて度外視してきたが、実際の言説空間とは別個の最小限の理念的な言説空間においては、男女平等論的な貞操観念が日常化していた、と述べている。赤川の主張の根拠となっているアンケート調査に積極的に参与していた法律家たちもやはり、このような意識を共有していた。本論註（47）を参照。

＊50　吉川絢子「일제시기 이혼소송과 일본인 판사―一九一〇년대를 중심으로」『법사학연구』四四号、二〇一一年、一九二一―一九四頁参照。

＊51　実田実男『貞操蹂躙とその裁判』二松堂書店、一九三〇年、二―四頁参照。

＊52　友次寿太郎『珍らしい裁判実話』法令文化協会、一九四四年、一三二―一三三頁参照。

＊53　同右、一三四―一三五頁参照。

＊54　本稿において参照した論文は、韓国国内で翻訳された日本の研究書と、韓国国内の研究者による研究が中心となっている。近

代日本における女性の性別分業やセクシュアリティ規範の形成、内部的差別などに対する観点から行われた研究としては、加藤秀一前掲論文、川村邦光前掲論文、早川紀代他（이은주訳）『동아시아의 근대국가 형성과 젠더—여성표상을 중심으로』소명출판、二〇〇九年、である。また、貞操論争における重要な端緒となった雑誌『青鞜』誌上での論争に関しては、すでに様々な論文で扱われているが、ここでは代表的なものとして、朴裕美前掲論文を参照した。

*55 一九二〇年代以前の史料においては、「貞操」という語はそれほど頻繁に使用されてはいない。また、一九一〇年から一九二〇年の間にも「貞操」という語が使用された文章はあまり見受けられない。

*56 길진숙「一九〇五—一九一〇년 국가적 대의와 文明화—『대한매일신보』의 文明담론을 중심으로」『근대계몽기 지식의 굴절과 현실적 심화』소명출판、二〇〇七年、一七—二二頁参照。

*57 『皇城新聞』一九一〇年七月一六日付「부인계의 모범적사업」。

*58 홍인숙『근대계몽기 여성담론』혜안、二〇〇九年、三四頁参照。

*59 김수경「『初等女学読本』解題」안종화他（허재영他訳）『근대수신교과서』巻一、소명출판、二〇一一年、一七七—一七八頁参照。

*60 『初等女学読本』、안종화他前掲書、『근대수신교과서』巻一収録、一八八頁参照。

*61 この本は当時、尚洞小学校と進明女学校で教師を務め、協成会（一八九六年にソウルで組織された学生運動団体：訳者）の副会長も歴任した盧炳善が著述した。김수경「『女子小学修身書』解題」안종화他前掲書、『근대수신교과서』巻一、二一一頁参照。

*62 同右、二五一頁。

*63 この時期の雑誌の中から、「貞操」という語が使用されている文章は時折見つけることができるが、依然として貞操は、「節概」や品格というような脈絡で強調されていたことがわかる。当時の『西北学会月報』に掲載されたある文章では、女学生たちの清らかな外観に言及する際に「貞操」についても述べているが、貞操がどんなに気高くても、身なりが乱れれば、体面が失われる、という文脈からして、一九二〇年代以後の「貞操」とは意味がやはり違うことがわかる。また、『大韓興学報』に載せられた演説の中でも、道徳を強調する際に、「忠孝の善行と廉義の貞操」という形で使用されているが、これも、貞操という語自体が依然として「節概」などの脈絡に依拠していることを示している。新民子「여학생제씨여」『西北学会月報』一六号、一九〇九年一〇月、姜荃「급진적 사회개량책을 내국지사제공에게 망함」『大韓興学報』一三号、一九一〇年五月参照。

*64 この時期の修身書の中では、女学生だけを対象にして作られた修身書を中心的に分析した。当時、女学生が接することができた修身書は、一九一九年『高等普通学校修身書（巻一～四）』、一九二三年『高等普通学校修身書（巻一～五）』、一九二五年『女子高

等普通学校修身書（巻一～四）』、一九三八年『中等教育女子修身書（巻一～四）』、一九四三年『国民と修身』がある。本稿においては、この中で一九二五年の『女子高等普通学校修身書』を選択して分析した。修身書の分類については、金順槇・張味京前掲論文、一五六頁、脚注四番から再引用。

*65 金順槇・張味京前掲論文、一六八—一七二頁参照。

*66 「性欲学」とも呼ばれた性科学と優生学は、細部においてはその内容と目的が異なっていた。しかし、両者は共に医学の発展を基礎にしていた。ただ、性欲学は人間の性的関係における「正常」と「非正常」を区分しようと試み、この過程で女性の身体に注目した。そして、こうした「正常性」の論理を共有しつつ、母性や優性などに着目する優生学が強調されるようになる。性科学と優生学の歴史については、앵거스 맥래런（임진영訳）『二〇세기 성의 역사』현실문화연구소、二〇〇三年参照。

*67 朝鮮総督府『女子高等普通学校修身書』巻二、朝鮮総督府、一九二五年、三二—三三頁。

*68 同右、四一頁。「慰安」は、極めてジェンダー差別的な用語であると同時に、日本の家父長制の性格をも露呈する用語である。明治期以来、日本はセクシュアリティに基づいて女性を「良妻」と「醜業婦」に区分した。しかし、この両者に共通して課せられた役割が「慰安」であった。つまり、「慰安」という用語は、「醜業婦」以外に、家庭内の女性に対して要求された概念だったのである。従って、「慰安」とは、家庭内においては一夫一妻制下での良妻賢母の役割を、家庭外では売春女性の対社会的な役割を定義したものとして、その意味をより考察していかなければならない。

*69 朝鮮総督府『女子高等普通学校修身書』巻四、朝鮮総督府、一九二七年、四二—五九頁参照。

*70 日本における優生学の登場については、강태웅「優生学과 일본인의 표상：一九二〇—四〇년대 일본 優生学의 전개와 특성」『일본학연구（단국대학교 일본연구소）』三八号、二〇一三年、参照。

*71 同右、五〇—五一頁。

*72 『東亜日報』一九二〇年五月二六日付「허영숙 여사의 화류병자의 혼인금지를 읽고서」。

*73 『東亜日報』一九三〇年一月五日付「성도덕을 논함」、『東亜日報』一九二七年四月六日付「신여성과 貞操문제（四）」、『東亜日報』一九二七年七月一四日付「貞操관의 시대성」参照。これらの文章すべてが、一夫一妻制、または一夫一婦制が文明社会への第一歩だという主張で共通している。

*74 エレン・ケイの恋愛論が具体的にどのように朝鮮へ伝わったかについては、一九一〇年代末にすでにその名前が確認でき、一九二一年の盧子泳の翻訳により、まとまって国内に紹介された。

＊75 박선미『근대여성, 제국을 거쳐 朝鮮으로 회유하다』창비、二〇〇七年、四一頁。

＊76 しかし『青鞜』内部の議論は、これよりもはるかに多様であった。論争の多様性とは別に、本稿ではその論争の社会的影響について言及した。

＊77 『毎日申報』一九二四年一二月一三日付「일요부록：貞操문제와 구가정의 부인, 貞操란 무엇인가」。

＊78 『東亜日報』一九二〇年七月一九日付「신도덕을 논하야 신사회를 망하노라」。

＊79 「貞操蹂躙」言説の逆説性に注目した蘇賢淑は、「貞操」という概念自体が、本来的に女性の性に対する規範的統制と欲望の抑制を意味するものであるため、羅蕙錫の主張は、二重的性規範への批判を超えて、性的主体としての女性の性的自律権を主張したものとして解釈することができる、と指摘している。蘇賢淑前掲論文、「'貞操蹂躙' 담론의 역설」、一九頁参照。

＊80 『東亜日報』一九二〇年五月二六日付、유진희「허영숙 여사의 화류병자의 혼인금지론을 읽고서」。

＊81 川村邦光前掲書、一二二頁。

＊82 このような観点からすると、ある兄弟が妻を共有したり、妾を多く囲うという事は「野蛮」とみなされたのであった。『勧業新聞』一九一四年三月八日付「가정과 혼인」参照。

＊83 「신여성과 貞操문제」「광산씨의 신여성貞操관」など、相互に五回前後の連載を進めつつ、激烈な論争を行ったことについては、『東亜日報』一九二七年四月五日―一七日付記事参照。

＊84 解剖学は一九〇〇年代中盤以後、宣教師たちによって国内に紹介され始めた。また、ほぼ同時期の一九〇〇年には、すでに売春婦に対する身体検査が「医学」の名の下に行われていた。고미숙『위생의 시대―병리학과 근대적 신체의 탄생』북드라망、二〇一四年、一二〇―一二一頁参照。

＊85 植民地朝鮮における性科学と性教育や、男女の性別分業の法理化については、이명선「식민지 근대의 '성과학' 담론과 여성의 성」『여성건강（대한여성건강학회）』二号二巻、二〇〇一年、전미경「一九二〇―三〇년대 '남편'을 통해 본 가족의 변화―신여성과 별건곤을 중심으로」『한민족문화연구（한국민족문화학회）』二九集、二〇〇九年を参照。

＊86 ほぼ同時期に起こった二つの事件として、一例目が、結婚を目前に控えた自分の娘の貞操に疑念を持つ相手側を告発するため、父親が自分の娘の処女膜を医院で確認させた事件であり、二例目が、遺棄された子供の母親を探すために、怪しいと思われる女性の処女膜を警察が確認した事件であった。これらの事例のように、国家および家父長が、女性の身体を侵犯してでも処女の貞操を確認しようとする試みが、民間で様々な形で行われていた。『朝鮮日報』一九二四年八月七日付「処女의 자궁을 검사―일반은 경찰

서를 비난한다」、『東亜日報』一九二四年八月一日付「処女를 모욕했다고」参照。

＊87 『東亜日報』一九二八年一一月四日付「결혼의학의 지식五」参照。

＊88 『東亜日報』一九二六年一二月一八日付「(가정부인) 処女성을 잃은 자녀와 육체에 생기는 변화」参照。この記事で紹介されたのは、処女の首筋が太くなるのが非処女となった証拠であるという論であったが、これは、ローマ時代の処女鑑別法を「科学（?）」という名で合理化した日本の性欲学の代表的な論の一つだった。

＊89 『東亜日報』一九三二年三月一三日付「処女인지・아닌지 곳 알어낼 수 있다 전비혈액 반응검사로」参照。

＊90 「여인문의실」『여인』五号、一九三二年一〇月（이화형・허동현他『한국근대여성의 일상문화―（一）연애』국학자료원、二〇〇四年に収録）、参照。

＊91 신필호他「（성문제를 중심으로 한）제一회 부인과의사좌담회」『新女性』七巻五号、一九三三年五月（이화형他前掲書、『한국근대여성의 일상문화―（一）연애』収録）、三四七頁参照（原本ではなく、上記叢書の頁数で表記）。

＊92 これらはすべて専門的な医師たちによる回答であった。本稿で参照した座談会は二つあるが、その中の一つの座談会では、帝国大学と医学専門学校を出たパク・チャンフンという医師が、キム・ドンファンからの質問に対して、一度か二度の性的関係で女性の身体に変化が生じることはないと答えた。しかし、実際にこれを聞いていた別の参加者は、東京で聞いたある医学者の講演を例に挙げて、容易に納得しない様子を示している。「対談：여성을 논평하는 남성좌담회」『三千里』七巻六号、三千里社、一九三五年七月一日、一一一―一一三頁参照。また同時期のもう一つの座談会では、ドイツ医学博士出身の鄭錫泰がやはり、精液は少し後に血液内へ吸収されてしまうため、血中に痕跡を残さないという点を挙げて、こうした見解に対する反対意見を披歴している。「設問：약혼시대에 허신함이 죄일까?」『三千里』七巻八号、三千里社、一九三五年九月一日、一八五頁参照。

＊93 임석원「법익의 보호범위의 확대와 해석의 한계―형사법익과 민사법익의 비교를 중심으로」『법학연구（한국법학회）』四一集、二〇一一年、二九三・三〇三頁参照。

＊94 홍양희「식민지시기 가족 관습법과 젠더질서―『관습조사보고서』의 젠더인식을 중심으로」『한국여성학（한국여성학회）』二三巻、二〇〇七年、九四―九五頁参照。

＊95 同右、八八頁参照。

＊96 一九二〇年代に『東亜日報』に掲載されたある文章では、女性の道徳について、結婚前の女性の道徳とは、絶対的な純潔、つまり処女性を要求するものであり、既婚女性の道徳とは、皆が異口同音に言うように「貞操」であり、寡婦となった女性の道徳とは、

一生涯亡夫を想って再嫁しないことだとして、これが普通であるとみなした。『東亜日報』一九二〇年八月一三日付、홍기원「이성의 도덕을 논하야 남녀의 반성을 요구함」参照。

＊97 しかし、その限界もあった。許英粛は「不更二夫」(貞節を守り再婚しないこと：訳者)という古来の慣習には反対したが、子供の養育の必要や、前の配偶者に気持ちが残っている場合、「健全な道徳的貞操を持った女性」が備えるべき最高の徳目は母性愛であるべきだとして、再嫁問題に一線を引いた。貞操観念の解体を図った金一葉もやはり、「霊肉一致」の自由恋愛論からあまり進み出すことができず、前の配偶者を依然として忘れられない時(「旧情勿望」)は、再嫁を行わないのが良い、という意見を開陳した。これは、国家が強制的に女性の役割は養育だとみなし始めたという一面と、しかし依然としてこうした問題を「霊肉一致」の自由恋愛論で回避しようとした、当時の新女性たちにとって、相反する葛藤が現れた地点だったと言えるだろう。許英粛他「貞操파괘여성의 재호론」『三千里』一二号、三千里社、一九三一年、二九―三二頁参照。

＊98 『東亜日報』一九二九年三月一日付「가정고문」参照。

＊99 蘇賢淑「수절과 재가사이에서」『한국사연구(한국사연구회)』一六四号、二〇一四年、七〇頁参照。

＊100 夫の死後も貞節を守っていた女性が、貧乏に耐えられず、亡夫の姑を連れて再婚したが、その後、この姑から絶えず「再婚したアマ」と罵られ、女性が姑の胸を殴って死に至らしめた事件などもあった。『東亜日報』一九三六年四月二五日付「시모업고 개가했다 손찌검 끝에 살해」参照。

＊101 『東亜日報』一九二八年六月一九日付「貞操와 위자로(二)」参照。

＊102 「盗犯防止法」は、一九三〇年九月一〇日に総督府制令によって植民地においても施行されたが、正当防衛の部分を過大に認定するのがその特徴だった。『東亜日報』一九三〇年九月二七日付「도범방지법의 죄조적용」参照。

＊103 허재영編『경찰학・주해 형법전서』경진출판사、二〇一三年、三〇〇・三三三頁参照。

＊104 男女間の性交を意味する。

＊105 허재영前掲書、三〇三頁。

＊106 日本において、公的・私的領域で保護法益を区分し始めるのは、一九四〇年代を前後した改正刑法仮案をめぐる論争からであった。日本の改正刑法仮案は、大正デモクラシーの影響への対応が求められる中で立案が始まり、倫理や道徳を強調するドイツ刑法古典学派の主張と、刑事政策の実現を唱える実証主義学派の主張とを折衷して作成された。この作成過程で、一九二七年と一九三〇年のドイツ刑法改正草案が特に参考となった。また、当時の時代的雰囲気を反映して、「忠孝」を、「道義」の中心である

と同時に、「美風良俗」の中核に据えて、わいせつ・姦淫に対する項目が補完された。特に「美風良俗」が強調されることで、初めて「風俗を害する罪」が規定されたのであった。오영근・최종식「일본개정형법가안에 관한 일고찰」『형사정책연구』一〇巻一号、一九九九年、一二七—一二九頁参照。

＊107 これについてパク・チョンミは、韓国刑法の「婚姻憑藉姦淫罪」（結婚すると騙して姦淫を行った者を処罰する法令：訳者）に摘示されている「음행의 상습없는 부녀」の原語は、植民地刑法の「淫行勧誘罪」（第一八二条）で登場する「淫行の常習なき婦女」という語句をそのまま直訳したものであり、日本の改正刑法仮案にこの「婚姻憑藉姦淫罪」と同内容の法令が存在していたことなどから、日本の改正刑法仮案の影響力を指摘した。しかし、パク・チョンミの論文の主旨として、日本の改正刑法仮案の影響力もあったが、解放以後の韓国社会において、女性のセクシュアリティを意図的に統制し、男性中心のジェンダー秩序を再建する手段としてこれらが作動した点を述べている。박정미「"淫行의 상습 없는 부녀"란 누구인가?：형법, 포스트 식민성, 여성 섹슈얼리티, 一九五三—一九六〇년」『사회와 역사（한국사회사학회）』九四集、二〇一二年、二六二頁参照。

＊108 一九五〇年代中盤、現役の憲兵大尉だった朴仁秀が、七〇余名の女性たちと姦淫を行ったという容疑で拘束され裁判にかけられた事件のことである。しかし、事件自体よりも、姦淫した女性たちの大部分が処女ではなかったことから、一審の法廷での判決文に、法は整粛な女人の健全で純潔な貞操だけを保護する、という文言が現れた点で、女性の貞操に対する当時の認識や偏見などを集約して示してくれる代表的な事件だと言える。

六　奄美諸島における「周辺」型国民文化の成立と展開
——その手掛かりとして——

高江洲昌哉

1　はじめに

本論集には、民衆史に関する研究史整理、新しいテーマによる分析などが集められているが、その中で本論は新しい枠組みを提示するという意味合いが強い。これまでも民衆史において、周辺・マイノリティーという視点の導入が試みられてきており、いくつかの貴重な成果が出されてきた。民衆史というアプローチに限らないが、マイノリティー研究において、特に文化とアイデンティティの問題は重要なテーマであり、その中から戦略的文化本質主義など特記すべき成果が出てきた。もとより、マイノリティーの主体性を単体に還元させない分析、関係性（歴史構造）の中から多様な活動を見出す必要性などいくつかの課題が残されていることも確かである。本論では、奄美諸島（以下、「奄美」と略記）の近代史を事例にして、先の問題について考えていきたい。その際「日本と沖縄の関係性の間で」、「周辺型国民文化」、「名指しの困難さ」をキーワードとして分析していく。これらの考察を通して、マイノリティのアイデンティティ問題とは、関係性の中から作られていく主体の多様性と、その選択困難性について指摘する。かかる問題へのアプローチを考えた際、念頭に浮かぶのは、とかく批判されてきた学問の暴力性——表象する権利の剥奪、または発話の政治性など——という問題であろう。避けては通れないが、隘路に陥る可能性もあるので、本稿では、誰が歴史を叙述するのかという歴史叙述の主体性の問題に特化するのではなく、書き手と読み手の双方を包み込んだ対話型民衆史の可能性という点から民衆史叙述の可能性を提示したいと考えている。

そもそも、筆者が「奄美」に関わるようになったのは、近代日本における島嶼地方制度史分析のため必要な調査地の一つであったということである。しかも、この土地には民衆史的課題もあり、著者自身「忘れられない他者」という意識を抱いていたが、本格的に取り組めない状況を続けてきた。そうしたなか、二〇一〇年より講義で現代史を担当していた折に、歴史解釈の多様性が生じることを説明するため、歴史叙述における感情の介在を説明したことを契機として、歴史解釈と感情の関わりについて考えるようになった。こうした現代史で感じた問題を「奄美」に結び付けて考えるようになったのは、「奄美史」の論調または「奄美」の人々の歴史認識とも関わるが、「奄美」の歴史には被差別史という、「差別観」と強く結びついて語られてきたという特徴を思い出したからである。現代史の課題と「奄美」を結び付けていく再考過程において、「奄美史」でも歴史認識に関わる問題が起きており[*1]、これらに触発される形で、歴史叙述と感情の相関関係について、「奄美」を事例に少し掘り下げていきたいと考えるようになった。

もちろん、他人事だけの話を契機にしているのではなく、筆者自身の経験を述べると、奄美諸島をめぐる制度史の話をした際に、史料で使われた「民度」の遅れという論理が政治的言説であると説明した[*2]にもかかわらず、それを引用し説明する際に、聴衆に、多少の反発をもって迎えられたことに由来する。これだけだと、一つのエピソードにすぎないので、もう少し、「奄美史」の文脈に即して、本稿の位置づけをはかっていきたい。ここ最近「奄美史」は「奄美諸島史」という名乗りも出ているように、そこには奄美諸島の各島々の個性を重視した歴史を描いていこうとする気運の高まりが起きている。さらに、島民の歴史を差別に苦しむ姿だけでなく、より豊かな生活を描こうとする実践、差別還元史観の相対化など、ここ数年島民の主体性を描くためさまざまな試みがなされるようになった。こうした新しい試みを契機として、これまで看過されていた問題が現出するようにもなった（差別相対史への反発などもその一例であろう）。このように新しい試みがもたらした感情と歴史叙述の緊張関係を認めつつ、先述の対話型民衆史という枠組みを「奄美史」の叙述をめぐる議論に組み込んでみるとどうなるのか、こうした歴史叙述をめぐる問題のなかに本稿を位置付けたいと考えている。

多様な民衆史ということで、安易に無毒化された歴史解釈論に「もたれかからず」に、なおかつ、島民（民衆）の立場から、差別史に還元されない多様な歴史をどのように叙述していくことが可能なのか、本稿はこうした模索を出発点としている。

もちろん、本稿の思索と課題を提示したとき、多くの読者は近代日本におけるマイノリティの「日本人になる」という文化統合の問題を想起するであろう。このようなテーマに関して、鹿野政直（一九九八年）や冨山一郎（一九九〇年、一九九五年）の研究によって、国民国家の周辺を考察する必要性や、「国民」になることの負の側面など、「国民化」を考える視座が豊かになったことは確かである。

また筆者と近い視座からの研究として森宣雄の「歴史の外部と倫理」（二〇一一年）という論文がある。森は、グローバル・ヒストリー研究の流れに連帯しながら、「消滅領域をふくんだ歴史の現象学」なるものを提起し、また「歴史の外部領域との接し方（歴史の倫理学）を検討していく」（森、二〇一一年、四一頁）という課題のもと、彼自身が行ってきた「奄美」の成果（または「奄美」の歴史）とレヴィナスら西洋思想との架橋を試みた壮大な論文である。もとより、遠大な理想のない筆者が森の姿勢を批判する権利はないが、一読して気づいた点をあげると、タイトルに「倫理」と名づけたように、関係性や他者の存在など開放志向的でありながら、自己遡及的なアプローチ法になっている。更に難を言えば、歴史研究において心構えと叙述は別次元の話であり、歴史分析を歴史の倫理学とすること自体疑問を感じるところである。さらに、倫理を研究のなかにどのように扱うのかも一筋縄でいかない問題である。倫理を叙述の全面に押し出す立場もあれば、心構えとして禁欲化し明示しないという立場もあろう。倫理を全面に押し出せば、〝他者の歴史を救うという倫理的な欲望〟が前景化し、主客転倒をもたらすおそれがでてくる。問題なのは、救う相手であり主体として存在した「他者」が、自己の倫理の正当化をはかるために「他者の道具化」を起こしてしまうことをどう防ぐかということであろう（本稿の問題提起と関わる）。簡単に言えば、倫理を前提にした「救う」という叙述行為によって、「他者」の道具化が起きないよう、倫理を相対化するもう一つの心構えが必要なのであろう。

以上簡単に振り返った先行研究の成果を踏まえて、民衆史の歴史叙述に関する方法論を鍛えるという目的から、筆者の考えを述べると、筆者はマイノリティーとして向き合う「他者」はあくまでも「不可知の他者」として想定しており、歴史家の「倫理」によって、救出することができると考えていないし、関係性が構築されるとも考えていない。歴史家と「他者」の間には絶えず「空白」部分があり、「空白」を想定しながら叙述するものであると考えている。また、森の議論があるとはいえ、日本史の「周辺」や「マイノリティ」という研究対象リストに、「奄美」が意識されてこなかったことは事実である。だからといって、研究対象リストに「奄美」を追加するとか、または、従来の議論を「奄美」に援用して論述することで完了になるとは考えていない。「奄美」の特有性をみつけだし、理論の鋳型にはめこまないように注意深く叙述していくことである。さらに言えば、民衆史やそれを実践するものが、「倫理的に自己完結」しないために、対話型民衆史という枠組みを充実化させることを目指していきたい。

2　「日本人」への道

まずは、次の文章を読んでもらいたい。

奄美大島は日本本土から切離されて聯合軍の統治下におかれることになった。島民は今この冷厳なる現実の前にたっている。／琉球に服属しあるいは薩摩藩の指揮下にあったにせよ、今日まで大和民族として日本国民として生き抜いてきた島民にとってこれ程大きい〝敗戦の衝撃〟はあるまい。……／領土的にはこうした変遷はあったが民族的には日本と全く同一であり、今次の戦争にも南進作戦の基地として奄美要塞としての重要な役割を背負わされ勝つ為にあらゆる犠牲を強いられながらも莞爾として戦禍の中に飛びこんでいったのである。しかも酬いられたものは「日本から切り離されたる統治」という敗戦の苦杯であった。／琉球から薩摩へ―そして真の日本になりきったところまたしても聯合国の支配下におきかへられる奄美大島―転変幾度、島の帰属問題は島民に背負わされた悲しむべき歴史的宿命なのである。…後略…[*3]

※紙幅の関係で改行部分は斜線で示している。

アジア・太平洋戦争が日本の敗戦によって、日本の周辺島嶼部が連合国の統治下におかれたことはつとに知られている。また、米軍統治がもたらした「異民族支配」が、日本への復帰運動＝ナショナリズムとして喚起されたことは沖縄の復帰運動を事例に知られている。ただし、ここで紹介している文章は一九五三年に返還された「奄美」の終戦直後のものである。後述するように、統治期間は短いとはいえ、米軍統治→復帰運動という図式で復帰運動が起きたことをもって、沖縄の投影地として「奄美」を理解することはできない。

ナショナリズム（国民意識）が近代国民国家の形成がもたらした産物であるとするならば、「奄美」にとって、

出典：泉芳朗頌徳記念像建立記念誌編集委員会編『泉芳朗頌徳記念像建立記念誌　今ぞ祖国へ』（泉芳朗頌徳記念像建立委員会，1998年）.

図　泉芳朗銅像図写真

一九四五年は、国民としての「日本人」にならんとする、日々の実践の帰結であると同時に、再確認の出発点になっている。

かかる日本からの切り捨てへの「悲哀」が復帰運動へのエネルギー源であったとするならば、復帰運動の象徴として「日の丸」が選ばれたことも不思議ではないし、「日の丸」を振る事が、日本人であることの証明の一つであったとすれば、図のように、復帰運動の指導者である泉芳朗の功績を讃えるために銅像が建設された際、泉が日の丸をもっているデザインが選ばれたことの意味は大きい。[*4]

沖縄と違い、日の丸を抱いた銅像が一九九〇年代に建てられたことで、日本人意識を強調することも可能であるが、もう一方で次のような事例もある。沖永良部島出身の人類学者である高橋孝代が、沖永良部島人のアイデンティティの分析で博士論文を仕上げた際に、研究取組のエピソードの一つとして著書の序章に書いているものだが、二〇〇〇年に沖永良部出身の出版人大山一人が奄美人は先住民族であるという主張を新聞で読んださいの自省は、日本人という枠組みに一致できない心情を吐露しており、高橋にとって、日本人というアイデンティティが不問の前提から考察の対象になっている過程が記述されている。

この「奄美人は琉球民族で先住民族」という、『南海日日新聞』に掲載された記事に対し、筆者の観た限りでは地元奄美の反応は冷ややかに感じられた。それは、「何を今更、せっかく日本人になれたのだから」という反応というより、むしろ、日本人であることに疑いをすら抱いていないようにみえる大多数の島民にとっては、「日常とかけ離れている理解不可能な言説」と思われた、という方がより近いかもしれない。筆者自身も、アメリカで自己のアイデンティティに対する疑問をもつ以前は、そのような反応をしたのかもしれない。日本人以外の民族意識の可能性など全く疑いもしなかったからである（高橋、二〇〇八年、四—五頁）。

高橋はこうした「先住民族」発言への共感から、境界人アイデンティティの研究に向かっていったのだが、泉の銅像建設と高橋の研究着手（問題の発見）はほんの数年しか離れていない。さらに高橋が指摘した地元の反応を想起するならば、「奄美」において「日本人」への求心性・遠心性はコインの裏表のように同居していると指摘しても、言い過ぎではないといえよう。よって、本稿の視点は高橋氏が取捨した「日本人であることに疑いすら抱いていない」という人々にこだわることである。つまり、「奄美」において「日本人」であることを自明視する立ち居振る舞いと「境界性」とがどのように併存しているのか、「日本人」意識がどのように成立し展開してきたのかを解明することも、「奄美」を考える一つの立脚点になるのではないかと考えている。

3 「奄美」から見た「日本人」という枠組み

先に、「奄美」は「沖縄の投影地」として理解することはできないと書いたが、それは、沖縄と日本の関係を考察する際に、沖縄にとって日本の帰属期間は、島津の琉球出兵から琉球処分の間の「異国」期を踏まえ、近代における強制的編入という図式で理解するように、「奄美」に比べて、日本統治期間の短さというものを一因としてあげることができる。なぜなら、「奄美」では、島津の琉球出兵が日本編入の始点であり、その後、薩摩藩の支配下におかれたので、沖縄に比べて、約二七〇年の差というものが存在する。よって、沖縄に比べてプラス二七〇年の「ヤマト」化という期間が存在するからである。[*5] この期間を「日本人」化への始点と評価すれば、冒頭で紹介したように、「日本人であることに疑いを抱かない」という前提になるので、帰属期間の時間的差異を根拠に沖縄と同等として括るには、注意を要するという注記もあながち間違いとはいえないであろう。

ただし、この差も絶対的なものではなく、どのように評価するかによって違いが生じてくることも確かである。つまり、この物理的な二七〇年は単純に沖縄と「奄美」を分岐する絶対的な長さにはならないこともある。たとえば、島津の琉球出兵四〇〇年をメモリアル化した二〇〇九年に、沖縄と「奄美」の一部の人々が共闘して鹿児島側に歴史認識を問いただしたように、一六〇九年の出来事は自分達とは関係のない、歴史用語と化した遠い過去の話ではなく、四〇〇年間の「遺恨」の出発点として現在化するという事件も起きている。[*6]

この問題に関して、二〇〇九年に鹿児島県と沖縄県が「交流拡大宣言」を行おうとした際、その中止を求める会が結成され、要請書を提出しているが、その要請書には以下のような文言がある。

一六〇九年の琉球侵略に伴い、奄美の島々は琉球国の領土から転じて、薩摩藩の隠された直轄地となりました。明治期に鹿児島県に編入されてからも米軍政下の八年間を除いて現在に至るまで、この奄美が本土統治下に置かれ、差別と収奪の対象にされていたと見ることができます。…中略…

薩摩の奄美・琉球侵略を「不幸な歴史」と精算し、過去の歴史を隠蔽し、蓋をすること、謝罪すべきことを「交流」と称し、奄美を愚弄することを奄美の民衆は許すことはできません。…中略…

しかも、こうした歴史に目を閉ざし、それらの歴史事実がさも無かったかのようにして、この計画を奄美の地で行うなど、言語道断であり、これは時期尚早という以前の問題であります。なぜなら、今日に至るまで奄美と鹿児島県との四百年間の歴史認識（検証と総括）の問題はなに一つ解決されていないからであります。…以下略…

ここで提示した二〇〇九年の問題は、「奄美」にとっての二七〇年及び近現代の一三〇年を足しても、「ヤマト世」の入り口に異議申し立てをする人がいる、この四〇〇年の時代経験はどのようなものであったのかという問いになろう。

二七〇年の溝をもう少し考えるために、一九五四年に刊行された柏常秋の『沖永良部民俗誌』を取り上げてみたい。本書の序説中「歴史と習俗」の箇所で「ヤマト」化について柏は次のように叙述している。

慶長の役後は、ヤマトノヨとなり、島民は初めて本土の思想・文化に接触する機会を得たが、それが本島の習俗に与えた影響は、蓋し空前と称すべき程のものであつた。……禅王寺の開基によつて涵養された仏教思想は、葬祭習俗を著しく仏教的ならしめた。又幕末より明治期にかけては、神道思想が横溢して高千穂・菅原等の神社建設が相次いで行われ、同時に神社参拝・奉納踊等の風が始められ、葬儀・神祭に神官の参与を見るに至つたなどはその主要なものである（柏、一九五四年、一〇頁）。

「ヤマト」化を「蓋し空前」と述べた柏も「葬制と墓制」の箇所では、「古来の習俗は、なお余命を存じて土葬習俗と習合し、今もそのまま行われている」とし、「廃仏毀釈後、高千穂・菅原等の神社が相次いで建設され、葬儀に神官の参与を見ることも珍しくなくなつたけれども、しかしその影響は極めて少なく、僅かに葬具の一部を神式に改め、葬祭食品に魚肉を用いる風を起したに過ぎない。要すれば。本島近時の葬風は仏式を中核とし、それを風葬と神道とをもつて潤色したものである」[*7]と述べており、序章と比較して「ヤマト」化に対する評価の違いは明白である。同じ人物が同じ著書のなかで、習俗を記録する際に「ヤマトノヨ」をどのように評価するかで振幅を見せている。これは、日本との風景の違いが強いにもかかわらず、「原日本」ということで、日本との紐帯を表明しようとした認識に由来するといえよう。例えて言えば、柏の本には「ヤマト」化の視点を強調する認識と、言語化することができなかった「ヤマト」と「奄美」の間には不一致があるという認識の相矛盾するものが併存していたといえる。

もう一例紹介したいが、先に紹介した高橋孝代は、博士論文を一部改稿した論文のタイトルを「奄美・沖永良部島の近現代と「脱沖入日」」として、その空間を重層的な「境界域」とし、その歴史を「沖縄と奄美の精神的乖離」の軌跡とすることで、「一見矛盾したアイデンティティ」をもつ沖永良部島民の歴史に注目したと、当然基本的な枠組みは踏襲している論文を発表しているが、その文頭は「これまで、奄美・沖縄の文化研究は、日本の「原日本」を残した地域としての価値が付与されたこともあり、「伝統」文化が中心であった……しかし、「伝統文化」礼賛の一方で、黙されてきたことも少なくない」と先行研究を整理しているが、こうしたまとめ方だと文化研究における「原日本」論が、どのように「不一致」認識と共存してきたのか（言い換えれば、「奄美」の民俗系研究者などに内面化されてきたのか）といった点への批判的考察が回避されている（高橋、二〇〇七年）。

つまり、「原日本」論を支えるような感情がどの程度、一般的な意識として共有されているか分からないが、それは復帰運動を担保とするように、日本への紐帯を自明視する方向に向かうものがあったのかもしれない。ただし、その一方で、それだけに還元されない「不一致」認識も持続していたのであろう。それが高橋の「境界性」発見や、二〇〇九年の行動ともつながる「奄美」の人々の意識の底流にあるような「日本人」への遠心性という共通経験があるのかもしれない。もちろん、筆者が問題にしたいのは、「日本人」への遠心性が脈々と続いているという指摘ではなく、不一致認識が言語化されなかったのは、「奄美」の「ヤマト」化にあたる近代が、国民意識が涵養された時代であった、かかる国民意識の涵養という時代の意味が大きな影響を与えているということである。

4 「奄美」における国民化と暴力の問題

高橋は前掲論文のなかで、カトリック排撃運動を扱った小坂井の「「純粋」日本人としての自信喪失と、その裏返しの「日本人化」への焦燥が、近代奄美人の葛藤となっていた」（小坂井、一九八四年、一四頁）という文章を引用し、カトリック排撃運動を「奄美」の近代を語る際の特記事項として記述している。この事件によって、「奄美」における日本国民化の軌跡が、それほど単純ではなかったこと、陰影伴うものであったことを理解することは可能であるが（高橋、二〇〇六年・二〇〇七年）、枚数や資料的制約もあったのか、高橋は引用のみで、この引用を検証するような十分な考察を加えていない。つまり、カトリック排斥運動は「奄美」の「特性」が生み出したものであり、「奄美」の土壌が生んだ共通経験といえるものなのかどうか、それとも、たまたま奄美大島にあったキリスト教系学校が襲撃された局地的な事件なのか、この点は曖昧なままである。*8 もう少し言えば、沖永良部の違いを特記する高橋が、なぜ、何の断りもなく、奄美大島の事例が引用できるのか、この点も疑問点といえば疑問点になる。

このカトリック排撃運動について、最近徐《ソ》玄九《ヒョンク》は「奄美大島におけるカトリック排撃運動とそれによって引き起こされた波紋は、空間的な拡大とともにその強度を強めながら、同時代的な「共振現象」として日本本土はもちろん植民地台湾・朝鮮にも波及していくことになる」と、日本ファシズム体制成立期における「内部の敵」排除の問題を考える「雛形」として、この問題を政治思想史の視点から考察している。徐の視点は普遍の視点をもちつつも、「奄美」特有の問題として、「奄美」の歴史は「他のどの地域よりもその変化の度合いが激しく、極端から極端へと変化を見せる」とし、「変化の度合い」を「個性」としてみている（徐、二〇一一年、八三頁）。

このように、個性を程度の問題として捉えることはできるかもしれない。また、カトリック排撃に注目すれば、「共振関係」という徐の括り方も首肯できるが、ファシズム体制確立期という時間軸に注目すれば、例えば血盟団事件のようなテロルとカトリック排撃運動の思想的基盤は同質なのか異質なのかという問題は当然出てくると思う。つまり、日本ナショナリズムの嫡出子の行動と「包摂と排除」で苦しんだ「奄美」の歴史個性に由来する排撃運動が同列に論じることができるのであろうかという疑問のことである。そして、仮に分別が可能であるならば、日本ファシズム期の「日本ナショナリズム」は多層性ということになり、ナショナリズムに由来する暴力的行動も、もう少し慎重な分析が必要になるであろう。さらに言えば、「内部の敵」を排除する行動を説明する際に「極端」という「程度」で説明できるのであれば、比較可能性という便利な思考法を手に入れるかもしれないが、そうすることで、歴史経験の固有性（特有性）というものは軽視され、表層的な理解に陥る危険性も無きにしも非ずということになる。つまり、固有性への無自覚は、「違い」に対する鋭敏さを失い、別の意味で、過去の単純化という感度の危機につながることになると思う（「程度」と「質的違い」の問題が無自覚になるということである）。

問題は、こうした国民意識の涵養があったが故に、「ヤマト」化が促進され、さらには、不一致が隠蔽化されたということであり、こうした過程を解明すべきであるということである。ところが、「奄美史」では近代という時代の十分な検討がなされていないという点がある。[*9] このように「奄美」における国民化という「近代経験」を分析することは大きな意味がある。ところが、日本近代史での「国民の文化統合」の分析枠組みについては、従来「均一な国民へ化していく」解釈が強かったと思われるが、先にあげた「奄美」の人々が示す自己認識の特性も文化統合の産物であったとするならば、「国民としての文化統合」は、「奄美」から見れば、「逸脱」（違和感）と「刷込」（同一化・教化）の競合があったといえる。それならば、文化装置があれば、全国どこでも「金太郎飴」のように国民が再生産されるわけではなかったことが了解されよう。国民化も、歴史的な背景と地域的な多様性を受けているということになる。「国民の文化統合」の問題を考え直してみれば、「均一化」と言う解釈に対して、もう少し丁寧な説明が必要になってくる。[*10]

5 「奄美」における奄美文化の自立と民俗変容

さて、先ほど「奄美」は一六〇九年に琉球より割譲され薩摩藩の支配下に置かれたこと、なおかつ「異国」扱いされたことを述べたが、もう一方で近代になると、「奄美」を原日本ととらえる思考も存在するようになった。例えば、茂野幽考は『奄美大島民族誌』（一九二七年）の自序で「民族の親和団結は国家興隆の基である。大島と琉球は、歴史的に遡つて、その源流を訊ねて行くと、言語的に日本古代に帰結し神代に於て、大和民族との民族的血潮の帰結を発見するであらう」と、同祖論的思考を述べている。同じく、金久正は言語学の立場から『奄美に生きる日本古代文化』（一九六三年）を出版しているが、その序文で「奄美大島は、……日本の最古典に窺われる上代語や、それに絡まる古俗信仰などが、今もなお多く存続し、その昔の面影をとどめ、そのため、この島の知識人には、記紀万葉があたかもこの島の生活記録であるかのような錯覚さえも起こさせるほどに身近く、実感に訴えるもののある」と「原日本」としての「奄美」を指摘している。戦後に刊行されたものであるが、金久の活動は戦前からであり、柏と同じく柳田の関与が存在した。金久の場合は特に、東大言語学の教授であった服部四郎の庇護が大きな影響を与えている。所謂「民間学」（郷土研究）が隆盛した時期に、中央と地方（または、日本・沖縄・「奄美」）の研究者間のネットワークによって、「奄美」の知的世界に「同祖論」が与えた影響を無視することはできない。「奄美」でこのような「原日本」観の生成及び共有化に一役かったのは、昇曙夢という学者であったが、昇の「同祖論」的思考には伊波普猷の「日琉同祖論」が影響していると、町は指摘している。[*11]

ちなみに先に紹介した茂野は、奄美カトリック排撃運動に加担していたという指摘（徐、一一〇頁）もあるので、民俗学的思考と一九三〇年代の時代状況の親和性ということが問題になるのであろう。「原日本」論を支持する心境と、「皇国」時代の経験が戦後どのように継承されたのかを分析することが、復帰運動とその思想的遺産を測定する鍵になると思われる。

もちろん「皇国」観を脱却した形で、現在こうした「原日本」論的「奄美」像を代表しているのは下野敏見（一九二九年・知覧町生）かもしれない。彼が一九九三年に発表した「奄美文化の源流と博物館」には、奄美文化は日本文化の性格と共通する北方性、南方性、大陸性をもつが、「その古さ、純粋性という点においては、断然群を抜いている。…本当の元の日本の姿は奄美だけに見られるといっても過言ではなかろう」と述べている。しかも、この部分に関しては、二〇〇五年刊行本でも補注を加えていないので、「奄美」を評価する前提に「原日本」を置く思考は続いているのかもしれない。[*12]

こうした「ヤマト」や「沖縄」に近づけて「奄美」文化を評価する姿勢に対して、最近、津波高志（一九四七年・名護（旧羽地）生）は、「薩摩の琉球侵攻を振り返ると、それは奄美の元々の琉球文化を今日のような状況に変化させる出発点であったとも言える」（津波A、二〇一二年、四〇七頁）と、文化の基底部分ではなく、変容の部分に注目するよう提言をしている。津波の発言の背景には、奄美諸島から八重山諸島に至る琉球孤の文化をどのように考え、語るのかという問題意識がある。また、「変容」に注目することで、その「担い手」の存在が焦点になる。こうした津波の提言や、昨今の「奄美」文化に関する発信力や関心の高さを考えると、「奄美」文化を「原形」保存として評価するのではなく、独自性のある「自立」したものとして捉える傾向が強まっていると言えよう。

確かに、これまで従属的な語りで、存在意義を示してきた奄美文化の語りを再考し、その独自性／「自立」を論じることは大事な作業である。ただし、歴史過程と文化論の歴史を振り返ったとき、「奄美」文化を語る際に、「奄美」の中に文化的価値があるような説明は十分なのであろうか。つまり、文化的価値＝「固有性」を担保にするような言説は、外皮（日本人意識・文化規範）―核（島に対する所属意識・文化規範）のような図で理解することになりかねない。それよりも、近代における「奄美」の経験と近代日本における国民化（日本人意識の注入）の相互交流により、核の部分が融合（変容してきた）してきたと理解することで、文化本質的理解とは逆に、外観（島に対する所属意識・文化形態）―内実（日本人意識と○○島人意識の融合）の相互作用的可変構図で理解したほうが良いのではないか。こうした外観と内実の不整合（葛藤、拮抗）に悩んだ過程として、「奄美」の歴史（文化史／社会史）があると捉えたほうが、歴史過程の実相に近いのではないかと考える。このことが、外観は強烈な南島の個性を表示しながらも、「日の丸」を振る事に躊躇しない行為（日常化）の成立や、意識（自己認識）と外観（外から眼差し）のギャップによる「疎外感」や「違和感」を生み出してきたのではだろうか。[*13]

そもそも、「奄美」にとって、近代とは、「奄美」文化の形成期の一時期であると同時に、「奄美」も含め日本全体で「国民」文化の形成期でもある。このことが、一九四五年から復帰（現在まで）を規定する「奄美」の文化的特質になっているのである。もっとも、表層―基層という構図や基層が不変という前提自体を疑うことが大事であろう。

6 「奄美」から見た「奄美」という枠組み

このように「日本人」という枠組みがどのように受容されたのかという問いの前提に「奄美」に生きる人々がどのように〝自分たち〟の集合名詞を選んでいるのか、この点も議論すべき問題があるので、確認することにしたい。

一九五九年に島尾敏雄は「アマミと呼ばれる島々」で、「奄美大島、喜界島、徳之島、沖永良部島、与論島をひっくるめた総体的な名前が見当たらないのです。一応あることはあるのですが、そのいずれもどこか人為的な無理が伴うように感じられます。「奄美」といい「奄美群島」といっても、強いてひとまとめにしようとする意図が目立って、生活感情の中からしぜんに生まれた言い方ではないように思えます」（島尾、一九九二年、一四五頁）と、「総体的な名前」を付けることの困難さを吐露している。ちなみに、このモチーフは、一九六二年に大島郡市町村議会議員研修会での講演「私の見た奄美」でも「奄美という言葉が、それほど、それぞれの島に根をおろしているようではありません。ですから、奄美と言っても、それらの島すべてが含まれていることに、自信がありません」（島尾、一九七七年、一三頁）と復唱されている。この島尾の困惑は一九七五年の「加計呂麻島呑之浦」（島尾、一九九二年）でも表出されているので、「奄美」に生きる人々を表現する言葉の不在は十数年島尾を悩ませたといえよう。これは外部社会からやってきた文学者の感性によるものではなく、復帰五〇周年を記念したシンポジウムでの発言からも確認することができるし（「奄美学」、二〇〇五年）、本稿でたびたび紹介している高橋も著書のなかで指摘している（高橋、二〇〇六年）。

ここで確認したい点は、外部の人間が「奄美」という言葉でくくるほど、内部社会は一枚岩ではなかったということである。こうした「困惑」の外縁に「日本人」という括りが存在しているということになろう。

もちろん、かかる「奄美」に対して、前利潔は「無国籍」という言葉を付与し、高橋孝代は「境界性」という言葉を付与しているように、何物にも還元されないものから、「奄美」の特性を表現しようとする行為が最近あらわれてきている。つまり「奄美」にとって、境界曖昧性が「地域特性」になっているといえよう。そこから、「奄美」の人々が「日本人」であることを発露しつつも、そこからあふれ出る「違和感」というものがあり、純粋な日本人化への希求と断念というものがあったことをみつけることができる。さらに喜山荘一は、奄美諸島は鹿児島でもなく、沖縄でもない状態として位置づけ、「四〇〇年の失語を越えて」という副題をもつ『奄美自立論』を刊行している。また、喜山は奄美諸島を「奄美」という言葉で冠することにも違和感を表明しているように、適切な言葉をみつけきれない気持ちが「失語」という表現には含まれている。それは島尾敏雄が適切な言葉が見つからず、嘆息しているように、長い蓄積をもつものである。[*14]

つまり「奄美」と表現する空間には、「日本人」でありながら、違和の間隙に陥る感情を持ち、鹿児島県には、差別されてきたという歴史観を持ち、奄美諸島においては名瀬から離れてみれば、「奄美」という括り方には違和感を持ち、沖縄とは文化的同胞と思いつつ、無視されているという気持ちを持つ人たちが多くいる空間[*15]ということになる。

7　おわりに

このように薩摩に搾取されたという歴史観を持ちつつ（反薩摩感情、その一方で西郷隆盛に対する「敬慕」の念は強い）、日本との「風俗」の違いを前提にしつつも、「奄美」においては「原日本」・「同祖」論を担保に「日本国民」化の言説が編成され、文化統合の歩調が進められてきた。これは戦後・復帰後も持続して行われたが、復帰五〇周年頃を境に、前利・高橋など「奄美」の周辺の人たちによる「奄美」＝「日本」を相対化する声が強まってきた。脱「国民国家」の方向性が強まった今日（もしかしたら、二〇一〇年以降は国民国家の再編強化が強まっているのかもしれないが……）、「周辺民衆」を脱国民国家の道具にすることなく、国民意識を再統合する歴史の必要性から、かかる地域の歴史を単純化（排除）させないためにも、周辺に置かれた人々の多様性と複雑な歴史展開を丁寧に見ていき、表現していくことが、対話可能な民衆史研究の仕事になるのではないだろうか。

註

＊1　奄美史を牽引している弓削政己は、苦難の側面があることも認めつつも、「島の人たちが歴史を作り上げ、奄美諸島独自の文化や産業を育んできました。これら奄美諸島の人たちの先進的な、開明的な、主体的な動きは、きちんと評価しないといけません。収奪されっぱなしだったら、奄美諸島は、すたれてしまいます。時代の制約を受けながら、ここまで優れた産業や文化を作り上げてきたというのが実際の歴史です」（奄美市編『わたしたちの奄美大島』、二〇一二年、六六頁）という姿勢を提示している。もっとも、弓削の研究姿勢に対して、「歴史は研究家のものか」（原井一郎、『南海日日新聞』二〇一二年六月一三日）という投書のなかで、「奄美群島の近世史は、……特異な経緯をたどってきた。そうした悲惨な歴史のメカニズム解明こそ課題と思うのだが、無名な島民たちの声無き声をくみ取ろうとする試み乏しく、権力層の残した古文書読解の歴史解釈ばかりが大手を振るのはどうしたことだろう」と、弓削の研究姿勢に対して批判的な意見を呈する向きもある。ただし、この投書は弓削の前引の文章への批判ではなく、幕末期の奄美砂糖収奪を相対化する元鹿児島大教授の原口泉の発言や、弓削の「奄美」の一字姓起源に対する再考論文などを直接の原因としている。島民に寄り添った歴史叙述を志向しつつも、島民の歴史観と歴史解釈も一枚岩ではなく葛藤が存在することも事実である。これは、民衆史の叙述問題と通底しているといえる。

＊2　高江洲昌哉『近代日本の地方統治と「島嶼」』ゆまに書房、二〇〇九年。また、高江洲昌哉「沖縄地方制度研究と島嶼地方制度研究を往還して」二〇一二年琉球大学国際沖縄文化研究所若手研究者セミナー「テクスト研究のフロンティア」、二〇一二年一一月二四日、奄美文化センター。での報告と、その質疑応答による。

＊3　『住用村誌　資料編一　奄美の戦後処理事務』住用村、二〇〇二年、二三九頁―二四〇頁。本資料は新聞記事の翻刻だが、新聞名

と掲載日は不明となっている。ただし、『朝日年鑑昭和二一年版』の「旧日本領奄美大島」がほぼ同様の文章であることを確認した。だが、『住用村誌』収録資料と『朝日年鑑』文章を比較すると、抜けや一部文章の配置換えがある。それよりも『住用村誌』収録資料の印象的な末尾「哀調にふるえる島歌のリズムはかつて味わったアルサス・ローレンスの民族達の悲哀に通うものがある」は『住用村誌』収録資料独自のものである。

＊4　泉芳朗頌徳記念像建立委員会編『今ぞ祖国へ—泉芳朗頌徳記念像建立記念誌』泉芳朗頌徳記念像建立委員会、一九九八年。

＊5　もっとも、薩摩藩への編入後「奄美」は「ヤマト」化を禁止されていたなど、直線的に「ヤマト」化が進んだわけではないという通説的語りがある。その一方で松下志朗の『近世奄美の支配と社会』を手がかりに考えると、固定的に断絶した期間が続いたわけではない。藩権力の介入を媒介とする「奄美」社会の変容と「固執」の側面をもった歴史的展開があったのである。

＊6　「交流拡大宣言」の中止を求める奄美の会及び鹿児島県の歴史認識を問う会については、高江洲昌哉「書評『江戸期の奄美諸島』」『法政大学沖縄文化研究所所報』七〇号、二〇一二年。で簡単ながら紹介している。鹿児島県の歴史認識を問う会の公開質問状等については、以下のＷｅｂから二〇一一年一〇月七日に取得した。http://www.synapse.ne.jp/amamian/2010situmonjyo.html 二〇〇九年の主な動きについては仙田隆宜「島津藩の奄美・琉球侵略４００年関連の主な集い」(『徳之島郷土会報』三二号、二〇一二年)を参照のこと。

＊7　柏常秋『沖永良部民俗誌』凌霄文庫刊行会、一九五四年、一三一頁〜一三二頁。『沖永良部民俗誌』刊行の経緯については、高橋(二〇〇六年)を参照のこと。

＊8　小坂井は、カトリック排撃を推進し、先導したのは本土からきた軍人であるが、「実際に手を下したのは島の人たち、……素朴な一般の大衆であり、時代的背景というものはむろん無視できないけれども、彼らの心の底に大きく占めていたのは、……右の「日本人化」への焦燥であったに違いない」(一五頁)と述べているように共通経験的括りが強い。ただし、小坂井の詳細なルポを読んでいくと、「焦燥」で説明することが可能かどうか疑問をもつことも事実である。もともと資料的制約もあり、実証で困難をともなうことはいうまでもない。それでも、多様な解釈可能性を想起することは、「辺境のマイノリティ」を単一化し、即断のレッテルを貼るという弊害を避けるために必要であり、留保する思考を持って臨むことが大事ではないだろうか。

＊9　この点に関して、最近民俗学者の町健次郎によって近代の民俗変容が意識的に研究されるようになってきた。

＊10　例えば、上野千鶴子は西川長夫『増補　国境の超え方』平凡社ライブラリー、二〇〇一年、の解説で、九〇年代の国民国家論の流行を評して、「日本の他の知の流行と同じく、その概念が充分に咀嚼され成熟しないうちに、またたくうちに飽きられた。「国民

国家」パラダイムは、どこを切っても金太郎飴のように、「またか」という声をもって迎えられるようになった」(四六九頁)と、日本の研究状況が有する「知の縮小再生産」的状況を踏まえて、検討すべき課題の余地があったにもかかわらず、流行が終焉していった様を総括している。もっとも、この指摘に対して、西川長夫は「上野千鶴子さんのこの文章は、非常に悪い文章だと思いますね(笑い)。ところがどうしたわけか皆、申し合わせたようにこの部分を引用する。……流行してすぐ飽きられたという判断も間違っていると思います」(『〈私〉にとっての国民国家論』、二一三頁)と反応している。さながら、九〇年代以降の沖縄・「奄美」に関する注目や言及は、国民国家論とポストコロニアル論に牽引されながら進んできたといえる。もっとも、初発の衝撃力が希釈化され、ある意味で定位置が与えられた様な感もあり、先の上野千鶴子の解説と軌を一つにするような展開があった。この点と関連して、題名に掲げた「周辺」型国民文化という括りよりも、屈折型・剥奪型のように、島民の主体に即した、読み直し的な語彙を用意することも可能であろう。それでも、「周辺」という言葉を冠したのは、「周辺」という自明性が、「文化統合」という近代の国民統合の装置によって生じた、歴史的産物であることを強調するためである。

＊11　町健次郎「郷土史家・昇曙夢」二〇一二年度琉球大学国際沖縄研究所若手研究者セミナー「テクスト研究のフロンティア」での報告による。

＊12　ただし、下野は二〇〇二年刊行の『街道の日本史55　鹿児島の湊と薩南諸島』において「薩南諸島はヤマト文化と琉球文化の接触する潮境だ。……潮境の薩南諸島は、ヤマト・琉球文化の裂け目の地域でもある。この地域を原点として日本を見、大陸を眺める視座は、民俗に限らず歴史においても斬新な研究成果をもたらす可能性がある」(二四七頁、二四九頁)と述べていることに留意する必要がある。

＊13　二〇一三年三月三日に該当箇所に関わる雑談をした際に喜山荘一より、昇や大山には戦後経験がないのではないか(一九四五年による価値観の転換)という指摘を得た。この点は今後検証が必要な大事なテーマだと思うので記しておく。

＊14　この点と関連して、奄美諸島も含めた「南西諸島」という表記がある。二〇一二年一一月に松下志朗と共に『南西諸島史料集』の編集に当った山下文武に「何故、『南西諸島史料集』という名前にしたのか」質問したところ、松下の発案という答えであったが、もっとも、山下自身「南西諸島」という言葉に親和性を示すような応答もしていた。こうした「南西諸島」に対する親和性は世代間の問題なのかどうか、今後の検討課題だと思う。それと関連するが、現在は「琉球弧」という表記が頻出されているが、空間的に合致する南西諸島と「琉球弧」という表記の変化についても検討を要すると思う。また、近代になって地方統治のため、古代に起源を求める郡が地方制度上再活用されたが、奄美諸島については、該当する郡が存在しないため、新たに大島郡という名称

と区域が創設されることになった。このように古代に範を求める郡であるが、大島郡自体は、明治期の「発明」である（高江洲・二〇〇九年）。つまり、奄美群島をひとまとめにする名称があるようで、実は不在であったということが、この点からも確認できると思う。

＊15　例えば研究という限定はつくが、一九七六年に刊行された谷川健一編『沖縄・奄美と日本』は「奄美の研究者と沖縄の研究者が膝を交えてそれぞれの立場から発言するという試みがこれまでなされた例のないことが、南島研究の不幸であった」と述べている（三頁）。また、高良倉吉は一九九六年に「沖縄の奄美離れにはいろいろな理由があるが、最大の原因は、奄美は鹿児島の一部であり、沖縄と異なる、と考える県境意識にある」と述べている（高良倉吉、『「沖縄」批判序説』、四二頁）。このように考えれば逆説的ではあるが、二〇〇九年の鹿児島県・沖縄県の交流拡大宣言というプロジェクトは、今後様々な角度からの分析が待たれる。

【参照・本文中引用文献】

「奄美学」刊行委員会編『奄美学　その地平と彼方』（南方新社、二〇〇五年）
鹿野政直「周辺から　沖縄」（『化生する歴史学』、校倉書房、一九九八年）
喜山荘一『奄美自立論』（南方新社、二〇〇九年）
小坂井澄『「悲しみのマリア」の島―ある昭和の受難』（集英社、一九八四年）
島尾敏雄『ヤポネシア序説』（創樹社、一九七七年）
島尾敏雄『新編・琉球弧の視点から』（朝日新聞社、一九九二年）
下野敏見「奄美文化の源流と博物館」（『奄美郷土研究会報』二三号、一九八三年）は後に「奄美文化の特色は何か」と改題され『フォークロアは生きている』（丸山学芸図書、一九九七年）、のち『奄美・吐噶喇の伝統文化』（南方新社、二〇〇五年）に収録されている。
徐玄九「奄美におけるカトリック排撃運動」（『沖縄文化研究』三七号、二〇一一年）
高江洲昌哉『近代日本の地方統治と「島嶼」』（ゆまに書房、二〇〇九年）
高橋孝代『境界性の人類学』（弘文堂、二〇〇六年）
高橋孝代「奄美・沖永良部島の近現代と「脱沖入日」」（吉成直樹編『声とかたちのアイヌ・琉球史』、森話社、二〇〇七年）
津波高志Ａ「薩摩侵攻と奄美の文化変容」（津波高志編『東アジアの間地方交流の過去と現在』（彩流社、二〇一二年）
津波高志Ｂ『沖縄側から見た奄美の文化変容』（第一書房、二〇一二年）

冨山一郎『近代日本社会と「沖縄人」』（日本経済評論社、一九九〇年）
冨山一郎『戦場の記憶』（日本経済評論社、一九九五年）
前利潔「〈無国籍〉地帯、奄美諸島」（藤澤健一編『沖縄・問いをたてる6　反復帰と反国家』、社会評論社、二〇〇八年）
松下志朗『近世奄美の支配と社会』（第一書房、一九八三年）
森宣雄「歴史の外部と倫理」（『立命館言語文化研究』二三―二、二〇一一年）

交流の歩み　アジア民衆史研究会二五年の「回顧と展望」

鶴園　裕

1

アジア民衆史研究会、略称「アジ民」の結成は一九九〇年で、前身のアジア民衆運動史研究会は一九九一年の韓国歴史問題研究所との交流を実質的なアジア交流のきっかけとするというから、ようやく二五年である。しかしその準備期間には深谷克己の提案や、それを受けての個人的な打ち合わせのための韓国訪問などもあったので、一九八九年のベルリンの壁崩壊や、北京の天安門事件にまではさかのぼらないにせよ、確かに世界史的な冷戦体制崩壊の流れのなかでの模索であったことは疑いない。本書にも掲載されているペーハンソプの東学農民戦争研究に対する回顧論文が示すように、韓国側も一九八〇年代末の民主化闘争の成功と、一九八八年のソウルオリンピックの成功に彩られたこの時期は、大きな変革期にあった。

そもそも一九九〇年代の初めは、韓国の歴史問題研究所（一九八六年二月開所）が民間団体として生まれて間もない時期であったし、現在も一一〇号を超えて継続して発刊されている年四回の季刊誌『歴史批評』の第一集は、一九八七年の九月からであった。はじめは不定期刊行物の扱いであったものが、一九八八年夏号から季刊の創刊号となり、途中財政難からの困難な時期もあったようであるが、途切れる事なく二〇一五年の今日までも季刊誌として続けられている。「継続は力」である。わが「アジ民」の雑誌『アジア民衆史研究』もほぼ年一回のペースで、二〇一五年の五月にようやく二〇集に至っている。

話は変わるが、公益財団法人史学会が発行する『史学雑誌』は、学界創立一二五周年を迎え、二〇一五年には第一二四編第五号を『二〇一四年度の歴史学会―回顧と展望―』にあてている。毎年の第五号は、前年度の歴史学会の回顧と展望を行うものであるが、近年、通常号の厚さとは異なり、例年「回顧と展望」の第五号は特別の分厚さで、目を引く分量がある。それほどにも、日本の歴史学会の分野の細分化が進んでいるという事でもあるが、それでは、アジア民衆史の論文が史学会の「回顧と展望」に引っかかることがあるかという事になれば、いささか心もとない。例えば、昨年度（二〇一四年）の例で言えば、崔誠姫が東アジアの朝鮮の項目で、近現代史の末尾に「アジ民」の会員が多く執筆している『薩摩・朝鮮陶工村の四百年』（岩波書店）の個々の論文に言及しているが、これとてもあくまで共同研究による特別な研究論文の紹介という形である。

であれば、このような場でアジア民衆史研究会の四半世紀に及ぶ歩みのいささか私的な「回顧と展望」を行う事にも意味を見いだせるかもしれない。お断りしておきたいのは、あくまでも私的な「回顧と展望」であって、公的なものは、やはり『アジア民衆史研究』二〇集までをしっかりと分析して行うべきであろうという事を付言しておきたい。それでは、まず一九九七年の国際シンポジウム以前の『論集』成立以前の事柄からの幾つかの「私的回顧」から始めて見よう。

2

今回、このような「回顧論文」の執筆を思いついてネットのホームページの検索を試みた。驚いた事は、公益財団法人史学会の『史学雑誌』や、アジア民衆史研究会、『アジア民衆史研究』のいずれもが詳細な目次をはじめ、かなり学会としての活動の様子が目に見える形で公開されている事であった。また、韓国語によるボードの打ち込みが可能であるなら、ネットの韓国語のサイトにはいることによって、歴史問題研究所のホームページや、『歴史批評』のバックナンバーなどにたやすく接する事が出来る。とりわけアジア民衆史研究会の場合は、二〇一五年五月二一日投稿の二〇一五年度第一回研究会としての明治大学における六月一四日のシンポジウム「仁政」理念と一九世紀日本の予告記事から、二〇〇〇年一〇月一日投稿の『アジアの近代移行と民衆』第一集（一九九四年発刊）の内容まで、およそ一五年間にわたる活動の記録が、そのまま印刷にしてA四の紙サイズで一〇一頁にわたるような分量で残されている事である（二〇一五年七月二六日閲覧）。このような「記録」が残されている以上、私のおぼろげな「記憶」による回顧などに、どのような意味があるのかという怯えのようなものさえ感じたが、やはり記録に残されていない初期の記憶も尊重されるべきであろう。例えば、私の個人的な日記の一九九〇年五月四日には、「夏の学界準備、深谷さんの勉強会の下準備」という項目があるし、一九九一年六月六日には「李離和氏、林雄介氏、申栄佑氏あてそれぞれ手紙を書き、一日が終わる」という記述がある。これは九一年夏の歴史問題研究所訪問と申栄佑氏にお願いした東学関連の踏査に関するものであろう。これが九四年度発行の第一集「韓国編」の新井勝紘氏と藪田貫氏の交流記一、二、と関連するものであるのか、今となっては確認しようがないが、いずれにせよ交流の初期から、研究会と現地踏査はある種のセットになっていて、隔年開催の交互の日韓ワークショップの今日まで続けられている。また今回論集の詳細を検討して気付いた事であるが、山田忠雄論文の副題にある「江戸打ちこわし参加者の職業と生活」や青木美智男の「天保期の百姓と打ち壊し」などには、韓国側が総じて論題の勇ましさ（？）に好意的であったのに対して、新井勝紘の「民権運動期の民衆憲法と帝国憲法」という極めて実証的な研究発表が、明治初期の民衆憲法の歴史的意義が十分伝えられなかったことも含めて、九〇年代当時の日本の憲法改正論議などとも絡めて韓国側からはかなり激しい反発が見られたことであった。総じて日本側は、韓国側が「闘う人民」を中心とした「人民闘争史観」のママであると受け止めたし、韓国側は日本側の「闘わない民衆」を含めた「民衆運動」という単語に変節・闘争放棄の臭いを嗅いでいた。これは日本側の通訳を務めた私が痛切に感じたことであったし、当時の歴史問題研究所の所長であった鄭奭鍾先生を何年かの後、病気見舞いに訪れた際に御本人からも切々と訴えられたことでもあった。脳梗塞で倒れ、すでに故人となられた鄭奭鍾先生や、歴史問題研究所の所長になられ日本側主催のワークショップにもみずからおいでになり、ほどなく二〇〇八年一一月に癌の病により五〇代で若くして亡くなられた方基中先生、また、第一回の歴史問題研究所訪問団の一員であった山田忠雄先生、青木美智男先生も全て故人となられている。ご冥福をお祈りしたい。

3

さて、その後も、アジア民衆史研究会の韓国歴史問題研究所への訪問や、早稲田大学を主会場とした一九九七年の国際シンポジウムの開催など、何度かの相互訪問があったのであるが、二〇〇〇年代以降の、とりわけアジ民のワーキンググループと歴史問題研究所「民衆史班」との一年ごとの相互の訪問と研究会は、今回このような形で共同研究の出版物を出すまでに至った。慶賀の至りである。ただ、もっぱら通訳の形で参加してきた私も、さすがに六〇の坂を超えてからは通訳の任には堪えがたく、またアジ民の側も歴史問題研究所の側も、互いに相手の言語に通暁した若手の優秀な研究者が育ってきているので、ここでは朝鮮史研究者として、気づいた双方の作風の違いというようなものに言及したい。二五年という歳月は、双方それぞれに大きな変化をもたらしているのであるが、そのことをそれぞれの会誌の変化を通して述べてみよう。まず、韓国の歴史問題研究所の側には、代表的な季刊誌『歴史批評』（二〇一五年の夏現在一一一号）が存在するし、その他にも『歴史問題研究』、『歴史問題研究所会報』などがある。例えば『会報』の二九号（一九九五年九月）には、私の「アジア民衆史研究交流のために」（原文ハングル、朝鮮語）という日・韓・中の三カ国研究者による九七年八月早稲田大学でのシンポジウムを予告する文章が載っているし、同じく『会報』五七号（二〇一四年二月発行）には李離和理事の名誉博士学位修得の所感として「名誉博士は装飾品ですか?」という軽妙なエッセイが載せられていたりする。李離和理事は、社団法人となった歴史問題研究所の初代の副所長にして『歴史批評』第一集の七人の編集委員の一人であったし、現在も編集諮問委員を務めておられる。本年二〇一五年二月七日から九日にソウルの高麗大学を主会場にして行われた第一四回のワークショップの初日にも、零下一三度の厳しい寒さに負けず会場に来られて挨拶をされていたのが印象的であった。

閑話休題。さて肝心の『歴史批評』であるが、最初にも触れたように、不定期刊行物としての第一集と季刊誌としての季刊創刊号がある。一九八七年度（冬）と一九八八年度（夏）の一年違いであるが、ややこしいので一九九八年（春）にすべてを含んで通巻四二号としたようである（『歴史批評』。一〇〇号、二〇一二年秋、「進歩的歴史学の象徴、『歴史批評』二五年の成果と課題」論文一〇頁の表割注）同号、同論文の冒頭の一文を引用してみよう。「『歴史批評』（以下『歴批』）は、韓国現代史において一つの分岐点を為した一九八七年に最初の顔を見せた後、一号もかけることなく通巻一〇〇号を迎える事になった。この間に、徐・仲錫、イム・テシク、金・聖甫を経て現在のチョン・ビョンウクまで四代の主幹に及んでいる。『歴批』は、歴史問題研究所の研究出版事業でありながらも、編集権を主幹と編集委員に完全に一任している」(チョン・テホン歴史問題研究所所長、高麗大学教授、巻頭論文、筆者試訳)。初期の『歴史批評』は八七年第一集の巻頭論文、「歴史現実と歴史認識―近現代史の認識貧困の歴史的性格について―」徐・仲錫執筆や八八年夏号の特集「解放後学生運動の民族史的位置」の五本の論文など、四〇〇頁近い雑誌のいずれもが運動史を中心とした、まさに民主化の熱風に乗ったような雰囲気の雑誌であった。不定期刊行物第一集の『歴史批評』は総三九一頁、図版・写真などはほとんどなく、わずかに宋建鎬の「分断四二年と私の読書遍歴」の随想一〇頁ほどの上部に民衆木版画の右手を振りかざす老婆の文様のような同じ図が掲げられているだけであった(同書三三一~三四〇頁)。翌八八年春号の第二集には、一転、崔・ヨルの「一九二〇年代民族マンガ運動」という論文では、日本の植民地統治時代の『東亜日報』や『東明』などに掲載された「漫画」が転載されており、「教育現場、あやまれる歴史認識が多い」という教師の座談会では五人の教師の顔写真が掲載されている(同書三三四~三六三頁)。

八八年夏の季刊誌としての定期刊行物創刊号に至って、自社広告や他社の広告なども掲載して何となく『商業誌』の雰囲気が出てきてはいる。しかし、巻頭言の裏の一頁は真っ白な空白の頁になっており、その次の頁が特集「解放後学生運動の民族史的位置」という題目で五本の論文題目が紹介されるなど、その後の「特集」スタイルの編集の原型が生み出されたようである。

ところで、二五年を経た一〇〇号を超えるころには、頁数も五〇〇頁近くとなり、活字も大きくなって投稿論文には英文のアブストラクトや、日本語による要旨なども掲載され、表紙目次裏には大江健三郎の『オキナワノート』や『ヒロシマノート』の韓国語訳の出版物の広告も載せられて、商業誌としても洗練された姿となっている。内容的にも大きく多様化している。例えば『歴史批評』一〇〇号(二〇一二年秋)から一〇五号(二〇一三年冬)までの特集の目次を見てみよう。まず一〇〇号の特集一では、「歴史を問う、聞く」のアンケート特集がなされ、トップバッターに『分断時代の歴史認識』（日本語訳アリ）の姜萬吉に並んで、日本人の朝鮮近代史研究者藤永たけしが三番手に登場している。また、歴史問題研究所の研究室長には、二〇一三年あたりから藤井たけしが就任しており、両名とも研究者であると同時に日韓のワークショップなどで、通訳者として活躍をしてくれている事も忘れてはならないであろう。一〇一号では「転換期の指導者たち：成功と失敗」の特集、また「冷戦史」なども特集している。一〇二号では「相互扶助と連帯の歴史」また「転換期の指導者たち」の第二回、企画連載では「二一世紀の歴史を訪ねて」の三回目で、記憶と口述史（日本の聞き書きか？）が取り上げられている。一〇三号では「人権の歴史」が取り上げられ、人権は歴史の範疇になりえるのかという問いが立てられている。一〇四号では「大学と研究者」、また前号に引き続いて「大韓民国歴史博物館アンチガイドブック」という企画記事や家族史の特集、一〇五号では「ひっくり返っていく教学社韓国史教科書」の教科書批判特集、「ポピュリズムと民主主義」などの企画が組まれている。わずかに二〇一二年秋から二〇一三年冬までの一年余の間にこのような多様な特集や企画が行われているのである。また見逃せないのは、一〇五号では企画書評の形で、韓国で活躍する宮嶋博史の研究を板垣竜太（同志社大学）と王賢鍾（延世大学校）が行っている事である。何かにつけ〈民族主義的という意味での〉ナショナルな「垣根」を意識する事の強い韓国の歴史学、とりわけ「韓国史」の分野においても、歴史問題研究所の若手メンバーを中心に国境を越えた「試み」をはじめたと言っても良いのかもしれない。

4

そろそろわが「アジ民」の『アジア民衆史研究』の方に話題を移し、回顧ばかりではなく、少しは展望につながる話をして、このエッセイを閉じるべきであろう。二〇〇八年第一四集あたりまでの論集は、年度ごとの「民衆の世界観」を中心としたテーマ性の強い編集であったが、ここ近年の、とりわけ二〇一〇年代以降の『アジア民衆史研究』は一見表紙も地味になり、個別学術論文集の趣がある。ただ、見逃せないのは、『アジア民衆史研究』第一八集（二〇一三年一〇月）が深谷克己の『東アジア法文明圏のなかの日本史』（岩波書店、二〇一二）を書評として取り上げ、二人の気鋭の書評と著者自身のリプライを載せている事である。また一九集（二〇一四年五月）では、趙景達の通史『近代朝鮮と日本』（岩波新書）、同二〇集（二〇一五年五月）では、同じく『植民地朝鮮と日本』（同岩波新書）を同じように若手の二人の書評と著者のリプライという形式で、大型の書評を掲載している。これは年度ごとの総会や研究会を、ほぼそのような「書評会」とセットで行う研究会方式が定着しつつあるからであろう。深谷克己は、中島久人との共同名義になる第二〇集の序文で「よくある枚数制限の新刊書評というレベルを超えて、複数の研究者が力を込めて読み切り、著者とその場で応答するという企画は、本会の大事なスタイルの一つになりつつある」と評価している。このような流れは、アジア民衆史研究会の一つの方向性であろう。また、同じ序文で今年の韓国歴史問題研究所〈民衆史班〉とのワークショップに触れている。少し長文であるが引用して展望にかえたい。「今年はアジア民衆史研究会の側が韓国を訪問する番に当たり、二月七・八日の二日間、ソウルの高麗大学で研究報告と討論が行われ、民衆史研究の問題意識の在り方が忌憚なく討論された。九日の巡検では、韓国で発生したセウオル号惨事の犠牲者の最も多かった安山市の「記憶の貯蔵庫」運動の現場を訪れ、関係者の説明を聞くことが出来た。本会の初期の頃は、民衆運動史への関心は民族と国民国家の枠組みを意識した主体形成の課題であった。それらは未解決の課題として続いているが、韓国の若い民衆史研究者の当面の関心がマイノリティと差別の問題に向いていることが強く感じ取れた。それは、韓国社会の変容が突き付けてくる新しい問題に民衆史研究者として逃げずに応えようとしているからである。日本の若い研究者もまた社会の変容のもとで、貧富・階級に直線的に還元しきれない歴史格差としてマイノリティと差別という新しいテーマを受け止めようとしている。」と積極的な評価を行っている。ここでは触れられていないが、韓国の安山市は定住者としての外国人労働者が最も集中的に集住する地域の一つである。今後、日本側が主催するワークショップの巡検の地には、毎度のような自由民権の地や小江戸としての川越ばかりではなく、三・一一後の福島などを選ぶこともありえるかも知れない。韓国の『歴史批評』一〇四号（二〇一三年秋）のアブストラクト・日本語要旨を眺めていて「日本における反原発運動――起源としてのベトナム反戦と「生活平和主義」の展開」というような論文（三一七〜三四七頁、筆者は南基正）というような投稿論文の存在に気付いたからである。序文に言う「『アジア民衆史研究会』と『歴史問題研究所』は、ただ専門の論文を出し合うのではなく、民衆史研究の姿勢や方法について、波長の近さを感じ取れるところまで交流を重ね、準備過程を共有して論文集を作成してきたという自負がある」（第一九集、第二〇集序文）。

果たして、この論文集がそのような「序文」の自負にこたえうるものになっているのかどうか、読者の判断に待ちたい。

（中西　崇　作成）

報告者と論題	踏査先
檜皮瑞樹「ナショナリズムをめぐる相克―90年代以降の日本における歴史研究の動向について―」 水村暁人「日本における近年の民衆史研究の動向」 許英蘭「模索期，韓国「民衆史」の現在」 洪東賢「東学農民戦争に対する認識の変化と課題」	安城（マッチュム博物館，竹州山城，梅山里石佛立像，安城竹山里五層石塔，三・一運動記念館）
張龍經「最近の韓国における「民衆」及び「マイノリティ」をめぐる幾つかの問題」 大川啓「日本近現代史研究における「民衆」・「主体」の現在」 李京遠「教祖伸寃運動期に表れる儒教的側面に対する考察」 佐々木啓「戦時期の民衆像をめぐって」	足尾鉱毒事件関係史跡（川俣事件顕彰碑，雲龍寺，田中正造旧宅，佐野市郷土博物館，谷中村跡地）
檜皮瑞樹「日本における「旧慣調査」事業研究の現状」 鈴木文「統監府及び総督府による「旧慣調査」事業に関する研究について」 許英蘭「旧慣調査に対する概要」	ソウルの歴史博物館（国立中央博物館，国立戦争記念館）
佐野智規「学者―警察―植民地」 文暎周「日帝時期，植民権力の「契」調査事業の検討」 中西崇「旧慣習調査資料と上告史料から権力と民衆の関係をみる」	（踏査なし）
白井哲哉「19世紀日本の地誌編纂事業と地域調査」 金鐘赫「韓国に於ける地理誌の編纂とその活用」 高江洲昌哉「沖縄県における旧慣調査研究の現状と展望」 裵亢燮「19世紀民乱の性格再検討―地主制及び外勢に対する認識を中心に」	
荻野夏木「近代の民衆と「迷信」」 裵城浚「民衆史と歴史修正主義批判」 佐川享平「炭鉱をフィールドとしたマイノリティ研究の実践と可能性」 許英蘭「植民地旧慣調査の目的と実態」	安東（川前義城金氏巡見・聞き取り調査，知禮芸術村，鶴峰宗宅・雲章閣，河回村，屏山書院）
洪東賢「1894年郷村支配層の東学農民戦争認識」 佐川享平「昭和恐慌期の筑豊炭鉱地域における日朝労働者の関係について―1932年麻生朝鮮人争議における日本石炭礦夫組合の活動を中心に―」	川越地域と日本近世の景観（喜多院，成田山別院，川越市立博物館，川越城本丸御殿，蔵造りの町並み，蔵造り資料館）
裵亢燮「植民地旧慣調査と植民地慣習研究のための試論」 中嶋久人「植民地統治・学知・民衆―朝鮮総督府調査資料『朝鮮の聚落』・『部落祭』における安東地域の記述を事例として―」	
李庸起「‘下からの民衆史’研究のための一つの可能性，近代時期洞契の研究」	
青木然「1870年代の流行歌にみる民衆の文明開化観と対外観」 高江洲昌哉「奄美独立経済再考」 李泓錫「1960年代前半の炭鉱村の現実と炭鉱労働者の対応」 李信澈「北朝鮮史での民衆史研究はどう可能であるか」	分断の現場を行く（都羅山展望台，第三トンネル，統一村，白馬高地，鐵原労働党舎，孤石亭，鐵原平和展望台，月井駅，東豆川キャンプケイシ）
佐々木啓「日本における民衆史研究の現状について―国民国家論／新自由主義とのかかわりのなかで―」 裵城浚「1980-90年代「民衆史学」の形成と消滅についての研究ノート」 須田努「18～19世紀における日本民衆の朝鮮観―浄瑠璃・歌舞伎というメディアを通じて―」	江華島の史跡をめぐる（江華歴史館，江華人参センター，江華高麗宮跡，伝燈寺，草芝鎮）
中嶋久人「公共圏をめぐる理論的検討―日本近代における公共圏の展開・序説」 李庸起「「新しい民衆史」の方向の模索と民衆史班のポジション」	天保水滸伝および佐倉宗五郎関係地（笹川，伊能忠敬記念館，宗吾霊堂）
繁田真至「近代日本における国家と道徳―1900年前後の井上哲次郎を中心に―」 李泓錫「1950年代　曺奉岩・進歩党の「被害大衆論」と民衆」	

交流の記録

回	開催年月日	ワークショップ会場	テーマ
1	2005年9月2日（金）～3日（土） 踏査：9月2日 ワークショップ：9月3日	歴史問題研究所　会議室	日韓民衆史研究の現状と課題
2	2006年2月11日（土）～12日（日） ワークショップ：2月11日 踏査：2月12日	早稲田大学　染谷記念国際会館　レセプションルーム	民衆史の研究動向と具体的な研究報告
3	2006年8月26日（土）～27日（日） ワークショップ：8月26日 踏査：8月27日	歴史問題研究所　会議室	旧慣調査研究に向けて
4	2007年2月3日（土）～4日（日） ワークショップ：2月3日・4日 踏査：なし	早稲田大学　染谷記念国際会館　レセプションルーム	植民地旧慣調査報告書を共通の史料として用いた研究報告 地誌編纂事業や旧慣調査に関する研究報告
5	2007年8月25日（土）～26日（日） ワークショップ：8月25日 踏査：8月26日	安東　知禮芸術村	日韓民衆史の具体的な研究報告および植民地旧慣調査に関する報告
6	2008年2月16日（土）～17日（日） ワークショップ：2月16日 踏査：2月17日	早稲田大学　22号館	日韓民衆史の具体的な研究報告 植民地旧慣調査に関する報告 民衆史研究に対する問題提起
7	2009年1月30日(金)～2月1日(日) 踏査：1月30日～31日 ワークショップ：2月1日	歴史問題研究所　会議室	日韓民衆史の具体的な研究報告および民衆史研究に対する問題提起
8	2009年9月21日（月）～22日（火） 踏査：9月21日 ワークショップ：9月22日	歴史問題研究所　会議室	深谷克己・安在邦夫先生停年および古稀記念ワークショップ
9	2010年2月20日（土）～21日（日） 踏査：2月20日 ワークショップ：2月21日	早稲田大学　染谷記念国際会館　レセプションルーム	民衆史研究の新たな展望 日韓民衆史の具体的な研究報告

報告者と論題	踏査先
太田亮吾・田中元暁「「韓国併合」100年と日本社会—2010年の動向／国際シンポジウム「韓国併合」100年を問う」 裵亢燮「新自由主義時代歴史学の条件と民衆史の模索」	19世紀末の東アジアとウェスタンインパクト—江華島を中心に（草芝鎮，広城堡，禅源寺，聖公会江華聖堂，江華平和展望台，江華歴史博物館）
椿田有希子「19世紀における将軍権威の変質と民衆—日光社参を事例に」 韓相亀「植民地時期の地域住民大会についての検討」	
許洙「植民地期の「民衆」概念」 中嶋久人「現状の課題に対する民衆史研究者の「当事者」性—原発問題をめぐって—」 金アラム，李泓錫，張美賢「共感と連帯の民衆史のために」	秩父事件（能勢会館，秩父事件資料館井上伝蔵邸，椋神社，井上伝蔵屋敷跡と墓，落合寅市家と墓，加藤織平生家と墓，石間交流学習館，音楽寺，秩父事件追念碑）
須田努「日本の史学史における民衆史研究」 裵亢燮「19世紀後半の民衆運動史研究の民衆像に対する批判的検討」	蔚山周辺（蔚山倭城（鶴城公園），ハングル学者崔鉉培の記念館，慶尚左道兵馬節度使の営城であった兵営，長生浦地域，神明神祠（神明神社）の遺構，神位堂，鯨博物館，瑟島，方魚津地域）
檜皮瑞樹「マイノリティ研究と民衆史—アイヌ史研究と部落史研究の視点から」 張龍經「民衆の暴力と衡平の条件」	
青木然「神戸の港湾労働者と清国人労働者非雑居運動—民衆の排外ナショナリズムを再検討する試み」 佐々木啓「「産業戦士」の時代—民衆の徴用経験」 蘇賢淑「植民地時期女性離婚請求権の導入と「歴史的行為者」としての朝鮮女性」 許英蘭「蔚山國民保導聯盟事件の記憶と歴史化 - 國家史と地域史の間」	
高江洲昌哉「奄美諸島における「周辺」型国民文化の成立と展開—その手掛かりとして」 韓奉錫「1953年の新刑法における「貞操に関する罪」の制定背景とその意味」	多摩地域の豪農と自由民権運動（小島資料館，町田市立自由民権資料館，雨岳文庫）
中嶋久人「足尾鉱毒反対運動指導者田中正造における宗教的契機—晩年の思想を中心に」 伊藤俊介「甲午改革における警察制度改革と民衆の警察認識」 洪東賢「1894年の東学農民軍の蜂起意識に関する研究—慶尚道醴泉地域の事例を中心にして」 李京遠「東学の布教と東学教徒の活動に現れた儒教的な倫理」 張美賢「1960年代の産業災害補償保険制度の施行と産災労働者」	
青木然「今後のWSに向けた提案」 洪東賢「今後の交流及び進行についての議論—韓国側の問題提起—」	安山市内，セウォル号事件についてのフィールドワーク（416記憶貯蔵所，檀園高等学校，セウォル号犠牲者合同焼香所，「セウォル号を記憶する市民ネットワーク」事務所，移住民センター）
蘇賢淑「植民地期マイノリティー研究の動向と民衆史」 雨宮史樹「白蓮事件の新聞報道からみる1920年代初頭の社会構造—青年知識人と民衆の「自由」観を中心として—」 太田亮吾「戦時期日本における知識人論とその隘路」 李正善「日韓関係のなかの少数者—戦時体制期における「内鮮結婚・内鮮混血」に対する包摂と排除—」	

回	開催年月日	ワークショップ会場	テーマ
10	2011年1月29日（土）～30日（日） 踏査：1月29日 ワークショップ：1月30日	歴史問題研究所　会議室	民衆史研究と現代社会 日韓民衆史の具体的な研究報告
11	2012年2月18日（土）～19日（日） 踏査：2月18日 ワークショップ：2月19日	早稲田大学　染谷記念国際会館　レセプションルーム	民衆史研究の新たな視角について
12	2013年2月22日（金）～24日（日） ワークショップ：2月22日・23日 踏査：2月24日	蔚山大学校　5号館204号教室	日韓の民衆史研究の視野と動向 マイノリティと民衆史 民衆の多重的な経験の再現方法
13	2014年2月23日（日）～25日（火） ワークショップ：2月23日・24日 踏査：2月25日	2月23日：首都大学東京6号館104室 2月24日：八王子セミナーハウス　大学院棟セミナー室	マイノリティと民衆史 多様な民衆の主体と民衆史研究の方法論
14	2015年2月7日（土）～9日（月） ワークショップ：2月7日・8日 踏査：2月9日	高麗大学校西館文科大学215号室	今後新しい民衆史研究の方向を模索するための論議

おわりに

代表　中嶋久人

本二〇一五年、アジア民衆史研究会と歴史問題研究所民衆史班の共同出版の形で研究論集を刊行することになった。一九九〇年代からアジア民衆史研究会にかかわり、歴史問題研究所との学術交流にたずさわってきて、二〇一四年から共同代表を担うことになった私個人にとって、この出版は非常に感慨深い。

さらに、二〇一五年という年に、日韓共同出版として本書を刊行するということは、もともと意図していたわけではないが、それ自体がある歴史的意味をもつことになったといえる。二〇一五年は、日本にとってはアジア太平洋戦争に敗戦し、韓国にとっては日本の植民地支配から解放された一九四五年から七〇周年にあたる。戦争と植民地支配から解放された日韓の民衆たちは、民意を尊重して誰をも虐げず、より豊かな社会が創出されることを願っていた。これは、日韓だけでなく、世界中の民衆がそう期待したことであろう。二〇一五年になってみて、この願いは達成されたのであろうか。確かに、表面的には、一九四五年当時より豊かになったとはいえる。しかし、日本では、福島、沖縄をみるように、形式上の民主主義のもとで民衆を犠牲にする政治は続いており、さらには「積極的平和主義」の名の下に世界各地で軍事介入する体制が形成されようとしている。韓国では、文字通りの戦争である朝鮮戦争がおきており、韓国と朝鮮民主主義人民共和国は分断され、さらに二〇一四年のセウォル号事故にみるように、民衆を犠牲にして恥じない政治が続いている。そして、さらには、歴史認識問題や慰安婦問題などを契機にして、日韓民衆は互いにいがみあうことを促せられている。そして、日韓のこのような状況は、現代世界でもさまざまな様相のもとに現出している。一九四五年にあった、日韓だけではなく世界中の民衆の希望にむかって、現在動いているといえるのだろうか。このような現代世界の状況は、その前提となっている「歴史」を問い直すことにつながっている。

二〇一五年の本書の刊行は、このような状況に対するささやかな抵抗という意味をもっている。前述したように、もちろん意図した結果ではない。それぞれが、現実に存在している民衆をもとにして、共に歴史を語ろうとした営為の結果であったのである。ある意味で、別に、直接的な企図があったわけではない。それぞれがそれぞれの学問に誠実に向きあい、交流したことが本書の出版につながった。しかし、逆にいえば、そのような営為を個々に行っていくことが、いわゆる状況への対抗になっていくのではないだろうか。これは、本書刊行のみに該当することではなく、いろんな場面でもそういえるのだろう。

とはいえ、これは、あまりにもささやかなもので、一里塚でしかない。どういう形になるのはわからないが、今後は、日本・韓国それぞれの後進の世代の営為にまかされている。この交流を日韓だけでなく、より広くアジア地域に拡大していくこともありえよう。今後も、このような学術交流を続けることで、状況への対抗を続けていきたいと考えている。

歴史問題研究所　論文既発表状況

【書き下ろし論文】
李京遠「東学の布教と儒教倫理の活用」
張龍経「民衆の暴力と衡平の条件」

【既発表論文】
裵亢燮「東学農民戦争に対する新しい理解と内在的接近」
⇒歴史批評社『歴史批評』110号（2015年2月）

洪東賢「一八九四年 東学農民軍の郷村社会内での活動と武装蜂起についての正当性論理―慶尚道醴泉地域の事例を中心に―」
⇒歴史問題研究所『歴史問題研究』32号（2014年10月）

張美賢「産業化初期の韓国における労働福祉制度の導入と労働者の対応―産業災害補償保険制度を中心に（一九六〇――九七〇年代）―」
⇒首善史学会『史林』50号（2014年10月）

蘇賢淑「孤独な叫び―植民地期妻／嫁に対する「私刑」と女性たちの法廷闘争―」
⇒歴史批評社『歴史批評』104号（2013年8月）

韓奉錫「「貞操」言説の近代的形成と法制化――九四五年以前の朝日両国の比較を中心に」
⇒成均館大学校　人文学研究院『人文科学』55号（2014年11月）

鶴園　裕（つるぞの　ゆたか）1950年生まれ　金沢大学人間社会学域国際学類教授
主要著書・論文・翻訳：「近代朝鮮における国学の形成―『朝鮮学』を中心に」（『朝鮮史研究会論文集』No.35、1997年）、『韓国、虎とカササギの国』（三修社、1999年）、『韓国近現代農業史研究』（金容燮著、翻訳、法政大学出版局、2000年）

中西　崇（なかにし　たかし）1978年生まれ　聖光学院中学校高等学校社会科教諭
主要論文：「近世の塩硝・硫黄生産と火薬製造」（『史観』154冊、2006年）、「武力を担う百姓の意識―江川農兵の農兵人を事例として―」（『人民の歴史学』第182号、2009年）、「鉄砲を持つ百姓と地域防衛―小田原藩領の村足軽を事例として―」（小田原近世史研究会編『近世南関東地域史論』岩田書院、2012年）

翻訳者紹介

鶴園　裕→執筆者紹介参照

飯倉江里衣（いいくら　えりい）1987年生まれ　東京外国語大学大学院総合国際学研究科博士後期課程　日本学術振興会特別研究員（DC2）
主要論文：「1930年代満洲における朝鮮人の抗日／「親日」軍事組織への参入―異なる植民地体験とつくられた敵対関係―」（東京外国語大学大学院修士学位論文、2013年）、「殺さねばならぬ「共匪」の記憶と満洲国軍出身者―金得中『「アカ」の誕生』を読む―」（『QUADRANTE』第16号、2014年）、「朝鮮人の満洲国軍・中央陸軍訓練処への入校」（『日本植民地研究』第27号、2015年）

趙 景 達→執筆者紹介参照

伊藤俊介→執筆者紹介参照

金 鉉 洙（キム　ヒョンス）1973年生まれ　明治大学等非常勤講師
主要論文：「韓日会談における韓国政府の在日朝鮮人認識」（『韓日民族問題研究』第19号、2010年）、「日本における日韓会談反対運動の展開―日本人の反対運動を中心に―」（『人民の歴史学』第194号、2012年）、「東アジアの冷戦と日韓会談反対運動――九五〇年代を中心に―」（『在日朝鮮人史研究』No.45、2015年）

久留島哲（くるしま　さとし）1987年生まれ　千葉大学大学院人文社会科学研究科博士後期課程
主要論文：「第一次アヘン戦争前後における朝鮮政府の西洋船対応変遷過程―1832年、1845年イギリス船来航事例比較を中心に」（東京大学大学院修士学位論文、2013年）

佐々木啓（ささき　けい）1978年生まれ　茨城大学人文学部人文コミュニケーション学科准教授
主要論文：「「産業戦士」の世界―総力戦体制下の労働者文化」（『歴史評論』第737号、2011年）、「敗戦前後の労働者統合」（『人民の歴史学』第197号、2013年）、「総力戦の遂行と日本社会の変容」（大津透ほか編『岩波講座日本歴史　第18巻　近現代4』岩波書店、2015年）

張 美 賢（チャン　ミヒョン）1978年生まれ　歴史問題研究所研究員
主要論文：「1960年代日本朝鮮研究所の「植民思想」提起と「高度成長体制」批判」（『歴史問題研究』27号、2012年）、「1970年初盤財界の外国人投資誘致活動とその「結果」」（『歴史問題研究』30号、2013年）

檜皮瑞樹（ひわ　みずき）1973年生まれ　早稲田大学大学史資料センター助教
主要著書・論文：「19世紀民衆の対外観―夷狄意識と救世主像―」（須田努編著『逸脱する百姓』東京堂出版、2010年）、「柳宗悦・民芸運動と苗代川の近代」（久留島浩ほか編著『薩摩・朝鮮陶工村の四百年』岩波書店、2014年）、『仁政イデオロギーとアイヌ統治』（有志舎、2014年）

張 龍 経（チャン　ヨンギョン）1971年生まれ　国史編纂委員会編史研究士
主要論文：「日帝時期本夫殺害事件と女性主体の再現」（『歴史と文化』13、2007年）、「韓国近現代歴史学の反植民主体と歴史の「正常化」」（『歴史問題研究』31号、2014年）

青木　然（あおき　ぜん）1984年生まれ　たばこと塩の博物館学芸員
主要論文：「日清戦争期における娯楽の状況―民衆の世界観への一考察」（『アジア民衆史研究』第15集、2010年）、「日本民衆の西洋文明受容と朝鮮・中国認識：娯楽に託された自己像から読み解く」（『史学雑誌』123巻11号、2014年）

蘇 賢 淑（ソ　ヒョンスク）1973年生まれ　漢陽大学校比較歴史文化研究所研究教授
主要著書・論文：『植民地公共性―実体と隠喩の距離―』（共著、チェックァハムッケ、2010年）、「植民地期近代的離婚制度と女性の対応」（漢陽大学校博士学位論文、2013年）、「守節と再嫁の間から―植民地期寡婦談論」（『韓国史研究』164号、2014年）

韓 奉 錫（ハン　ボンソク）1976年生まれ　歴史問題研究所研究員
主要論文：「1950年代末農村指導の一事例―地域社会開発事業現地指導員の活動を中心に」（『歴史問題研究』19号、2008年）、「Korean American 1.5世の独島守護運動と韓人民族主義の変化：ワシントンD.C地域を中心に」（『口述史研究』Vol.2、2011年）

高江洲昌哉（たかえす　まさや）1972年生まれ　神奈川大学等兼任講師
主要著書・論文『近代日本の地方統治と「島嶼」』（ゆまに書房、2009年）、「日本発沖縄経由アジア行の視点」（井田太郎ほか編『近代学問の起源と編成』勉誠出版、2014年）、「近代日本の「文化統合」と周辺地域」（『大原社会問題研究所雑誌』679号、2015年）

執筆者紹介

深谷克己（ふかや　かつみ） 1939年生まれ　早稲田大学名誉教授　アジア民衆史研究会共同代表
主要著書：『東アジアの政治文化と近代』（編著、有志舎、2009年）、『東アジア法文明圏の中の日本史』（岩波書店、2012年）、『死者のはたらきと江戸時代―遺訓・家訓・辞世―』（吉川弘文館、2014年）

須田　努（すだ　つとむ） 1959年生まれ　明治大学情報コミュニケーション学部教授
主要著書：『「悪党」の一九世紀』（青木書店、2002年）、『イコンの崩壊まで』（青木書店、2008年）、『現代を生きる日本史』（共著、岩波書店、2014年）

趙 景 達（チョ　キョンダル） 1954年生まれ　千葉大学文学部教授
主要著書：『植民地期朝鮮の知識人と民衆―植民地近代性論批判―』（有志舎、2008年）、『近代朝鮮と日本』（岩波書店、2012年）、『植民地朝鮮と日本』（岩波書店、2013年）

裵 亢 燮（ペ　ハンソプ） 1960年生まれ　成均館大学校東アジア学術院教授
主要著書・論文：『朝鮮後期民衆運動と東学農民戦争の勃発』（景仁文化社、2002年）、「「近代移行期」の民衆意識：「近代」と「反近代」の向こう：土地所有および売買慣習に対する認識を中心に」（『歴史問題研究』23号、2010年）、「東アジア史研究の視角：西欧・近代中心主義批判と克服」（『歴史批評』109号、2014年）

李 京 遠（イ　キョンウォン） 1972年生まれ　カトリック大学校講師
主要論文：「1894年農民戦争主導層の儒教的性格についての考察」（カトリック大学校国史学科修士学位論文、2002年）

洪 東 賢（ホン　ドンヒョン） 1973年生まれ　歴史問題研究所研究員
主要論文：「1894年「東徒」の農民戦争参与とその性格」（『歴史問題研究』20号、2008年）、「1900年―1910年代東学教団勢力の「東学乱」についての認識と教団史編纂」（『韓国民族運動史研究』76、2013年）

伊藤俊介（いとう　しゅんすけ） 1975年生まれ　福島大学経済経営学類准教授
主要論文：「甲午改革と王権構想」（『歴史学研究』第864号、2010年）、「甲午改革期の警察と民衆」（『千葉史学』第61号、2012年）、「戦争芝居と川上音二郎―『壮絶快絶日清戦争』の分析をもとに」（『日本歴史』805号、2015年）

中嶋久人（なかじま　ひさと） 1960年生まれ　東京都小金井市史編さん委員　アジア民衆史研究会共同代表
主要著書：『暴力の地平を超えて―歴史学からの挑戦―』（共編著、青木書店、2004年）、『首都東京の近代化と市民社会』（吉川弘文館、2010年）、『戦後史のなかの福島原発―開発政策と地域社会―』（大月書店、2014年）

日韓民衆史研究の最前線
新しい民衆史を求めて
2015年12月30日　第1刷発行

編　者　アジア民衆史研究会・歴史問題研究所
発行者　永滝　稔
発行所　有限会社　有　志　舎
〒101-0051　東京都千代田区神田神保町3丁目10番、宝栄ビル403
電話　03(3511)6085　　FAX　03(3511)8484
http://yushisha.sakura.ne.jp
振替口座　00110-2-666491
DTP　言海書房
装　幀　古川文夫
印　刷　中央精版印刷株式会社
製　本　中央精版印刷株式会社

ISBN978-4-903426-00-6